# Como nasce o novo

Marcos Nobre

Como nasce o novo

Experiência e diagnóstico
de tempo na *Fenomenologia
do espírito* de Hegel

todavia

Breve nota introdutória 9

Apresentação 13

I. A filosofia hegeliana como uma filosofia da modernidade: os sucessivos diagnósticos de tempo de Tübingen a Jena 22

II. Como escrever uma "introdução" e "primeira parte" de um Sistema em estado de esboço: as condições intelectuais de produção da *Fenomenologia do espírito* 31

II.1 Apresentação sumária da posição da *Fenomenologia do espírito* no desenvolvimento intelectual de Hegel 32

II.2 Notas sobre o processo de composição da *Fenomenologia do espírito* 34

II.3 A *Fenomenologia do espírito* como projeto e como programa 39

II.4 A Introdução à *Fenomenologia do espírito* 47

II.4.1 O problema do "começo" 48

II.4.2 O lugar da Introdução na *Fenomenologia do espírito* 50

III. De 1807 a 1817: um novo diagnóstico de tempo 52

IV. Horizonte do trabalho: Hegel e a Teoria Crítica 61

Texto original e tradução  83

Análise e comentário  101
Divisão do texto  102

Divisão esquemática detalhada do texto  241

Quadros sinóticos da divisão de texto  249

Tábua de termos, ocorrências e traduções adotadas  251

Bibliografia  257

Agradecimentos  269

Notas  273

Índice remissivo  337

*Para Ricardo Terra*

# Breve nota introdutória

A Introdução à *Fenomenologia do espírito* (1807) é uma espécie de emblema do método e da filosofia de Hegel. Sempre muito citada e comentada, suas páginas estão entre as mais herméticas de um pensador considerado dos mais herméticos. Essas duas características já parecem suficientes para justificar a escolha desse texto para um trabalho de tradução, análise e comentário. A circunscrição a esse texto curto e condensado pode ainda, em princípio, facilitar o acesso a uma visão de conjunto da posição hegeliana. O grau de detalhamento da exegese que esse recorte permite não seria possível se o objetivo fosse produzir uma apresentação da filosofia de Hegel que tomasse unidades como o conjunto da *Fenomenologia* ou mesmo a reunião de diferentes livros de outras fases de sua produção.

E, no entanto, a justificação do recorte exige um passo adicional, para além da motivação de compartilhar o esforço de tentar entender um texto clássico e exemplar da história do pensamento. No campo dos estudos hegelianos, a *Fenomenologia do espírito* surge como um incômodo monumental, ocupando a posição paradoxal de livro de brilhantismo único que não encontra com facilidade o seu lugar na obra posterior de Hegel.

Qualquer tentativa de exegese da *Fenomenologia* – e de sua Introdução em especial – pressupõe pelo menos uma tomada de posição quanto ao lugar que ocupa o livro no conjunto da obra de Hegel. Na interpretação proposta aqui, esse primeiro passo leva a dois outros, que dizem respeito à sistematicidade interna do livro de 1807 e à importância desse modelo de pensamento para o momento presente. E, no entanto, realizar essa necessária tomada de posição juntamente com um trabalho de análise e comentário do texto da Introdução prejudicaria consideravelmente a exposição.

A solução foi expor essa tomada de posição separadamente. A proposta de interpretação de conjunto pode ser encontrada na próxima seção deste livro, a Apresentação. Exposta sob a forma limitada de uma hipótese interpretativa bem fundamentada da posição hegeliana na *Fenomenologia*, a Apresentação fornece o enquadramento geral das diretrizes que guiaram o trabalho de análise e comentário do texto da Introdução. Em sua seção final, procura sistematizar diferentes elementos do trabalho que guardam afinidade com o campo da Teoria Crítica.

É de se esperar, no entanto, que o trabalho de análise e comentário tenha interesse independentemente da plausibilidade da proposta interpretativa de conjunto, e que esta, por sua vez, tenha chegado a resultados em grande medida defensáveis por si mesmos. Isso significa também que leitoras e leitores que tiverem seu interesse voltado primariamente para a compreensão do texto não deverão encontrar dificuldade em ir direto para o capítulo Análise e comentário, deixando para outro momento a leitura da Apresentação.

Tomando como guia e fio condutor a noção de experiência, este livro procura ressaltar as múltiplas dimensões do "nascimento do novo" na concepção hegeliana de modernidade, sem perder de vista em nenhum momento a compreensão da *Fenomenologia* em sua lógica própria e peculiar. Não pretende resolver, portanto, o desconcerto provocado por um colosso para o qual não se encontra acomodação apropriada. Pelo contrário, o objetivo é buscar no texto as razões que fazem dele o colosso que é.

Um tal olhar pode ter como um de seus resultados uma melhor compreensão de algumas das razões de tanto incômodo e de tanto fascínio despertados pelo livro. Mais que isso, trata-se de um olhar em busca das afinidades desse modelo filosófico com o momento atual e suas condições de produção intelectual. Por essa razão, o empenho em achar soluções para as dificuldades do texto da *Fenomenologia* é também o de projetar Hegel para além de 1807, ao invés de imobilizá-lo em forma de monumento.

Há quem comente textos filosóficos com o talento e a generosidade (além de certa inevitável dose de ironia) de apresentar problemas de solução cada vez mais difícil e complexa, a tal ponto que se obriga a declarar tais problemas sem solução "para além de qualquer dúvida razoável". Esses espíritos filosóficos são muitas vezes animados pelo desejo de partilhar as dificuldades que enfrentaram ao tentar entender o texto. Com isso, declaram que o exercício do comentário e da própria filosofia consiste essencialmente nesse partilhar de dificuldades e de possibilidades de leitura.

Espera-se que algo desse espírito possa ser reconhecido no esforço de tentar propor soluções plausíveis para as dificuldades sem escamotear complexidades. Talvez venha daí também a pretensão de enfrentar o texto de Hegel com uma humildade imodesta. Quem quer que já tenha se debruçado sobre a Introdução à *Fenomenologia* sabe bem que a sensação mais comum é a de um intermitente desespero (uma das figuras do próprio texto de Hegel comentado aqui, aliás): mesmo depois de múltiplas leituras, não poucas vezes tem-se a impressão de que a interpretação penosamente construída naufraga. E, no entanto, a própria filosofia de Hegel perderia inteiramente seu sentido se não se continuasse tentando compreendê-la e explicá-la não apenas *apesar*, mas também *por causa* do renovado risco de naufrágio.

# Apresentação

No âmbito dos estudos hegelianos, a primeira tarefa para quem se propõe a interpretar a *Fenomenologia do espírito* é tentar compatibilizar (ou não) esse livro de 1807 com a obra posterior de Hegel, especialmente a partir da publicação, em 1817, da *Enciclopédia das ciências filosóficas em compêndio*.[1] Dada a grande dificuldade de uma tentativa como essa, não é incomum encontrar interpretações que atribuem ao conturbado processo de produção do próprio livro tudo aquilo que ou não encontra o seu devido lugar na obra posterior ou não se coaduna com a interpretação que se tem da filosofia hegeliana em seu conjunto.[2] Trata-se de interpretações que tomam caracterizações posteriores da *Fenomenologia* transmitidas por contemporâneos como declarações autorais. Dentro dessa corrente se destaca o testemunho de Karl Ludwig Michelet, segundo o qual para Hegel a *Fenomenologia* seria sua "viagem de descoberta".[3] Em sua obra posterior, o próprio Hegel deixou indicações de como passou a interpretar, a partir de 1817, o livro de 1807. Após sua morte, foi também descoberta uma breve nota manuscrita com diretrizes para a revisão do livro com vistas a uma nova edição.[4]

E, no entanto, como se pretende mostrar nesta Apresentação, não se alcança o que há de específico na *Fenomenologia* fazendo dela uma etapa da obra posterior (o que é um pressuposto de praticamente todos os estudos disponíveis) nem, ao contrário, tomando-a como resultado final de toda a produção do chamado período de Jena, de 1800 a 1807.[5] Também não se alcança o objetivo buscado aqui valorizando exclusivamente os manuscritos desse mesmo período de Jena anteriores à publicação do livro, condenando toda a produção de Hegel, a partir de 1807, como uma metafísica do absoluto irrecuperável para o presente.[6] Entender a *Fenomenologia* em sua especificidade exige pensar o livro como um *modelo filosófico* que subsiste por si mesmo, independentemente dos escritos anteriores e da obra posterior de Hegel.[7]

É uma perspectiva de leitura que nada tem que ver com uma busca pela real ou verdadeira intenção *do autor* – diretriz que, de uma maneira ou de outra, anima a esmagadora maioria dos estudos sobre a filosofia hegeliana. Trata-se, antes de mais nada, da intenção *da obra*. Trata-se de ler a *Fenomenologia* segundo as condições em que foi escrita, segundo os recursos de que Hegel efetivamente dispunha ao redigi-la e de como os utilizou. Não se trata de ser "fiel" a Hegel, mas antes de trazer à luz o que as formulações mais correntes da bibliografia sobre sua obra soterram: o *modelo filosófico* próprio da *Fenomenologia*.

Também não se trata de contrapor sem mais o "espírito" à "letra" do texto de Hegel. Trata-se, antes e primeiramente, de estabelecer de maneira nova o que é a letra mesma do texto. A partir desse esforço de explicitação da letra do texto em termos de suas condições de produção é que se torna possível pensar de maneira renovada o que seria o seu espírito, apresentado aqui segundo a ideia do projeto e do programa da *Fenomenologia*. Pergunta-se por aquilo que Hegel efetivamente realizou em seu livro de 1807 e não pelo que pretendia ou imaginava ter realizado – por importantes que sejam as investigações nessa direção. Desse modo, referências biográficas e interpretações e autointerpretações serão tomadas a contrapelo, com o objetivo de ressaltar a intenção do texto e não necessariamente a de seu autor (se é que de fato é possível estabelecer qual teria sido tal intenção).

Essa perspectiva de leitura traz consigo igualmente a necessidade de investigar as razões e as causas a apoiar a tese de que o modelo filosófico de Hegel se alterou entre 1807 e 1817. Caracteriza-se aqui a peculiaridade da *Fenomenologia* e seu abandono por Hegel em sua obra posterior segundo a diretriz construtiva de um modelo filosófico em que o Sistema surgia unicamente como um horizonte a ser alcançado e segundo a diretriz mais geral da filosofia hegeliana de que o pensamento se imbrica necessariamente com um diagnóstico de época determinado. Quando o objetivo é entender o modelo da *Fenomenologia* em sua peculiaridade, esses dois elementos se encontram entrelaçados.

Não é necessário ter como objetivo compatibilizar (ou não) a *Fenomenologia* com a obra posterior de Hegel para constatar que foi um livro escrito antes que *desenvolvimentos substanciais* do então futuro Sistema da ciência estivessem efetivamente disponíveis. O que não significa dizer que Hegel não dispusesse, em 1807, de qualquer elemento sistemático para construir sua introdução ao Sistema. Apenas, tais elementos sistemáticos, ainda que apontassem para o Sistema da ciência como horizonte teórico, não se constituíam então em balizas suficientemente desenvolvidas para uma apresentação enciclopédica do saber, ao contrário da produção publicada a partir de 1817.[8]

Para ficar em uma única breve ilustração preliminar desse estado de coisas, tome-se aqui a carta em que Hegel se desculpa com Schelling por ainda não ter conseguido lhe enviar um exemplar da *Fenomenologia*, então recém-publicada. Nessa carta, Hegel caracteriza o livro como a "primeira parte, que é propriamente a introdução – pois ainda não cheguei ir além do introduzir, *in mediam rem*".[9] Dizer que a "introdução" e a "primeira parte" do Sistema surgiram "no meio dos acontecimentos" ("*in mediam res*", ou "*in media res*", ou ainda "*in medias res*") significa, nesse contexto, que ela foi publicada antes que o próprio Sistema tivesse adquirido contornos definitivos, sem que Hegel dele tivesse desenvolvimentos substanciais.

Ao mesmo tempo, no momento em que escreveu e publicou a *Fenomenologia*, Hegel tinha diante de si um mundo em que a modernidade vinha na esteira das guerras napoleônicas.[10] Não será esse o caso a partir do período da Restauração que se seguiu ao Congresso de Viena, encerrado em 1815.[11] Como mostrou Ricardo Terra,[12] a filosofia da história em sua versão kantiana expressa o descompasso entre o pensamento da modernidade e sua efetivação institucional, entre a Revolução Francesa e a servidão alemã, entre ideia e realidade nas duas margens do rio Reno. A versão desse mesmo problema apresentada por Hegel na *Fenomenologia* tem a peculiaridade de ter sido produzida em um momento histórico em que a modernidade defendida por ele literalmente invade o território do que viria a ser posteriormente a Alemanha.

A partir de então, o descompasso já não se dá mais apenas entre pensamento e realidade, mas entre um exército invasor que é o portador da realidade moderna defendida por Hegel e regiões do território invadido que procuram repelir essa invasão. É um descompasso que desarranja a filosofia da história tal como praticada até ali. Não por último porque já se firmara a ideia de Nação como quintessência da modernidade, como alma do Estado em sua versão moderna. Pode-se facilmente imaginar a tensão teórica e prática em que se encontrava Hegel, simultaneamente defensor da invasão napoleônica e da construção de um Estado-Nação alemão, cujo território estava sendo invadido.[13]

A ausência de desenvolvimentos substanciais de um Sistema de que a *Fenomenologia* deveria ser a "introdução" e "primeira parte" bem como o vínculo interno do livro com o momento histórico em que foi produzido são referências fáticas que podem iluminar de maneira nova o sentido e a estrutura desse modelo filosófico peculiar.[14] As teses imbricadas nessa dupla perspectiva podem também ser desdobradas em forma de perguntas que talvez ajudem a compreender sob outro ângulo as diretrizes que guiaram a investigação da *Fenomenologia* a partir da perspectiva segundo a qual o próprio Hegel, afinal, a produziu. São perguntas como: O que acontece se se examina a *Fenomenologia* da perspectiva de um autor que não viu como problemático o fato de produzir e publicar a "introdução" e "primeira parte" de um Sistema cujo desenvolvimento e acabamento ainda estavam distantes de ser alcançados? Que imagem surge da *Fenomenologia* se examinada do ponto de vista de um filósofo que busca construir um Sistema, começando porém por arrematar exatamente aquilo que, em princípio, deveria vir por último, a saber, a Introdução, que, além disso, deve também ser entendida como a "primeira parte" desse mesmo sistema?

Simultaneamente, é preciso lembrar que Hegel entendia que o exercício filosófico tinha por alvo a produção do diagnóstico de época mais abrangente possível, ou seja, a sistematização do conhecimento disponível em vista de uma conceitualização da época histórica da modernidade. O que acontece, então, se se leva em conta o fato de que a configuração histórica em que foi produzida e publicada a *Fenomenologia* se distingue de maneira radical da constelação histórica posterior a 1815? O que acontece, enfim, se se toma como referência fundamental para determinar a posição da *Fenomenologia*, no conjunto da obra de Hegel, a ruptura histórica decisiva entre o mundo das guerras napoleônicas em que o livro de 1807 foi produzido e publicado e o mundo da *Enciclopédia*, dez anos depois, marcado pela Restauração?

São perguntas que sublinham as *condições de produção* do texto: uma introdução é escrita antes daquilo que ela deve introduzir, a substância histórica e social do tempo presente se expressa em um diagnóstico de época solidário dessa intenção sistemática do livro. Essa nova maneira de olhar e de interpretar a *Fenomenologia* produz um deslocamento na maneira como a bibliografia sobre Hegel costuma formular os problemas da composição do livro e de sua posição relativamente à obra posterior. E tem ainda o potencial de iluminar de maneira nova as constelações que o livro de 1807 pode compor com os textos posteriores.

Também por essa razão, não se abre mão aqui de recorrer ao restante da obra para esclarecer o texto da *Fenomenologia* e da sua Introdução em particular.[15] Pelo contrário, essa perspectiva renovada constitui mesmo uma nova "ferramenta de seleção", um novo conjunto de critérios para a utilização de textos de maturidade que possam guardar, topicamente, afinidade com o que é entendido aqui como o modelo filosófico de 1807 em sua especificidade.[16] O que, aliás, é uma condição necessária tanto para a perspectiva interpretativa adotada aqui como para qualquer outra.

A Introdução à *Fenomenologia* ocupa um lugar estratégico nas diferentes maneiras de realizar a passagem entre o livro de 1807 (e mesmo todo o período de Jena) e a obra posterior. O caráter emblemático desse texto é ressaltado à exaustão pela bibliografia. É praticamente um consenso que o caráter por assim dizer metodológico – feitas todas as devidas ressalvas à utilização dessa expressão no caso de Hegel, o que a melhor literatura sempre faz – do texto o coloca em uma posição nevrálgica no desenvolvimento da filosofia hegeliana em seu conjunto. Segundo essa caracterização corrente, a Introdução apresentaria de maneira exemplar elementos duradouros do projeto hegeliano. Antes de tudo, por seu caráter sistemático, algo como um emblema do Sistema que viria a ser publicado em sua versão consolidada em 1817, com o aparecimento da *Enciclopédia das ciências filosóficas*. Mas igualmente por sua crítica à filosofia moderna da representação, ou pela ideia mais geral de negatividade, que permite compreender de maneira complexa noções tão essenciais como as de "negação determinada" ou mesmo de "movimento dialético". Trata-se de um texto, portanto, que se projeta, em muitos sentidos, para além da própria *Fenomenologia do espírito*, tal como publicada em 1807.

Tomar o texto da Introdução como objeto de um trabalho de análise e comentário tem aqui, portanto, o objetivo de confrontar em seu campo privilegiado um procedimento corrente e amplamente dominante nos estudos hegelianos, qual seja, o de atribuir legitimidade somente ao universo filosófico da maturidade como solo único a partir do qual o conjunto da obra hegeliana poderia e deveria ser entendido. Mas a diretriz adotada aqui se distancia em especial das interpretações que, dentro dessa vertente hegemônica, veem no texto da Introdução a "presença do absoluto", insistindo em que o decisivo está na pressuposição de que o processo fenomenológico se dá no éter da infinitude do saber, que só encontrou sua devida expressão na versão acabada do sistema filosófico hegeliano posterior a 1807. Mais do que pressupor que a *Fenomenologia* só se torna de fato compreensível em vista da filosofia sistemática da maturidade, que estaria de algum modo nela pressuposta, tais interpretações soterram o projeto fenomenológico debaixo de uma fundação metafísica inescapável.[17] Segundo o ponto de vista adotado aqui, esse tipo de pressuposição não é apenas supérfluo, é também prejudicial quando se pretende compreender a *Fenomenologia* em sua lógica própria e em seus potenciais para a compreensão do momento atual.[18]

Soldar a *Fenomenologia* à obra posterior (ou aos escritos anteriores, como se queira) é um procedimento que impede de ver que o *nascimento do novo* se dá em uma situação de descompasso entre uma consciência que ainda não está à altura da real novidade do seu tempo (que corresponderia ao que Hegel chama de consciência "natural") e aquela forma de consciência (chamada de "filosófica" pela bibliografia hegeliana) que alcançou uma compreensão de seu tempo em todos os seus potenciais. A *Fenomenologia* é o caminho que leva à forma de consciência que se encontrou consigo mesma em sua inteireza porque se encontrou com o seu próprio tempo na plenitude de seus potenciais. A esse caminho Hegel deu o nome de *experiência*.

*Ciência da experiência da consciência* foi o primeiro título escolhido por Hegel para o livro que posteriormente recebeu o nome de *Fenomenologia do espírito*. A consciência que está à altura de seu tempo é aquela que realizou a sua plena *formação*, aquela que se tornou científica, filosófica. Sendo a consciência essencialmente histórica, esse processo de "formação da consciência em ciência" (§ 5 do texto da Introdução), no caso da *Fenomenologia*, só pode ser devidamente compreendido em seu vínculo com o momento bélico-revolucionário da modernidade em que a obra foi produzida.[19] No § 15 da Introdução da *Fenomenologia*, ao tratar da "sequência das figuras em sua necessidade", Hegel afirma que "essa necessidade mesma ou o *nascimento* do novo objeto que se oferece à consciência sem que ela saiba como isso lhe ocorre é a que para nós se passa como que às costas da consciência". Esse "nós" designa aqui a "consciência filosófica". Hegel insiste todo o tempo em que essa "consciência filosófica" não interfere de nenhuma maneira no caminho que a "consciência comum" realiza por si mesma rumo ao pleno desenvolvimento de sua capacidade de apreender seus próprios potenciais teóricos e práticos, que são também e ao mesmo tempo potenciais teóricos e práticos do seu tempo histórico. O fato de a consciência comum fazer a experiência, mas, ao mesmo tempo, não conseguir compreendê-la em sua inteireza não deve ser entendido como resultado de ela estar apartada do "sistema filosófico" que já estaria "às costas" da *Fenomenologia* e que lhe daria, tudo somado, seu autêntico sentido. Essa caracterização da experiência fenomenológica está, ao invés, ligada, como diz o texto do Prefácio, à emergência de uma nova época na história da humanidade.[20]

O que a consciência não compreende no movimento que, no entanto, realiza por si mesma rumo a seu pleno desenvolvimento não se deve a um defeito qualquer em sua natureza, mas ao fato de que sua disposição está ainda em descompasso com a novidade revolucionária que se desenrola diante de seus olhos. A formação, o pleno desenvolvimento de seus potenciais nesse novo tempo, é uma necessidade que vem com os exércitos de Napoleão e com a nova ordem social que trazem. É assim também que a "consciência filosófica" não representa meramente a posição da melhor teoria, aquele ponto de vista privilegiado que se encontra unicamente na cabeça filosófica, mas é ela mesma resultado do movimento prático da modernidade em expansão bélica. São os limites da experiência histórica que estão em questão, um descompasso entre a consciência natural do velho tempo e a consciência filosófica do tempo novo que precisa ser elaborado. A *Fenomenologia* é essa elaboração.

\* \* \*

O exercício de delimitar a peculiaridade da *Fenomenologia*, seu alcance teórico como programa e como projeto exige primeiramente o estabelecimento de algumas balizas textuais. De um lado, o manuscrito de 1804-5 conhecido como *Jenaer Systementwürfe II*,[21] que não fornece ainda o Sistema, cuja formulação consolidada Hegel só publicaria em 1817. De outro lado, em 1812-3, a primeira edição dos dois primeiros livros da *Ciência da lógica*, cujo Prefácio, embora afirme a continuidade do projeto da *Fenomenologia*, registra já reservas em relação ao livro de 1807, um primeiro sinal de alerta de que algo tinha começado a se modificar no projeto. Posteriormente, nenhum outro texto afirmaria nesses termos esse vínculo com a *Fenomenologia*.[22]

Embora o objetivo seja estabelecer o diagnóstico de tempo e o modelo filosófico próprios desse período que vai das cercanias de 1806 a meados da década seguinte, é necessário recuar mais amplamente no tempo para apresentar, ainda que de maneira esquemática, os sucessivos diagnósticos de tempo e as correspondentes fases do pensamento de Hegel até a

*Fenomenologia*. Trata-se de um esquema interpretativo consolidado nos estudos hegelianos, segundo o qual o desenvolvimento intelectual inicial pode ser dividido em fases correspondentes aos períodos de residência nas cidades pelas quais o filósofo passou (I).

Em seguida, a segunda e mais longa etapa tratará do problema da posição específica que ocupa a *Fenomenologia* nessa caracterização mais geral, em que um diagnóstico de época de intenção sistemática é produzido em conjunção com um modelo filosófico que, pela primeira vez, tomou a modernidade como objeto por excelência da teoria. Esse momento vai procurar dar corpo às condições intelectuais de produção (muito mais do que às circunstâncias e peripécias *editoriais*, simplesmente) da *Fenomenologia*, ressaltando o papel estruturante desempenhado pelo fato de que Hegel dispunha quando muito de um sistema filosófico ainda em estado de esboço (II).

Esse objetivo geral exigiu, em primeiro lugar (II.1), a exposição sumária de alguns dos problemas clássicos dos estudos hegelianos no que diz respeito à posição da *Fenomenologia* no desenvolvimento intelectual de Hegel, de modo a construir o contraste com a interpretação proposta aqui. Tais problemas pressupõem o objetivo de compatibilizar (ou não) de alguma maneira a *Fenomenologia* com o restante da produção de Hegel. O que se propõe aqui, ao contrário, é abandonar tal pretensão nos termos em que ela é habitualmente colocada, mostrando que uma mudança de foco centrada na ideia de que se está a lidar com *diferentes modelos filosóficos* permite pela primeira vez entender a *Fenomenologia* em si mesma e por si mesma.

Essa argumentação mais geral requer o desenvolvimento, por sua vez, de dois aspectos que lhe são complementares. O primeiro aspecto (II.2) diz respeito a uma reconstrução do problema igualmente clássico do processo de composição do livro. Trata-se, antes de mais nada, de uma reconstrução sumária dos caminhos da bibliografia sobre esse tópico, incluindo suas mais recentes reviravoltas. Concentrar-se no processo de composição do livro costuma ser uma estratégia para não recair na pergunta pelas "verdadeiras intenções" de Hegel ao redigi-lo. Mas, como se verá, essa estratégia não é eficaz, não chega a resultados que podem ser considerados definitivos segundo seus próprios termos. Mais que isso, não consegue atingir aquilo que se toma aqui como a peculiaridade da *Fenomenologia*, a especificidade da *obra* e não da disposição mental de seu autor ao escrevê-la.

O segundo aspecto (II.3) da argumentação, consequentemente, concentra-se na reconstrução das condições intelectuais de produção da

*Fenomenologia*, procurando ressaltar o caráter de *projeto* e de *programa* do livro, ou seja, o fato de que foi escrito *em vista da* apresentação do Sistema da ciência. Se Hegel não dispunha então de um Sistema substantivamente desenvolvido, nem por isso a *Fenomenologia* deixa de adotar uma atitude compatível com uma situação teórica que tem esse Sistema como horizonte. Assim, o livro se projeta para além do seu próprio resultado, o que permite pensar uma atualização, tendo em vista suas afinidades com a produção no campo teórico-crítico no presente.

Em seguida, como quarto e último passo dessa seção (II.4), apresenta-se a posição específica que ocupa a Introdução à *Fenomenologia* no quadro teórico assim esboçado. São duas, basicamente, as exigências presentes nesse momento da argumentação. De uma parte (II.4.1), o exame do problema clássico da possibilidade em geral de uma "introdução" no caso da filosofia hegeliana, de modo a mostrar que o texto propriamente dito da Introdução à *Fenomenologia* ocupa aí uma posição bastante peculiar. E, de outra parte (II.4.2), o esclarecimento da posição que ocupa esse texto na economia geral do processo de produção intelectual do livro e a justificação de sua escolha em vista de um trabalho de análise e comentário.

Tal caracterização permite, em seguida (III), que seja retomado o fio dos sucessivos diagnósticos de tempo apresentados na primeira seção, a fim de mostrar como há uma mudança fundamental no diagnóstico de tempo de Hegel após a publicação da *Fenomenologia*, mudança que ocorre progressivamente e que se consolida após o fim do Congresso de Viena e a derrota definitiva de Napoleão. Com isso, pretende-se mostrar que não há razão para considerar que toda a obra a partir da *Fenomenologia* seria solidária de um diagnóstico de época que se manteria, no essencial, o mesmo.

Por fim (IV), oferecer uma interpretação que não tem por objetivo conciliar sistematicamente a *Fenomenologia* com a obra posterior, mas antes caracterizá-la como um *modelo filosófico distinto* daquele da *Enciclopédia* e de seus desdobramentos, pode ter consequências de interesse para o exame de certos aspectos do hegelianismo de esquerda e de sua posteridade. Em particular, para sua vertente conhecida como Teoria Crítica, cuja referência inaugural são os escritos de Max Horkheimer publicados na década de 1930. Tais consequências serão o objeto da última seção desta Apresentação. O exercício consiste em tentar remediar as dificuldades de reconstrução no detalhe do projeto e do programa da *Fenomenologia* mediante um salto à frente, de maneira indireta, pelo exame de casos exemplares de atualização do que se poderia chamar de um impulso fenomenológico. Este último passo é tanto mais necessário porque se constitui no horizonte do trabalho, a visada do esforço de tradução, análise e comentário do texto da Introdução à *Fenomenologia*.

## 1. A filosofia hegeliana como uma filosofia da modernidade: os sucessivos diagnósticos de tempo de Tübingen a Jena

A filosofia moderna não se ocupa apenas de apontar o erro das tentativas filosóficas anteriores, mas, sobretudo, pretende revelar a *fonte* do erro, ou, mais precisamente, a *necessária fonte* do erro, antes oculta pela ausência de exame crítico das capacidades propriamente humanas de conhecer e de agir. Mantendo-se fiel ao projeto moderno ao mesmo tempo em que tem clara a insuficiência desse paradigma nos termos em que foi formulado pelos seus mais destacados expoentes, Hegel toma por pressuposto e ponto de partida o "modo de pensar" próprio das posições filosóficas exemplares de seu tempo, posições que pouco a pouco mostrarão, em suas próprias deficiências e contradições, os potenciais de autossuperação e de autorrealização característicos da modernidade.

Se fonte do erro há (ou seja, se é ainda possível falar nesses termos), ela está em um "modo de pensar" que não está à altura dos potenciais de seu próprio tempo. Com Hegel, a filosofia toma seu próprio tempo como objeto primeiro e privilegiado de elaboração. É assim que consegue identificar o "erro" da filosofia moderna no bloqueio que ela mesma se impôs para compreender sua época em toda a sua amplitude. Trata-se de um bloqueio à reconstrução, à gênese e formação de suas próprias categorias. Com isso, Hegel realiza o projeto moderno de maneira peculiar: sua filosofia é sem pressupostos porque o que é pressuposto é negado e, ao ser negado, deixa de ser pressuposto – em um sentido tradicional de pressuposto, pelo menos.[23]

Para o Hegel da *Fenomenologia do espírito*, o que é submetido ao crivo purificador da negação não é meramente deixado para trás, mas igualmente se constitui, ao ser negado, em um novo ponto de partida, quer dizer, em uma nova posição passível de ser, por sua vez, objeto de negação. Essa foi a maneira peculiar como Hegel realizou o projeto filosófico moderno: só é possível produzir uma filosofia sem pressupostos se ela se produz a si mesma, se mostra como veio a ser, se se torna consciente de si mesma no sentido de ser capaz de reconstruir lógica e historicamente o seu próprio devir, vale dizer, se apresenta sua gênese e sua estrutura próprias.[24]

Isso quer dizer também que, para Hegel, "filosofia" é um emblema para sistematização do conhecimento do tempo presente. O objeto de Hegel é o conhecimento de seu tempo, a figura em que se cristaliza a ciência, mas também, de maneira mais ampla, a vida social, a arte e a cultura de seu tempo. A filosofia é um ponto de observação e de crítica privilegiado desse conjunto justamente porque capaz de sistematizá-lo a partir do cerne racional nele presente, conseguindo expor essa sua sistematicidade sob a forma de um diagnóstico de tempo. Daí que uma das fórmulas mais adequadas para descrever sua obra no conjunto seja a que ele apresentou muitos anos depois na *Filosofia do direito*, segundo a qual a filosofia é *"seu tempo apreendido em pensamentos"*.[25] Ou ainda: "Toda filosofia, exatamente porque apresentação de uma etapa de desenvolvimento determinada, *pertence a seu tempo* e está presa a sua *limitação*".[26]

Esse é o sentido fundamental do exercício da crítica para Hegel na *Fenomenologia do espírito*. A partir de um diagnóstico de época centrado na estrutura da filosofia moderna como síntese privilegiada do conhecimento de seu tempo, Hegel procura apontar os *entraves* autoimpostos pela lógica dessa maneira de pensar, que ele denomina "representação natural", expressão com que abre o texto da Introdução. Ao mesmo tempo, ao mostrar que se trata de entraves *autoimpostos*, abre a possibilidade de retirá-los, de maneira a que o projeto moderno possa se realizar em toda a sua amplitude. Ou como diz o último parágrafo da Introdução: "Impulsionando-se rumo a sua existência verdadeira, a consciência atingirá um ponto em que depõe sua aparência de ser afetada por algo de estranho".

Não é preciso concordar com Habermas em todos os aspectos de sua interpretação de Hegel para tomar como ponto de partida, como se faz aqui, sua caracterização da filosofia hegeliana como a filosofia inaugural da modernidade, no sentido de ser a primeira a fazer da modernidade o *objeto* por excelência da própria filosofia.[27] O mais importante aqui é uma consequência decisiva dessa posição, que é a necessidade de colocar em primeiro plano os diferentes diagnósticos de tempo que correspondem às diferentes fases e aos diferentes momentos do projeto teórico-político da modernidade. Afinal, se a filosofia é *"seu tempo apreendido em pensamentos"*, mudanças na posição de Hegel estão necessariamente vinculadas a mudanças de diagnóstico de tempo.[28]

Logo no início do capítulo II de *O discurso filosófico da modernidade*, Habermas afirma que Hegel "apoia-se tacitamente em seu diagnóstico da época do Esclarecimento; somente esse diagnóstico o autoriza a pressupor o Absoluto, a estabelecer a razão (diferentemente da filosofia da reflexão) como *poder da unificação*".[29] Para Habermas, é esse ponto que distingue Hegel de Kant, já que este "não sente *como* bipartições as diferenciações dentro da razão, nem as articulações formais dentro da cultura, nem, de uma forma geral, a clivagem dessas esferas.[30] Daí ignorar a necessidade que nasce das separações impostas pelo princípio da subjetividade. Essa necessidade impõe-se à filosofia logo que a modernidade se concebe como uma época histórica, ou seja, logo que toma consciência de que a sua separação de passados exemplares e a necessidade de criar a partir de si própria tudo o que é normativo são problemas históricos".[31] Por tudo isso, Hegel é o primeiro para quem a modernidade se tornou o problema central da própria filosofia. E é também o primeiro a ver o que mais tarde Max Weber irá chamar pelo nome: a modernidade vem de par com a autonomização das esferas de valor com suas legalidades próprias, o que, em última instância, apontaria para a ruína completa da unidade da razão pensada metafisicamente.[32]

No caso de Hegel – como, com diferenças, também no de Kant, como se indica adiante –, o diagnóstico de época é tarefa essencialmente filosófica, já que a filosofia é a forma de apresentação intelectual mais adequada da modernidade e, em especial, de seu programa político-intelectual, o Esclarecimento ou Iluminismo. No entanto, não se trata de restringir o esforço tematicamente a teorias filosóficas, mas de abranger, no limite, todos os domínios do conhecimento, da cultura e da vida social em sentido mais amplo. E isso tem consequências de grande alcance, entre elas, a de que o diagnóstico de época também espelha uma integração das ciências particulares realizada de maneira sistemática.[33]

Ao detectar uma relativa "inconsciência" de Kant em relação às cisões da modernidade, Habermas permite entender a limitação desse modelo filosófico fixado em um quadro sistemático-transcendental a-histórico. Mas, se Kant não colocou explicitamente na base de seu projeto filosófico um diagnóstico de época em sentido mais estrito, como o fez Hegel, isso não impede que se veja, sob o rótulo da expressão que criou, a "revolução no modo de pensar", o diagnóstico de época propriamente kantiano, que se desdobrou no projeto crítico em seu conjunto e se cristalizou em uma atitude peculiar em relação ao Esclarecimento.[34]

É essa maneira de proceder que vai caracterizar desde muito cedo o percurso de Hegel.[35] Segundo a Apresentação de Bernard Bourgeois à sua tradução do primeiro volume da *Enciclopédia*,[36] o entusiasmo pela Revolução Francesa marcou o período entre 1788 e 1793, em que Hegel frequentou o seminário em Tübingen, onde encontrou Schelling e Hölderlin. Por essa época, o grupo pregava uma revolução política total, cujo alvo era a restauração da pólis grega ou do cristianismo primitivo, totalidades éticas idealizadas que eram o pressuposto de todos os seus desenvolvimentos filosóficos de então. E Kant era o ponto de referência fundamental.

Entre 1793 e 1796, o chamado período de Berna, Hegel passa a defender a tese de que tal revolução só pode se dar se, ao mesmo tempo ou previamente, ocorrer uma reforma do homem interior, que lhe devolva o sentido da liberdade perdido na alienação dos tempos modernos. Hegel localiza essa reforma dentro da própria religião cristã; à maneira de Kant, entende que o cristianismo, uma religião da separação (transcendência de Deus, autoridade da Igreja etc.), deve se transformar em religião da liberdade. Representativos desse período são os textos "A positividade da religião cristã", escrito entre 1795 e 1796, e "O mais antigo programa do idealismo alemão", cuja datação é incerta, podendo ser tanto do período de Berna (1796) como do período seguinte (1797), quando Hegel já se encontra em Frankfurt.

No exame da obra de juventude de Hegel, Habermas toma primeiramente como fio condutor o tema do cristianismo primitivo. Hegel e seus companheiros de Tübingen tinham em mente uma figura de Jesus que procurava "incutir a moralidade na religiosidade de sua nação", como diz em "A positividade da religião cristã". Com isso, formula-se um curioso kantismo, que se põe a um tempo contra a ortodoxia luterana e contra o partido do Esclarecimento. Contra a ortodoxia luterana, porque a religião não pode se basear na autoridade nem em uma série de mandamentos e prescrições externas ao crente. Contra o partido do Esclarecimento, porque a razão não pode se transformar em um ídolo, em uma abstração que, como diria ainda uma vez Kant, pode facilmente levar à misologia. Por outras palavras, o coração sem a razão é cego; a razão sem o coração é vazia.

Entretanto, Hegel vê na razão tanto o momento de diferenciação das esferas da vida social como o momento de sua unificação. E, a esta altura, nada nos diz que Hegel esteja se distanciando de Kant. Pelo menos não no sentido duradouro do projeto de levar a filosofia kantiana à sua completa realização.[37] E, no entanto, mesmo se posicionando no campo de força da filosofia kantiana, este Hegel parece dissonante ao estabelecer os princípios do que seria uma autêntica religião popular. Como escreve Habermas, a ideia de Deus só pode conseguir executar e validar os direitos que a razão outorgou "se a religião penetrar o espírito e os costumes de um *povo*, se ela estiver presente nas instituições do Estado e na práxis da sociedade, se ela tornar sensíveis e incutir na alma o modo de pensar dos homens e os móbeis para os mandamentos da razão prática".[38] A presença da expressão "modo de pensar" nessa passagem não é, certamente, casual. Habermas está a lembrar outro autor que formulou sua filosofia em conexão estreita com seu próprio tempo. Esse programa político-filosófico se inspira abertamente em Rousseau, o que é uma preliminar importante para compreender por que essa *totalidade vital* visada e pressuposta por Hegel não poderá se sustentar nos limites estritos da filosofia kantiana.

Entre 1797 e 1800, Hegel está diante do que ficou conhecido como a crise de Frankfurt. Nesse período, prossegue identificando a filosofia à filosofia kantiana, mas, agora, para apontar as suas insuficiências. É então que surge uma das primeiras formulações do que viria a ser uma constante na trajetória de Hegel, a sua famosa crítica ao formalismo de Kant. Como escreve Bourgeois, "a liberdade, porque oposta à natureza como a razão à empiria, o racional ao positivo, o universal ao particular, é o contrário dela mesma, não liberdade, assim como a razão é o contrário dela mesma e o universal é o contrário de si mesmo".[39] Com o kantismo, torna-se impossível recuperar a vida bela, livre e feliz da Antiguidade, já que é impossível fazer ressurgir a partir dele a totalidade originária.

Mas é justamente nesse momento que Hegel passa a colocar em questão a possibilidade de fazer ressurgir o passado exemplar – seja o da pólis grega ou do cristianismo primitivo. Pois o desenvolvimento histórico concreto aponta para um homem moderno consciente de sua particularidade e de sua subjetividade, impedimento real à recriação da universalidade substancial da cidade divinizada. Mais ainda: foi a própria religião cristã que consagrou a cisão, ao distinguir o cidadão do crente. Como diz Lebrun,[40] a renúncia a este mundo considera inconciliáveis a fé em Deus e a vida na cidade, o ilimitado e a limitação.

Sendo assim, a realização da vida infinita, a existência total, não será obra nem do idealismo terrorista que faz violência à história (o período do Terror da Revolução Francesa) nem virá da reforma do homem interior em direção à origem perdida que torna a história decorrida um destino hostil (Rousseau). A realização da vida total não é mais um assunto do *Sollen*, do "dever ser" kantiano. Dentre os muitos textos significativos desse período, são emblemáticos desse novo posicionamento "O espírito do cristianismo e seu destino", escrito entre 1798 e 1800, e o "Fragmento de sistema", de 1800.[41]

Também as relações políticas e institucionais serão afetadas pela falta de vitalidade do mundo moderno. Segundo Habermas: "Tal como o espírito vivo do cristianismo primitivo deixou a religião tornada positiva da ortodoxia contemporânea, assim também na política 'as leis perderam a sua antiga vida, não soube a vivacidade dos nossos dias constituir-se em leis'".[42] Esta passagem de Hegel citada por Habermas, proveniente de "A Constituição da Alemanha" (na versão de 1801-2), mostra-nos que a "positividade" dos tempos modernos não atinge apenas a religião: a cisão entre o infinito de Deus e a finitude das práticas religiosas positivas também se exprime na cisão entre o indivíduo e a positividade jurídica que o rege.

Na leitura de Habermas, não falta muito para que Hegel enxergue nessas positividades o princípio nefasto da subjetividade, princípio dos tempos modernos, que "explica simultaneamente a superioridade do mundo moderno e sua vulnerabilidade à crise: este mundo experimenta a si mesmo como o mundo do progresso e ao mesmo tempo como o mundo do espírito alienado".[43] E, para Habermas, essa subjetividade detectada por Hegel tem quatro conotações básicas:

a) *individualismo*: no mundo moderno, a singularidade infinitamente particular pode fazer valer as suas pretensões; b) *direito à crítica*: o princípio do mundo moderno exige que o que deve ser reconhecido por cada qual se lhe apresente como legítimo; c) *autonomia do agir*: é característico dos tempos modernos querermos nos responsabilizar pelo que fazemos; d) por fim, a própria *filosofia idealista*: Hegel considera ser tarefa dos tempos modernos que a filosofia apreenda a Ideia que se sabe a si mesma. Os *acontecimentos históricos decisivos* para o estabelecimento do princípio da subjetividade são a *Reforma*, o *Esclarecimento* e a *Revolução Francesa*.[44]

São essas "experiências históricas vividas" que levaram Hegel a formular a ideia de razão como "poder da unificação". E o problema que delas surge, no jovem Hegel, põe-se no elemento do conflito entre a ortodoxia religiosa e o Esclarecimento, e implica que Hegel mostre "como a supressão da positividade pode ser explicada a partir do mesmo princípio a que a positividade deve a sua existência".[45] Em conformidade com o duplo objetivo da estratégia argumentativa habermasiana, não se trata de já ir direto à solução do Hegel da maturidade. Trata-se antes de seguir o processo de *formação* da solução hegeliana, de maneira que a *gênese* revele não apenas a sua historicidade, mas eventualmente as suas fissuras.

Daí que Habermas escreva: "Em seus primeiros escritos, Hegel opera com o poder reconciliante de uma razão que não se deixa deduzir sem saltos da subjetividade".[46] Ou seja, ele está dizendo que os escritos de juventude não só prepararam a solução da maturidade, como esboçaram caminhos que foram abandonados por Hegel e não coincidiam inteiramente com a formulação posterior do espírito absoluto. E, ao mesmo tempo, Habermas sustenta que, a partir da *Fenomenologia*, Hegel defenderia uma razão que se deixaria "deduzir sem saltos da subjetividade". E a passagem fundamental aqui é a seguinte: "Hegel não pode obter o aspecto da reconciliação, i.e., a restauração da totalidade cindida, a partir da autoconsciência ou da relação reflexiva do sujeito cognoscente consigo".[47]

O exemplo neste ponto é o do criminoso. Ao praticar o crime, ele coloca sua particularidade no lugar da totalidade ética em que todos satisfazem as suas necessidades sem lesar os interesses de terceiros. O criminoso interpreta a pena que lhe sobrevém como destino hostil. No entanto, ele

> tem de sentir como necessidade histórica de um destino o que na verdade é apenas o poder reativo da vida reprimida e perdida. Esse poder deixa o culpado sofrer até que reconheça na destruição da vida alheia a falta da própria vida, no abandono da vida alheia a alienação de si mesmo. Nesta causalidade do destino, o elo quebrado da totalidade é levado à consciência. A totalidade cindida só pode ser reconciliada se da experiência da negatividade da vida cindida surgir a nostalgia [*Sehnsucht*] da vida perdida.[48]

O importante aqui, na argumentação de Habermas, é que essa totalidade não pode ser deduzida sem mais da subjetividade, seja qual for o seu princípio. Trata-se antes de uma comunidade intersubjetiva ideal que é posta como padrão de medida da inadequação de uma subjetividade que pretende se sobrepor à totalidade ética. Mais que isso, Habermas mostra que a própria relação sujeito-objeto, na visão do jovem Hegel, é produto dessa alienação da vida coletiva, da separação de um mundo da vida compartilhado intersubjetivamente. Neste momento, Hegel apresentaria uma dissonância em relação ao projeto de autofundação da modernidade: não só porque abandona claramente a filosofia prática kantiana, como porque não pretende superar a subjetividade a partir dela própria.

No entanto, essa posição só é possível porque Hegel teria buscado em um passado exemplar essa totalidade pressuposta, seja nas comunidades cristãs primitivas, seja na pólis grega. Entretanto, dois movimentos teóricos teriam vindo abalar esse pressuposto. Em primeiro lugar, a compreensão profunda de que a modernidade é produto da autorreflexão, de maneira que o projeto de autofundação impede o recurso a passados exemplares. Em segundo lugar, Hegel passa a se familiarizar com a economia política, o que o leva a reconhecer a radical novidade da sociedade civil, que não encontra paralelo em nenhum outro momento histórico, exemplar ou não. Nem mesmo o período de decadência do Império Romano pode servir de modelo, como Hegel pensara até então. Como conclui Habermas: "Esta pode ser a razão pela qual Hegel não continuou perseguindo as pistas de uma razão comunicativa, claramente presentes em seus escritos de juventude; pode ser a razão pela qual desenvolveu, no período de Jena, um conceito do absoluto que lhe permitiu, nos limites da filosofia do sujeito, romper com os modelos do cristianismo antigo – ao preço, é certo, de um outro dilema".[49]

Ou seja, tomando como fio condutor a expressão "poder da unificação", que surge em uma passagem de *Diferença dos sistemas de filosofia de Fichte e de Schelling* (o chamado *Differenzschrift*), de 1801,[50] publicado, portanto, pouco menos de um ano depois da chegada de Hegel a Jena, Habermas reconstitui o projeto filosófico hegeliano da modernidade em suas muitas possibilidades de desenvolvimento, o que inclui aquela seguida pelo próprio Hegel a partir de 1807, a partir da publicação da *Fenomenologia do espírito*. Vale dizer, a de um desenvolvimento fundado em um "conceito do absoluto" preso ainda aos "limites da filosofia do sujeito" que, segundo Habermas, levou a "um outro dilema".

Mas esse desenvolvimento posterior de Habermas levaria muito longe da reconstrução dos sucessivos diagnósticos de tempo de Hegel até a *Fenomenologia*. O que importa mais diretamente aqui é que Hegel concebe a razão como "poder da unificação" com o intuito de se opor às "subjetividades" da razão moderna. Essa maneira de apresentar o problema, segundo Habermas, faz com que Hegel opere em um campo teórico delimitado por dois grandes marcos. Por um lado, a filosofia hegeliana não pode ignorar a revolução kantiana, de modo que dessa necessidade de unificação nasce um novo instrumento, a dialética, esforço de reconstituição de uma razão e de um mundo cindidos. Por outro lado, essa dialética tem no seu coração o problema da modernidade, que não é outro senão o do Esclarecimento e de suas experiências históricas concretas.

Daí que Habermas escreva: "O que encorajou Hegel a *pressupor* um poder absoluto de unificação foram, portanto, menos argumentos do que experiências históricas vividas – a saber: aquelas experiências de crise da história de seu tempo que ele reuniu e elaborou em Tübingen, Berna e Frankfurt, e que levou consigo para Jena".[51] Habermas pretende mostrar que a solução hegeliana da maturidade – i.e., da *Fenomenologia do espírito* em diante – significa uma desagudização da crítica, resultado que irá marcar a posteridade e, indiretamente, será um dos elementos importantes a explicar o esgotamento do projeto moderno fundado no "paradigma da filosofia da consciência".[52]

O curioso, entretanto, é que, após ter caracterizado Hegel como o filósofo por excelência da modernidade, tendo feito com que cada fase de seu período de juventude corresponda a diferentes diagnósticos de época e, portanto, a diferentes soluções teóricas, Habermas acabe por caracterizar toda a obra a partir de 1807 como um *continuum*, como um desdobramento único, ainda que com ajustes, de *um mesmo* projeto. Pois é a própria caracterização que dá Habermas do percurso de Hegel que impõe a conclusão de que mudanças no diagnóstico de tempo devem corresponder a mudanças de modelo filosófico. E, no entanto, Habermas em nenhum momento dá indicações de por que se deveria pressupor essa estabilidade e constância no diagnóstico de época de 1807 em diante. Tal pressuposto é tomado como autoevidente. E, no entanto, como já mencionado, são conhecidas e documentadas as importantes divergências entre o projeto de Sistema da ciência que a *Fenomenologia* tem em seu horizonte e o rumo que o pensamento de Hegel tomou a partir da *Enciclopédia*. Seguir de maneira consequente o raciocínio proposto pelo próprio Habermas exigiria pelo menos supor que tenha havido uma relevante mudança de diagnóstico de tempo entre o universo de 1807 e aquele da segunda metade da década de 1810.[53]

O capítulo "Análise e comentário" não se ocupa diretamente de mostrar as decisivas mudanças de diagnóstico de tempo que ocorrem após a publicação da *Fenomenologia*, ao longo da década de 1810, em especial. Por isso, é importante pelo menos indicá-las em suas grandes linhas, de maneira a ajudar a esclarecer, por contraste, o horizonte da obra de Hegel em que se move a interpretação do texto da Introdução à *Fenomenologia* defendida aqui. Apresentar as razões que levaram Hegel a abandonar o diagnóstico de época próprio da *Fenomenologia* em favor daquele que por fim veio a configurar sua filosofia de maturidade – cuja primeira fase, pelo menos, se cristalizou em torno da *Filosofia do direito*, de 1821 – é o mesmo que mostrar a diferença entre o que se chamará adiante de "modernidade napoleônica" (como sedimentação institucional da Revolução Francesa) e uma "modernidade normalizada" (típica do período da Restauração, cujo marco inaugural é o Congresso de Viena, encerrado em 1815).

Apresentar as condições intelectuais concretas em que Hegel produziu a *Fenomenologia* não é, entretanto, uma tarefa que se limita à apresentação do diagnóstico de tempo do livro de 1807. Inclui igualmente o elemento decisivo da apresentação do projeto e do programa do Sistema da ciência de então que acompanham esse mesmo diagnóstico de tempo e que se vinculam a uma teoria da experiência peculiar e original. Por essa razão, antes de mostrar as mudanças relevantes no diagnóstico de época que levaram Hegel a abandonar o modelo filosófico da *Fenomenologia* (seção III), a próxima seção se ocupará de caracterizar esse modelo em seus traços fundamentais, o que exigirá igualmente um confronto cerrado com problemas clássicos da interpretação da filosofia hegeliana.

## II. Como escrever uma "introdução" e "primeira parte" de um Sistema em estado de esboço: as condições intelectuais de produção da *Fenomenologia do espírito*

Tomar a *Fenomenologia* na especificidade das condições concretas em que foi produzida traz para o primeiro plano elementos triviais, factuais. O mais saliente deles: trata-se de um livro escrito antes da apresentação do Sistema da ciência, antes mesmo que as bases desse Sistema estivessem solidamente estabelecidas e desenvolvidas. Chama a atenção que essa trivialidade pareça ter sido sistematicamente ignorada pelos comentários. Isso talvez se deva ao fato de que tomar a *Fenomenologia* por si mesma, interpretá-la segundo as condições concretas em que foi produzida, faz com que ela passe de fato a ocupar um lugar bastante peculiar e muitas vezes solitário no contexto da obra e da trajetória intelectual de Hegel. A *Fenomenologia* deixa de se comunicar com a obra posterior sob alguns aspectos importantes. O que não significa, entretanto, que a visão alternativa proposta neste livro possa prescindir da apresentação e reformulação de questões clássicas dos estudos hegelianos.

É assim que, começando pela posição do livro de 1807 na obra de Hegel (II.1) e passando pelas intricadas discussões de seu processo de composição (II.2), será possível enfrentar na sequência o problema clássico do "começo" na filosofia hegeliana (II.4.1), requisitos para estabelecer de maneira adequada a natureza e a posição próprias do texto da Introdução (II.4.2). Em meio a esse enfrentamento dos tópicos clássicos da literatura sobre Hegel, será apresentada, no mais longo desenvolvimento dessa seção (II.3), a caracterização do modelo filosófico próprio da *Fenomenologia* segundo seus elementos de projeto e de programa.

### II.1 Apresentação sumária da posição da *Fenomenologia do espírito* no desenvolvimento intelectual de Hegel

Ao final do Prefácio à primeira edição da Lógica (W. 5, p. 18), a *Fenomenologia* ainda é designada como "primeira parte *do Sistema da ciência*" à qual se seguirá uma "segunda parte", que deverá conter "a Lógica e as duas ciências reais da filosofia, a Filosofia da natureza e a Filosofia do espírito", concluindo, assim, o Sistema da ciência. Essa continuidade entre o universo teórico de 1807 e o de 1812 é também atestada pela argumentação de Gustav-H. H. Falke, que, tratando da primeira edição da *Ciência da lógica*, mostra o quanto esta "segue, o que é raramente notado, a exata linha de argumentação" da *Fenomenologia*.[54]

Já na edição de 1817 da *Enciclopédia*, a *Fenomenologia* está na terceira parte do livro, na "Filosofia do espírito", cuja primeira parte é "O espírito subjetivo", da qual o segundo momento é "A consciência". Essa posição já indica, portanto, que o livro perdeu o caráter autônomo, de "introdução" e "primeira parte" do Sistema, que Hegel lhe tinha atribuído em 1807. Já na edição de 1827 da *Enciclopédia*, a *Fenomenologia* aparece como o segundo momento ("B. A fenomenologia do espírito. A consciência") da primeira seção ("O espírito subjetivo") da terceira parte do livro ("A filosofia do espírito"), entre "A. Antropologia. A alma" e "C. Psicologia. O espírito". Com isso, a "Fenomenologia" se limita à "Consciência", cujos momentos são "A consciência enquanto tal", "A consciência de si" e "A razão", não abrangendo mais, dessa maneira, como ainda em 1807, os últimos capítulos "O espírito", "A religião" e "O saber absoluto".

O exame das menções à *Fenomenologia* em obras publicadas em vida mostra o processo de transformação do próprio entendimento do autor sobre o livro. A primeira mudança significativa de posição surge na "Anotação" ao § 36 da primeira edição da *Enciclopédia* (GW 13, p. 34), em que Hegel escreve: "Tratei anteriormente da *Fenomenologia do espírito*, a história científica da *consciência*, como sendo a primeira parte da filosofia, em que ela deveria preceder a ciência pura, pois que é o engendramento de seu conceito. Mas, ao mesmo tempo, a consciência e sua história, como no caso de qualquer ciência filosófica, não é um começo absoluto, mas um elo na cadeia da filosofia". Trata-se já de uma relativização do papel da *Fenomenologia*, que perde assim o seu caráter de "primeira parte". Além disso, a sequência do texto lhe retira, de certa maneira, também o caráter de "introdução", já que levanta a possibilidade de que também "o ceticismo" seja uma "tal introdução", "como uma ciência negativa, atravessada por todas as formas do conhecer finito". Ainda que não se mostre como uma possibilidade superior à *Fenomenologia* (já que seria um "caminho em que não há regozijo", "*ein unerfreulicher Weg*"), a menção ao ceticismo pelo menos indica que o livro de 1807 pode ser "uma melhor propedêutica, mas de maneira alguma a única, o que seguramente a distingue das partes do sistema da *Enciclopédia*".[55]

Essa redução da importância da *Fenomenologia* se acentua ainda mais nos últimos anos de vida de Hegel e culmina na "Anotação" ao § 25 das edições de 1827 e 1830 da *Enciclopédia* (W. 8, pp. 91-2), em que se aponta para o caráter "mais intrincado" (*verwickelter*) da apresentação daquela "introdução" (i.e., à *Fenomenologia*). Bernard Bourgeois formula o nó do problema do ponto de vista do Hegel da maturidade: "É a totalidade da experiência do espírito que exigia ser convocada em uma introdução efetiva da consciência à ciência especulativa".[56] Ou seja, Hegel apontaria aqui uma confusão de perspectivas (da "consciência" e do "espírito") que teria por fim tornado ainda mais complicada a exposição, fazendo com que partes concretas que pertenceriam ao Sistema da ciência propriamente dito fossem desenvolvidas já na própria *Fenomenologia*, que deveria ser "apenas" a "introdução" ao mesmo "Sistema".[57]

Por fim, em uma nota ao final do Prefácio da edição de 1831 da *Lógica do ser* (W. 5, p. 18), Hegel anuncia que, na nova edição da *Fenomenologia* (cuja publicação ele prevê então para a Páscoa do ano seguinte), não mais será utilizado o título original *Primeira parte do Sistema da ciência*. E acrescenta: "No lugar de tal projeto [*Vorhaben*] evocado de uma segunda parte que deveria conter o conjunto das demais ciências filosóficas, deixei vir à luz desde então a *Enciclopédia das ciências filosóficas*, cuja terceira edição foi publicada no ano passado".[58]

São indicações de que o livro de 1807, na sua totalidade, não encontra seu lugar na obra de maturidade senão mediante sobreinterpretações, reconstruções realizadas pela literatura sobre o conjunto da obra de Hegel. Ao final, o acabamento do sistema (na versão que, por fim, recebeu na *Enciclopédia*) significou o abandono não apenas do "projeto de Sistema" que sustentava a produção da *Fenomenologia*, mas também da própria necessidade de uma "primeira parte" do Sistema da ciência, pensada em termos de uma sua "introdução". Nesse sentido, nada mais coerente com a perspectiva de uma leitura tradicional, etapista, da obra de Hegel do que *neutralizar* a *Fenomenologia* de 1807 a partir de uma interpretação da metáfora da "viagem de descoberta" em termos de uma primeira viagem exploratória, válida por si mesma, mas, ao mesmo tempo, dispensável depois de alcançado o elemento do espírito. No mesmo sentido tende a ser interpretada a metáfora da "escada", utilizada no Prefácio.[59]

Desse ponto de vista estabelecido da interpretação da *Fenomenologia*, o debate em torno do processo de redação do livro costuma surgir como campo privilegiado de demonstração dessa tese. Por isso, ainda que as condições intelectuais de produção da *Fenomenologia*, a partir das quais se quer interpretá-la, não se confundam sem mais com as peripécias do processo de redação do livro, é importante e necessário retomar, mesmo que brevemente, os principais elementos desse processo. Não se pretende com isso apenas mostrar como a interpretação proposta aqui se conecta com a tradição dos estudos hegelianos. Ao final, pretende-se alcançar um sentido mais amplo do que o de uma discussão biográfico-filológica, ainda que esta seja incontornável em qualquer estudo sobre a *Fenomenologia*.

## II.2 Notas sobre o processo de composição da *Fenomenologia do espírito*

É longa, intrincada e complexa a história da controvérsia em torno da composição da *Fenomenologia*.[60] Começando pela reunião de elementos factuais incontroversos, segundo a descrição sumária de Ludwig Siep, é possível estabelecer as seguintes balizas no processo final de produção do livro: "Como podemos saber a partir dos anúncios de cursos de Hegel em Jena, ele planejou a publicação do conjunto de seu sistema ainda no ano de 1805. Já em fevereiro de 1806, entretanto, inicia-se a impressão de um livro que deve conter a primeira parte do Sistema da Filosofia, ou da 'Ciência'. Esta primeira parte tem o título de *Ciência da experiência da consciência*, um título que Hegel substituiu por *Fenomenologia do espírito* durante a impressão".[61]

Hegel pretendia entregar o restante do manuscrito até a Páscoa do mesmo ano de 1806, mas só conseguiu terminá-lo em outubro. A impressão da obra só se concluiu em fevereiro de 1807. O caráter frenético da redação nada tem de casual. Faz parte da aceleração histórica própria do tempo. Diz a lenda – que o próprio Hegel ajudou a construir, aliás –[62] que a redação do livro foi terminada de afogadilho, "à meia-noite que antecedeu a batalha de Jena" e que precedeu a própria pilhagem de sua casa pelos exércitos de Napoleão.

No projeto de Sistema da ciência de Hegel em 1807, a *Fenomenologia* constituiria a "primeira parte",[63] ou ainda, de acordo com a folha de rosto da primeira versão impressa (e de fato inserida em alguns exemplares que circularam), uma parte que deveria se chamar "Ciência da experiência da consciência".[64] Além disso, há uma divisão em capítulos que, no sumário acrescentado posteriormente, recebeu dois tipos de agrupamento superpostos (com a utilização simples ou dobrada das letras A, B, C e D) e que não é reproduzida no texto.[65] Essa multiplicidade de caracterizações ocupou muito os comentadores. Não só pelas dificuldades de exegese do conjunto de peripécias de redação e de impressão do livro, mas também pelo já mencionado problema teórico mais fundamental do "começo" na filosofia hegeliana.[66]

Na avaliação de conjunto de H. S. Harris, esse enredo de circunstâncias teria resultado no seguinte:

> Ao final, a pressão de um prazo também encurtou o livro. Parece certo que o capítulo sobre o "Espírito absoluto" teria sido mais longo e teria contido mais material do curso de história da filosofia do que tem, não fosse pela promessa de Niethammer – em nome de Hegel – de que o manuscrito estaria nas mãos do editor em 18 de outubro de 1806 [ver GW 9, p. 462]. Naquela data, o próprio Niethammer teria de pagar o custo do que já havia sido impresso se Hegel não cumprisse o prazo. Hegel ouviu os canhões da batalha de Jena com a última parte do seu texto no bolso. Ele não ousou enviá-la e estava profundamente angustiado com

a possibilidade de que a parte anterior (já enviada) viesse a se perder por causa da interrupção das comunicações por razões militares. Suponho que devamos nos dar por satisfeitos por ter os capítulos VII e VIII em qualquer forma que seja.[67]

Na consideração dessa diferença de aproximadamente seis meses entre o prazo que se havia dado o próprio Hegel (abril de 1806) e o momento da conclusão efetiva do texto (outubro de 1806) ganha grande destaque na bibliografia a minuciosa e original reconstrução de Eckart Förster, que viu aí também ele a possibilidade de explicar, entre outras coisas, a decisão de Hegel de alterar o título do livro a meio caminho, de *Ciência da experiência da consciência* para *Fenomenologia do espírito*. As reviravoltas e o grau de detalhamento da argumentação de Förster dificultam qualquer resumo de dimensões razoáveis. Tanto mais que sua interpretação, se confirmada por investigações posteriores, muda em pontos importantes a compreensão que se tinha até então de alguns aspectos do processo de redação da *Fenomenologia*, especialmente no que diz respeito a esse período final.[68]

Não há por que negar plausibilidade a muitos dos indícios apresentados por Förster. Mas há pelo menos dois pressupostos não tematizados em sua posição (e no conjunto da bibliografia, até onde sei) que neutralizam qualquer efeito que poderia ter a mudança de visão que propõe para a interpretação defendida aqui. O primeiro pressuposto é simples e direto: a *Fenomenologia* só adquire seu autêntico e verdadeiro sentido em vista da obra posterior.[69] Já o segundo pressuposto exige uma reconstrução um pouco mais longa, que deverá servir também como um delineamento do problema mais geral da integridade arquitetônica do livro de 1807.

O contrato com o editor Goebhardt previa uma obra de título *Sistema da ciência*, composta de duas partes, sendo a primeira a "Ciência da experiência da consciência" e a segunda a "Lógica". Como se supõe habitualmente na bibliografia, a primeira parte corresponderia ao que foi publicado como a seção "Razão", ponto em que deveria, então, começar a segunda parte, a "Lógica". Não foi isso, entretanto, o que aconteceu. Em lugar da "Lógica", o que Hegel teria enviado como último lote para ser impresso seriam os três últimos capítulos que compõem a obra acabada, cuja extensão, aliás, excede o conjunto das demais seções do livro. Daí ser comum também chamar esta última seção de "segunda parte" da *Fenomenologia*, mesmo não havendo nenhuma indicação expressa de Hegel nesse sentido.

Essa suposta mudança nos planos originais se constituiu, desde pelo menos os anos 1930, quando Theodor Haering formulou pela primeira vez a tese,[70] na encruzilhada preferencial de todas as interpretações do livro. Ou, pelo menos, daquelas interpretações que se põem como questão principal a da unidade sistemática interna da obra. Vem daí o mal-estar mais ou menos consensual de não se saber bem o que fazer com a "segunda parte".

O fio condutor da nova interpretação proposta por Förster está na nova posição que encontrou para o fragmento não acolhido na obra impressa e conhecido como "C. A ciência" (GW 9, pp. 438-43), um manuscrito tido pelos editores até ali como um esboço do capítulo final do livro, pertencente, portanto, em termos temáticos, a "O saber absoluto" (GW 9, pp. 467-8). Förster mostra, ao contrário, que esse fragmento só pode ser pensado no contexto do capítulo V ("Certeza e verdade da razão"), em sua relação com a terceira parte efetivamente publicada ("C. A individualidade que é para si real em si e para si mesma"). Reconstrói o conflito com o editor, a quantidade de cadernos já impressos e conta mesmo o número total de linhas do fragmento "C. A ciência", de maneira a se perguntar pela posição que poderia ocupar (ou ter ocupado, no caso de o fragmento eventualmente já ter sido impresso na primeira leva, em fevereiro de 1806) no conjunto de que dispunha Hegel no momento crítico da premência para terminar o livro. E mostra, em termos de conteúdo argumentativo (especialmente mediante recurso a GW 9, p. 438), que o fragmento "resume o movimento do espírito da consciência infeliz através das três estações da Razão até o ponto atual",[71] o que estabeleceria que "'C. A ciência' foi planejado como o último capítulo da 'Ciência da experiência da consciência'".[72]

Com isso, Förster pretende mostrar que a súbita mudança de planos – de um livro em duas partes, cuja segunda parte seria a "Lógica", para uma "Fenomenologia do espírito" – teria exigido uma nova redação do final da seção "Razão", de maneira a compatibilizá-la com as necessidades do novo conjunto. É assim que o fragmento "C. A ciência" daria testemunho do antigo projeto, já que seria a transição (faltante) para a "Lógica". Seu abandono e sua substituição pelo texto efetivamente publicado indicariam o novo projeto de um livro agora dividido em duas partes, ao qual cabe, portanto, um novo título: *Fenomenologia do espírito*. Entende-se, portanto, por que a interpretação de Förster pode potencialmente mudar a compreensão tanto do conjunto da seção "Razão" como da divisão em duas partes que teria se concretizado no processo final de redação.[73]

A detalhada e engenhosa interpretação de Förster não põe em questão – antes pelo contrário – a fragilidade do único indício que se tem de que o plano original da *Fenomenologia* deveria alcançar apenas o que são hoje as suas cinco primeiras seções. Tal indício decorre de uma ilação a partir do testemunho do filho de Hegel, Karl, em 1887 (ele mesmo nascido em 1813), segundo o qual o pai teria reclamado os honorários correspondentes à "impressão de metade da obra".[74] E essa ilação, por sua vez, está na origem das variadas versões da ideia de que a unidade da *Fenomenologia* é, em maior ou menor grau, problemática. Desnecessário dizer que o caráter problemático da *Fenomenologia* vem de mais longe. Decorre, na verdade, de que ela é em geral interpretada tomando-se de empréstimo as lentes do Sistema posterior.

Ou seja, no fundo, toda e qualquer tentativa de imaginar que o processo de redação do livro "escapou ao controle", tendo sido afetado por uma mudança de concepção a meio caminho – seja por Haering, por Pöggeler, por Heinrichs, por Förster, ou por qualquer outro estudioso eminente – envolve uma busca pelo que seria a "real intenção" de Hegel na *Fenomenologia*, busca sempre acompanhada de suposições mais ou menos bem fundamentadas. Uma tentativa como essa tem igualmente de pressupor que a unidade da obra é, em maior ou menor grau, problemática – o que acarreta, no mais das vezes, outra pressuposição, a de que o autêntico sentido do livro de 1807 só pode ser dado pela obra posterior.

Nada mais distante da interpretação proposta aqui. A argumentação apresentada até agora pretendeu indicar que é justamente esse enorme conjunto de suposições e de pressupostos o que impede concretamente que se busque a unidade *própria* do *livro* (e não das supostas intenções de seu autor), aquela que pode ser reconstruída mediante o afastamento de projeções que emanam seja da obra posterior, seja do Sistema tal como esboçado nos últimos anos de Jena. Uma interpretação nesses moldes segue a trilha aberta por Fulda, para quem a "apresentação do saber fenomênico" prossegue até o final do livro e constitui o princípio de sua unidade.[75]

É uma interpretação que busca dar conta, por exemplo – o que a bibliografia não costuma fazer –, de explicar a afirmação do capítulo final, "O saber absoluto", segundo a qual "nada é *sabido* que não esteja na *experiência*" (W. 3, p. 585; FE, p. 539). Ou seja, se a "experiência" segue até o capítulo final, é ela a noção-chave para compreender o conjunto do livro em sua unidade e sistematicidade. Tal compreensão, por sua vez, só se dá se o fio condutor da interpretação for aquele colocado desde a Introdução, o da "apresentação do saber fenomênico".

### II.3 A *Fenomenologia do espírito* como projeto e como programa

Por necessário e instrutivo que seja reconstruir no detalhe as circunstâncias de redação e de publicação da *Fenomenologia*, o importante para o argumento desenvolvido aqui está nos elementos dos quais se pode ter certeza de que condicionaram formalmente a escrita. Do ponto de vista do grau de sistematicidade de que partiu Hegel, um olhar de conjunto sobre o manuscrito de 1805-6 conhecido como *Jenaer Systementwürfe III: Naturphilosophie und Philosophie des Geistes* pode mostrar qual era então o estágio de desenvolvimento em que se encontrava o projeto hegeliano.[76]

Uma longa e instrutiva passagem de Terry Pinkard pode servir de guia para visualizar o processo de redação de um ponto de vista que vai além das peripécias editoriais e aponta para a peculiaridade do livro de 1807. Tendo em vista o material de que Hegel efetivamente dispunha no momento em que redigiu a *Fenomenologia*, Pinkard sintetiza o processo nos seguintes termos:

> Apesar de sua forma antes telegráfica, fragmentada, essas notas de curso tornam afinal claro que Hegel tinha chegado em sua própria cabeça a uma resolução com respeito à figura que deveria ganhar o seu sistema. Haveria uma introdução, uma maneira de guiar o leitor à filosofia, a qual, obviamente, começaria pela "consciência sensível imediata". Seguiria, então, para a maneira pela qual temos de fazer juízos sobre a natureza – para a "expressão da Ideia nas figuras do ser imediato" – e seria seguida por um tratamento do espírito como figurando-se a si mesmo em um "povo". Culminaria, então, com uma seção sobre a reflexão da filosofia sobre seu papel em todo o processo, sobre como torna inteiramente explícito o que tinha sido apenas implícito em todas as divisões precedentes. A tarefa da filosofia seria, com isso, a de articular o "todo" em termos do qual temos de nos situar e nos orientar a nós mesmos de maneira a fazer os juízos que temos de fazer. Primeiramente, Hegel pareceu pensar que isso exigia apenas alguns ajustes menores no "sistema" que ele tinha concebido em 1805-6 e que serviria como uma boa introdução a

esse "sistema". Tendo feito a introdução, ele poderia então se dedicar a terminar sua "lógica" – da qual, em 1805-6, ele muito provavelmente tinha um bom esboço (perdido desde então) –[77] e seguir com a "filosofia do real" (a filosofia da natureza e a filosofia do "espírito" que ele tinha concebido nos seus cursos de 1805-6). Quando iniciou esse projeto, ele não sabia que [...] sua concepção de uma rápida introdução ao "Sistema" ruiria e que ele seria forçado a começar de novo. Desta vez, entretanto, seus insucessos levaram à sua obra-prima, à *Fenomenologia do espírito*.[78]

Também Pinkard busca reconstruir o que seria a "real intenção" de Hegel ("tinha chegado em sua própria cabeça etc."). E também não procura escapar ao pressuposto comumente aceito de que, em seu processo de produção, a *Fenomenologia* acabou por "fugir ao controle".[79] Mas, lida a contrapelo, essa sua reconstrução do processo de produção do livro ajuda a entendê-lo segundo a lógica que lhe é própria, como um modelo filosófico que não perde sua especificidade a não ser que seja neutralizado pelo recurso à obra posterior. E ler a contrapelo, nesse caso, envolve começar por um reparo que talvez possa permitir avançar na caracterização desse modelo filosófico dos "insucessos" de Hegel – para retomar a expressão irônica do próprio Pinkard.

A passagem citada afirma que o projeto da *Fenomenologia* "obviamente, começaria pela 'consciência sensível imediata'". A afirmação ganha em precisão se vier acompanhada de outra: o livro de 1807 não foi escrito para uma consciência (a "consciência natural") que se encontraria no *nível teórico* do primeiro capítulo do livro, no nível teórico da figura da "certeza sensível". Ao contrário, o texto da Introdução demonstra que o livro foi escrito para uma consciência *moderna*, dotada do que Hegel denomina representação natural do conhecer. Ou, como escreve Amelia Podetti: "É certo: a *Fenomenologia* não descreve a primeira formação de conceitos, o salto do pré-conceitual ao conceitual; parte de um determinado nível de consciência, já muito avançado; não toma o processo desde sua origem primeira, mas o toma em um nível em que a existência bruta já foi transformada em substância espiritual; de como aconteceu essa primeira negação, a *Fenomenologia* não nos informa".[80]

A interpretação de Podetti representa aqui uma exceção. Apesar de relativamente trivial, o fato de a *Fenomenologia* não começar com seu primeiro capítulo, a "Certeza sensível", mas com uma Introdução, é muito raramente enfatizado, e mais raramente ainda discutido em suas consequências, nas interpretações disponíveis. A existência da Introdução como elemento central da construção do livro e do projeto que o anima mostra que, ao contrário do Sistema, tanto o diagnóstico de época quanto uma reconstrução da filosofia moderna de intenção sistemática se encontravam já em um estado de alto grau de elaboração naquele momento. E, como talvez nenhum outro, o texto da Introdução à *Fenomenologia* dá testemunho emblemático do alto grau de elaboração do diagnóstico de época de intenção sistemática a partir do qual Hegel estabeleceu o próprio percurso fenomenológico e a "certeza sensível" como a primeira figura desse percurso.[81]

Sem essa pressuposição, não se consegue compreender as diretrizes fundamentais do projeto fenomenológico. A primeira delas é a do comportamento receptivo, vale dizer, a ideia de tomar o objeto tal como se apresenta, sem impor previamente condições para sua "objetividade".[82] Uma segunda diretriz deriva do próprio ponto de partida: se a autocompreensão de uma época deve ser tomada "como se dá" e se ela está ligada estruturalmente a tendências históricas de desenvolvimento, buscar os elementos estruturantes do pensamento de uma época é, ao mesmo tempo, mostrar essas mesmas tendências históricas em seu processo de formação. Como terceira diretriz de uma ideia de autocompreensão assim formulada desponta um modelo que seria equivocado pretender reduzir a algo como uma "teoria do conhecimento" ou a uma "epistemologia".[83] Como já mencionado, o que está em causa é a realização do projeto teórico-político da modernidade, o projeto do Esclarecimento, como efetivação da liberdade.[84]

A quarta diretriz por mencionar diz respeito ao nervo da argumentação desenvolvida neste trabalho. Trata-se de um modelo em que ganham destaque a negação determinada da teoria mais avançada disponível e o diagnóstico de época que o acompanha, ficando a produção do Sistema como horizonte.[85] Adorno uma vez caracterizou a teoria de maturidade de Marx como "*systemähnlich*", "semelhante a um sistema".[86] Uma caracterização semelhante poderia convir ao modelo filosófico da *Fenomenologia do espírito*: em negação determinada do conhecimento disponível em sua época,[87] também Hegel apresentou na *Fenomenologia* uma "teoria semelhante a um sistema", segundo o procedimento que o texto da Introdução denomina "apresentação do saber fenomênico" (§§ 4 e 5).

Trata-se de um projeto de longo alcance. É um modelo filosófico em que a noção central de experiência não se restringe às seções "Consciência", "Consciência de si" e "Razão", mas se estende de fato àquilo que, na terminologia da obra posterior de Hegel, se refere ao "espírito objetivo" e ao "espírito absoluto".[88] Mais que isso, o que surge nessa perspectiva interpretativa renovada é o caráter ainda programático da *Fenomenologia*. Esse traço fundamental se perde se for pressuposto o sistema da obra de maturidade, justamente.

É possível pensar esse programa de maneira mais determinada sob pelo menos dois aspectos. O primeiro, bastante genérico, determina a pretensão *programática* em termos de uma pretensão *sistemática*. O que, nesse sentido bastante abstrato, vem à sua maneira reforçar que o livro deve ser lido à luz de suas condições intelectuais de produção. Ou seja, tal pretensão reafirma a ideia do Sistema como horizonte teórico, delineado a partir da base de uma reconstrução do projeto moderno.

O segundo aspecto do programa é o de determinar a *Fenomenologia* como um *work in progress*, cuja síntese e mapa seria a Introdução. A tese central aqui é a de que o programa presente na *Fenomenologia* é enfeixado por uma noção de *experiência da consciência* que alcança até o "saber absoluto", passando pelo "espírito" e pela "religião", algo dificilmente conciliável com o Sistema a partir da primeira edição da *Enciclopédia*. Na obra de Hegel, a dificuldade de encontrar o lugar para uma teoria da experiência que não fique soterrada sob o peso do sistema tal como se configurou a partir da *Enciclopédia* se confunde com aquela de encontrar o *lugar próprio* da *Fenomenologia*.[89]

Tal dificuldade, como já se viu, tem pelo menos dois aspectos bastante distintos: tanto aquele relativo à *composição* do livro de 1807 quanto o do problema *arquitetônico* mais geral da sua integração coerente ao sistema posterior. Espera-se que a reformulação da perspectiva de leitura que vem sendo exposta aqui já tenha demonstrado que, embora ligadas e importantes na literatura hegeliana, essas dificuldades não atingem uma interpretação centrada nas condições intelectuais de produção da *Fenomenologia*. Não há, portanto, ligação direta entre o estabelecimento de qual seria afinal o *programa* presente na *Fenomenologia* e o problema da sua compatibilidade com o sistema na formulação que recebeu a partir de 1817.[90]

Guarda alguma afinidade com essa maneira de ler a *Fenomenologia* uma passagem de Terry Pinkard:

> [A] *Fenomenologia* termina com a afirmação do projeto moderno: a criação de uma comunidade reconciliada que uniria o projeto *intelectual* da vida moderna – a tentativa de criar uma forma de vida autofundante – com o

projeto *prático* da vida moderna, a tentativa de criar uma forma de vida de indivíduos autodeterminados. Entretanto, na *Fenomenologia*, isso permanece em estado de projeto, já que não se oferece ali nenhuma teoria de quais práticas ou instituições poderiam realizá-lo.[91]

E, ao comparar o projeto da *Fenomenologia* com o que é realizado por Hegel a partir da *Enciclopédia*, o balanço é o seguinte:

> Enquanto a *Fenomenologia do espírito* (1807) *só pôde* ver uma forma de vida redimida e não alienada nas instituições reconciliadoras da arte, da religião e da filosofia, o esquema apresentado na *Filosofia do direito* muito posterior (1821) *realiza parte da promessa* da Fenomenologia com sua apresentação de uma teoria idealista concreta de instituições sociais modernas e da vida ética *que vai além* da crítica meramente moral das instituições.[92]

Uma caracterização como essa permite ver a *Fenomenologia* em termos de um "projeto", de tal maneira que "futuros filósofos hegelianos podem, portanto, tomar o projeto da *Fenomenologia* como ainda aberto e o 'sistema' apenas como um guia incompleto do que ainda precisa ser feito para completar aquele projeto".[93] Apesar da abertura para a compreensão da *Fenomenologia* como um projeto ou como um programa, Pinkard descarta o que há de incompatível nesse programa com a obra posterior à *Enciclopédia*. Se é interessante sua tentativa de realçar o caráter negativo da *Fenomenologia* por contraposição à reconstrução concreta de instituições sociais como a da *Filosofia do direito*, não é por acaso que a noção de experiência não desempenha papel central na sua interpretação. Pois é justamente como uma "teoria da experiência" que esse modelo teórico se deixa ver da maneira menos borrada, uma "teoria" que se apresenta desde a Introdução como a "apresentação do saber fenomênico".[94]

Segundo a tese de Fulda, o capítulo "O saber absoluto" pertence legitimamente e por muito boas razões à "apresentação do saber fenomênico",[95] o que contradiz praticamente toda a literatura disponível, desde Habermas até Ludwig Siep, passando por Jean Hyppolite, Pierre-Jean Labarrière e Herbert Schnädelbach.[96] Para tentar resumir toda essa histórica série de severas objeções ao último capítulo da *Fenomenologia*, basta lembrar um problema sistemático recorrentemente apontado nas críticas, qual seja, o da compatibilização entre a presença da "consciência" e da "experiência" em um momento da apresentação em que esses dois elementos já "deveriam" ter sido inteiramente purificados em "espírito", em que falar em "consciência" ou "experiência" deveria se fazer de maneira meramente metafórica ou então à maneira da rememoração de momentos precedentes ao do "saber absoluto", momento "onde o saber não carece mais de passar além de si mesmo, onde se encontra a si mesmo e onde o conceito corresponde ao objeto e o objeto ao conceito", como anuncia o § 8 do texto da Introdução à *Fenomenologia*.

Como se verá em detalhe na análise do texto da Introdução, em muitos de seus momentos, é característico da consciência natural que "o que é realização do conceito [*Realisierung des Begriffs*] vale para ela antes como perda de si mesma" (§ 6). Ora, no capítulo "O saber absoluto", essa realização já conta como efetivada também para a própria consciência que fez o percurso fenomenológico.[97] Em que sentido, portanto, seria possível dizer que a "apresentação do saber fenomênico", característica da perspectiva da consciência, alcança até o final do livro, até o momento em que a consciência já se purificou em espírito? Em que sentido se poderia legitimamente dizer que essa "apresentação do saber fenomênico" não deveria ser já declarada encerrada no momento mesmo em que se passou à seção "O espírito", já desde o capítulo VI da *Fenomenologia*?

Ou, formulado de outra maneira ainda, como se deve entender, por exemplo, uma passagem do final da *Fenomenologia* como a seguinte: "a consciência, na ordem em que suas figuras se encontraram para nós, já chegou há muito, de um lado, aos momentos singulares das figuras em questão, de outro lado, à sua reunião, antes que também a religião tenha dado a seu objeto a figura da consciência de si efetiva. Ainda não foi mostrada a reunião dos dois lados; é ela que conclui esta série de figurações do espírito" (W. 3, p. 579)? O "saber absoluto" é tanto a última da série de figuras da consciência como a conclusão da série de figurações do espírito. Dizer que ainda se trata de uma figura da consciência significa afirmar que há ainda um movimento dialético a ser realizado pela própria consciência, movimento que será por fim "a reunião dos dois lados", concluindo, dessa maneira, também a série de figurações do espírito.

Sob esse aspecto preciso, o comentário de Bernard Rousset pode ser esclarecedor:

De fato, depois de ter assim diferenciado as duas vias da reconciliação da consciência com a consciência de si, Hegel põe o problema que ainda lhe resta para resolver a fim de terminar a *Fenomenologia do espírito* e para responder assim à interrogação de seu tempo, o tempo de sua unificação: como o ser em si dessa unidade, tal como representado na religião revelada, e sua existência para si, tal como efetivada na convicção moral, podem se unir no ser existente do espírito que se sabe enfim ele mesmo "como ele é em si e para si"? Até este momento, tínhamos permanecido em uma alternativa entre a representação religiosa do espírito e o trabalho histórico da consciência que, longe de dar essa unificação, "ainda não a mostra": é preciso, portanto, "concluir essa série de figuras do espírito" pela análise descritiva daquela que contém essa unificação.[98]

Seguindo a interpretação de Fulda, não há como entender passagens cruciais de "O saber absoluto" como a mencionada senão mediante a defesa da seguinte tese: "Gostaria de defender o capítulo sobre o saber absoluto como (segundo o programa hegeliano) uma parte integrante genuína de uma apresentação do saber fenomênico; mais precisamente: como seu fecho, no qual se trata ainda da mesma maneira da experiência da consciência".[99] Dito de outra maneira, trata-se de formular uma pergunta (a ser respondida afirmativamente) e uma hipótese (desenvolvida em seu texto): porventura o programa da *Fenomenologia* "não teria continuidade mesmo ainda no último capítulo", quer dizer, ainda aí não estamos lidando "com a apresentação de uma consciência 'natural', i.e., não científica, cujo autoexame podemos ver e depreender[;] também essa consciência, depois de certo movimento dialético, ainda é obrigada a ir além de si mesma"?[100] Não por último porque, segundo o texto de Hegel, trata-se ainda ali, no final do livro, de reafirmar que "nada é *sabido* que não esteja na *experiência*".[101]

Levar a sério o fato de que a experiência alcança até o "saber absoluto" significa dizer que – no projeto e no programa da *Fenomenologia*, pelo menos – também a consciência guarda sua posição no elemento do espírito. Isso é um contrassenso do ponto de vista das interpretações habituais de Hegel, que vedam essa possibilidade como "finitização do espírito", como uma compreensão meramente "consciencial" do espírito. Na interpretação defendida aqui, dizer que a "apresentação do saber fenomênico" alcança até o "saber absoluto" significa dizer que também a consciência tem uma figura espiritual, ainda realiza a experiência no elemento do espírito.

Em sua argumentação, Fulda faz uma autocrítica da posição que tomou em seu livro clássico sobre o problema de uma introdução na *Ciência da lógica* de Hegel.[102] Contrário a leituras "genéticas", já que só dessa perspectiva seria possível supor e demonstrar uma ruptura representada pela *Fenomenologia* em seu processo de composição, Fulda considera que, desse ponto de vista, suas objeções eram corretas (mesmo se isso não lhe parece tão importante no momento em que escreve). Mas entende que, ao descartar a perspectiva genética, escapou-lhe também a questão decisiva, que é a de saber como seria possível uma conclusão bem-sucedida da *Fenomenologia sem a pressuposição* da lógica e do sistema das ciências filosóficas que ela organiza.[103] É nesse sentido determinado, ainda que não de todo coincidente com a formulação de Fulda, que é pensado aqui o modelo teórico da *Fenomenologia*.

Em síntese, a questão principal para Fulda é a seguinte: "O que é o saber absoluto *fenomênico* e por que ele surge; o que é feito dele no transcurso do autoexame da consciência, na qual ele aparece – com que resultado concordante para a consciência e para nós?".[104] Nesse momento surge com mais clareza o vínculo entre a *reconstrução do projeto moderno* – que é o único elemento a servir de fato como ponto de partida da *Fenomenologia* (tal como se procurou demonstrar anteriormente, em II.2) – e o *programa* do livro, abreviado sob a expressão "apresentação do saber fenomênico". Ou pelo menos é dessa maneira que se interpreta aqui a seguinte passagem de Fulda, em que o texto da Introdução surge como expressão por excelência desse programa:

> Conceituando seu programa por meio de uma "Introdução" à *Fenomenologia*, Hegel, em contraste com Kant, não quer "delinear" [design] a "Ideia" e, com ela, todo o contorno ou plano de uma disciplina metafísica que se segue ao prolegômeno "de maneira arquitetônica", i.e., segundo princípios. Ele nem mesmo esboça uma ideia completa da ciência filosófica em que supostamente deve se tornar a *Fenomenologia*, como também não esboça um conceito de sua relação com a filosofia semelhante à *Crítica da razão pura* de Kant. Será que isso representa simplesmente a crueza do plano de Hegel para a obra, ou não seria antes um conceito preciso da tarefa de uma introdução ao programa de uma apresentação do saber fenomênico? A plausibilidade tanto do programa como de sua composição só estaria corrompida se pressuposições conceituais fossem invocadas desde o início, pois estas requereriam um vestíbulo ulterior ou criariam a suspeita de que a empresa projetada só é persuasiva com pressuposições dogmáticas. É completamente apropriado para Hegel formular o programa de sua *Fenomenologia* na base mínima da

"apresentação do saber fenomênico" e desenvolver esse programa por meio de uma série de etapas até aquela de uma "Ciência da experiência da consciência", e então, seguir, em um caminho ainda mais longo, que compreende o conjunto da *Fenomenologia*, até a "ciência do saber fenomênico" e, por fim, até a "Ciência da Fenomenologia do Espírito".[105]

Enfatizou-se nesta seção o fato de que o "conceito preciso da tarefa" (ou seja, o *programa* da *Fenomenologia*) está ligado de maneira inextricável à reconstrução do projeto moderno, que é a efetiva base a partir da qual se coloca a própria tarefa. Mas deve-se somar a isso ainda – e, nesse sentido, já se está além da interpretação de Fulda – a tese mais geral proposta aqui, segundo a qual esse programa foi realizado em uma circunstância em que o Sistema da ciência a ser "introduzido" pela sua "primeira parte" ainda se encontrava ele mesmo ainda pouco desenvolvido.

Ou seja, o modelo teórico legado pela *Fenomenologia* tem, portanto, pelo menos dois aspectos característicos: o de um *work in progress* em sentido mais restrito, que resultou no próprio livro publicado, e o de um *work in progress* em que um Sistema da ciência a ser produzido permanece como horizonte, configurado em um diagnóstico de tempo de intenção sistemática. Mas, antes de retomar o fio da seção I, interrompido no diagnóstico do período de Jena, cabe mostrar em maior detalhe a posição estratégica que ocupa o texto da Introdução no projeto e no programa da *Fenomenologia*.

## II.4 A Introdução à *Fenomenologia do espírito*

O texto da Introdução serviu como *mapa* e *guia* para a produção do livro. Nos termos da interpretação proposta aqui, ele é um "emblema do todo" não só porque contém sem mais o "método", mas também e principalmente porque é emblema das condições intelectuais de produção da *Fenomenologia* em seu conjunto. Mas antes de entrar propriamente na caracterização do lugar da Introdução na *Fenomenologia* e sua importância para a perspectiva interpretativa proposta aqui, é preciso tomar posição sobre um problema que, no caso da filosofia hegeliana, é incontornável quando se vai analisar "introduções", "prefácios" ou "conceitos preliminares": o problema mais geral do "começo".

## II.4.1 O problema do "começo"[106]

Frank Fischbach argumenta, com razão, que, na *Enciclopédia*, "Hegel não entra no processo de *justificação*, ela mesma científica, da Ciência para um sujeito filosofante exterior a ela: já não está mais em questão aqui, para a Ciência, ir afrontar em seu terreno (ou seja, no terreno da aparência) o saber não verdadeiro e é por isso que dizemos que a incursão da Ciência fora de si é agora reduzida ao mínimo".[107] Mesmo sendo correto, o argumento não resolve de fato a dificuldade de estabelecer o estatuto do texto da *Fenomenologia* de 1807 na obra posterior. Apenas livra a *Enciclopédia* e toda a obra posterior de ter de lidar com esse problema. E isso é perfeitamente explicável no caso da leitura de Fischbach, que, no livro citado, toma posição em favor da obra madura de Hegel. Essa posição incontestavelmente majoritária na literatura sobre Hegel é representada exemplarmente por Bernard Bourgeois, cujos textos "La Spéculation hégélienne" e "Dialectique et structure dans la philosophie de Hegel"[108] servem, aliás, de modelo e fio condutor para a interpretação de Fischbach e podem ser entendidos indiretamente como "respostas" a críticas à posição hegeliana como as de Schelling[109] e, contemporaneamente, de Heidegger.[110]

Bourgeois fornece uma sólida introdução ao problema da reformulação do projeto de um Sistema da ciência na obra posterior de Hegel na Apresentação de sua tradução da *Fenomenologia*. Escreve Bourgeois: "Na realidade, Hegel se dirige, na *Fenomenologia*, a uma consciência *já hegelianizante*, ou seja, no fundo, *a ele mesmo*. Seu discurso não é uma afirmação a outrem, mas uma confirmação de si mesmo, uma justificação de sua própria *démarche* especulativa pela mostração da necessidade da marcha que o elevou a ela".[111] Com isso, entretanto, a situação parece se inverter: é a "introdução", a "primeira parte" do "Sistema" que se torna mais complicada e inacessível do que o "Sistema" ele mesmo.

E é exatamente assim que Bourgeois lê a já mencionada "Anotação" ao § 25 das edições de 1827 e 1930 da *Enciclopédia* (W. 8, p. 92), em que o "Conceito preliminar", comparado à *Fenomenologia*, é dito ter "ainda mais o desconforto de se comportar de maneira histórica e raciocinante". Para ele, a "justificação fenomenológica da especulação hegeliana remete a uma simples aparência a caracterização da *Fenomenologia* como *introdução* científica à ciência, já que a introdução é de uma cientificidade mais árdua do que aquilo a que deve introduzir! Quem leu a *Fenomenologia* sabe bem que apenas o conhecimento do sistema pode introduzi-lo – e mesmo assim! – nesse livro, que é o mais difícil de toda a obra de Hegel".[112] Coerentemente, portanto, Bourgeois conclui seu argumento pela reapresentação de sua tese geral de interpretação da filosofia hegeliana: Hegel "fará depender a entrada na especulação da livre decisão de filosofar, ou seja, de pensar o ser – pensamento que é o mais comum, o mais universal (já que todo pensamento pensa o ser, determinação implicada em toda afirmação), e que é o único pensamento presente em toda consciência, mesmo a consciência que se faz puramente sensível".[113]

Ocorre que o ponto de partida não é um Hegel que, no fundo, se dirige "*a ele mesmo*" – como se pôde ler há pouco em Bourgeois – mas um Hegel que se dirige à forma de consciência mais avançada de seu tempo, propondo-lhe que confronte suas pretensões cognitivas (que jamais são *apenas* pretensões cognitivas) com o saber de que efetivamente dispõe. No modelo filosófico da *Fenomenologia*, o começo não é o resultado de um discurso filosófico que é "uma confirmação de si mesmo", como diz o texto de Bourgeois citado, mas, ao contrário, tem por ponto de partida e de chegada a consciência moderna: presa, inicialmente, pelas amarras de pensamento que se autoimpôs e que estão na base da sua intraquilidade, essa consciência, ao final do percurso, terá se *formado*, isto é, terá adquirido a *disposição* de confrontar, a cada momento, os potenciais da modernidade com suas diferentes etapas de realização. Essa formação se expressa em uma *mudança de atitude*, aquela que caracteriza *o ponto de vista do espírito*. É uma disposição *crítica* na medida em que não se esgotam os potenciais do projeto moderno e na medida em que continuam a surgir figuras de consciência redutoras, que pretendam fixar arbitrariamente esse movimento da consciência "rumo a sua existência verdadeira" (§ 15 da Introdução).

Tal como interpretado aqui, o problema do começo na *Fenomenologia* é, antes de tudo, o do confronto entre permanecer com a conceituação limitada de uma modernidade meramente *teórica* – a mais avançada disponível, aliás, aquela da filosofia de Kant e do idealismo alemão – e o pensamento que está à altura da efetivação da modernidade que vem com as tropas de Napoleão. Não está à altura da complexidade do problema caracterizar como uma escolha o que é, de fato, um confronto entre duas formas de efetivação da modernidade que se enfrentam em campos de batalha reais. De um lado, uma filosofia da modernidade extremamente sofisticada, mas nem por isso incompatível concretamente com o mundo feudal alemão. De outro, uma filosofia encarnada em instituições efetivamente modernas, que não pode se desenvolver senão com o fim do Antigo Regime.

Descrever esse movimento em termos de uma "decisão" pode ser muito enganoso. Trata-se antes de um impulso produzido pela própria época. Não se trata de uma "decisão livre", mas antes de um "desespero" (§ 6 do texto da Introdução) e de uma "inquietude" (§ 8) que são marcas características de uma consciência que vive entre dois mundos, entre o mundo do Antigo Regime e o mundo da expansão napoleônica. O desespero e a inquietude são resultado da necessidade de se posicionar em relação a um exército ao mesmo tempo invasor e promotor da plenitude dos potenciais da modernidade.

Esse estado de coisas será explicitado na seção III, quando será retomado o fio dos sucessivos diagnósticos de tempo interrompido ao final da seção I. Mas, antes disso, há ainda um último passo a ser dado para delimitar o estatuto particular dos prefácios e introduções na filosofia hegeliana. Afinal, o próprio Hegel abriu o Prefácio declarando que, num escrito filosófico, ele lhe parecia "não apenas supérfluo, mas também, em razão da natureza da coisa, inadequado e contrário a seu fim" (W. 3, p. 11; FE, p. 25).

### II.4.2 O lugar da Introdução na *Fenomenologia do espírito*

No caso específico da Introdução, o problema mais espinhoso é o de apresentar o caminho fenomenológico como que à maneira de um mapa, isto é, descrevendo esse caminho antes de efetivamente percorrê-lo. Pelo menos é essa a indicação que vem de uma famosa e intrincada passagem do próprio Prefácio à *Fenomenologia*: "Tudo depende, na minha concepção – que tem de se justificar apenas por meio da apresentação do sistema –, de que o verdadeiro não seja apreendido e expresso como *substância*, mas, da mesma forma, como *sujeito*".[114]

Uma passagem relativamente longa de Gilles Marmasse, em que busca caracterizar os diferentes estatutos dos diferentes momentos textuais do *corpus* hegeliano, pode ajudar a esclarecer o estatuto peculiar da Introdução à *Fenomenologia do espírito*:

Nos textos publicados por Hegel que tomam a forma de compêndios, a saber, a *Enciclopédia* e a *Filosofia do direito*, faz-se a distinção entre os "parágrafos" e as "anotações", que acompanham os parágrafos. Os conteúdos respectivos desses dois tipos de textos são distintos. De um lado, os parágrafos apresentam a coisa mesma em sua gênese (ou seja, como veremos, a vida do absoluto). Eles não exprimem o ponto de vista de Hegel, mas a autorrevelação do absoluto no elemento do discurso filosófico. De outro lado, as anotações fazem aparecer a visão própria de seu autor. Trata-se então de discursos engajados, por meio dos quais Hegel tende a se situar frente a seus (numerosos) adversários ou a seus (raros) aliados [...]. Os prefácios e introduções, numerosos na obra de Hegel, são de um estatuto próximo das anotações. Hegel intervém aí em seu próprio nome, propondo um panorama de tal ou qual momento de sua doutrina e justificando seu método por contraposição a outros métodos possíveis. No mais, ele insiste frequentemente no caráter não científico dos prólogos. Mesmo se são frequentemente de uma grande riqueza, seu caráter "assertórico" (eles apresentam teses ao modo da convicção subjetiva) e não "sistemático" (ou seja, tal qual a coisa mesma se desenvolveria por etapas e em virtude de uma exigência interior) os reduz ao nível de simples apêndices do discurso principal.[115]

Essa analogia de posições entre "prefácios" e "introduções", de um lado, e das "anotações" das obras em compêndio, de outro, permite ver desde já a peculiaridade da Introdução à *Fenomenologia*, que se aproxima muito mais, em estilo e em estatuto, dos "parágrafos" das obras enciclopédicas. Como já mencionado anteriormente, aproximar esse texto de algo como um "tratado do método" não é apenas inadequado em se tratando de Hegel. Insistir unilateralmente nesse aspecto acaba ainda por encobrir o essencial, que é a reconstrução do projeto moderno que o texto traz consigo e que orienta sua visada sistemática. A respeito da inadequação relativa do seu caráter metódico, Gilles Marmasse pode ajudar uma vez mais: "pode-se dizer que a introdução da *Fenomenologia* propõe certo número de resultados fundamentais, mas de um modo inadequado. De um lado, ela vai diretamente ao essencial. De outro, ela é desprovida de força demonstrativa na medida em que não se desenvolve em virtude de uma necessidade interior e não se faz valer contra o não verdadeiro".[116]

Sob o aspecto, entretanto, da reconstrução do projeto moderno, de um diagnóstico de época de intenção sistemática, a caracterização precisa ir além desse ponto de partida, por importante que seja. É fato que os elementos de diagnóstico de época são muito mais aparentes no texto do chamado Prefácio à *Fenomenologia* – o que o aproxima, aliás, do Prefácio da *Filosofia do direito*, que também tem essa característica. Mas nenhum desses textos tem o caráter sistemático próprio da Introdução à *Fenomenologia*. Nesse sentido, a Introdução partilha, de fato, elementos com esses textos – engajamento, tomada de posição "subjetiva" –, mas ao mesmo tempo guarda uma sistematicidade peculiar. Por essa razão, trata-se de um texto que combina como nenhum outro os elementos da reconstrução do projeto moderno e do programa filosófico sistemático hegeliano, o modelo teórico duradouro legado pela *Fenomenologia*. E é igualmente uma boa razão para escolher esse texto para um trabalho de análise e comentário.

### III. De 1807 a 1817: um novo diagnóstico de tempo

É possível agora retomar a exposição da série de "experiências vividas" (para usar a expressão de Habermas) por Hegel no momento em que ela tinha sido deixada anteriormente, ao final da primeira seção. Com a ajuda de Habermas e de Bourgeois (que nisso estão também de acordo com o esquema de Lebrun), foi possível chegar até Jena e, consequentemente, até o período cujo final coincide com a produção da *Fenomenologia*. Mas, como já mencionado, não deixa de ser bastante curioso que, ainda que se insista na enorme distância que separa o livro de 1807 do Sistema tal como apresentado a partir de 1817, com a primeira edição da *Enciclopédia*, esses autores abandonem subitamente o fio das "experiências vividas" (interpretadas aqui, seguindo Habermas, em termos de diferentes diagnósticos de época e de diferentes diagnósticos do tempo presente) a partir de 1807 e passem a ver antes estabilidade e continuidade na obra de Hegel do que mudanças de posição.

A pergunta que orienta essa retomada do fio das "experiências vividas" permanece a mesma: o que levou do projeto esboçado na *Fenomenologia* ao Sistema tal como exposto na *Enciclopédia* de 1817? Uma interpretação que tem habitualmente boa acolhida nos estudos hegelianos é a de que tal mudança de posição teria ocorrido essencialmente no período em que Hegel foi professor do "Gymnasium" em Nuremberg, entre dezembro de 1808 e 1816, ano em que assumiu o posto de professor na Universidade de Heidelberg. De acordo com essa versão, tratar-se-ia de uma combinação de problemas prático-pedagógicos (seguir a diretriz geral do responsável pela educação da Baviera, o já mencionado amigo e benfeitor de Hegel, Friedrich Immanuel Niethammer, que o indicou para o cargo) e de mudança de concepção filosófica.[117]

Mas as questões decisivas, tal como se colocavam nesses anos de 1808-9, podem ser apresentadas com palavras de Terry Pinkard:

> (1) a *Fenomenologia* era a "autêntica doutrina do espírito" ou isso estava reservado àquilo que deveria ter sido a última parte do "sistema", a doutrina do espírito "real" em suas formas social e política? (2) a "introdução" à filosofia era ela mesma uma "ciência" [*Wissenschaft*], como ele claramente pretendeu na *Fenomenologia* de 1807, ou era uma maneira meramente "não científica" de introduzir as pessoas à "ciência" em sentido próprio?".[118]

O próprio modo como essas duas questões são formuladas mostra o programa da *Fenomenologia* de 1807 que acabou não sendo levado adiante enquanto tal, o que se procurou expor anteriormente na seção II.3. Em contrapartida, trata-se de questões que sublinham unicamente os problemas construtivos (por assim dizer) do Sistema da ciência. Pinkard não vincula internamente a mudança a alterações no diagnóstico de tempo. E, no entanto, seu livro contém todos os elementos de que necessitaria para realizar essa vinculação.

Quando a *Fenomenologia* foi finalmente publicada, em abril de 1807, Hegel já tinha deixado Jena e se mudado para Bamberg, então uma cidade estratégica para o comércio tanto entre as cidades da própria Baviera como também com a Prússia. Ali, Hegel assumiu a posição de redator chefe do *Bamberger Zeitung*, um jornal diário. Essa mudança se deve a uma longa deterioração de sua situação financeira, principalmente a partir de 1805. Nos anos de Jena, ele já havia dispendido os recursos da herança paterna para se manter, já que as funções acadêmicas que desempenhava naquela universidade não eram remuneradas. Além disso, como já mencionado, a invasão da Prússia pelas tropas de Napoleão levou a guerra diretamente para Jena, que sofreu não poucas consequências, entre as quais avultou uma brusca e relevante redução da atividade econômica. Tal retração se refletiu, na universidade, em debandada de alunos e perda de seus melhores quadros. Por fim, a partir de fevereiro de 1807, o nascimento do filho ilegítimo de Hegel trouxe um compromisso financeiro adicional, tornando a permanência em Jena inteiramente insustentável.[119]

Em consonância com suas convicções napoleônicas, Hegel não só em nenhum momento culpou os franceses pela sua situação pessoal, como procurou imprimir ao jornal de que era redator-chefe um estilo próximo ao dos periódicos franceses. Como a Baviera tinha se aliado desde o princípio à França, as inclinações pró-napoleônicas do *Bamberger Zeitung* nada tinham de problemáticas. Além disso, estavam em linha com o princípio de que a filosofia alemã (e sua difusão entre o público letrado) era o complemento necessário da revolução trazida por Napoleão, um movimento irresistível de modernização social que iria se espalhar por toda a Europa.

E, como escreve Pinkard, o período de Bamberg significou que

> as posições gerais pelas quais Hegel tinha argumentado na *Fenomenologia* e nas preleções de 1805-6 em Jena sobre o seu "novo idealismo" estavam agora ganhando corpo diante de seus olhos; como editor de um dos mais importantes jornais na região, ele tinha de observar e comentar o ritmo das reformas napoleônicas naquele que parecia ser o mais importante dos reinados recentemente reestruturados. Hegel viu suas próprias visões sendo confirmadas: sem um ancoramento na prática social, nas autoidentidades do povo nas comunidades reformadas, as reformas não poderiam ter nenhuma autoridade; poderiam surgir apenas – *seriam* na verdade apenas – a imposição das preferências e dos ideais de um grupo (os reformadores) sobre outro.[120]

Ao mesmo tempo, Hegel continuaria a persistir na procura de um posto permanente como professor universitário. Em 1816, enfim, assumiu funções remuneradas na Universidade de Heidelberg.[121]

A nomeação de Hegel para o posto de diretor de um "Gymnasium" em Nuremberg por Niethammer não foi apenas um gesto de amizade. Na condição de ministro responsável pela educação em meio a intensa luta política, Niethammer precisava de aliados em postos-chave para conseguir implementar as reformas de inspiração iluminista. A instabilidade característica do período de dominação napoleônica teve vários reflexos na vida de Hegel em Nuremberg, desde salários atrasados e condições de trabalho precárias até movimentos de resistência e de revolta contra a ocupação francesa, que, entre 1808 e 1812, intensificaram-se à medida que se agravava a situação da intervenção de Napoleão na Espanha.

Apesar de momentos de desesperança e de desalento, Hegel só começa de fato a duvidar da capacidade dos exércitos franceses de continuar a colecionar vitórias após a fatídica campanha da Rússia, em 1812, quando tanto ele quanto sua mulher perdem um irmão: "Um apoiador entusiasta da nova ordem moderna, Hegel se viu subitamente rodeado por aqueles que desejavam fazer voltar o relógio não apenas para dias pré-napoleônicos, mas para dias pré-1789. Hegel, um público e notório entusiasta de Napoleão que tinha acabado de se casar e começar uma família, tinha boas razões para temer por sua posição em um mundo como esse".[122] Como intelectual de convicções napoleônicas, Hegel muitas vezes temeu por sua posição em uma Baviera (feita reinado em 1806) certamente aliada de Napoleão, mas sensível também a revoltas nacionalistas (como em 1809) e pronta a abandonar a aliança napoleônica ao menor sinal de que os ventos poderiam estar soprando em outra direção – como entre 1813 e 1814, quando mudou repentinamente de posição pelo menos três vezes.

Encerrado o Congresso de Viena e a repartição da Europa pós-napoleônica, Hegel

> veio a pensar que seu diagnóstico da dinâmica da vida moderna tinha sido, afinal, correto e que a assim chamada restauração pretendida pelo congresso [de Viena] se resumiu a um tipo de garbo com que se cobriu o movimento em curso da vida moderna para torná-lo mais respeitável a seus oponentes. O congresso, ele concluiu, não mudou essencialmente nada em relação à vida moderna; ao invés, só aumentou o tamanho e o poder de certos Estados como a Prússia, deixando intactas a prática social moderna e as reformas sociais e institucionais.[123]

Ainda que a avaliação de Pinkard pareça, no geral, correta, dizer que "a prática social moderna e as reformas sociais e institucionais" ficaram "intactas" parece um exagero. Em comparação com a posição defendida em 1807 e nos anos imediatamente posteriores, o novo diagnóstico de tempo de Hegel relativamente a mudanças fundamentais na correlação de forças políticas e na própria velocidade e dinâmica da modernização europeia não pode ser caracterizado senão como tendo por consequência prática o horizonte de um reformismo conformista.

Na Páscoa de 1814 (10 de abril), em um momento em que a era napoleônica já está bem próxima do seu final, Hegel ainda vê com desconfiança as notícias que dariam conta de uma vitória definitiva da reação.[124] Menos de vinte dias depois, em 29 de abril de 1814, lamentando em termos de tragédia antiga a visão de "um enorme gênio que destrói a si mesmo", Hegel escreve novamente a Niethammer com uma revelação no mínimo surpreendente: a de que ele teria "previsto" essa "reviravolta" (a derrota de Napoleão) na *Fenomenologia*.[125] A passagem do livro de 1807 citada por Hegel na carta em questão é a que encerra a seção dedicada à Revolução Francesa ("A liberdade absoluta e o Terror"). Além de algumas diferenças nas expressões grifadas (com especial destaque para a ênfase acrescentada a "outra terra" e a alteração no verbo da última frase, que passa de "nasceu" para "está presente"), o autor adiciona seus comentários entre parênteses, de modo que o texto passa a ser o seguinte:

> A liberdade absoluta (ela foi descrita anteriormente; é [a] puramente abstrata, formal, da República francesa, proveniente da *Aufklärung*, como mostrei) passa de uma efetividade autodestrutiva a uma *outra terra* (eu tinha aí uma *terra* em mente) do espírito consciente de si, em que, nessa inefetividade, vale como o verdadeiro, deleitando-se nesse pensamento tanto quanto [*insofern*] é e permanece pensamento e sabe esse ser encerrado na consciência de si como a essência completa e integral. Está presente a nova figura *do espírito moral*.[126]

A mera sugestão de que essa passagem seja uma "previsão" não pode soar senão como disparatada. No entanto, se se deixa de lado o disparate e se presta atenção à letra do texto, o que se tem, de fato, é uma confissão involuntária de que, na *Fenomenologia*, a passagem do segundo momento da grande seção "O espírito" ("O espírito alienado de si. A formação" e, em especial, de sua figura "A liberdade absoluta e o Terror") para seu terceiro e último momento ("O espírito certo de si mesmo. A moralidade") foi pensada por Hegel, até 1814 pelo menos, em termos da expansão napoleônica. Foi nesses termos, portanto e por exemplo, que se introduziu na moralidade, como diz o texto da seção da *Fenomenologia* que leva este nome, a "não harmonia" da "consciência do dever para com a efetividade": "O que lhe resta, pois, a essa consciência de si que como tal é um *outro* que seu objeto é a não harmonia de sua consciência do dever para com a efetividade e, mais precisamente, para com sua própria efetividade" (W. 3, p. 452; FE, p. 420).

Dentre todos os momentos e episódios da Revolução Francesa, Hegel reteu exatamente o Terror, tomando-o como o mais essencial dessa figura histórica do espírito. Com apoio na análise realizada por Marcos Lutz-Müller, seria possível dividir essa figura em dois momentos essenciais, o da liquidação do Antigo Regime e aquele da construção de instituições próprias do Estado constitucional moderno. Analisando a "substância indivisa da *liberdade absoluta*" que "se eleva ao trono do mundo sem que poder algum lhe possa opor resistência" (W. 3, p. 433; FE, p. 403), Marcos Lutz-Müller sintetiza o primeiro desses momentos nos seguintes termos: "Em consequência da redução de toda realidade substancial a relações de utilidade, o espírito toma consciência de que 'a negatividade penetrou todos os momentos' do sistema do *Ancien Régime* em sua organização estamental e em sua representação política, o qual só ainda subsiste e tem vigência no elemento da autoconsciência da liberdade absoluta, onde, em princípio, ele já está 'eliminado' (*getilgt*)".[127]

O segundo momento, aquele que se considera aqui como o da sedimentação institucional do "processo revolucionário", corresponde ao que Marcos Lutz-Müller chama de "duplo registro da superação do terror e da suspensão da experiência histórica da liberdade absoluta numa nova conciliação entre vontade universal e singular" e que apresenta da seguinte maneira: "1. O registro fenomenológico da superação do processo revolucionário numa reorganização institucional e política do mundo pós-revolucionário no quadro de um Estado constitucional; 2. o registro da gênese lógico-fenomenológica de um novo patamar do espírito, 'o espírito certo de si mesmo', cuja figuração é a consciência moral e sua visão moral do mundo".[128]

A mencionada carta de Hegel a Niethammer mostra que esse duplo registro corresponde à passagem realizada pela expansão napoleônica. Se, com a vitória do partido da Restauração que se avizinha, o trecho da *Fenomenologia* sobre uma "outra terra" passou a ser interpretado por Hegel como sinal da necessária derrota de Napoleão e da superioridade do espírito alemão, isso diz mais sobre mudanças em seu diagnóstico de tempo do que sobre misteriosos poderes de previsão do futuro. Dito de outra maneira ainda, se até os anos imediatamente posteriores a 1807 os exércitos napoleônicos deveriam levar o coração francês à cabeça alemã – parafraseando uma expressão conhecida do jovem Marx –,[129] com a derrota de Napoleão, é a "cabeça alemã" a provar que foi, desde sempre, superior ao "coração francês", já que só ela é capaz de soldar o "corpo e a alma" do mundo moderno.

Com o grifo na expressão "outra terra", Hegel sugeriu que tinha em mente uma terra específica, a Alemanha (ou, a bem da precisão, a Prússia), o que vem reforçado pelo seu comentário entre parênteses. Mas, sobretudo, a ênfase revela uma reinterpretação de sua posição anterior, motivada pela nova correlação de forças na Europa: a Prússia vem novamente para o primeiro plano e ganha em poder. Tal reinterpretação vem de par com a mudança do verbo ao final da citação que Hegel faz de si mesmo: a nova figura agora "está presente" e não, como antes, "nasceu".

O modelo filosófico estampado na *Fenomenologia* não permaneceu indiferente à "normalização da modernidade" sob a forma da Restauração. Pelo contrário. É por isso que, a propósito da primeira edição da *Enciclopédia*, Pinkard escreveu:

> Apesar de a *Fenomenologia* ter sido o que o próprio Hegel descreveu como sua "viagem de descoberta", a *Lógica* se tornou mais e mais para ele o principal instrumento para repensar e assegurar a racionalidade da vida moderna. Antes da criação por Napoleão da nova Alemanha, Hegel tinha clamado por uma nova ordem. Agora, tendo visto seu clamor respondido – mesmo que não completamente e certamente não nos seus detalhes – ele passou crescentemente a se interessar em defender e reformar essa ordem face àqueles que tomou como seus inimigos. Isso mudou suas preocupações filosóficas de maneira ainda mais fundamental, na direção de construir seu "sistema" com base na *Lógica*, pois, mesmo sem nunca ter abandonado sua preocupação com o modo como viemos a ser quem somos, e por como e se esse processo de vir-a-ser era racional, ele veio a se dedicar mais e mais a mostrar que o que viemos a ser é, de fato, algo racional e sustentável de seu próprio direito, a defender e articular a racionalidade do mundo pós-napoleônico. Em sua cabeça, Hegel começou a pensar a si mesmo como um filósofo da *reforma* da nova ordem que tinha agora nascido. O mundo à volta dele tinha mudado e, correspondentemente, também tinha mudado a sua ideia do seu sistema".[130]

De modo que aos "*acontecimentos históricos decisivos* para o estabelecimento do princípio da subjetividade" enumerados por Habermas ("a *Reforma*, o *Esclarecimento* e a *Revolução Francesa*")[131] e apresentados na seção I anteriormente é preciso acrescentar mais um: o da *normalização* da modernidade a partir da experiência da *Restauração*. Não é possível sequer longinquamente igualar a experiência da Restauração com os outros três eventos de importância histórico-mundial mencionados.[132] Nem por isso, entretanto, ela deixou de exercer um impacto suficientemente forte para alterar de maneira significativa o diagnóstico de tempo posterior à publicação da *Fenomenologia* e, em consequência, o estatuto mesmo da obra e a perspectiva a partir da qual ela é interpretada.

Note-se que o que está em causa é a passagem de um quadro em que a modernidade é pensada como uma expansão bélica para outro em que ela está implantada e consolidada. Neste último caso, o da *modernidade normalizada*, é certo que ela continua em expansão, no sentido de que continua aberta à possibilidade de melhoramentos mediante reformas institucionais segundo a ordem jurídica em vigor. Mas, ao mesmo tempo, comparativamente à conceituação da modernidade na *Fenomenologia*, vinculada à modernidade napoleônica, há um rebaixamento do horizonte possível de transformação e, portanto, das próprias potencialidades de institucionalização do projeto moderno. Mais ainda, perde seu lugar de destaque a reconstrução da formação da subjetividade moderna, elemento fundamental em um momento de transformação revolucionária.[133]

Dito de outra maneira, o diagnóstico de tempo que corresponde ao momento da modernidade normalizada resultou em um compromisso entre o velho e o novo, entre o Antigo Regime e a modernidade napoleônica (compreendida como sedimentação institucional da Revolução Francesa). É a aceitação desse "compromisso" que está na base do diagnóstico de tempo que Hegel consolidou na segunda metade da década de 1810.[134] Como exemplo do alcance dessa caracterização, pode-se pensar que essa virada do diagnóstico hegeliano é a que levará, no limite, à ideia mesma de um "fim da história" – expressão que, como se sabe, não é literalmente de Hegel. Somente a partir de 1817, apenas com a primeira edição da *Enciclopédia*, Hegel passou a pensar a "história do mundo" (*Weltgeschichte*) em vínculo interno com o "tribunal do mundo" (*Weltgericht*).[135] Na obra de maturidade posterior à *Filosofia do direito*, por exemplo, "os novos tempos", a modernidade, passaram a ser pensados como um momento de um processo histórico-mundial mais amplo, que alcança todo o "Sacro Império Romano-Germânico".[136] Para a argumentação desenvolvida aqui, não é de menor importância que o "Sacro Império" tenha sido formalmente dissolvido em 1806, com as sucessivas vitórias do Exército napoleônico. Porque, na *Fenomenologia*, esse quadro histórico-mundial não estava posto nesses termos, de tal maneira que, entre outras coisas, o "mundo moderno" não era ainda pensado como sinônimo de "mundo cristão-germânico".

Na *Fenomenologia*, a modernidade era pensada ainda como *projeto* e, nesse sentido, estava sob risco na mesma medida em que dispunha de uma oportunidade única de se difundir e de se institucionalizar com as guerras napoleônicas. Disso dá testemunho como nenhum outro texto o assim chamado Prefácio à *Fenomenologia*, em especial o seu já citado seguinte trecho (W. 3, p. 18; FE, p. 31): "Não é difícil, aliás, ver que nosso tempo é um tempo do nascimento e da passagem para um novo período. O espírito rompeu com o mundo que foi até agora o de seu ser-aí e de seu representar e está prestes [*im Begriffe*] a engolfá-los no passado e no trabalho de transformá-los".

É a Revolução Francesa sob a forma de sua sedimentação napoleônica que torna possível alcançar "O espírito" em sua figura mais alta, a "moralidade", sem o que não se alcança, depois, a "religião" do "tempo novo". Ou, como diz outra passagem bem conhecida do mesmo Prefácio: "Que o verdadeiro seja efetivo somente como sistema, ou que a substância seja essencialmente sujeito, está expresso na representação que enuncia o absoluto como *espírito* – o mais sublime dos conceitos, pertencente ao tempo novo [*der neueren Zeit*] e à sua religião" (W. 3, p. 28; FE, p. 39).

Não por acaso, esse tempo novo também é caracterizado, mais adiante na *Fenomenologia*, na seção "Religião" justamente, como uma *época*.[137] Se, como se pôde ler no trecho citado anteriormente, "nosso tempo é um tempo do nascimento e da passagem para um novo período", é porque, no seu todo, ele compreende diferentes "períodos", diferentes etapas. Do "espectador entusiasmado" da Revolução Francesa que encontramos na *Crítica do juízo* de Kant, passamos a uma situação em que se está *obrigado* a tomar partido em uma guerra entre dois mundos, entre duas formas de institucionalizar a modernidade. Assim poderia ser designado mais precisamente o "período" a que se refere Hegel.[138]

Com isso, passa a ser possível determinar em maior detalhe o momento da *Fenomenologia* e seus traços distintivos em relação aos demais momentos da trajetória intelectual de Hegel. Em primeiro lugar, tem-se a ideia-chave de que a modernidade é a primeira época no desenvolvimento do espírito que não tem de se transformar estruturalmente, não tem de passar a outra época, para conseguir lidar e resolver as contradições que a habitam. O antagonismo entre a família e a lei gravado na figura de Antígona é emblema do fim de uma época, do fim da cidade antiga, que não pode comportar nem suportar esse antagonismo sem se autodestruir. A modernidade é a primeira época a comportar e suportar o negativo dentro de si, a primeira época capaz de ir além de si mesma sem sair de si mesma.

É a caracterização de uma modernidade em ritmo de expansão forçada e acelerada que desaparece na obra de maturidade. Em lugar do "raiar do sol", do "clarão que instala de uma vez a configuração do mundo novo" da *Fenomenologia*, tem-se, na obra de maturidade, a construção em torno da ideia de "liberdade". A *Fenomenologia* se coloca no "limiar" de um mundo novo, em um momento em que está em jogo a sorte dos potenciais de transformação da modernidade liberados pela Revolução Francesa; a obra de maturidade, por sua vez, posiciona-se dentro de um mundo já "normalizado", em que as potencialidades de transformação *se cristalizaram em uma configuração determinada*, em que foi selado o compromisso entre os dois mundos, mesmo se com a primazia do mundo moderno. Tal compromisso estabelece de antemão as margens de pensamento e de ação do filósofo.

Com isso, entretanto, é o próprio conceito da modernidade que perde gume, assim como a experiência perde alcance e amplitude. Quando a perspectiva da instauração da modernidade dá lugar à de um programa de reformas dentro de um mundo já ele mesmo (em uma configuração determinada e, mais que isso, preestabelecida) moderno, é a própria caracterização da modernidade que se altera e que deixa para trás muitos de seus potenciais de realização.

## IV. Horizonte do trabalho: Hegel e a Teoria Crítica

Reconstituir o projeto da *Fenomenologia* e ao mesmo tempo atualizá-lo é tarefa que excede de muito os limites do que se apresenta aqui.[139] Mas pode ser que uma estratégia indireta auxilie a pelo menos tornar palpável esse potencial. Essa estratégia indireta envolve, primeiramente, retomar, mesmo que de maneira esquemática, modelos críticos posteriores que podem ser considerados como tentativas de atualização da *Fenomenologia*. Em seguida, de maneira indicativa, pelo menos esboçar as linhas gerais de um novo projeto de atualização, apresentando indícios dessa tendência também em muitas tentativas teórico-críticas da atualidade. Será esse o objeto desta última seção da Apresentação.

Para isso, recorrerei – de modo muito seletivo e em suas grandes linhas, certamente – à tradição teórico-prática do hegelianismo de esquerda e de sua posteridade. Não há nenhuma pretensão aqui de reconstruir o conjunto dessa tradição. O objetivo é simplesmente pontuar alguns momentos sintomáticos em que a mudança na interpretação de Hegel proposta aqui pode lançar uma nova luz sobre a vertente teórico-prática inaugurada por Marx, sobretudo no que diz respeito a uma de suas correntes, a Teoria Crítica tal como pensada a partir dos escritos de Horkheimer da década de 1930.

Para começar, gostaria de apontar para o fato de que algo similar à mudança de diagnóstico de tempo do Hegel napoleônico da *Fenomenologia* para o diagnóstico do Hegel da modernidade normalizada da *Enciclopédia* pode ser observado, de diferentes maneiras e em diferentes sentidos, na trajetória de figuras como Marx, Lukács ou mesmo Axel Honneth. Guardadas as devidas distâncias históricas, tal como se falou aqui em um modelo *filosófico* típico do Hegel napoleônico e um modelo *filosófico* próprio do Hegel da modernidade normalizada, são diferentes os modelos *críticos* do jovem Marx e do Marx da maturidade, do jovem Lukács marxista de *História e consciência de classe* e do Lukács da *Ontologia do ser social*, ou do Honneth de *Luta por reconhecimento* e do Honneth de *O direito da liberdade*. Ademais, acredito também ser possível dizer que o primeiro modelo crítico que apresentaram foi a bem dizer interrompido em seus escritos posteriores, à semelhança do que se observou na obra de Hegel. Essa é uma maneira de conciliar momentos diferentes das respectivas obras sem produzir conciliações sistemáticas forçadas que podem levar também a resultados redutores.

Vistas as coisas dessa maneira, não parece casual que o livro de Lukács de 1923, *História e consciência de classe*, tenha se socorrido de certa distinção entre os escritos do jovem Marx e aqueles da maturidade, centrados em torno de *O Capital*, e que Lukács tenha procurado combiná-los de maneira original e frutífera segundo a inspiração fundamental que encontrou na *Fenomenologia do espírito*. Lukács recorreu a esses elementos dos primeiros modelos de Hegel e de Marx para reconstruir o processo de subjetivação da dominação em um sentido multidimensional. A *Fenomenologia* e os escritos de juventude de Marx aparecem na leitura de Lukács como centrados na formação da subjetividade e na subjetivação da dominação, momento que ocupa posição relativamente secundária tanto na *Enciclopédia* como em *O Capital*.

O que *História e consciência de classe* revelou pela primeira vez foi uma tensão produtiva entre o que se poderia chamar de um momento fenomenológico da obra de Marx (seus escritos de juventude) e uma etapa sistemática (ou enciclopédica, se se quiser), a da maturidade. O momento fenomenológico concede um lugar de destaque aos processos de subjetivação da dominação em toda a sua complexidade e sem a unilateralidade da primazia de uma determinação da subjetividade pelas estruturas de dominação, procurando estabelecer tais processos como parte essencial da própria apresentação do modo de produção capitalista. Na Apresentação de sua tradução dos *Manuscritos econômico-filosóficos de 1844* para o francês, Frank Fischbach sintetiza essa especificidade, no caso de Marx, de uma maneira esclarecedora para o argumento desenvolvido aqui. Diz o texto:

> Reiteradamente, Marx repete que a *Fenomenologia* é "o verdadeiro local de nascimento [*Geburtsstätte*] e o segredo da filosofia hegeliana": o caráter central dessa obra aos olhos do Marx de 1844 vem de que, segundo ele, o essencial do pensamento hegeliano aí se encontra, a saber, a concepção hegeliana da consciência e da consciência de si, da razão, da história, da religião e da própria filosofia. Tal interesse pela *Fenomenologia* é excepcional na obra de Marx em sua relação com Hegel, a *Fenomenologia* desempenha em 1844 o papel que desempenhará depois a *Lógica*, considerada pelo Marx mais tardio como um modelo de exposição científica. Isso vem de que o Marx de 1844 se encontra em uma situação finalmente muito comparável àquela de Hegel em 1806: trata-se para ele de fazer uma primeira exposição de sua filosofia e de fazê-lo levando em conta tanto as conquistas recentes da filosofia (para Hegel, Fichte e Schelling, para Marx, Hegel e Feuerbach) quanto um contexto histórico cujas reviravoltas impõem ao filósofo a urgência de pensar seu tempo e de levar o pensamento à altura de sua época (para Hegel, a Revolução Francesa e as guerras napoleônicas, para Marx, a situação dos trabalhadores e o que ele julga ser a iminência de uma crise revolucionária).[140]

Algo similar, ainda que em contexto histórico inteiramente distinto, pode ser observado também no caso de Lukács, quando se considera que *História e consciência de classe* se inspira declarada e abertamente na *Fenomenologia*, enquanto a obra de maturidade, estruturada em torno da *Ontologia do ser social* – um manuscrito de mais de 2 mil páginas deixado inacabado por seu autor quando de sua morte, em 1971 – aproxima-se muito mais do modelo da *Enciclopédia*. Mais que isso, o caso de Lukács parece apresentar ainda mais pontos de contato – mesmo sendo um movimento teórico realizado por volta de meados da segunda década do século XX – com a mudança de diagnóstico operada por Hegel em meados da primeira década do século XIX. A *Fenomenologia do espírito* e *História e consciência de classe* coincidem não apenas com momentos revolucionários, mas com momentos de revolução em expansão (ou, pelo menos, o que parecia uma revolução em expansão naquele momento): com Napoleão, com a Revolução Russa. No quadro da Teoria Crítica, esse movimento que se iniciou com Hegel pode ser lido em termos da necessidade de uma reconstrução da subjetivação da dominação em sua devida complexidade, em vista da apresentação das condições tanto da própria eclosão revolucionária como de sua expansão e consolidação. É o momento de ruptura que permite alcançar um diagnóstico dos potenciais emancipatórios e dos bloqueios à emancipação no tempo presente.

De maneira igualmente curiosa, um movimento antifenomenológico (que se poderia chamar de sistemático ou enciclopédico, no sentido mais amplo da expressão) se seguiu após certa consolidação das grandes revoluções em cada início de século, levando a cada vez a um rebaixamento do problema da formação da subjetividade como elemento central de qualquer diagnóstico de tempo de intenção crítica. No caso de Hegel, um sistema filosófico – segundo a gramática mais geral de uma *Enciclopédia das ciências filosóficas* – passou a ser desenvolvido concomitantemente à Restauração, entendida por Hegel não como uma regressão, mas como uma institucionalização da modernidade sob uma roupagem ainda passadista. Após a derrota definitiva de Napoleão e o fim do Congresso de Viena, em 1815, o sistema filosófico hegeliano vai se afastando cada vez mais de seu momento fenomenológico.

De maneira análoga, com o confinamento da revolução à Rússia,[141] Lukács abandonará progressivamente a perspectiva fenomenológica presente em *História e consciência de classe* em favor de uma apresentação sistemática da posição materialista, sistematicidade que culminará na *Ontologia do ser social*. Se *História e consciência de classe* pode ser entendido como a *Fenomenologia* de *O Capital*, a *Ontologia do ser social* pode ser lida, analogamente, em termos de uma versão materialista da *Enciclopédia* de Hegel. O que não impediu que Lukács se dedicasse – no momento de expansão de um modelo soviético já consolidado como um bloco geopolítico de grandes proporções, no pós-1945 – a uma extensa revisão da obra de juventude de Hegel (1948)[142] e, em menor medida, da obra de juventude de Marx (1965).[143] Tais investigações, porém, já não se deram sob a visada da subjetivação da dominação em toda a sua complexidade, como ainda se podia dizer de *História e consciência de classe*.

Nesse quadro, a grande novidade da vertente da Teoria Crítica inaugurada pelos escritos de Max Horkheimer na década de 1930 está justamente em ter se obstinado no veio da subjetivação da dominação aberto pelo jovem Marx e, em especial, pela formulação do problema em *História e consciência de classe*. O coletivo interdisciplinar reunido no Instituto de Pesquisa Social tomará para si a tarefa de investigar a subjetivação da dominação capitalista como o elemento central de uma Teoria Crítica. Ao contrário de Lukács, que irá se afastar progressivamente das posições de seu próprio livro de juventude, o materialismo interdisciplinar irá se dedicar a investigações empíricas de processos de subjetivação em condições não emancipadas.[144]

Isso foi possível pela conjunção histórica de uma peculiar posição institucional e de um contexto marcado pelo nazismo, pelo stalinismo e pela Segunda Guerra Mundial. Contando com alguns pesquisadores que tinham sido ou permaneciam próximos ou filiados às duas posições majoritárias no campo da esquerda, social-democrata e comunista, o Instituto teve por diretriz não se alinhar, como instituição, a nenhum partido ou corrente do movimento operário em particular. Tratava-se de um Instituto vinculado à Universidade de Frankfurt, mas financeiramente independente, de direito privado. Tais condições de funcionamento permitiram que os participantes do coletivo do "materialismo interdisciplinar" pudessem estender em algumas décadas – e de maneira peculiar – certa versão do momento fenomenológico aberto por *História e consciência de classe*. Uma versão, entretanto, que, mesmo mantendo seu compromisso com a supressão da dominação, já não tinha mais como base fundamental a "união de teoria e prática" que sustenta a proposta do livro de Lukács de 1923.[145]

Helmut Dubiel descreve um dos aspectos desses processos de subjetivação da dominação tornados centrais para o programa de pesquisa do Instituto:

> Uma teoria crítica orientada na direção de uma teoria da dominação está primeiramente interessada nos mecanismos pelos quais os indivíduos reproduzem sua condição de submissão. Isto resulta numa peculiar seletividade empírica. Tal teoria crítica está interessada, por exemplo, nos mecanismos direcionadores que levam os indivíduos a manter uma estrutura de ação que está para além de seu autointeresse racional.

Ela analisa ideologias que ocultam a natureza particular de uma forma aplicada de dominação, assim como forças que manipulam e homogeneizam a consciência coletiva para que esta se adeque àquela forma de dominação por trás do véu de pretensos interesses universais.[146]

Como se disse, esse é apenas um dos aspectos que interessam no processo de subjetivação da dominação. Não se trata apenas dos "mecanismos pelos quais os indivíduos reproduzem sua condição de submissão" ou de "forças que manipulam e homogeneizam a consciência coletiva para que esta se adeque àquela forma de dominação", como apresentado de maneira unilateral por Dubiel. É igualmente necessário investigar processos de resistência e de construção de uma cultura política alternativa à adaptação ideológica, de importância decisiva para entender os arranjos institucionais que surgem em cada momento histórico.

Em outro lugar,[147] esforcei-me para mostrar que há uma tensão estrutural em *História e consciência de classe* entre uma perspectiva luxemburguista e outra leninista – o que, traduzido nos termos utilizados aqui, poderia ser lido também como uma tensão entre uma perspectiva fenomenológica e outra enciclopédica. A adesão progressiva – ao longo do processo mesmo de redação do livro – de Lukács a uma solução leninista se deve a uma mudança de diagnóstico do presente estreitamente ligada ao isolamento progressivo da revolução, cada vez mais circunscrita às fronteiras da União Soviética, que irá resultar, após a morte de Lênin, em 1924, na vitória da doutrina do "socialismo em um só país". O processo mesmo de redação de *História e consciência de classe* registra o que pode ser a passagem de um momento de revolução em expansão (o primeiro artigo do livro é datado por Lukács de março de 1919) para um momento de defesa da revolução dentro das fronteiras da União Soviética (o último artigo recebeu a data de setembro de 1922).

Daí não parecer corresponder ao conjunto da argumentação de Lukács a reificação compreendida em termos de um processo de mão única, que segue tão somente a via da determinação dos indivíduos pela estrutura. Ao contrário, o que me parece mais profundamente caracterizar não apenas a posição de *História e consciência de classe,* mas o conjunto da vertente intelectual da Teoria Crítica é justamente a primazia da investigação de processos de subjetivação da dominação em toda a sua complexidade. Mesmo quando o momento da determinação estrutural parece se impor, é sempre do ponto de vista dos indivíduos e de suas práticas que ela é examinada.

Considerando a importância que tem a psicanálise no materialismo interdisciplinar,[148] do que dão testemunho, por exemplo, "Egoísmo e movimento de libertação", o texto em que Horkheimer configurou seu projeto intelectual na década de 1930, e "O caráter afirmativo da cultura", artigo de Herbert Marcuse, a preocupação vai muito além de uma determinação dos indivíduos pela estrutura-mercadoria. Mais ainda e para além das muitas diferenças entre os autores, a ideia mesma de subjetivação da dominação, ainda que determinada "em última instância" pela estrutura-mercadoria, consolida-se como o problema central de uma Teoria Crítica em um sentido muito mais complexo do que qualquer noção de "ideologia" disponível até ali tinha sido capaz de produzir. Tudo isso, apesar das evidentes limitações próprias do modelo da *Dialética do esclarecimento* no que diz respeito à agência de indivíduos ou grupos.[149]

Dizer que essa maneira de entender a subjetivação da dominação é parcial e insuficiente em vista do momento presente não significa ignorar o mérito de o problema ter sido identificado como central já na década de 1930. É apenas porque ambos os momentos – fenomenológico e enciclopédico, digamos assim – ficaram marcados na Teoria Crítica desde a década de 1930 que se torna possível tematizá-los de diferentes maneiras em diferentes diagnósticos de tempo desde então. Mesmo que o processo de subjetivação tenha passado a ser entendido primariamente como "introjeção" da dominação, a própria descrição desse processo passou a exigir investigações empíricas cada vez mais complexas. Se é verdade que a subjetivação como introjeção da dominação é muitas vezes apresentada nos termos tradicionais da *manipulação*, não é menos verdadeiro que ficou para trás o momento em que parecia suficiente descrever esses processos a partir das estruturas abstratas da dominação do capital. Perdeu em plausibilidade o gesto de abstrair sem mais os indivíduos e os processos concretos de subjetivação quando se trata de apresentar a lógica da dominação presente.[150]

Caracterizar assim a vertente intelectual da Teoria Crítica significa afirmar também que todo modelo crítico e todo diagnóstico do tempo presente podem ser descritos em termos de diferentes constelações desses dois momentos, chamados aqui de fenomenológico e enciclopédico. A depender de cada caso específico, concede-se centralidade a um deles, enquanto o outro, se vai a segundo plano, não é anulado. A preeminência de um desses momentos já determina em grande medida os contornos do diagnóstico de tempo e do próprio modelo crítico em causa.[151]

E, no entanto, mesmo mitigando o extremismo de muitas de suas formulações, Axel Honneth não deixa de ter boa dose de razão em sua crítica à posição dominante no Instituto de Pesquisa Social, de Horkheimer a Habermas. É possível dizer – como Axel Honneth o faz – que o modelo da subjetivação da dominação que prevaleceu na década de 1930 corria o risco de se rebaixar a uma espécie de funcionalismo segundo o qual os sujeitos estavam à mercê de estruturas fora de seu controle e que os determinariam inteiramente, sem terem eles mesmos qualquer capacidade de agência, seja em que sentido fosse: "A teoria da cultura, o terceiro componente do projeto de pesquisa imaginado por Horkheimer, teria sido o lugar para abrir à força o funcionalismo fechado de tais análises da sociedade. Aqui, teria sido demonstrado que sujeitos socializados não estão simplesmente sujeitados de maneira passiva a um processo dirigente, mas, ao contrário, participam ativamente com suas performances interpretativas do complexo processo social de integração".[152] Este risco, aliás, teria se confirmado, segundo Honneth, em desenvolvimentos da década de 1940 como a *Dialética do esclarecimento* e teria alcançado a própria teoria de Habermas.[153]

Habermas toma como tarefa fundamental uma apropriação crítica da obra de Weber[154] que procure afastar as ambiguidades e dificuldades que identificou na versão lukácsiana desse movimento de apropriação em *História e consciência de classe*. Para Habermas, essa apropriação de Weber por Lukács está na base de todos os impasses teóricos e práticos que caracterizam a Teoria Crítica até os anos 1960.[155] Esse diagnóstico levou Habermas a procurar na sistematização de Talcott Parsons um ponto de partida fecundo para produzir uma Teoria Crítica da Sociedade que escapasse não apenas ao padrão lukácsiano de apropriação de Weber, mas igualmente à versão do projeto de atualização de Parsons produzida por Niklas Luhmann em termos de uma teoria dos sistemas.[156] Como escreve Richard Münch, as diferentes tentativas de retomar a obra de Parsons no final da década de 1970 e na década de 1980 "têm em comum o fato de se dirigirem ao estado atual do desenvolvimento teórico em busca de uma nova síntese, tal como Parsons pretendeu em 1937 com seu primeiro grande livro, *A estrutura da ação social*, preservando tanto quanto substituindo o positivismo e o idealismo em uma teoria voluntarista da ação".[157] Nesse contexto, a "dicotomia final que precisa ser evitada é aquela entre teoria da ação e teoria dos sistemas".[158]

O fato de Habermas ter decidido evitar a dicotomia e realizar a síntese pretendida formulando uma *teoria da ação* mostra tanto sua intenção crítica quanto sua rejeição das variadas versões da teoria dos sistemas. Antes da publicação da *Teoria da ação comunicativa*, em 1981, esse projeto se caracterizava pela busca de apoio e plausibilidade em uma teoria falível da evolução social. Essa teoria deveria mostrar uma lógica evolutiva complexa o suficiente para que as estruturas normativas desvendadas por pesquisas empíricas abarcassem desde a evolução das sociedades até processos concretos de individuação.[159] Essa poderia ter sido a versão propriamente habermasiana de uma apresentação complexa dos processos de subjetivação da dominação, alternativa àquela de Lukács em *História e consciência de classe*, que, segundo Habermas, estaria também na origem dos impasses da Teoria Crítica posterior.

E, no entanto, "as ciências reconstrutivas tais como propostas nos anos 1970 não tiveram desenvolvimentos realmente significativos, seja por parte do próprio Habermas, seja por parte de membros da comunidade científica de maneira mais ampla. O resultado foi que a própria *Teoria da ação comunicativa*, de 1981, dedicou-se exclusivamente à reconstrução de conhecimentos e saberes existentes, não se baseando em novos resultados de um novo tipo de ciência".[160] Essa nova estratégia teórica também teve como consequência um rebaixamento da investigação dos processos de subjetivação da dominação em sua complexidade própria. Ao mesmo tempo, atualizações de Weber como a realizada por Foucault, por exemplo, que enfatiza exatamente esse aspecto, foram excluídas por Habermas como inservíveis para uma apropriação por parte da Teoria Crítica. Permanece em grande medida não esclarecido esse movimento teórico habermasiano que recusa à teoria de Foucault até mesmo o estatuto de Teoria Tradicional, condição em que seria, em princípio, apropriável desde uma perspectiva crítica.[161]

De seu lado, Honneth, ao retomar, nas décadas de 1980 e 1990, o que se chamou aqui de momento fenomenológico da Teoria Crítica, não se voltou para a *Fenomenologia do espírito*, mas antes para os chamados escritos de Jena, manuscritos publicados postumamente e produzidos no período imediatamente anterior à redação da *Fenomenologia*, realizada entre 1806 e 1807. Ele escreve em *Luta por reconhecimento*:

> Nunca mais Hegel retomou em sua forma original o programa esplêndido que ele seguiu em seus escritos de Jena com abordagens sempre novas e também sempre fragmentárias. Na obra teórica com que ele, logo depois da *Realphilosophie*, conclui seu trabalho em Jena e que define a rota de sua

criação futura, encontra-se uma sistemática destituída de um ponto decisivo: a *Fenomenologia do espírito* deixa para a luta por reconhecimento, que até então fora a força-motriz moral que havia impulsionado o processo de socialização do espírito através de todas as etapas, tão somente a função única de formar a autoconsciência; além disso, restrita a esse único significado, representado na dialética do senhor e do escravo, a luta entre os sujeitos que pugnam por reconhecimento é ligada tão intimamente à experiência da confirmação prática no trabalho que sua lógica específica acabou quase saindo inteiramente de vista. Por isso, a nova concepção da *Fenomenologia*, certamente superior do ponto de vista do método, teve o efeito de um corte profundo na trajetória do pensamento de Hegel; ela lhe obstruiu daí em diante o recurso à mais forte de suas antigas intuições, o modelo, ainda inacabado, da "luta por reconhecimento". Consequentemente, nas grandes obras que iriam se seguir, não se encontram senão sinais de uma reminiscência do programa perseguido em Jena: mas nem o conceito intersubjetivista de identidade humana, nem a distinção de diversos *media* de reconhecimento, nem a diferenciação correspondente de relações de reconhecimento gradualmente escalonadas, nem muito menos a ideia de um papel historicamente produtivo da luta moral voltam a assumir uma função sistemática na filosofia política de Hegel.[162]

A saída de Axel Honneth para os impasses e problemas que identificou especialmente no "círculo interno" da Teoria Crítica e em Habermas teve por fontes de inspiração trabalhos realizados nas décadas de 1960 e 1970, à margem ou mesmo fora do campo da Teoria Crítica e do marxismo de maneira mais ampla. Entre os autores estão E. P. Thompson, Stuart Hall, Raymond Williams, Barrington Moore Jr. e Richard Sennett.[163] O diagnóstico comum a essa diversidade de autores e de posições era o de um fechamento da Teoria Crítica e do marxismo ao que é referido aqui como a questão da subjetivação da dominação em sua devida complexidade. Em especial, a esmagadora dominância da interpretação estruturalista de Louis Althusser, com sua característica unilateralidade, parecia confirmar esse diagnóstico.[164]

Os escritos de Honneth das décadas de 1980 e 1990 são interpretados aqui como uma tentativa de atribuir novamente centralidade ao momento fenomenológico, colocado em segundo plano – mas não ausente, pelo menos no que diz respeito ao desenvolvimento da Teoria Crítica – desde a virada definitiva de Lukács em direção ao leninismo, em inícios da década de 1920.

A reorientação defendida por Honneth em um primeiro momento de sua produção estava em consonância com os impulsos dos movimentos de protesto da década de 1960 e suas consequências para a formação dos "novos movimentos sociais" (até meados da década de 1980) e, posteriormente, da chamada "política de identidade" (que mostrarão vigor social até pelo menos o início dos anos 2000). É o momento em que a questão da subjetivação da dominação é explicitamente retomada por práticas de resistência e contestação à dominação em suas múltiplas dimensões.

E, no entanto, há uma diferença crucial entre o (que se chama aqui) impulso fenomenológico em Honneth e em Lukács. O modelo crítico de *Luta por reconhecimento*, em consonância com a lógica dos conflitos sociais na contemporaneidade, permite pensar o surgimento de movimentos sociais que não têm mais a referência à classe como elemento constitutivo (mesmo que em versões altamente complexas como a de E. P. Thompson),[165] tomando distância sob esse aspecto, portanto, do modelo fenomenológico de *História e consciência de classe*. Não obstante, esse importante movimento teórico realizado por Honneth acabou por se mostrar como tendo sido feito às expensas tanto da necessária gênese histórica das lutas sociais como da específica orientação das lutas redistributivas, calcadas na referência à igualdade como base para a busca de solidariedade. Esses eram dois aspectos essenciais ao modelo de subjetivação da dominação presente em *História e consciência de classe*, como ainda o são para qualquer tentativa contemporânea de pensar as lutas emancipatórias.

É difícil dizer se o desenvolvimento da teoria de Honneth posterior a *Luta por reconhecimento* teria obrigatoriamente de ter seguido o caminho que o próprio autor escolheu. Especialmente, é de se pensar se o modelo original teria de fato como consequência inevitável a submissão do conjunto dos conflitos sociais a uma gramática regida exclusivamente pela noção de reconhecimento – e a partir da década de 2000, a uma noção de liberdade ampliada, reverberando acordes só encontrados anteriormente na filosofia da história hegeliana. A questão é particularmente relevante de um ponto de vista materialista porque a progressiva substituição do "reconhecimento" pela "liberdade" como princípio reconstrutivo único e unitário acabou por subordinar e mesmo subsumir a "igualdade" como princípio motor dos conflitos sociais.

Mas o fato é que, com a publicação, em 2003, de seu debate com Nancy Fraser em torno do problema apareceram mais claramente os sinais da guinada teórica que iria se realizar nos anos seguintes.[166] O mesmo Axel Honneth que tinha recuperado o problema da subjetivação da dominação em toda a sua complexidade como central para a Teoria Crítica em seus escritos das décadas de 1980 e 1990 abandonará em seguida seu modelo apoiado nos escritos do jovem Hegel de Jena em favor da perspectiva da maturidade expressa na *Filosofia do direito*, o que resultará no livro *O direito da liberdade*. E sem dúvida não é casual que o abandono do momento fenomenológico por Honneth tenha se dado na primeira década de um século em que parecia que nenhuma transformação radical estava no horizonte, em que parecia, ao contrário, ser necessário preservar e tentar ampliar ao máximo o que tinha sido possível institucionar dos impulsos de mudança dos anos pós-1968. Em suma, parecia necessário elevar a seu conceito uma nova etapa da modernidade.[167]

Uma vez mais, parece que havia chegado a hora de o momento fenomenológico ceder o passo a algo semelhante a uma consolidação enciclopédica, ainda que certamente de novo tipo. Já em *Sofrimento de indeterminação*, de 2001, a ideia geral é proceder a uma "reconstrução normativa", de maneira a tornar plausível a tese de que as "esferas sociais de valor" da modernidade podem ser reconstruídas a partir de "uma combinação determinada de reconhecimento recíproco e autorrealização individual".[168] No livro em que desenvolve algumas das intuições centrais de *Sofrimento de indeterminação*, *O direito da liberdade*, Honneth aproxima o método de Hegel da "reconstrução normativa" que propõe, na medida em que se trata em ambos os casos de "produzir um equilíbrio entre dados histórico-sociais e ponderações racionais", um método de busca "por uma equalização [*Ausgleich*] entre conceito e efetividade histórica".[169] Ao mesmo tempo, Honneth tem claro que essa caracterização não é inteiramente adequada à filosofia de Hegel – ou, ao menos, à filosofia de Hegel considerada a partir da produção de maturidade, em especial da *Filosofia do direito*. E resume esse estado de coisas da seguinte maneira:

> Por certo, Hegel não teria reivindicado nenhuma dessas descrições para caracterizar seu procedimento metódico; nele, soa como se quisesse desenvolver os fins de liberdade dos sujeitos direta e imediatamente do conceito de um espírito que se desdobra historicamente. Mas faz todo o sentido empregar uma linguagem descritiva independente, autônoma, de maneira a tornar claro, então, que o método escolhido por Hegel também se sustenta quando separado do pano de fundo de sua metafísica do espírito.[170]

O projeto mais amplo de produzir um Hegel "não metafísico" é partilhado por interpretações inspiradas tanto pela filosofia analítica quanto pela perspectiva crítica herdeira do jovem hegelianismo. No caso específico de *O direito da liberdade*, esse objetivo é realizado mediante recurso a um conceito de "liberdade social" primeiramente formulado por Frederick Neuhouser.[171] Não por acaso, portanto, no seu panorama retrospectivo do "renascimento hegeliano", Neuhouser parte da seguinte constatação: "Embora as interpretações não metafísicas sejam interessantes e esclarecedoras, elas nunca conseguiram convencer muitos dos estudiosos de Hegel. O problema é que a dimensão metafísica do pensamento de Hegel se mostrou obstinadamente irredutível".[172] Diante do dilema, aparentemente inescapável, entre "anacronismo" e "antiquarianismo" que se segue dessa constatação, Neuhouser diz que o renascimento hegeliano não é um equívoco. Pelo contrário, será um equívoco "somente se continuarmos a nos iludir, isto é, a pressupor que o Hegel histórico real é essencialmente o mesmo que nossos interesses filosóficos contemporâneos. Mas não há qualquer necessidade dessa pressuposição. Podemos admitir que o programa filosófico de Hegel era essencialmente metafísico e que muito do Hegel histórico é de pouco interesse para nós hoje. No entanto, tendo admitido isso, não temos de aceitar o dilema a respeito de qualquer tema, como se fosse verdade de ponta a ponta e sob todos os aspectos em Hegel".[173]

Com nuances, esse dilema de que parte essa vertente dos estudos hegelianos é soletrado por Jean-François Kervégan em termos de uma oposição entre o "velho" e o "jovem" hegelianismo,[174] dentro da qual ele se posiciona da seguinte maneira:

> Quanto a mim, confesso que tenho sobre esta questão essencial uma visão se não hesitante, ao menos nuançada. Tendo partido de uma posição ortodoxa (velho-hegeliana), nutrida por uma longa frequentação da *Lógica*, gradualmente me apercebi de que o que mais me interessava e o que me parecia o mais atual na doutrina do espírito objetivo, para ser julgado válido, nem *sempre* tinha de ser necessariamente correlacionado com a infraestrutura lógico-metafísica do sistema. Uma boa parte da doutrina do direito abstrato, que me esforço para reavaliar de maneira positiva, pode ser compreendida de forma coerente independentemente da metafísica hegeliana (que é, no meu entendimento, a *Lógica*, da qual Hegel nos diz expressamente que "simplesmente toma o

lugar" da metafísica). Mas não é sempre assim. Em um ponto decisivo, na questão do poviléu (*Pöbel*), acredito ter mostrado que a solução a que Hegel parece se alinhar (deve haver uma solução social e política para a questão social) supõe o que chamo uma garantia metaética e metaobjetiva, a do espírito do mundo, figura mundana do espírito absoluto.[175]

Um movimento como esse está longe de ser estranho a um pensador como Adorno, por exemplo. Depois de citar de um só fôlego o final do § 245 e a íntegra do § 246 da *Filosofia do direito*, os parágrafos onde surge justamente a questão do "poviléu", Adorno argumenta que a incompatibilidade entre a aceitação da teoria econômica liberal e o fato social de que o aumento da riqueza coincide com o aumento da pobreza social, para a qual a referida teoria não apresenta remédio efetivo, levou Hegel a uma solução em que o "Estado é desesperadamente invocado como uma instância que se encontra além desse jogo de forças". Daí também a conclusão de Adorno de que "a filosofia do Estado de Hegel é um necessário reino da violência".[176]

Foi de diagnóstico semelhante que partiu Marx, cuja teoria da maturidade, como já mencionado, Adorno certa vez caracterizou como "*systemähnlich*", "semelhante a um sistema". Em um registro claramente irônico, a tarefa crítica teria sido, segundo ele, "mais fácil" para Marx "na medida em que o sistema configurado do liberalismo se lhe apresentava disponível na ciência. Ele só precisava perguntar se o capitalismo, em suas próprias categorias dinâmicas, corresponde a este modelo para, em negação determinada do sistema teórico que lhe era apresentado, gerar por sua vez uma teoria semelhante a um sistema".[177] E, no entanto, esse resultado expositivo inovador de Marx, como já igualmente mencionado, teria ainda feito concessões excessivas a Hegel. Em particular, teria concedido à dialética hegeliana o primado da identidade que se mostrou fatal para suas pretensões críticas na configuração histórica do capitalismo tardio.

Para escapar a esse resultado, Adorno, em sua última década de vida, desenvolve um diagnóstico do tempo presente em que a pretensão da lógica identificante, como lógica mais geral da dominação, de se fazer um com a realidade confronta fenômenos sociais de resistência. Essa novidade é pensada pelo último Adorno em termos de um *antagonismo* entre "integração" e "resistência". Apresentando impressões ainda preliminares de uma pesquisa empírica realizada pelo Instituto de Pesquisa Social (do qual se tornou diretor em 1958), Adorno conclui:

[o que] a indústria cultural prescreve às pessoas em seu tempo livre vem a ser – se minha conclusão não é precipitada – consumido e aceito, mas com uma espécie de reserva, de maneira semelhante aos acontecimentos teatrais ou filmes ingênuos que não aceitamos facilmente como verdadeiros. Mais ainda, talvez: simplesmente não se acredita. A integração de consciência e tempo livre manifestamente ainda não foi alcançada. Os reais interesses dos indivíduos são ainda fortes o suficiente para, dentro de limites, resistir à total assimilação. O que coincidiria com o prognóstico segundo o qual uma sociedade cujas principais contradições continuam flagrantes não pode ser totalmente integrada na consciência.[178]

Para fazer essas observações, Adorno se debruça sobre resultados de pesquisa empírica em que os sujeitos da dominação foram questionados sobre suas próprias formas de sujeição. Ainda assim, Adorno não parece ter pensado o que ele considerava ser a lógica mesma da dominação (a ideia de identidade) como *resultado* de uma *luta* entre "integração" e "resistência", mas antes como oposição de dois princípios que se relacionam como água e óleo. Nisso, parece seguir ainda, mesmo que de maneira indireta, o modelo de *História e consciência de classe*, que opunha duas formas de experiência que se ancoravam em *solos* diferentes, a experiência proletária e a experiência burguesa.[179]

Sintomaticamente, também Habermas parece seguir a mesma lógica, mas com uma diferença de enfoque que altera inteiramente os dados do problema, procedendo a uma separação dos dois elementos presentes em Adorno (e, de outra maneira, também em Lukács) segundo princípios de ação diferentes, segundo as lógicas mutuamente irredutíveis (porém complementares, aqui a grande diferença) da ação instrumental e da ação comunicativa. Diferentemente de Adorno e de Lukács, Habermas estabeleceu antropologicamente não apenas o caráter inescapável das duas orientações de ação segundo os princípios do "trabalho" e da "interação", mas igualmente sua complementaridade, cabendo a cada um deles cumprir uma tarefa integrativa: social ou sistêmica. Segundo a prevalência de um determinado tipo de ação, estabeleceu domínios sociais distintos, mundo da vida e sistema, e pensou ambos como partes necessárias e integrantes do todo social.[180] Essa concessão de Habermas a uma teoria social que opera segundo dois princípios diferentes pode ser vista como o germe das dificuldades relativas ao conceito de dominação que caracteriza boa parte do campo crítico a partir de meados da década de 1980. Ainda assim, a Teoria Crítica deve a Habermas a virada intersubjetiva sem a qual não teria se mostrado por inteiro o horizonte de uma compreensão abrangente dos processos de subjetivação da dominação. Uma virada sem a qual o próprio Honneth não teria podido realizar a reconstrução do percurso dessa vertente intelectual em termos de uma primazia da determinação estrutural da dominação, como mostrado há pouco. Assim como Pierre Bourdieu no campo da Teoria Tradicional, Habermas incorporou à Teoria Crítica os nós normativos das práticas cotidianas da perspectiva de quem delas participa, entendendo-os em termos de processos geradores de normas. Com isso, encontrou lugar na Teoria Crítica para os impulsos democráticos próprios dos novos movimentos sociais da década de 1970, não por último pelo peso inédito e original que atribuiu à esfera pública.

Esses ganhos teóricos decisivos não devem ser apagados nem mesmo pelo retrocesso representado pela trajetória posterior da ideia motriz de "reconstrução", de grande importância nessa guinada. A partir de meados da década de 1980, o princípio da reconstrução ganhou paulatinamente independência e autonomia relativamente às lutas sociais concretas e passou a se apresentar em termos cada vez mais abstratos, levando à perda de centralidade e à diluição do conceito de dominação, pontos distintivos da perspectiva teórico-crítica. Com essa nova atitude, parte relevante do campo crítico abriu mão da crítica do capitalismo e de concepções robustas de dominação, ao mesmo tempo em que se refugiou cada vez mais seja em disciplinas isoladas, seja em graus de abstração perigosamente próximos de esquemas tradicionais de pensamento, em que diagnósticos de tempo surgem à maneira de ilustrações de um argumento dedutivo.[181]

Qualquer tentativa de apropriação crítica e atualização do modelo da *Fenomenologia* tem de guardar consigo a virada original realizada por Habermas sem cair na armadilha posterior do "reconstrutivismo". Não pode, assim, seguir a letra da apropriação lukácsiana em *História e consciência de classe*, cuja leitura da *Fenomenologia* identificaria, em última instância, a "consciência natural" à "consciência empírica" do proletário e a "consciência filosófica" à "consciência de classe" proletária. A alternativa "reforma ou revolução" não caducou apenas por pressupor a sociedade do trabalho, que procurava, em suas formas capitalistas mais desenvolvidas realizar a equação "cidadão = trabalhador".[182] A alternativa caducou também porque ambos os lados pressupunham em maior ou menor grau processos de subjetivação por demais unilaterais e impositivos, desconsiderando seu caráter intersubjetivo.

O "alvo" teórico e prático é hoje a dissolução comunicativa da noção de consciência. Entre outros elementos de uma situação histórica distinta, esse também ajuda a explicar a ausência de plausibilidade da figura do espírito absoluto, soldado que estava a uma situação de consciência própria da filosofia moderna. A passagem ao "ponto de vista do espírito", interpretada neste trabalho como uma mudança de *atitude*, de *comportamento*, ganha também o significado da deslimitação da consciência a sua limitação subjetiva, rumo à sua constituição intersubjetiva.

Além de incorporar a virada intersubjetiva habermasiana sem cair no "reconstrutivismo", a apropriação crítica e a atualização do modelo da *Fenomenologia* tem de evitar igualmente a rigidez das tentativas de Honneth. Por pensar a atualização em termos por demais estritos de manutenção dos esquemas fundamentais de pensamento hegelianos – seja a partir dos escritos de Jena ou da *Filosofia do direito* – Honneth se vê obrigado a encontrar sempre paralelos no momento presente que se revelam em não poucos momentos implausíveis ou mesmo acríticos. Uma atualização da *Fenomenologia* que não se comprometa com tal rigidez preestabelecida não deverá, portanto, pretender encontrar no presente figuras correspondentes àquelas que caracterizam o percurso fenomenológico tal como pensado originalmente por Hegel. Mas, em sua apropriação crítica, devem, sim, procurar reconstruir as figuras sucessivas dos movimentos emancipatórios em sua multiplicidade e multidimensionalidade, de maneira a iluminar suas configurações presentes. É nesse sentido que deve igualmente se guiar pela busca de concepções de novo robustas da dominação.

Aqui, a via aberta pelos novos estudos historiográficos, sociológicos, filosóficos e antropológicos desenvolvidos a partir do final da década de 1960 que estão na base de *Luta por reconhecimento* pode servir ao menos de ponto de partida para pensar a figura atual da dominação capitalista em novos termos. E, no entanto, de maneira paradoxal – em vista de seu *parti pris* hegeliano e dos estudos empíricos de que parte –, *Luta por reconhecimento* não se dedica à *reconstrução histórica* das diferentes fases dos movimentos sociais. Sua falta de profundidade histórica não lhe permite pensar as lutas sociais em termos de estágios internamente conectados, por exemplo, o que o modelo da *Fenomenologia* permitiria realizar. É o que se pode constatar lendo a passagem que abre a terceira parte do livro de Honneth:

Com os meios de uma fenomenologia empiricamente controlada, foi possível mostrar que a tripartição das formas de reconhecimento efetuada por Hegel e Mead não erra inteiramente o seu alvo na realidade da vida social, e até mesmo que ela está em totais condições de uma exploração produtiva da infraestrutura moral das interações; por isso, de acordo com as suposições teóricas dos dois autores, foi possível também, sem maiores obstáculos, atribuir aos diversos padrões de reconhecimento espécies distintas de autorrelação prática dos sujeitos, ou seja, modos de uma relação positiva com eles mesmos. A partir daí não foi mais difícil distinguir, num segundo passo, as formas de desrespeito social, conforme a etapa da autorrelação prática das pessoas em que elas podem influir de maneira lesiva ou mesmo destrutiva. Com a distinção, ainda muito provisória, de violação, privação de direitos e degradação, foram dados a nós os meios conceituais que nos permitem agora tornar um pouco mais plausível a tese que constitui o verdadeiro desafio da ideia fundamental partilhada por Hegel e Mead: que é uma luta por reconhecimento que, como força moral, promove desenvolvimentos e progressos na realidade da vida social do ser humano. Para dar a essa ideia forte, soando às vezes a filosofia da história, uma forma teoricamente defensável, seria preciso conduzir a demonstração empírica de que a experiência de desrespeito é a fonte emotiva e cognitiva de resistência social e de levantes coletivos; mas isso tampouco posso fazer aqui de modo direto e tenho de contentar-me com a via indireta de uma aproximação histórica e ilustrativa com uma tal demonstração.[183]

A expressão "sem maiores obstáculos" não deixa de incomodar, embora não surpreenda, já que Honneth, em sua trajetória intelectual posterior, não se encaminhou para uma "demonstração empírica de que a experiência de desrespeito é a fonte emotiva e cognitiva de resistência social e de levantes coletivos", continuando a operar cada vez mais, ao contrário, no "modo indireto" da "aproximação histórica e ilustrativa". Em lugar de corrigir o déficit genético de sua proposta, em lugar de dotar sua teoria do reconhecimento da necessária profundidade histórica que poderia robustecer seu diagnóstico do tempo presente, em lugar de aceitar a crítica de Nancy Fraser e corrigir o óbvio déficit redistributivo presente no modelo de *Luta por reconhecimento*, o autor caminha decididamente para reconstruções normativas de alto grau de abstração, nas quais o diagnóstico do tempo presente ganha cada vez mais caráter "ilustrativo" e a apresentação da eticidade tem pouco ou nenhum ancoramento histórico.[184]

Em lugar de enfatizar o caráter materialista de sua proposta, de buscar o lugar teórico das lutas redistributivas em sua proposta original, Honneth move-se cada vez mais em direção ao monismo de uma noção de liberdade que, apesar de sua declarada intenção não metafísica, parece de difícil compreensão sem pelo menos um fundo de filosofia da história. É o que se pode ver, por exemplo, em *O direito da liberdade*, em que à noção de igualdade é reservado o exíguo espaço da primeira nota do livro, e também no livro seguinte, *A ideia de socialismo*, em que o movimento operário não comparece em nenhum momento como elemento indispensável à reconstrução – mesmo que apenas da "ideia" – do socialismo.[185]

Pode-se encontrar, portanto, nos escritos de Honneth dois modelos não metafísicos de atualização do pensamento de Hegel. A importância da crítica dos anos 1980 e 1990 à tradição da Teoria Crítica está em ter trazido novamente para o centro o problema da subjetivação da dominação em toda a sua complexidade. Mesmo que, no detalhe, a reconstrução do desenvolvimento da Teoria Crítica desde a década de 1930 possa não fazer toda a justiça aos textos e aos autores, a ideia geral de que o momento fenomenológico precisa ser não apenas revivido, mas também aprofundado revela déficits reais no interior dessa vertente intelectual. Contudo, hoje o próprio Honneth parece não conceder centralidade ao problema da subjetivação da dominação, pelo menos não como em seus trabalhos das décadas de 1980 e 1990.[186] O que talvez ele tenha dito de maneira cristalina quando declarou ser necessário alcançar um "conceito realista do 'interesse emancipatório'".[187]

Desde uma perspectiva jovem-hegeliana, distinguem-se aqui pelo menos duas maneiras bem diferentes de pensar o *nascimento do novo* na obra de Hegel. Uma perspectiva de leitura renovada da *Fenomenologia* como a proposta aqui poderia levar a uma atualização não metafísica de Hegel em constelação com as tensões próprias de seu momento napoleônico. Poderia talvez fornecer o quadro teórico capaz de suprir os déficits genético e redistributivo do projeto original presente em *Luta por reconhecimento*. Sua combinação com um olhar renovado para o modelo abertamente calcado na *Fenomenologia* de *História e consciência de classe* poderia bem estabelecer como central a busca da igualdade como motor incontornável das lutas sociais. A investigação empírica das experiências de resistência e de sua configuração em termos de uma integração que *resulta* de lutas concretas contra pretensões de homogeneização e de manipulação próprias de processos integrativos pode dar a profundidade histórica prometida em *Luta por reconhecimento* e não realizada nesses termos por Honneth em *O direito da liberdade*.[188] Entretanto, para que o modelo da *Fenomenologia* possa ser pensado nesses novos termos, é necessário ao mesmo tempo pensar a experiência segundo um padrão essencialmente dialógico, em que as diferentes figuras do percurso histórico fenomenológico são construídas comunicativamente. A noção de espírito tem de se dissolver comunicativamente em uma noção de experiência ela mesma alargada comunicativamente.[189] A consciência de que partiu Hegel não é mais o estágio em que se encontra a consciência hoje, da mesma maneira como a Teoria Tradicional não é mais aquela de que partiu Marx ou Horkheimer ou Adorno.[190]

De um ponto de vista estritamente hegeliano, uma atualização da *Fenomenologia* nesses termos pode bem ser acusada de permanecer em uma concepção limitada, meramente "consciencial" de espírito, para retomar uma expressão de Jean-François Kervégan.[191] Pensada em termos comunicativos, entretanto, a dimensão consciencial seria de tal maneira ampliada – e ganharia mesmo tal amplitude – mediante a transformação comunicativa da própria noção de experiência que essa atualização teria potencial para incorporar elementos essenciais do espírito hegeliano sem ter de se comprometer com os pesados pressupostos metafísicos do Sistema em sua forma acabada. Ao mesmo tempo, a Teoria Crítica poderia deixar para trás o fardo da busca da "melhor teoria" em que se embrenhou nas últimas décadas,[192] voltando a conceder ao diagnóstico do tempo presente a primazia que sempre teve na melhor tradição marxista, aquela representada pelo Lukács de *História e consciência de classe*, para quem, como já mencionado, o método marxista tem por "seu objetivo mais eminente" justamente "o conhecimento do presente".[193] É na produção de diagnósticos do tempo presente que encontram seu lugar próprio os elementos de caráter "enciclopédico", o horizonte "sistemático" de que, de maneira similar, também a *Fenomenologia* se utilizou em seu modelo original.

Pensar uma atualização da *Fenomenologia* em termos de uma dissolução comunicativa do espírito que se combina a um correspondente alargamento da noção de consciência (quer ainda vá guardar esse nome quer não) é tarefa que está longe de ser óbvia. Mas perguntar por sua viabilidade é o mesmo que se colocar o problema do estatuto da experiência na atualidade em termos teórico-críticos. Mais que isso, tomado *prima facie*, um projeto como esse pode se parecer muito com o núcleo das tentativas atuais de atualização não metafísica de Hegel.

Uma proposta de atualização como essa pode bem se parecer com uma reconstrução da eticidade democrática no momento atual e, nesse sentido, pode parecer muito semelhante, por exemplo, ao empreendimento de Axel Honneth em seu *O direito da liberdade*. Mas o sentido dela é diverso, já que não é pouca coisa se colocar tal tarefa sem ter de carregar o pesado fardo da *Filosofia do direito* como modelo de atualização, com seu rígido esquema família-sociedade civil-Estado. Ou do esquema de circulação de poder típico de *Direito e democracia*, de Habermas, se se quiser, com sua justificação, por exemplo, de uma lógica de separação de poderes que parece longe de ser plausível nos dias de hoje.[194]

Uma perspectiva como essa talvez possa permitir ainda identificar e conceituar tentativas atuais de apresentar as maneiras suficientemente complexas e multidimensionais da subjetivação da dominação como características da figura atual da Teoria Crítica. Porque é impressionante a variedade, a vitalidade e a fecundidade que teve e tem a perspectiva chamada aqui de fenomenológica. Em continuidade com a tradição jovem-hegeliana, talvez seja possível pelo menos indicar que tal visada da renovação atual da Teoria Crítica pode significar uma visão renovada não apenas da *letra* do texto da *Fenomenologia* mas também do seu *espírito* – pelo menos da maneira como se procurou interpretar aqui o projeto e o programa do livro de 1807.[195]

É desse ponto de vista que se pretende jogar nova luz sobre um modelo de renovação da Teoria Crítica considerado aqui de extração fenomenológica como o oferecido por *Luta por reconhecimento* – ou, talvez, mais precisamente, aquele veio de atualização aberto por *Crítica do poder*. Talvez essa perspectiva ajude a pensar de maneira frutífera a produção mais recente no campo crítico e no campo da crítica social de maneira mais ampla.[196] A última década trouxe muitos trabalhos que parecem seguir, de novas e diferentes maneiras, essa diretriz geral de colocar no centro das pesquisas conceituações complexas dos processos de subjetivação da dominação.[197] A investigação de práticas sociais de construção de normas e de justificações segundo a perspectiva própria dos agentes que as produzem abriu caminho para formulações variadas e originais.[198]

Alianças teóricas com trabalhos de visada "decolonializante" e com autores que não se identificaram como teóricos críticos, como é o caso de Foucault, produziram trabalhos em que a mesma questão fundamental foi enfrentada em sentidos que ampliaram o campo clássico da Teoria Crítica.[199] Esse tipo de abertura também colocou em questão os próprios limites do campo crítico para um registro mais amplo, que poderia ser chamado de crítica social. Não por acaso, essa nova constelação teórica acarretou um renascimento da ideia de filosofia social, que parece agora abarcar um campo crítico muito mais amplo do que aquele demarcado por uma contraposição por demais estreita entre Teoria Tradicional e Teoria Crítica.[200]

A amplitude e a novidade do horizonte teórico esboçado nessas poucas indicações parecem suficientes para mostrar que esta última seção da Apresentação tem caráter meramente conjuntural e, em sentido não mais que indicativo, programático. Mesmo porque o trabalho prévio indispensável de liberar a *Fenomenologia* de uma obra posterior de Hegel que a soterrou como modelo filosófico próprio foi de tal magnitude que consumiu todas as energias disponíveis. Mas, ainda que pequeno, foi esse passo que determinou todo o caminho, todo o sentido e toda a direção deste livro.

# Texto original e tradução

A edição de 1807 da *Fenomenologia do espírito* foi a única publicada durante a vida de Hegel, que morreu enquanto revisava o texto para uma segunda edição. Essa revisão, no entanto, mal alcançou o final do Prefácio – que é, de fato, um Prefácio ao projeto filosófico hegeliano como um todo, ao seu Sistema da ciência, àquela altura ainda por ser escrito, e não apenas um prefácio à *Fenomenologia*. O manuscrito original se perdeu, de modo que a base para todas as edições posteriores continua sendo o texto da primeira edição. O texto de base utilizado para traduzir a Introdução – concluída e já impressa em fevereiro de 1806, ou seja, um ano antes de terminada a redação e a impressão do conjunto do livro – foi o da segunda edição da *Fenomenologia do espírito*, publicada postumamente em 1832 por J. Schulze, em redação realizada por Eva Moldenhauer e Karl Markus Michel para a edição das obras de Hegel da editora Suhrkamp.[1] Em notas ao texto em alemão são fornecidas as variantes relativamente: ao texto original da edição 1832[2] e à edição das obras completas de Hegel realizada para a Rheinisch-Westfälischen Akademie der Wissenschaften.[3] Em vista da interpretação de alguns poucos trechos foi adotado seja este último, seja o texto da edição Glockner.

Unicamente a utilização de uma lupa de análise de texto justificaria realizar uma nova versão do texto para além das já disponíveis em português. Foi em vista, portanto, da confecção das notas e da análise e do comentário do texto que se impôs a necessidade de realizar a tradução aqui apresentada, inspirada pelas versões de Henrique Cláudio de Lima Vaz e de Paulo Menezes e comparada com as traduções francesas de Jean Hyppolite, Bernard Bougeois, G. Jarczyk e P.-J. Labarrière, Jean-Pierre Lefebvre, além da tradução mais recente para o inglês realizada por Terry Pinkard. Ao longo do próprio comentário são poucas, entretanto, as remissões a essas traduções, muitas vezes utilizadas como base para a versão apresentada. Fica aqui, desde já, o necessário registro e agradecimento.

Para facilitar o cotejo com o texto original e a localização das referências no capítulo "Análise e comentário", os parágrafos do texto de Hegel foram numerados, com os números entre colchetes. Também foi acrescentado entre colchetes, na abertura do texto, o título Introdução, que consta apenas do sumário e não reaparece no interior do próprio livro em sua edição original.

Abreviaturas utilizadas nas notas

GW = Georg Wilhelm Friedrich Hegel, *Gesammelte Werke*, vol. 9: *Phänomenologie des Geistes*, editado por Wolfgang Bonsiepen e Reinhard Heede em nome da Rheinisch-Westfälischen Akademie der Wissenschaften, Hamburgo: Felix Meiner, 1980

GL = Georg Wilhelm Friedrich Hegel, *Sämtliche Werke*, vol. 2: *Phänomenologie des Geistes*, editado por Hermann Glockner, edição do Jubileu (reproduz a edição de 1832). 4.ª ed. Stuttgart: Friedrich Fromann, 1964

| [Introdução] | [Einleitung] |
|---|---|
| [1] É uma representação natural de que seria necessário na filosofia, antes de ir à coisa mesma, ou seja, ao conhecer efetivo do que em verdade é, entender-se previamente acerca do conhecer, que é considerado como o instrumento por intermédio do qual se se apoderaria do absoluto, ou como o meio mediante cujo intermédio se o divisaria. A preocupação parece justa: em parte, haveria diversas espécies de conhecimento e, dentre elas, uma poderia ser mais apta do que outra para a consecução desse fim último, com o que também uma falsa escolha entre elas; de outra parte, sendo o conhecer uma faculdade de espécie e | [1] Es ist eine natürliche Vorstellung, daß, ehe in der Philosophie an die Sache selbst, nämlich an das wirkliche Erkennen dessen, was in Wahrheit ist, gegangen wird, es notwendig sei, vorher über das Erkennen sich zu verständigen, das als das Werkzeug, wodurch man des Absoluten sich bemächtige, oder als das Mittel, durch welches hindurch man es erblicke, betrachtet wird. Die Besorgnis scheint gerecht, teils, daß es verschiedene Arten der Erkenntnis geben und darunter eine geschickter als eine andere zur Erreichung dieses Endzwecks sein möchte, hiermit auch falsche Wahl unter ihnen, – teils auch daß, indem das Erkennen ein Vermögen von bestimmter Art |

âmbito determinados, sem uma determinação mais exata da sua natureza e limites, apreendem-se nuvens do erro em lugar do céu da verdade. Essa preocupação tem até de se transformar na convicção de que a aquisição para a consciência, mediante o conhecer, de todo o início, do que é em si, seria um contrassenso no seu conceito, e de que entre o conhecer e o absoluto cairia um limite que os separaria sem mais. Pois se o conhecer é o instrumento para se apoderar da essência absoluta, então salta imediatamente aos olhos que a aplicação de um instrumento a uma coisa não a deixa tal qual é para si, mas procede com isso a uma enformação e a uma alteração. Ou: se o conhecer não é instrumento de nossa atividade, mas, de certa maneira, um meio passivo mediante cujo intermédio a luz da verdade nos alcança, então também assim não obtemos a verdade tal como é em si, mas tal como é nesse meio e mediante ele. Fazemos uso, em ambos os casos, de um meio que produz imediatamente o contrário de seu fim; ou: o contrassenso está antes em nos servirmos de um meio. Por certo, parece possível obviar esse mal mediante o conhecimento dos efeitos da ação do *instrumento*, pois tal conhecimento torna possível subtrair ao resultado a parte que cabe ao instrumento na representação do absoluto que obtemos mediante ele, obtendo assim o verdadeiro em sua pureza. Só que, de fato, esse melhoramento somente nos levaria de volta ao lugar em que nos encontrávamos anteriormente. Se retiramos de uma coisa enformada o que o instrumento lhe acrescentou, então a coisa – aqui: o absoluto – é para nós tal qual era antes desse esforço assim supérfluo. Devesse o absoluto ser tão só aproximado de nós mediante o instrumento, sem que nada nele se alterasse, tal como o pássaro mediante

und Umfange ist, ohne die genauere Bestimmung seiner Natur und Grenze Wolken des Irrtums statt des Himmels der Wahrheit erfaßt werden. Diese Besorgnis muß sich wohl sogar in die Überzeugung verwandeln, daß das ganze Beginnen, dasjenige, was an sich[4] ist, durch das Erkennen dem Bewußtsein zu erwerben, in seinem Begriffe widersinnig sei, und zwischen das Erkennen und das Absolute eine sie schlechthin scheidende Grenze falle. Denn ist das Erkennen das Werkzeug, sich des absoluten Wesens zu bemächtigen, so fällt sogleich auf, daß die Anwendung eines Werkzeugs auf eine Sache[5] sie vielmehr nicht läßt, wie sie für sich ist, sondern eine Formierung und Veränderung mit ihr vornimmt. Oder ist das Erkennen nicht Werkzeug unserer Tätigkeit, sondern gewissermaßen ein passives Medium, durch welches hindurch das Licht der Wahrheit an uns gelangt, so erhalten wir auch so sie nicht, wie sie an sich, sondern wie sie durch und in diesem Medium ist. Wir gebrauchen in beiden Fällen ein Mittel, welches unmittelbar das Gegenteil seines Zwecks hervorbringt; oder das Widersinnige ist vielmehr, daß wir uns überhaupt eines Mittels bedienen. Es scheint zwar, daß diesem Übelstande durch die Kenntnis der Wirkungsweise des *Werkzeugs* abzuhelfen steht,[6] denn sie macht es möglich, den Teil, welcher in der Vorstellung, die wir durch es vom Absoluten erhalten, dem Werkzeuge angehört, im Resultate abzuziehen[7] und so das Wahre rein zu erhalten. Allein,[8] diese Verbesserung würde uns in der Tat nur dahin zurückbringen, wo wir vorher waren. Wenn wir von einem formierten Dinge das wieder wegnehmen, was das Werkzeug daran getan hat, so ist uns das Ding –[9] hier das Absolute – gerade wieder soviel als vor dieser somit überflüssigen Bemühung. Sollte das Absolute durch das Werkzeug uns nur o visgo, ele bem zombaria dessa astúcia, já não estivesse e não quisesse ele estar em nós tal como é em si mesmo e para si mesmo; pois o conhecer seria nesse caso uma astúcia, já que, mediante seu esforço múltiplo, dá-se ares de fazer coisa inteiramente diversa de apenas produzir uma conexão imediata e, portanto, sem esforço. Ou: se o exame do conhecer, que se nos representamos como um *meio*, dá-nos a conhecer a lei de sua refração, de nada nos adianta subtraí-la do resultado; pois o conhecer não é a refração do raio de luz, mas o raio mesmo, por intermédio do qual a verdade nos toca, e, subtraído o conhecer, só designaria a pura direção ou o lugar vazio.

[2] Entrementes, quando a preocupação de cair em erro põe uma desconfiança na ciência – que se lança ela própria ao trabalho e efetivamente conhece sem tais reservas –, não há como deixar de ver por que não se deva, ao inverso, ser posta e providenciada uma desconfiança nessa desconfiança: a de que esse temor de errar seja já o próprio erro. De fato, esse temor pressupõe como verdade algo, e mesmo muitas coisas, e apoia nisso suas reservas e consequências, o que tem de ser ele mesmo previamente examinado se seria verdade. Pressupõe, nomeadamente, *representações* do *conhecer* como um *instrumento* e *meio*, pressupõe também uma *diferença entre nós mesmos e esse conhecer*; sobretudo: pressupõe que o absoluto esteja *de um lado* e que *o conhecer esteja do outro lado*, para si e separado do absoluto, sendo, entretanto, algo de real, ou, com isso, que o conhecer, estando fora do absoluto, e também assim fora da verdade, seja não obstante verdadeiro – uma suposição por

überhaupt nähergebracht werden, ohne etwas an ihm zu verändern, wie etwa durch die Leimrute der Vogel, so würde es wohl, wenn es nicht an und für sich schon bei uns wäre und sein wollte, dieser List spotten; denn eine List wäre in diesem Falle das Erkennen, da es durch sein vielfaches Bemühen ganz etwas anderes zu treiben sich die Miene gibt, als nur die unmittelbare und somit mühelose Beziehung hervorzubringen. Oder wenn die Prüfung des Erkennens, das wir als ein *Medium* uns vorstellen, uns das Gesetz seiner Strahlenbrechung kennen lehrt, so nützt es ebenso nichts, sie im Resultate abzuziehen; denn nicht das Brechen des Strahls, sondern der Strahl selbst, wodurch die Wahrheit uns berührt, ist das Erkennen, und dieses abgezogen, wäre uns nur die reine Richtung oder der leere Ort bezeichnet worden.

[2] Inzwischen, wenn die Besorgnis, in Irrtum zu geraten, ein Mißtrauen in die Wissenschaft setzt, welche ohne dergleichen Bedenklichkeiten ans Werk selbst geht und wirklich erkennt, so ist nicht abzusehen, warum nicht umgekehrt ein Mißtrauen in dies Mißtrauen gesetzt[10] und besorgt werden soll, daß diese Furcht zu irren schon der Irrtum selbst ist. In der Tat setzt sie etwas,[11] und zwar manches,[12] als Wahrheit voraus und stützt darauf ihre Bedenklichkeiten und Konsequenzen, was selbst vorher zu prüfen ist, ob es Wahrheit sei. Sie setzt nämlich *Vorstellungen* von dem *Erkennen* als einem *Werkzeuge* und *Medium*, auch einen *Unterschied unserer selbst von diesem Erkennen* voraus; vorzüglich aber dies, daß das Absolute *auf einer Seite* stehe und *das Erkennen auf der andern Seite* für sich und getrennt von dem Absoluten doch etwas Reelles[13] [sei], oder hiermit, daß das Erkennen, welches, indem es außer dem Absoluten, wohl auch außer der Wahrheit ist, doch wahrhaft

intermédio da qual o que se denomina temor do erro se dá a conhecer antes como temor da verdade.

[3] Essa consequência resulta de que somente o absoluto é verdadeiro, ou, somente o verdadeiro é absoluto. Ela pode ser recusada mediante a diferença entre um conhecer que não conhece o absoluto, como quer a ciência, e é, no entanto, verdadeiro; e o conhecer em geral, que, mesmo incapaz de apreender o absoluto, seria, no entanto, capaz de outra verdade. Mas vemos de pronto que esse falar daqui e dali vai dar em uma turva diferença entre um verdadeiro absoluto e um verdadeiro de outra espécie, e que o absoluto, o conhecer etc. são palavras que pressupõem uma significação que se trata primeiramente de alcançar.

[4] Em lugar de se afligir com tais representações e jeitos de falar inservíveis do conhecer como um instrumento para entrar na posse do absoluto, ou como um meio mediante cujo intermédio divisamos a verdade etc. – relações em que vão dar todas essas representações de um conhecer separado do absoluto e de um absoluto separado do conhecer; em lugar de se afligir com os subterfúgios que a incapacidade da ciência extrai da pressuposição de tais relações, a fim de simultaneamente libertar-se da faina da ciência e simultaneamente dar-se a ver em um esforço sério e zeloso; em lugar ainda de se afligir com responder a tudo isso: poder-se-ia rejeitar de pronto tais representações como contingentes e arbitrárias, e poder-se-ia ver como embuste o uso a elas vinculado de palavras como absoluto, conhecer, subjetivo e objetivo e incontáveis outras mais, cuja significação

sei,[14] eine Annahme, wodurch das, was sich Furcht vor dem Irrtume nennt, sich eher als Furcht vor der Wahrheit zu erkennen gibt.

[3] Diese Konsequenz ergibt sich daraus, daß das Absolute allein wahr[15] oder das Wahre allein absolut ist. Sie kann abgelehnt werden durch den Unterschied, daß ein Erkennen, welches zwar nicht, wie die Wissenschaft will, das Absolute erkennt, doch auch wahr;[16] und das Erkennen überhaupt, wenn es dasselbe zu fassen zwar unfähig sei, doch anderer Wahrheit fähig sein könne. Aber wir sehen nachgerade, daß solches Hin- und Herreden auf einen trüben Unterschied zwischen einem absoluten Wahren[17] und einem sonstigen Wahren hinausläuft,[18] und das Absolute, das Erkennen usf. Worte sind, welche eine Bedeutung voraussetzen, um die zu erlangen es erst zu tun ist.

[4] Statt mit dergleichen unnützen Vorstellungen und Redensarten[19] von dem Erkennen[20] als einem Werkzeuge, des Absoluten habhaft zu werden, oder als einem Medium, durch das hindurch wir die Wahrheit erblicken usf. –[21] Verhältnisse, worauf wohl alle diese Vorstellungen von einem Erkennen, das vom Absoluten, und einem Absoluten, das von dem Erkennen getrennt ist, hinauslaufen –, statt mit den Ausreden, welche das Unvermögen der Wissenschaft aus der Voraussetzung solcher Verhältnisse schöpft, um von der Mühe der Wissenschaft zugleich sich zu befreien[22] und zugleich sich das Ansehen eines ernsthaften und eifrigen Bemühens zu geben,[23] sowie statt mit Antworten auf alles dieses sich herumzuplacken, könnten sie als zufällige und willkürliche Vorstellungen geradezu verworfen[24] und der damit verbundene Gebrauch von Worten wie[25] dem Absoluten, dem Erkennen, auch dem Objektiven und Subjektiven und

pressupõe-se como universalmente conhecida. Pois pretender, de uma parte, que a significação dessas representações é universalmente conhecida e, de outra parte, que se possui mesmo o conceito delas, parece antes dever apenas poupar da coisa mais importante, a saber, fornecer esse conceito. Com mais justeza, ao contrário, poderia ser poupada a faina de sequer atentar a tais representações e jeitos de falar por intermédio dos quais a própria ciência deve ser repelida, pois eles perfazem apenas um vazio fenômeno do saber, o qual desaparece imediatamente diante da ciência surgente. Mas, ao surgir, a ciência é ela própria um fenômeno; seu surgir ainda não é ela desdobrada e levada a cabo em sua verdade. Com o que dá no mesmo representar-se que *ela* é o fenômeno porque surge *ao lado de outro saber*, ou denominar aquele outro saber não verdadeiro o fenômeno dela. A ciência, entretanto, tem de se libertar dessa aparência, e disso é capaz apenas mediante virar-se contra ela. Pois a ciência não pode nem rejeitar um saber que não é verdadeiro como sendo uma visão comum das coisas e asseverar que é um conhecimento inteiramente diverso, que para ela nada é, nem se reivindicar do pressentimento de um saber melhor nesse mesmo saber. Mediante tal *asseveração*, a ciência declararia seu *ser* sua força; mas também o saber não verdadeiro se reivindica do fato de que *ele é*, e *assevera* que, para ele, a ciência nada é; entretanto, *um* seco asseverar vale tanto quanto outro. A ciência poderia ainda menos se reivindicar do pressentimento melhor que estaria presente no conhecer não verdadeiro e que nele mesmo seria uma remissão a ela; pois, de uma parte, ela se reivindicaria ainda uma vez igualmente de um ser, de outra parte, reivindicar-se-ia de si tal como é no conhecer não verdadeiro, i.e., reivindicar-se-ia

unzähligen anderen, deren Bedeutung als allgemein bekannt vorausgesetzt wird, sogar als Betrug angesehen werden. Denn das Vorgeben, teils daß ihre Bedeutung allgemein bekannt ist, teils auch daß man selbst ihren Begriff hat, scheint eher nur die Hauptsache ersparen zu sollen, nämlich diesen Begriff zu geben. Mit mehr Recht dagegen könnte die Mühe gespart werden, von solchen Vorstellungen und Redensarten, wodurch die Wissenschaft selbst abgewehrt werden soll, überhaupt Notiz zu nehmen, denn sie machen nur eine leere Erscheinung des Wissens aus, welche vor der auftretenden Wissenschaft unmittelbar verschwindet. Aber die Wissenschaft darin, daß sie auftritt, ist sie selbst eine Erscheinung; ihr Auftreten ist noch nicht sie in ihrer Wahrheit ausgeführt und ausgebreitet. Es ist hierbei gleichgültig, sich vorzustellen, daß *sie* die Erscheinung ist, weil sie *neben anderem* auftritt, oder jenes andere unwahre Wissen ihr Erscheinen zu nennen. Die Wissenschaft muß sich aber von diesem Scheine befreien,[26] und sie kann dies nur dadurch, daß sie sich gegen ihn wendet. Denn sie kann ein Wissen, welches nicht wahrhaft ist, weder als eine gemeine Ansicht der Dinge nur verwerfen und versichern, daß sie eine ganz andere Erkenntnis[27] und jenes Wissen für sie gar nichts ist,[28] noch sich auf die Ahnung eines besseren in ihm selbst berufen. Durch jene *Versicherung* erklärte sie ihr *Sein* für ihre Kraft; aber das unwahre Wissen beruft sich ebenso darauf, daß *es ist*, und *versichert*, daß ihm die Wissenschaft nichts ist; *ein* trockenes Versichern gilt aber gerade soviel als ein anderes. Noch weniger kann sie sich auf die bessere Ahnung berufen, welche in dem nicht wahrhaften Erkennen vorhanden[29] und in ihm selbst die Hinweisung auf sie sei; denn einesteils beriefe sie sich ebenso wieder auf ein Sein, andernteils aber auf sich[30] als auf die

de um mau modo de seu ser e de seu fenômeno, em lugar de antes se reivindicar de como é em si e para si. Com esse fundamento, deve se proceder aqui à apresentação do saber fenomênico.

[5] Porque essa apresentação tem ora por objeto somente o saber fenomênico, não parece ser ela mesma a ciência livre, movendo-se em sua figura própria, mas pode, desse ponto de vista, ser tomada como o caminho da consciência natural, que impele para o saber verdadeiro; ou como o caminho da alma que percorre a série de suas figurações como estações fixadas diante dela mediante sua natureza, depurando-se em espírito, alcançando, mediante a experiência completa de si mesma, o conhecimento do que ela é em si mesma.

[6] A consciência natural mostrar-se-á ser apenas conceito do saber ou saber não real. Entretanto, tomando-se antes pelo saber real, esse caminho tem para ela uma significação negativa, e o que é realização do conceito vale para ela antes como perda de si mesma; pois perde nesse caminho a sua verdade. Ele pode ser visto, assim, como o caminho da *dúvida*, ou, mais propriamente, como o caminho do desespero; nele, com efeito, não ocorre o que sói entender-se por duvidar, o abalo desta ou daquela pretensa verdade ao qual sucede o conveniente redesaparecimento da dúvida e um retorno àquela mesma verdade, de sorte que, no fim, a coisa volta a ser tomada como antes. Ao contrário, o caminho é a vista penetrante e consciente na não verdade do saber fenomênico, para o qual o que é real por excelência é antes apenas o

Weise, wie sie im nicht wahrhaften Erkennen ist, d.h. auf eine schlechte Weise ihres Seins[31] und auf ihre Erscheinung vielmehr[32] als darauf, wie sie an und für sich ist. Aus diesem Grunde soll hier die Darstellung des erscheinenden Wissens vorgenommen werden.

[5] Weil nun diese Darstellung nur das erscheinende Wissen zum Gegenstande hat, so scheint sie selbst nicht die freie, in ihrer eigentümlichen Gestalt sich bewegende Wissenschaft zu sein, sondern sie kann von diesem Standpunkte aus[33] als der Weg des natürlichen Bewußtseins, das zum wahren Wissen dringt, genommen werden,[34] oder als der Weg der Seele, welche die Reihe ihrer Gestaltungen, als durch ihre Natur ihr vorgesteckter Stationen,[35] durchwandert, daß sie sich zum Geiste läutere, indem sie durch die vollständige Erfahrung ihrer selbst zur Kenntnis desjenigen gelangt, was sie an sich selbst ist.

[6] Das natürliche Bewußtsein wird sich erweisen, nur Begriff des Wissens[36] oder nicht reales Wissen zu sein. Indem es aber unmittelbar sich vielmehr für das reale Wissen hält, so hat dieser Weg für es negative Bedeutung, und ihm gilt das vielmehr für Verlust seiner selbst,[37] was die Realisierung des Begriffs ist; denn es verliert auf diesem Wege seine Wahrheit. Er kann deswegen als der Weg des *Zweifels* angesehen werden[38] oder eigentlicher als der Weg der Verzweiflung; auf ihm geschieht nämlich nicht das, was unter Zweifeln verstanden zu werden pflegt, ein Rütteln an dieser oder jener vermeinten Wahrheit, auf welches ein gehöriges Wiederverschwinden des Zweifels und eine Rückkehr zu jener Wahrheit erfolgt, so daß am Ende die Sache genommen wird wie vorher. Sondern er ist die bewußte Einsicht in die Unwahrheit des erscheinenden Wissens, dem dasjenige das

conceito não realizado. Com isso, também esse ceticismo que se consuma não é aquele de que o zelo sério pela verdade e pela ciência bem se arroga estar preparado e equipado em vista delas; a saber, do *propósito* de, na ciência, não se entregar à autoridade dos pensamentos de outrem, mas ao contrário de examinar tudo por si mesmo e de seguir somente a própria convicção; ou, ainda melhor, de produzir tudo por si mesmo e somente tomar pelo verdadeiro o próprio feito. A série de suas figurações, que a consciência percorre nesse caminho, é antes a história exaustiva da *formação* da própria consciência em ciência. Aquele propósito representa a formação no modo simples do propósito, como imediatamente cumprida e ocorrida; contra essa não verdade, entretanto, esse caminho é a execução efetiva. Seguir a própria convicção é por certo mais do que se entregar à autoridade; mas, mediante a inversão da crença fundada na autoridade na crença fundada na própria convicção, o conteúdo da própria crença não é necessariamente alterado, nem faz surgir a verdade no lugar do erro. Fixar-se no sistema da opinião e do preconceito pela autoridade de outrem ou por convicção própria só se diferencia mediante a vaidade que reside nesta última maneira. Contrariamente, o ceticismo que se ergue por todo o âmbito da consciência fenomênica torna o espírito primeiramente apto a examinar o que é verdade, produzindo um desespero nos assim chamados pensamentos, representações e opiniões naturais, indiferentes a que se os denomine próprios ou alheios, e que preenchem e afetam a consciência, que com eles se lança *diretamente* ao examinar, sendo mediante isso, entretanto, de fato incapaz do que quer empreender.

Reellste[39] ist, was in Wahrheit vielmehr nur der nicht realisierte Begriff ist. Dieser sich vollbringende Skeptizismus ist darum auch nicht dasjenige, womit wohl der ernsthafte Eifer um Wahrheit und Wissenschaft sich für diese fertig gemacht und ausgerüstet zu haben wähnt; nämlich mit dem *Vorsatze*, in der Wissenschaft auf die Autorität [hin] sich den Gedanken anderer nicht zu ergeben, sondern alles selbst zu prüfen und nur der eigenen Überzeugung zu folgen oder, besser noch,[40] alles selbst zu produzieren[41] und nur die eigene Tat für das Wahre zu halten. Die Reihe seiner Gestaltungen, welche das Bewußtsein auf diesem Wege durchläuft, ist vielmehr die ausführliche Geschichte der *Bildung* des Bewußtseins selbst zur Wissenschaft. Jener Vorsatz stellt die Bildung in der einfachen Weise des Vorsatzes als unmittelbar abgetan und geschehen vor; dieser Weg aber ist gegen diese Unwahrheit die wirkliche Ausführung. Der eigenen Überzeugung folgen[42] ist allerdings mehr,[43] als sich der Autorität ergeben; aber durch die Verkehrung des Dafürhaltens aus Autorität[44] in Dafürhalten aus eigener Überzeugung ist nicht notwendig der Inhalt desselben geändert und an die Stelle des Irrtums Wahrheit getreten. Auf die Autorität anderer oder aus eigener Überzeugung im Systeme des Meinens und des Vorurteils zu stecken, unterscheidet sich voneinander allein durch die Eitelkeit, welche der letzteren Weise beiwohnt. Der sich auf den ganzen Umfang des erscheinenden Bewußtseins richtende Skeptizismus macht dagegen den Geist erst geschickt zu prüfen, was Wahrheit ist, indem er eine Verzweiflung an den sogenannten natürlichen Vorstellungen, Gedanken und Meinungen zustande bringt, welche[45] es gleichgültig ist, eigene oder fremde zu nennen, und mit welchen das Bewußtsein, das *geradezu* ans Prüfen geht, noch erfüllt und behaftet, dadurch aber in der Tat dessen unfähig ist, was es unternehmen will.

[7] A *completude* das formas da consciência não real dar-se-á por si mesma mediante a necessidade da progressão e da concatenação. Para tornar concebível este ponto, pode-se, em geral, observar de antemão que a apresentação da consciência não verdadeira em sua não verdade não é um movimento meramente *negativo*. Dele a consciência natural tem geralmente uma visão assim unilateral; e um saber que faz dessa unilateralidade sua essência é uma das figuras da consciência inacabada que cai no transcurso do caminho e que nele se oferecerá. Ela é nomeadamente o ceticismo, que vê sempre no resultado somente o *puro nada* e abstrai do fato de que esse nada é, de maneira determinada, o nada *daquilo de que resulta*. Entretanto, somente tomado como o nada de que provém o nada é, de fato, o resultado verdadeiro; é, com isso, ele mesmo um *nada determinado* e tem um *conteúdo*. O ceticismo, que termina com a abstração do nada ou da vacuidade, não pode prosseguir além dela, mas ao contrário tem de aguardar se e o quê de novo se lhe venha a oferecer para lançá-lo no mesmo abismo vazio. Sendo o resultado, ao inverso, apreendido como negação *determinada*, como na verdade é, despontou então imediatamente uma nova forma e a passagem se fez na negação, por intermédio do que a progressão se dá por si mesma mediante a série completa das figuras.

[8] O *alvo*, porém, é fixado para o saber de maneira tão necessária quanto a série da progressão; ele está onde o saber não carece mais de passar além de si mesmo, onde se encontra a si mesmo e onde o conceito corresponde ao objeto e o objeto ao conceito. A progressão rumo a esse alvo é, portanto, também imparável e não pode

[7] Die *Vollständigkeit* der Formen des nicht realen Bewußtseins[46] wird sich durch die Notwendigkeit des Fortganges und Zusammenhanges selbst ergeben. Um dies begreiflich zu machen, kann im allgemeinen zum voraus bemerkt werden, daß die Darstellung des nicht wahrhaften Bewußtseins in seiner Unwahrheit[47] nicht eine bloß *negative* Bewegung ist. Eine solche einseitige Ansicht hat das natürliche Bewußtsein überhaupt von ihr; und ein Wissen, welches diese Einseitigkeit zu seinem Wesen macht, ist eine der Gestalten des unvollendeten Bewußtseins, welche in den Verlauf des Weges selbst fällt[48] und darin sich darbieten wird. Sie ist nämlich der Skeptizismus, der in dem Resultate nur immer das *reine Nichts* sieht[49] und davon abstrahiert, daß dies Nichts[50] bestimmt das Nichts *dessen* ist, *woraus es resultiert*. Das Nichts ist aber nur, genommen als das Nichts dessen, woraus es herkommt, in der Tat das wahrhafte Resultat; es ist hiermit selbst ein *bestimmtes* und hat einen *Inhalt*. Der Skeptizismus, der mit der Abstraktion des Nichts oder der Leerheit endigt, kann von dieser nicht weiter fortgehen, sondern muß es erwarten, ob und was Ihm etwa Neues sich darbietet, um es in denselben leeren Abgrund zu werfen. Indem dagegen das Resultat, wie es in Wahrheit ist, aufgefaßt wird, als *bestimmte* Negation, so ist damit unmittelbar eine neue Form entsprungen[51] und in der Negation der Übergang gemacht, wodurch sich der Fortgang durch die vollständige Reihe der Gestalten von selbst ergibt.

[8] Das *Ziel* aber ist dem Wissen ebenso notwendig[52] als die Reihe des Fortganges[53] gesteckt; es ist da, wo es nicht mehr über sich selbst hinauszugehen[54] nötig hat, wo es sich selbst findet und der Begriff dem Gegenstande, der Gegenstand dem Begriffe entspricht. Der Fortgang zu diesem Ziele ist daher auch unaufhaltsam, und auf

encontrar satisfação em nenhuma estação anterior. O que está limitado a uma vida natural não pode, mediante si mesmo, passar além do seu ser-aí imediato; mas ele será lançado para além desse ser-aí mediante um outro, e esse ser arrancado para fora é sua morte. A consciência, entretanto, é para si mesma o seu *conceito* e, mediante isso, imediatamente o passar além do limitado, e, uma vez que esse limitado lhe pertence, passar além de si mesma; com o singular é-lhe posto simultaneamente o para além, mesmo que seja apenas, como na intuição espacial, um *ao lado* do limitado. De si mesma, portanto, a consciência sofre essa violência de minar a satisfação limitada. O sentimento dessa violência pode bem fazer com que o medo recue diante da verdade e anseie manter o que está ameaçado de perda. Mas o medo não pode encontrar quietude; seja que queira ficar em uma inércia sem pensamento – o pensamento estorva a ausência de pensamento e sua inquietude incomoda a inércia –, seja que se fortifique como receptividade sensível que assevera achar tudo *bom em sua espécie* – essa asseveração sofre da mesma maneira violência da razão, que precisamente não acha bom tanto quanto seja uma espécie. Ou o temor da verdade pode se esconder de si e de outrem por detrás da aparência, como se precisamente seu zelo ardente pela verdade tornasse tão difícil, quiçá impossível, para ela, encontrar outra verdade que não a única da vaidade, sempre tão mais sagaz do que quaisquer pensamentos que se possa obter de si mesmo ou de outrem; tal vaidade – que torna vã toda verdade, de que se entende assim sair e voltar para si mesma e se regozijar nesse entendimento próprio que sempre dissolve todos os pensamentos e em lugar de todo conteúdo sabe encontrar somente o eu seco – é uma satisfação que tem de ser

keiner früheren Station ist[55] Befriedigung zu finden. Was auf ein natürliches Leben beschränkt ist, vermag durch sich selbst nicht über sein unmittelbares Dasein hinauszugehen; aber es wird durch ein Anderes darüber hinausgetrieben, und dies Hinausgerissenwerden ist sein Tod. Das Bewußtsein aber ist für sich selbst sein *Begriff*, dadurch unmittelbar das Hinausgehen über das Beschränkte[56] und, da ihm dies Beschränkte angehört, über sich selbst; mit dem Einzelnen ist ihm zugleich das Jenseits gesetzt, wäre es auch nur, wie im räumlichen Anschauen, *neben* dem Beschränkten. Das Bewußtsein leidet also diese Gewalt, sich die beschränkte Befriedigung zu verderben, von ihm selbst. Bei dem Gefühle dieser Gewalt mag die Angst vor der Wahrheit wohl zurücktreten[57] und sich dasjenige, dessen Verlust droht, zu erhalten streben. Sie kann aber keine Ruhe finden;[58] es sei, daß sie in gedankenloser Trägheit stehen bleiben will[59] der Gedanke verkümmert die Gedankenlosigkeit, und seine Unruhe stört die Trägheit[60] oder daß sie als Empfindsamkeit sich befestigt, welche alles in *seiner Art*[61] *gut* zu finden versichert; diese Versicherung leidet ebenso Gewalt von der Vernunft, welche gerade darum etwas nicht gut findet, insofern es eine Art[62] ist. Oder die Furcht der Wahrheit mag sich vor sich und anderen hinter dem Scheine verbergen, als ob gerade der heiße Eifer für die Wahrheit selbst es ihr so schwer, ja unmöglich mache, eine andere Wahrheit zu finden[63] als die einzige der Eitelkeit, immer noch gescheiter zu sein als jede Gedanken, welche man aus sich selbst oder von anderen hat; diese Eitelkeit, welche sich jede Wahrheit zu vereiteln, daraus in sich zurückzukehren versteht[64] und an diesem eigenen Verstande sich weidet, der alle Gedanken immer aufzulösen und statt alles Inhalts nur das trockene Ich zu finden weiß, ist eine Befriedigung, welche sich selbst überlassen werden muß; denn

deixada a si mesma; pois ela foge do universal e busca somente o ser para si.

[9] Como o que foi dito o foi de maneira preambular e em geral sobre o modo e a necessidade da progressão, então pode ser ainda proveitoso recordar algo *do método da execução*. Essa apresentação, representada como um *comportamento da ciência* para com o saber *fenomênico* e como *investigação* e *exame da realidade do conhecer*, não parece poder ter lugar sem certa pressuposição que é colocada no fundamento como *padrão de medida*. Pois o exame consiste na aplicação de um padrão de medida aceito e na resultante igualdade ou desigualdade do que é examinado, a decisão sobre se é correto ou incorreto, inclusive; e o padrão de medida em geral é com isso aceito – assim como o seria a ciência, fosse ela o padrão de medida – como a *essência* ou o *em si*. Mas aqui, onde a ciência surge primeiramente, nem ela mesma nem o que quer que seja se justificou como a essência ou como o em si, sem o que parece impossível ter lugar qualquer exame.

[10] Essa contradição e seu afastamento dar-se-ão de maneira mais determinada se inicialmente forem recordadas as determinações abstratas do saber e da verdade tais como se encontram na consciência. Com efeito, a consciência *diferencia* de si algo com que, ao mesmo tempo, se *conecta*; ou, como isso virá a ser expresso, esse algo é algo *para a consciência*; o *saber* é o lado determinado desse *conectar* ou do *ser* de algo *para uma consciência*. No entanto, diferenciamos desse ser para um outro o *ser em si*; o conectado ao saber é, igualmente, diferenciado dele e é posto como *sendo* mesmo fora dessa conexão: o lado desse em si se chama *verdade*. Para

[9] Wie dieses vorläufig und im allgemeinen über die Weise und Notwendigkeit des Fortgangs gesagt worden ist, so kann noch über *die Methode der Ausführung* etwas zu erinnern dienlich sein. Diese Darstellung, als ein *Verhalten der Wissenschaft* zu dem *erscheinenden* Wissen und als *Untersuchung* und *Prüfung der Realität des Erkennens*,[65] vorgestellt, scheint nicht ohne irgendeine Voraussetzung, die als *Maßstab* zugrunde gelegt wird, stattfinden zu können. Denn die Prüfung besteht in dem Anlegen eines angenommenen Maßstabes, und in der sich ergebenden Gleichheit oder Ungleichheit dessen, was geprüft wird, mit ihm [liegt][66] die Entscheidung, ob es richtig oder unrichtig ist; und der Maßstab überhaupt und ebenso die Wissenschaft, wenn sie der Maßstab wäre, ist dabei als das *Wesen* oder als das *Ansich* angenommen. Aber hier, wo die Wissenschaft erst auftritt, hat weder sie selbst[67] noch was es sei[68] sich als das Wesen oder als das Ansich gerechtfertigt; und ohne ein solches scheint keine Prüfung stattfinden zu können.

[10] Dieser Widerspruch und seine Wegräumung wird sich bestimmter ergeben, wenn zuerst an die abstrakten Bestimmungen des Wissens und der Wahrheit erinnert wird, wie sie an dem Bewußtsein vorkommen. Dieses *unterscheidet* nämlich etwas von sich, worauf es sich zugleich *bezieh*t; oder wie dies ausgedrückt wird: es ist etwas *für dasselbe*; und die bestimmte Seite dieses *Beziehens* oder des *Seins* von etwas *für ein Bewußtsein* ist das *Wissen*. Von diesem Sein für ein Anderes[69] unterscheiden wir aber[70] das *Ansichsein*;[71] das auf das Wissen Bezogene wird ebenso von ihm unterschieden und gesetzt als *seiend* auch außer dieser Beziehung; die Seite dieses Ansich

além disso, não nos diz respeito aqui o que se encontra propriamente nessas determinações; pois sendo o saber fenomênico nosso objeto, também suas determinações serão tomadas primeiramente tais como se oferecem; e como foram apreendidas é bem como se oferecem.

[11] Se ora investigamos a verdade do saber, parece que investigamos o que ele é *em si*. Nessa investigação, porém, ele é *nosso* objeto, é *para nós*; e o *em si* do mesmo que se daria seria, antes, seu ser *para nós*; o que afirmássemos como sua essência seria antes não a sua verdade, mas apenas o nosso saber dele. A essência ou o padrão de medida recairia em nós e aquilo com que se o comparasse e sobre o qual, mediante essa comparação, se deveria decidir, não teria necessariamente de reconhecê-lo.

[12] Entretanto, a natureza do objeto que investigamos dispensa essa separação ou essa aparência de separação e de pressuposição. A consciência dá sua medida nela mesma e, mediante isso, a investigação vem a ser uma comparação da consciência consigo mesma; pois a diferenciação que acaba de ser feita recai nela. Há dentro dela algum *para um* outro, ou: ela tem nela de maneira geral a determinidade do momento do saber; simultaneamente, esse outro não lhe é apenas *para ela*, mas também é fora dessa conexão ou *em si*, o momento da verdade. Nisso, portanto, que a consciência declara em seu interior como o *em si* ou o *verdadeiro* temos o padrão de medida que ela mesma institui para com ele medir seu saber. Se denominamos o *saber* o conceito e, em contraposição, denominamos a essência ou o *verdadeiro* o ente ou o *objeto*, o

heißt *Wahrheit*. Was eigentlich an diesen Bestimmungen sei, geht uns weiter hier nichts an; denn indem das erscheinende Wissen unser Gegenstand ist, so werden auch zunächst seine Bestimmungen aufgenommen, wie sie sich unmittelbar darbieten; und so, wie sie gefaßt worden sind, ist es wohl, daß sie sich darbieten.

[11] Untersuchen wir nun die Wahrheit des Wissens, so scheint es, wir untersuchen, was es *an sich* ist. Allein in dieser Untersuchung ist es *unser* Gegenstand, es ist *für uns*; und das *Ansich* desselben, welches sich ergäbe, [wäre] so vielmehr sein Sein *für uns*; was wir als sein Wesen behaupten würden, wäre[72] vielmehr nicht seine Wahrheit, sondern nur unser Wissen von ihm. Das Wesen oder der Maßstab fiele in uns, und dasjenige, was mit ihm verglichen[73] und über welches durch diese Vergleichung entschieden werden sollte, hätte ihn nicht notwendig anzuerkennen.

[12] Aber die Natur des Gegenstandes, den wir untersuchen, überhebt dieser Trennung oder dieses Scheins von Trennung und Voraussetzung. Das Bewußtsein gibt seinen Maßstab an ihm selbst, und die Untersuchung wird dadurch eine Vergleichung seiner mit sich selbst sein; denn die Unterscheidung, welche soeben gemacht worden ist, fällt in es. Es ist in ihm eines *für ein* Anderes, oder es hat überhaupt die Bestimmtheit des Moments des Wissens an ihm; zugleich ist ihm dies Andere nicht nur *für es*, sondern auch außer dieser Beziehung oder *an sich*,[74] das Moment der Wahrheit. An dem also, was das Bewußtsein innerhalb seiner für das *Ansich* oder das *Wahre* erklärt, haben wir den Maßstab, den es selbst aufstellt, sein Wissen daran zu messen. Nennen wir das *Wissen* den *Begriff*, das Wesen oder das *Wahre* aber das Seiende oder den *Gegenstand*, so besteht die Prüfung

exame consiste, então, em ver se o conceito corresponde ao objeto. Mas se denominamos a *essência* ou o em si *do objeto o conceito* e entendemos, ao contrário, por *objeto* o objeto como *objeto*, ou seja, tal como é *para um outro*, o exame consiste, então, em vermos se o objeto corresponde ao seu conceito. Vê-se bem que ambos são o mesmo; o essencial, entretanto, é manter firmemente para toda a investigação que recaem no próprio saber que investigamos esses dois momentos, *conceito* e *objeto*, *serparaumoutro* e *seremsimesmo*, e, com isso, não necessitamos trazer conosco padrões de medida e aplicar, na investigação, *nossos* lampejos e pensamentos; mediante deixarmo-los de lado, conseguimos considerar a coisa tal qual é *em si* e *para si*.

[13] Porém, não é apenas por esse lado, por estarem presentes na consciência conceito e objeto, padrão de medida e o que há por examinar, que um aporte de nossa parte é supérfluo; mas também estamos dispensados da faina da comparação de ambos e do *exame* propriamente dito, de tal maneira que, examinando-se a consciência a si mesma, também por esse outro lado resta-nos apenas o puro ver. Pois a consciência é, de um lado, consciência do objeto, e, de outro lado, consciência de si mesma; consciência do que é para ela o verdadeiro e consciência de seu saber dele. Sendo ambos *para a mesma*, ela mesma é a comparação entre eles; vem a ser *para a mesma* se seu saber do objeto corresponde ou não a este último. O objeto parece por certo ser para ela mesma apenas tal como ela o sabe; ela parece como que não poder chegar a ele tal como é *não para ela mesma*, mas *em si*, e, assim, parece também não poder examinar nela o seu saber. Mas exatamente porque a consciência

darin, zuzusehen, ob der Begriff dem Gegenstande entspricht. Nennen wir aber *das Wesen* oder das Ansich *des Gegenstandes den Begriff* und verstehen dagegen unter dem *Gegenstande* ihn als *Gegenstand*, nämlich wie er *für ein Anderes* ist, so besteht die Prüfung darin, daß wir zusehen, ob der Gegenstand seinem Begriffe entspricht. Man sieht wohl, daß beides dasselbe ist; das Wesentliche aber ist, dies für die ganze Untersuchung festzuhalten, daß diese beiden Momente, *Begriff* und *Gegenstand*, *Für-ein-Anderes-* und *An-sich-selbst-Sein*, in das Wissen, das wir untersuchen, selbst fallen und hiermit wir nicht nötig haben, Maßstäbe mitzubringen und *unsere* Einfälle und Gedanken bei der Untersuchung zu applizieren; dadurch, daß wir diese weglassen, erreichen wir es, die Sache, wie sie *an* und *für sich* selbst ist, zu betrachten.

[13] Aber nicht nur nach dieser Seite, daß Begriff und Gegenstand, der Maßstab und das zu Prüfende, in dem Bewußtsein selbst vorhanden sind, wird eine Zutat von uns überflüssig, sondern wir werden auch der Mühe der Vergleichung beider und der eigentlichen *Prüfung* überhoben, so daß,[75] indem das Bewußtsein sich selbst prüft, uns auch von dieser Seite nur das reine Zusehen bleibt. Denn das Bewußtsein ist einerseits Bewußtsein des Gegenstandes, andererseits Bewußtsein seiner selbst; Bewußtsein dessen, was ihm das Wahre ist, und Bewußtsein seines Wissens davon. Indem beide *für dasselbe* sind, ist es selbst ihre Vergleichung; es wird *für dasselbe*, ob sein Wissen von dem Gegenstande diesem entspricht oder nicht. Der Gegenstand scheint zwar für dasselbe nur so zu sein, wie es ihn weiß; es scheint gleichsam nicht dahinterkommen zu können, wie er *nicht für dasselbe*, sondern wie er *an sich* ist, und also auch sein Wissen nicht an ihm prüfen zu können. Allein gerade darin, daß es

sabe em geral de um objeto, já está presente a diferença entre algo que é, *para ela*, o *em si* e um outro momento, entretanto, o saber, ou o ser do objeto *para* a consciência. O exame repousa nessa diferenciação, que está presente. Se nessa comparação ambos não correspondem um ao outro, a consciência parece ter de alterar seu saber, de maneira a torná-lo adequado ao objeto; mas, na alteração do saber altera-se também para ela, de fato, o próprio objeto, pois o saber presente era essencialmente um saber do objeto; com a alteração do saber, também o objeto vem a ser outro, pois ele pertencia essencialmente a esse saber. Com isso, o que anteriormente era para a consciência o *em si* vem a ser para ela o que não é em si ou o que era em si apenas *para ela*. Descobrindo a consciência, portanto, no seu objeto, que seu saber não lhe corresponde, também o próprio objeto não se mantém; ou: o padrão de medida do exame se altera quando o objeto do qual ele deveria ser o padrão de medida, no exame, não subsiste; e o exame não é somente um exame do saber, mas também de seu padrão de medida.

[14] Esse movimento *dialético* que a consciência pratica nela mesma, no seu saber como no seu objeto, *tanto quanto* daí *desponta para ela o novo objeto verdadeiro*, é propriamente aquilo que se denomina *experiência*. Nessa conexão com o transcurso que acaba de ser mencionado, é de se destacar em maior detalhe um momento por intermédio do qual uma nova luz irá incidir sobre o aspecto científico da apresentação que se seguirá. A consciência sabe *algo*, sendo esse objeto a essência ou o *em si*; também para a consciência ele é, no entanto, o *em si*, com o que se introduz a ambiguidade desse

überhaupt von einem Gegenstande weiß, ist schon der Unterschied vorhanden, daß *ihm* etwas das *Ansich*, ein anderes Moment aber das Wissen[76] oder das Sein des Gegenstandes *für* das[77] Bewußtsein ist. Auf dieser Unterscheidung, welche vorhanden ist, beruht die Prüfung. Entspricht sich in dieser Vergleichung beides nicht, so scheint das Bewußtsein sein Wissen ändern zu müssen, um es dem Gegenstande gemäß zu machen;[78] aber in der Veränderung des Wissens ändert sich ihm in der Tat auch der Gegenstand selbst,[79] denn das vorhandene Wissen war wesentlich ein Wissen von dem Gegenstande; mit dem Wissen wird auch er ein anderer, denn er gehörte wesentlich diesem Wissen an. Es wird hiermit dem Bewußtsein, daß dasjenige, was ihm vorher das *Ansich* war, nicht an sich ist oder daß es nur *für es* an sich[80] war. Indem es also an seinem Gegenstande sein Wissen diesem nicht entsprechend findet, hält auch der Gegenstand selbst nicht aus; oder der Maßstab der Prüfung ändert sich, wenn dasjenige, dessen Maßstab er sein sollte, in der Prüfung nicht besteht; und die Prüfung ist nicht nur eine Prüfung des Wissens, sondern auch ihres Maßstabes.

[14] Diese *dialektische* Bewegung, welche das Bewußtsein an ihm selbst, sowohl an seinem Wissen[81] als an seinem Gegenstande ausübt, *insofern ihm der neue wahre Gegenstand* daraus *entspringt*, ist eigentlich dasjenige, was *Erfahrung* genannt wird. Es ist in dieser Beziehung an dem soeben erwähnten Verlaufe ein Moment noch näher herauszuheben, wodurch sich über die wissenschaftliche Seite der folgenden Darstellung ein neues Licht verbreiten wird. Das Bewußtsein weiß *etwas*, dieser Gegenstand ist das Wesen oder das *Ansich*; er ist aber auch für das Bewußtsein das *Ansich*,[82] damit tritt die Zweideutigkeit dieses

verdadeiro. Vemos que a consciência tem agora dois objetos, sendo um o primeiro *em si*, o segundo *o ser-paraela desse em si*. O último parece ser primeiramente apenas a reflexão da consciência em si mesma, um representar não de um objeto, mas apenas de seu saber daquele primeiro. Mas, como mostrado há pouco, altera-se para ela com isso o primeiro objeto; ele deixa de ser o em si e vem a ser para ela algo que só *para ela* é o *em si*; com isso, no entanto: *o serparaela desse em si* é o verdadeiro, o que quer dizer, entretanto, que é a *essência ou seu objeto*. Esse novo objeto contém a nadidade do primeiro, ele é a experiência sobre ele feita.

[15] Nessa apresentação do transcurso da experiência, há um momento por intermédio do qual esta não parece concordar com o que sói ser entendido por experiência. Nomeadamente, a passagem do primeiro objeto e do saber do mesmo para o outro objeto *em que* se diz que a experiência teria sido feita foi indicada de tal maneira que o saber do primeiro objeto – ou o *para*-a-consciência do primeiro em si – deva vir a ser ele mesmo o segundo objeto. Em contrapartida, entretanto, parece que fazemos a experiência da não verdade de nosso primeiro conceito *em um outro* objeto que encontramos de uma maneira por assim dizer acidental e extrínseca, recaindo em nós unicamente o puro *apreender* do que é em si e para si. Naquela primeira visão, entretanto, o novo objeto se mostra como tendo vindo a ser mediante uma *reversão da* própria *consciência*. Tal consideração da coisa é aporte nosso, por intermédio do que a série das experiências da consciência se eleva a uma via científica, e não é para a consciência que consideramos. Essa é de fato, entretanto, também a mesma

Wahren ein. Wir sehen, daß das Bewußtsein jetzt zwei Gegenstände hat, den einen das erste *Ansich*, den zweiten *das Für-es-Sein dieses Ansich*. Der letztere scheint zunächst nur die Reflexion des Bewußtseins in sich selbst zu sein, ein Vorstellen nicht eines Gegenstandes, sondern nur seines Wissens von Jenem ersten. Allein wie vorhin gezeigt worden, ändert sich ihm dabei der erste Gegenstand; er hört auf, das Ansich zu sein, und wird ihm zu einem solchen, der nur *für es* das *Ansich* ist; somit aber ist dann dies: *das Für-es-Sein dieses Ansich*, das Wahre, das heißt aber, dies ist das *Wesen oder sein*[83] *Gegenstand*. Dieser neue Gegenstand enthält die Nichtigkeit des ersten, er ist die über ihn gemachte Erfahrung.

[15] An dieser Darstellung des Verlaufs der Erfahrung ist ein Moment, wodurch sie mit demjenigen nicht übereinzustimmen scheint, was unter der Erfahrung verstanden zu werden pflegt. Der Übergang nämlich vom ersten Gegenstande und dem Wissen desselben zu dem anderen Gegenstande, *an dem* man sagt, daß die Erfahrung gemacht worden sei, wurde so angegeben, daß das Wissen vom ersten Gegenstande, oder das *Für*-das-Bewußtsein des ersten Ansich, der zweite Gegenstand selbst werden soll. Dagegen es sonst scheint, daß wir die Erfahrung von der Unwahrheit unseres ersten Begriffs *an einem anderen* Gegenstande machen, den wir zufälligerweise und äußerlich etwa finden, so daß überhaupt nur das reine *Auffassen* dessen, was an und für sich ist, in uns falle. In jener Ansicht aber zeigt sich der neue Gegenstand als geworden, durch eine *Umkehrung des Bewußtseins* selbst. Diese Betrachtung der Sache ist unsere Zutat, wodurch sich die Reihe der Erfahrungen des Bewußtseins zum wissenschaftlichen Gange erhebt[84] und welche nicht für das Bewußtsein ist, das wir betrachten. Es ist

97

circunstância de que já se falou acima em vista da relação dessa apresentação com o ceticismo, nomeadamente: cada resultado que se dá em um saber não verdadeiro não poderia ver-se reduzido a um nada vazio, mas teria de ser apreendido necessariamente como o nada *daquilo de que* é o *resultado*; um resultado que contém nele o que o saber precedente tem de verdadeiro. Isso se oferece aqui da seguinte maneira: rebaixando-se o que primeiramente apareceu como o objeto a um saber dele, e tornando-se o em si um *ser-para-a-consciência do em si*, este é o novo objeto, com o que também surge uma nova figura da consciência, para a qual a essência é algo diverso do que para a figura precedente. Essa circunstância é a que dirige toda a sequência das figuras da consciência em sua necessidade. Só que essa necessidade mesma ou o *nascimento* do novo objeto que se oferece à consciência sem que ela saiba como isso lhe ocorre é o que para nós se passa como que às costas da consciência. Mediante isso, em seu movimento sobrevém um momento do *ser em si* ou do *ser para nós* que não se apresenta para a consciência compreendida na própria experiência; o *conteúdo*, entretanto, do que para nós nasce é *para ela*, e somente compreendemos o que há de formal no mesmo ou seu puro nascer; *para ela* esse nascido é apenas como objeto; *para nós* é, ao mesmo tempo, como movimento e devir.

[16] Mediante essa necessidade, esse caminho rumo à ciência é já ele mesmo *ciência* e, com isso, segundo seu conteúdo, ciência da *experiência da consciência*.

[17] A experiência, que a consciência faz sobre si, não pode, segundo seu conceito,

aber dies in der Tat auch derselbe Umstand, von welchem oben schon in Ansehung des Verhältnisses dieser Darstellung zum Skeptizismus die Rede war, daß nämlich das jedesmalige Resultat, welches sich an einem nicht wahrhaften Wissen ergibt, nicht in ein leeres Nichts zusammenlaufen dürfe, sondern notwendig als Nichts *desjenigen, dessen Resultat* es ist, aufgefaßt werden müsse; ein Resultat, welches das enthält, was das vorhergehende Wissen Wahres an ihm hat. Dies bietet sich hier so dar, daß, indem das, was zuerst als der Gegenstand erschien, dem Bewußtsein zu einem Wissen von ihm herabsinkt und das Ansich zu einem[85] Für-das-*Bewußtsein-Sein des Ansich* wird, dies der neue Gegenstand ist, womit auch eine neue Gestalt des Bewußtseins auftritt, welcher etwas anderes das Wesen ist[86] als der vorhergehenden. Dieser Umstand ist es, welcher die ganze Folge der Gestalten des Bewußtseins in ihrer Notwendigkeit leitet. Nur diese Notwendigkeit selbst oder die *Entstehung* des neuen Gegenstandes, der dem Bewußtsein, ohne zu wissen, wie ihm geschieht, sich darbietet, ist es, was für uns gleichsam hinter seinem Rücken vorgeht. Es kommt dadurch in seine Bewegung ein Moment des *Ansich*- oder *Fürunsseins*, welches nicht für das Bewußtsein, das in der Erfahrung selbst begriffen ist, sich darstellt; der *Inhalt* aber dessen, was uns entsteht, ist *für es*, und wir begreifen nur das Formelle desselben oder sein reines Entstehen; *für es* ist dies Entstandene nur als Gegenstand, *für uns* zugleich als Bewegung und Werden.

[16] Durch diese Notwendigkeit ist dieser Weg zur Wissenschaft selbst schon *Wissenschaft* und nach ihrem Inhalte hiermit Wissenschaft der *Erfahrung des Bewußtseins*.

[17] Die Erfahrung, welche das Bewußtsein über sich macht, kann ihrem Begriffe

| compreender nada menos que todo o sistema da consciência, ou todo o reino da verdade do espírito, de tal maneira que os momentos da experiência se apresentam nessa peculiar determinidade de não serem momentos abstratos, puros, mas sim tal qual são para a consciência ou como ela própria surge em sua conexão com eles, por intermédio do que os momentos do todo *são figuras da consciência*. Impulsionando-se rumo a sua existência verdadeira, a consciência atingirá um ponto em que depõe sua aparência de ser afetada por algo de estranho, que é somente para ela e como um outro, ou onde o fenômeno se iguala à essência, com o que sua apresentação coincide exatamente com esse mesmo ponto da ciência do espírito em sentido próprio; e, finalmente, apreendendo ela mesma essa sua essência, designará a natureza do próprio saber absoluto. | nach nichts weniger in sich begreifen als das ganze System desselben oder das ganze Reich der Wahrheit des Geistes, so daß die Momente derselben in dieser eigentümlichen Bestimmtheit sich darstellen, nicht abstrakte, reine Momente zu sein, sondern so, wie sie für das Bewußtsein sind[87] oder wie dieses selbst in seiner Beziehung auf sie auftritt, wodurch die Momente des Ganzen *Gestalten des Bewußtseins sind*.[88] Indem es zu seiner wahren Existenz sich forttreibt, wird es einen Punkt erreichen, auf welchem es seinen Schein ablegt, mit Fremdartigem, das nur für es und als ein Anderes ist, behaftet zu sein, oder wo die Erscheinung dem Wesen gleich wird, seine Darstellung hiermit mit eben diesem Punkte der eigentlichen Wissenschaft des Geistes zusammenfällt; und endlich, indem es selbst dies sein Wesen erfaßt, wird es die Natur des absoluten Wissens selbst bezeichnen. |
|---|---|
| Tradução de Marcos Nobre | Georg Wilhelm Friedrich Hegel, "Phänomenologie des Geistes". In: Werke. *Auf der Grundlage der Werke von 1832-1845 neu edierte Ausgabe. vol. 3.* Eva Moldenhauer e Karl Markus Michel (red.). Frankfurt/Main: Suhrkamp, 1979, pp. 68-81. |

# Análise e comentário

As considerações iniciais que vêm com a Divisão do texto a seguir pretendem fornecer uma aproximação ao texto da Introdução que possa pelo menos esboçar uma primeira imagem do conjunto. São apresentadas as ideias centrais de cada parágrafo, segundo o agrupamento em blocos proposto. Em seguida, procura-se mostrar diferentes entrelaçamentos possíveis entre os blocos de parágrafos, de maneira a ressaltar as conexões argumentativas estruturais. Caso a leitura dessa tentativa inicial de aproximação não se mostre útil ou frutífera, não se encontrará dificuldade em passar diretamente ao exame do primeiro parágrafo do texto.

Passando ao trabalho de análise e de comentário de cada parágrafo, será possível encontrar no início uma Divisão esquemática detalhada do texto que reproduz como que em forma de índice o parágrafo a ser analisado na sequência. Ao longo do texto foi introduzida uma Breve recapitulação ao final dos três primeiros blocos de parágrafos e também ao final do exame do § 1, ao qual se dedicou o trabalho de análise e comentário mais longo e detalhado. Os comentários correspondentes aos §§ 1-8 são mais extensos do que aqueles dedicados à segunda metade do texto (§§ 9-17). Isso não significa de nenhuma maneira que os dois últimos grupos de parágrafos são considerados menos relevantes. Pelo contrário, como se verá, eles são de importância decisiva para o conjunto da interpretação. Espera-se simplesmente que o trabalho de análise e de comentário tenha sido exitoso a ponto de produzir um efeito cumulativo, permitindo um avanço mais rápido conforme certos elementos fundamentais possam ser dados já por esclarecidos e tomados, portanto, como pontos de partida para o esclarecimento dos trechos posteriores.

Ao final deste capítulo é reapresentada uma série de quatro Quadros sinóticos possíveis da divisão de texto, segundo diferentes perspectivas, introduzidos quando do exame dos parágrafos: I (quadros I e II), 4 (quadro III), e 6 (quadro IV), reunidos e agrupados ao final para facilitar a consulta. Logo após os Quadros sinóticos foram também reunidas e reapresentadas as Divisões esquemáticas detalhadas do texto que comparecem no início do exame de cada parágrafo, com o mesmo intuito de facilitar a leitura. Por fim, é apresentada uma Tábua de tradução de termos em que as opções de tradução são explicitadas e suas ocorrências no texto assinaladas. A bibliografia secundária sobre a *Fenomenologia* e sobre a obra de Hegel de maneira mais geral foi utilizada de acordo com as necessidades próprias da peculiaridade da interpretação desenvolvida aqui, o que significa que o sentido original de cada obra nem sempre foi reconstruído e explicitado em toda a sua extensão.

### Divisão do texto

O texto em seus momentos argumentativos estruturais pode ser apresentado da seguinte maneira:

§§ 1-4: a reconstrução do problema do conhecer na filosofia moderna (da "representação natural" à "apresentação do saber fenomênico")

[§ 1] Em filosofia, a versão estabelecida do problema do conhecer ("É uma representação natural") o apresenta como tendo dois elementos que se trata de fazer concordar: um sujeito que conhece ("nós") e um objeto por conhecer (o "absoluto"). Antes do ato efetivo de conhecer seria necessário um exame prévio da própria capacidade de conhecer, já que essa representação natural se pretende não dogmática, pretende conhecer sem pressupostos. Há duas versões para a caracterização do sujeito desse exame: como detentor de um equipamento adequado (um "instrumento") para apreender o objeto, ou como dotado de uma estrutura receptiva (um "meio") mediante a qual o objeto se dá a conhecer.

Essa "preocupação" do exame prévio, entretanto, acaba por chegar a um contrassenso: à "convicção" de que é impossível conhecer o objeto tal como é em si mesmo. Pois se algo se põe entre o sujeito e o objeto (o "instrumento" ou o "meio"), é o próprio objeto que se altera no processo de conhecer. Não há nem mesmo como medir e eliminar as alterações que resultam do "instrumento" ou do "meio", de modo a obter o objeto tal qual é nele mesmo. Ou, antes, não há por que fazê-lo, pois ainda que tal medida e tal correção fossem possíveis, o resultado seria o de uma volta ao ponto de partida: um sujeito ("nós") diante de um objeto (o "absoluto").

[§ 2] A exigência de um exame prévio da capacidade de conhecer (a "preocupação de cair em erro") acabou por levar a um bloqueio do conhecimento verdadeiro, a um bloqueio da "ciência" (levou a uma "desconfiança"). O "temor de errar" levou ao erro porque se fundou em pressuposições que levam ao contrassenso: o conhecer é algo de real e está, no entanto, separado do absoluto, que é o real; é verdadeiro mesmo estando fora do absoluto e, portanto, da verdade. O temor do erro se mostra temor da própria verdade.

[§ 3] Revelado o dogmatismo da representação natural, reveladas as pressuposições não demonstradas de que parte, torna-se legitimamente possível afirmar o contrário da conclusão a que se chegou com ela: "somente o absoluto é verdadeiro, ou, somente o verdadeiro é absoluto". A representação natural pode recusar essa consequência mediante uma "turva diferença" entre diversas verdades e diversos objetos do conhecer. Mas o fato é que essa possibilidade de afirmar legitimamente ao mesmo tempo duas pressuposições contrárias mostra que a significação mesma de todos esses termos é que ainda é turva, ainda não foi produzida.

[§ 4] Dado o seu dogmatismo, seria possível rejeitar sem mais todas essas pressuposições da representação natural como contingentes e arbitrárias; seria mesmo possível sequer tomar conhecimento de "tais representações e jeitos de falar". Pois que não passam de "um vazio fenômeno do saber" quando comparadas à ciência. Mas, ao surgir, a própria ciência é fenômeno e, como tal, não se diferencia de outro "vazio fenômeno do saber". Se pretendesse se impor por sua força não faria senão reproduzir o dogmatismo da representação natural. A única maneira da ciência se libertar dessa sua forma fenomênica é virar-se contra o próprio modo como aparece, "contra a própria aparência". A maneira de fazê-lo é, portanto, a apresentação do saber tal como aparece, i.e., como fenômeno.

§§ 5-8: consciência natural e ciência: a verdade como "caminho" (da "consciência natural" à "consciência")

[§ 5] A apresentação do saber fenomênico tem a forma de um caminho que a "consciência natural" percorre até alcançar, "mediante a experiência completa de si mesma, o conhecimento do que ela é em si mesma".

[§ 6] Esse caminho é "a história exaustiva da *formação* da própria consciência em ciência". Mas a consciência natural "se toma imediatamente pelo saber real", de modo que o caminho tem para ela uma "significação negativa": representa a perda do seu saber não real, a perda de si mesma, a perda da sua verdade. Nesse sentido, o caminho é o da dúvida e do desespero. Não o de uma dúvida superficial e reconfortante, mas o de um "ceticismo que se consuma". Não se trata, portanto, do mero "propósito" de duvidar, mas de um ceticismo generalizado no âmbito da consciência fenomênica, o qual "torna o espírito primeiramente apto a examinar o que é verdade, produzindo um desespero nos assim chamados pensamentos, representações e opiniões naturais".

[§ 7] E, no entanto, "a apresentação da consciência não verdadeira em sua não verdade não é um movimento meramente *negativo*", mesmo se a consciência natural tem dele "uma visão assim unilateral". A negação do saber da consciência natural não é uma negação abstrata, mas uma negação determinada, que resulta em um novo conteúdo. Essa negação determinada é o motor da progressão: é o que leva de uma etapa do caminho à seguinte, de uma figura da consciência a outra; e, ao mesmo tempo, o que concatena as figuras entre si.

[§ 8] Mais ainda: não são apenas a progressão e a concatenação que são necessárias; também o seu alvo, o saber verdadeiro, é fixado necessariamente para a consciência que, dessa maneira, não pode encontrar satisfação enquanto não o atingir. É a própria consciência que se impele rumo a esse alvo, é ela mesma que se impõe a violência de perder a cada vez o seu próprio saber: ela é "para si mesma o seu *conceito*". O medo da perda que vem com essa violência autoimposta pode bem paralisar a consciência em seu movimento; mas uma paralisia como essa não seria sinônimo de tranquilidade ou de satisfação.

§§ 9-13: o problema da medida do saber não verdadeiro e sua solução

[§ 9] E, no entanto, essa progressão e essa concatenação das etapas do caminho parecem acabar por recair em dogmatismo, parecem pressupor que a apresentação teria tomado a ciência como padrão de medida do saber não real. O que não pode ocorrer, pois já se estabeleceu a necessidade de investigar o saber fenomênico segundo sua própria medida, sem a interferência de padrões que lhe sejam externos. Isso parece levar a um impasse, parece levar de volta ao mesmo dogmatismo de que se partiu, o da "representação natural".

[§ 10] Afastar essa contradição exige que se comece pelas "determinações abstratas do saber e da verdade tais como se encontram na consciência".

A diferença entre os momentos da verdade ("em si") e do saber ("para a consciência") se encontra na própria consciência, é, portanto, uma diferença que se oferece desse modo no próprio saber fenomênico.

[§ 11] O impasse, a impossibilidade de realizar o exame de maneira não dogmática ocorre apenas se o "em si" for tomado como "para nós": se o exame for realizado segundo o padrão de quem já percorreu todo o caminho. Nesse caso, de fato, a consciência natural não teria razão para reconhecer esse padrão como seu, ou seja, como um padrão legítimo, não dogmático.

[§ 12] Entretanto, essa diferenciação é a própria consciência quem faz. Uma intervenção de parte da consciência que já percorreu toda a série de suas figuras é supérflua. E isso por duas razões. Em primeiro lugar, porque é ela quem diferencia os dois momentos, "conceito" e "objeto", "ser-para-um-outro" e "ser-em-si-mesmo".

[§ 13] Em segundo lugar, uma intervenção externa é supérflua também porque é a própria consciência que realiza o exame, comparando ambos os momentos que nela se encontram presentes. Se, na comparação, os dois momentos que lhe pertencem não correspondem um ao outro, a consciência tem de alterar não apenas o seu saber, mas o próprio objeto, já que o saber era essencialmente saber de um objeto. Com isso, quando, no exame, muda o objeto, muda também o seu padrão de medida. Por isso, "o exame não é somente um exame do saber, mas também de seu padrão de medida".

§§ 14-7: o "movimento dialético" da consciência como "ciência da experiência da consciência"

[§ 14] O despontar de um novo objeto indica que a consciência realizou nela mesma, no seu saber e no seu objeto, um movimento dialético que se chama experiência. A consciência experimenta que o que ela considerava como sendo em si era em si somente para ela. E esse resultado se apresenta como o ponto de partida de uma nova etapa, como o novo objeto que contém "a nadidade do primeiro; ele é a experiência sobre ele feita".

[§ 15] Há um aspecto em que a experiência não parece concordar com o sentido habitual de experiência. Parece que a experiência da não verdade do primeiro conceito se faz "*em um outro* objeto" e não em um objeto que resultou da negação do precedente. Mas, na verdade, o novo objeto resulta de uma "*reversão* da própria *consciência*", de tal maneira que, a cada vez, o que era "em si" vem a ser "em si apenas para a consciência". De modo que a aparente discrepância de sentidos de "experiência" se dissolve tão logo se compreende que essa é a lógica que preside "toda a sequência das figuras da consciência em sua necessidade". A consciência realiza a experiência, mas, antes de chegar ao final do caminho (que não é senão um recomeço), ainda não a apreende em sua necessidade, daí a discrepância. Para ela, o resultado é apenas objeto; para a consciência que já percorreu toda a sequência de suas figuras, esse resultado é "ao mesmo tempo, como movimento e devir".

[§ 16] "Mediante essa necessidade, esse caminho rumo à ciência é já ele mesmo *ciência* e, com isso, segundo seu conteúdo, ciência da *experiência da consciência.*"

[§ 17] Essa experiência tem caráter sistemático: seus momentos são momentos do todo e, em sua relação com a consciência, se determinam concretamente como figuras da consciência. Impulsionando-se rumo a sua existência verdadeira, a consciência atingirá o ponto em que o fenômeno se iguala à essência; apreendendo por ela mesma sua essência, designará a natureza do próprio saber absoluto.

\* \* \*

Uma das características dessa divisão e de sua justificação – que só pode se realizar plenamente ao longo da análise e do comentário do texto – é a de pretender permitir pelo menos duas maneiras de articular argumentativamente os blocos de parágrafos assim organizados.

A primeira maneira é um peculiar espelhamento entre os blocos de parágrafos pares e ímpares. O primeiro bloco apresenta a autocompreensão da filosofia moderna e seu contrassenso, concluindo pela necessidade de substituir a "representação" pela "apresentação". Mas essa solução obriga a enfrentar a objeção de que a "apresentação" seria ela também uma posição dogmática prévia, tal como a "representação" antes afastada com recurso ao mesmo argumento, o que é feito no terceiro bloco. Esse paralelismo vem marcado, por exemplo, pela retomada da questão do "surgir" da "ciência", introduzida no primeiro bloco e novamente tematizada no terceiro.

O segundo bloco de parágrafos resolve o aparente paradoxo de uma "apresentação do saber fenomênico" que pretende ser "ciência", mostrando que a necessidade do caminho fenomenológico está no seu procedimento de "negação determinada". Mas, naquele momento, a solução encontrada vem apenas indicada, a título de "antecipação": ainda não apresenta em toda a sua extensão a lógica própria da negação determinada, da necessidade da "progressão e da concatenação" das figuras da consciência. Essa lógica subjacente ao caminho fenomenológico é apresentada no último bloco de parágrafos como "experiência", um desenvolvimento do caráter científico da "negação determinada". Um paralelismo que vem marcado pela retomada da noção de "apresentação", introduzida no segundo bloco de parágrafos e examinada segundo o seu "aspecto científico" no quarto e último bloco.

Uma segunda maneira possível de articular os blocos de parágrafos é, obviamente, seguir a argumentação em sua sequência linear. Nessa maneira de reconstruir o argumento, o primeiro bloco de parágrafos (§§ 1-4) se ocupa da crítica da "representação natural", da estrutura fundamental de toda a filosofia moderna e, portanto, daquilo que se apresenta como "conhecer" para uma consciência educada na filosofia da modernidade que se propõe a ler a *Fenomenologia*. Essa crítica apontará o "contrassenso" dessa maneira de representar o conhecer, o conjunto do conhecimento disponível e a própria filosofia, uma incongruência que surge entre o objetivo que a "representação natural" estabelece para si mesma e os recursos teóricos que mobiliza para alcançá-los. O processo progressivo de "afastamento" desse "contrassenso" em que se encontra enredada a consciência moderna exige uma série de "antecipações" do percurso que será efetuado ao longo de toda a *Fenomenologia do espírito*. Essas "antecipações", por sua vez, são de fato tentativas de "tradução" para uma consciência treinada na filosofia moderna de seu tempo dos potenciais presentes nela mesma para superar os bloqueios que se autoimpôs, de maneira a superar o "contrassenso" de sua posição.

É assim que o segundo bloco de parágrafos (§§ 5-8) reformula o problema do conhecer em termos de uma "consciência natural", ou seja, de uma consciência que, a cada passo, põe sempre o seu saber como o saber verdadeiro. Trata-se de generalizar para todas as etapas de desenvolvimento da consciência um procedimento que é próprio da "representação natural", da consciência filosófica da modernidade, que põe o saber de seu tempo como o saber verdadeiro. Esse primeiro esforço de tradução mostra a *negatividade* presente na consciência e aponta para seu potencial construtivo, ainda que a negação apareça inicialmente, do ponto de vista da consciência natural, como meramente destrutiva. Ainda assim, é já um primeiro passo no sentido de "desnaturalizar" essa consciência, de mostrar seu vínculo necessário com seu tempo e com a filosofia de seu tempo.

O terceiro bloco de parágrafos (§§ 9-13) procura traduzir o potencial construtivo da negação em termos que não sejam os da positividade malsã, própria de uma posição dogmática que se pretende padrão de medida da verdade. Ou seja, esse bloco de parágrafos pretende reformular o problema do conhecer de tal maneira que ele se mostre à consciência natural tal como é, ou seja, não como exterior a ela, mas como resultado de pensar a fundo no interior do "contrassenso" da representação natural. É por isso que esse nível de tradução não está mais no nível de uma "consciência natural", mas já de uma "consciência".

O quarto bloco de parágrafos (§§ 14-7) procura mostrar a lógica subjacente a essas sucessivas tentativas de tradução do percurso fenomenológico. Busca formular de maneira rigorosa os elementos surgidos nessa passagem da "representação natural" à "consciência natural" e, em seguida, à "consciência". Nesse momento, diferentes termos surgidos nessas etapas de tradução – "negação determinada", "contradição", "a necessidade da progressão e da concatenação" e tantos outros – recebem o sentido adequado para quem se propõe a enfrentar o caminho proposto pela *Fenomenologia*.

### §§ 1-4: a reconstrução do problema do conhecer na filosofia moderna (da "representação natural" à "apresentação do saber fenomênico")

#### § 1

I) a representação natural e seus pressupostos

1) necessidade de uma investigação prévia sobre a faculdade de conhecer, que é entendida como "instrumento" ou "meio"

2) justificação dessa necessidade (a "preocupação")

3) um contrassenso como consequência: não é possível conhecer o absoluto (a "preocupação" se transforma em "convicção")

a) a aplicação de um instrumento altera a coisa;

b) o meio não dá a verdade como é em si, mas apenas como é nele e mediante ele

II) o contrassenso da representação natural

1) o contrassenso está em se servir de um meio

2) o contrassenso não desaparece com uma possível correção do desvio

a) dos efeitos da ação do instrumento

i) parece possível a correção

ii) mas ela não faz senão levar de volta ao ponto de partida
iii) de modo que o esforço é supérfluo
iv) e faz do conhecer um mero ardil
b) da lei de refração do meio

A Introdução à *Fenomenologia do espírito* tem como ponto de partida as formas mais avançadas da filosofia do seu tempo. Hegel parte da sistematização filosófica do conjunto do conhecimento disponível em seu tempo, o "novo tempo", a modernidade. O ponto de partida de Hegel não é, portanto, "o conhecer efetivo do que em verdade é" que podemos encontrar logo nas primeiras linhas da abertura do texto da Introdução. Tampouco é o do primeiro capítulo da própria *Fenomenologia do espírito*, que tem o título de "A certeza sensível – ou o isto e o visar".[1]

O ponto de partida de Hegel na *Fenomenologia* é "uma representação natural". O uso do artigo indefinido já mostra o relativo grau de indeterminação do próprio ponto de partida. Em Hegel, a expressão "representação" se encontra intimamente vinculada à época moderna e à sua expressão teórica mais elevada, a filosofia moderna. Esse ponto de partida só ganha definição à medida que Hegel mostra por que e como ele corresponde à estrutura mais profunda do pensamento moderno. O que dá exemplo, aliás, de um procedimento mais amplo da própria *Fenomenologia do espírito*: não importa muito como se queira *chamar* os elementos do problema do conhecer; o decisivo é mostrar a lógica que os estrutura.[2] E, segundo Hegel, quaisquer que sejam os *nomes* que os termos recebam, a *estrutura lógica* da filosofia moderna exige que se apresentem invariavelmente segundo uma exigência prévia inafastável: antes de efetivamente conhecer, é preciso estabelecer no que consiste o próprio conhecer. A passagem diz: "antes de ir à coisa mesma". E o sentido é tanto de "abordar" (como em "abordar o problema") como de "ocupar-se de" (como em "ocupar-se de uma tarefa").

Não se trata de partir de uma mera *opinião*, sem mais. Não é "uma" opinião, mas *a* opinião: a representação natural é súmula da filosofia moderna. Trata-se, antes de tudo, da posição que toma essa representação natural em relação à "coisa mesma", "ou seja",[3] ao "que em verdade é". Na representação natural, "o que em verdade é" só pode ser alcançado segundo a exigência de exame prévio de nossa própria capacidade de alcançar a verdade. Essa exigência aparece sob a forma de representações do conhecer como "instrumento" ou como "meio".⁴ Não se trata de fazer com que cada uma dessas duas maneiras corresponda exatamente a filosofias específicas. Nem de afirmar que cada uma delas foi já efetivamente trilhada. No limite, pode mesmo ser o caso de que alguma delas nem mesmo tivesse sido efetivamente realizada quando foi escrita a *Fenomenologia*.⁵

Isso não significa, portanto, que uma maior determinação desses termos vá levar a noção de representação natural a um grau de concretude tal que seja possível identificar passagens da análise de Hegel a filosofias da representação natural de maneira específica. Não é esse, aliás, o objetivo. Tomar o estado da filosofia moderna significa apresentar um diagnóstico que permita analisá-la em sua estrutura fundamental. Vale dizer, Hegel constata que a exigência de exame prévio do conhecer foi o meio encontrado pela filosofia moderna para atingir o fim que ela mesma (e sua época) se colocou, o de produzir uma filosofia sem pressupostos, uma filosofia isenta de dogmatismo.

A partir dessa equalização inicial entre "a coisa mesma" e "o que em verdade é", Hegel enumera uma série de termos que podem também designar esse fim do conhecer: "o absoluto", "todo o início", "o em si", "a essência absoluta", "o verdadeiro em sua pureza", "a coisa". Aqui, portanto, consoante o grau de abstração da própria representação natural, Hegel ainda utiliza todos esses termos em seu grau máximo de abstração, o que faz com que possam ser tomados nesse momento como termos intercambiáveis.

Hegel pretende que a estrutura do pensamento moderno é tal que o conhecimento da verdade só pode logicamente se dar por dois caminhos. O fundamental dessa estrutura está na afirmação da necessidade de um exame prévio do conhecer antes de conhecer efetivamente. Entre outras coisas, essa pressuposição implica de saída uma separação entre o sujeito que conhece e o objeto a ser conhecido.⁶ Pois só se pode examinar previamente o conhecer como distinto de cada ato concreto de conhecimento se se distingue previamente entre uma capacidade de conhecer e sua utilização efetiva em um ato determinado. O problema de Hegel é antes o de mostrar que a posição ontológica de fundo da filosofia moderna – de que a separação original de sujeito e objeto é expressão privilegiada – leva ao surgimento de um intermediário entre o conhecer e seu objeto. É em vista dessa posição de fundo que esse intermediário *pode ser determinado*, por sua vez, como "instrumento" ou como "meio".

Hegel não vai opor dogmaticamente à representação natural enredada em dificuldades o que seria "filosofia verdadeira". Isso significaria apenas recusar um dogmatismo em nome de um novo dogmatismo. A única saída do e para o dogmatismo é pensar *no interior do próprio dogmatismo*, no interior da representação natural. A representação natural é o "pressuposto" de Hegel; mas é um pressuposto que será *negado*. O objetivo último da filosofia moderna é realizado por Hegel dessa maneira peculiar e inovadora: os pressupostos de que se parte são, no curso de seu desdobramento e desenvolvimento, negados; não são, portanto, pressupostos – pelo menos não no sentido tradicional, afirmativo, em que foram sempre entendidos até aquele momento. A verdade não pode ser separada do caminho que leva a ela; mais precisamente: ela é esse caminho.[7]

A representação natural abrange, na visão de Hegel, todo o conhecimento disponível. Na Introdução, entretanto, Hegel se concentra no que considera ser as sistematizações conceituais mais avançadas desse conhecimento disponível, as filosofias da modernidade. E há muitas razões pelas quais se pode dizer que, para Hegel, Kant se apresenta como ápice da filosofia moderna: foi ele o primeiro a apresentar um diagnóstico da modernidade sob a forma de um "modo de pensar"; e, além disso, foi o primeiro a propor que uma "revolução" ("no modo de pensar") se seguisse a esse diagnóstico.[8] Se as posições agrupadas sob o rótulo de representação natural não podem ser diretamente referidas a filosofias específicas, a nomes como Descartes, Leibniz, Hume, Locke, Fichte, Jacobi, Schelling, Reinhold e outros ainda, tomar a filosofia de Kant como principal alvo da crítica é a mais sólida escada de que se pode fazer uso para a apresentação do problema com a complexidade necessária, mesmo que a título meramente ilustrativo do argumento de Hegel.[9] É o que será feito a seguir.

Para Hegel, já não se trata de "revolucionar" um "modo de pensar" que é, no fundo, pré-moderno, ou que pelo menos guarda inúmeros resquícios pré-modernos e que não leva até o fim o princípio de autofundação pela razão. Segundo seu diagnóstico, esse primeiro momento do combate político-intelectual do Esclarecimento, do Iluminismo, do projeto moderno, já se encerrou. Trata-se agora de responder a um contexto histórico em que a questão fundamental não é mais a da vitória teórica da modernidade, mas já a de sua configuração histórica efetiva, do estabelecimento duradouro das *instituições* modernas e da filosofia adequada a esse novo momento.

Na *Fenomenologia*, a modernidade já não chega apenas na forma de livros e jornais, mas carregada nos ombros dos exércitos de Napoleão.[10] Kant representa intelectualmente a transição entre dois mundos: é espectador entusiasmado da Revolução Francesa em uma Alemanha feudal. Também Hegel, na *Fenomenologia*, está entre dois mundos, mas são já mundos diferentes: a Alemanha feudal está sendo invadida pela modernização dos exércitos napoleônicos. Hegel não está na posição de espectador, é antes apoiador da modernização napoleônica, do "novo mundo".[11] Ou, como resume o chamado Prefácio à *Fenomenologia*: "Não é difícil, aliás, ver que nosso tempo é um tempo do nascimento e da passagem a um novo período. O espírito rompeu com o que tinha sido até hoje o mundo de seu ser-aí e de seu representar e está prestes a [*im Begriffe*] precipitá-los no passado e no trabalho de sua reconfiguração" (W. 3, p. 18; FE, p. 31).

Nesse novo mundo, Kant já não serve por certo como guia, mas se impõe como ponto de partida. Sua filosofia representa a configuração mais avançada da representação natural. Em perfeita consonância com "tudo o que há de excelente na filosofia de nosso tempo" (W. 3, p. 66; FE, p. 69), Kant afirma que, antes de conhecer, é necessário que se estabeleça o que se pode e o que não se pode conhecer, quais as capacidades e limitações da razão humana. Estabelecer esse domínio legítimo da razão é tarefa, segundo Kant, de uma crítica da razão.

Já no Prefácio à primeira edição da *Crítica da razão pura* é possível encontrar os elementos fundamentais desse projeto, estampados de maneira emblemática no próprio título do livro: "Por uma crítica assim não entendo uma crítica de livros e de sistemas, mas da faculdade da razão em geral, com vistas a todos os conhecimentos a que pode aspirar, *independentemente de toda experiência*; portanto, a decisão sobre o problema da possibilidade ou impossibilidade de uma metafísica em geral e a determinação tanto das suas fontes como da sua extensão e limites; tudo isto, contudo, a partir de princípios".[12] Não se trata, portanto, de um exame crítico de outras filosofias, de tal ou qual sistema, mas de uma crítica da faculdade da razão em geral *em vista de sua capacidade de conhecer*.

Segundo Kant, estabelecer os limites do que podemos e do que não podemos conhecer significa também estabelecer qual *sistema*, qual *filosofia*, é a verdadeira filosofia. A referência aos princípios, por sua vez, é uma referência ao *método*: a investigação não pretende apresentar tal ou qual *fato* a seu favor (um fato, em si mesmo e por si mesmo, é acidental). "Princípio" quer dizer, portanto: antes de se afirmar a posse de tal ou qual conhecimento, é preciso primeiramente descobrir e mostrar quais são os limites da capacidade de conhecer em geral, ou seja, o que é possível e o que não é possível conhecer; só assim se torna possível alcançar um critério que permita afirmar a posse de um determinado conhecimento.

No começo do Prefácio à Segunda Edição da *Crítica da razão pura*, encontra-se uma expressão que corresponde quase literalmente àquela de Hegel no início da Introdução, o "entender-se previamente acerca do conhecer". Também o adjetivo "natural" (em "representação natural") pode ser encontrado em Kant em uma passagem da seção III da Introdução à *Crítica da razão pura*:

> Parece de fato natural, pois, que, uma vez abandonado o solo da experiência, se construa de imediato um edifício, com conhecimentos que se possui sem saber de onde vieram, e sob o crédito de princípio cuja origem não se conhece, sem estarmos antes assegurados quanto à fundamentação do mesmo por meio de cuidadosas investigações; que, portanto, tenha-se antes enfrentado longamente a questão de como o entendimento poderia chegar *a priori* a todos esses conhecimentos, e de qual alcance, validade e valor poderiam eles ter. E, de fato, não há nada mais natural do que isso caso se entenda sob a palavra "natural" aquilo que deveria acontecer de modo justo e razoável; caso se entenda sob ela, contudo, aquilo que acontece segundo a medida habitual, então nada é mais natural e compreensível, inversamente, do que tal investigação ter de permanecer por longo tempo atrasada.[13]

Ao se referir ao que "acontece segundo a medida habitual", Kant criticou as filosofias que o precederam e, em especial, a filosofia moderna tomada em seu conjunto, como um único bloco. Não é outra coisa, afinal, o que fez o próprio Hegel. Além disso, Kant apresentou uma nova versão do "natural": a sua própria filosofia. Ou seja, dependendo do que se entenda por "natural", pode-se estar referindo tanto à posição de Kant (o exame dos fundamentos e a exigência de crítica prévia) como ao que se entendeu por investigação metafísica até ele (a ausência de exigência de crítica prévia).

Para Hegel, esse não é mais o estado em que se encontra a filosofia no momento em que escreve a *Fenomenologia*: em termos teóricos, a luta de Kant contra toda a tradição anterior (a moderna, inclusive) já se encerrou e o seu resultado foi a vitória da versão kantiana da modernidade filosófica. Kant elevou a modernidade ao seu conceito, de modo que "natural" agora só pode ser entendido em um único sentido: como a absoluta necessidade de um *termo intermediário* entre o conhecer e seu objeto. Dito de outra maneira: para conhecer a verdade, seria indispensável realizar previamente uma *crítica da razão*.

Todo esse desenvolvimento, por sua vez, encontra-se espelhado nas duas ocorrências do termo "contrassenso" neste § 1, as duas únicas em todo o texto e solidárias da ocorrência única de "representação natural", a que pertencem direta ou indiretamente. A primeira ocorrência: "Essa preocupação tem até de se transformar na convicção de que a aquisição para a consciência mediante o conhecer de todo o início, do que é em si, seria um contrassenso [*widersinnig seí*] no seu conceito, e de que entre o conhecer e o absoluto cairia um limite que os separaria sem mais". Nesse momento, como já ressaltado, Hegel visa à filosofia kantiana: quem exige uma crítica prévia do conhecer para poder conhecer tem de aceitar a consequência de que não é possível conhecer o absoluto.

Já a segunda ocorrência de "contrassenso" não se limita à constatação de que o absoluto é inatingível quando se põe a exigência de uma crítica prévia. Tem o sentido mais amplo da pergunta pelo que pode significar, afinal, uma *metafísica* moderna depois de Kant. Se a filosofia moderna persegue o objetivo de encontrar uma solução definitiva e cabal para os problemas herdados da tradição, por que escolhe "meios" (o conhecer entendido como "instrumento" ou "meio") que a impedem de alcançar o "fim" metafísico que ela própria assumiu como seu (a "coisa mesma", o "conhecer efetivo do que em verdade é")? Vale insistir que Hegel não está aqui invocando um regresso a formulações pré-modernas da metafísica, mas levantando a possibilidade de uma versão moderna alternativa àquela que prevaleceu, a metafísica do conhecer como instrumento ou meio. Não por acaso, portanto, esse segundo sentido de "contrassenso" vem substantivado (*das Widersinnige*), não estando mais (como na primeira ocorrência) em forma simplesmente adjetivada (*widersinnig*).

Nesse momento, a questão implícita é: será então que deve ser abandonado o "fim" tal como posto pela própria representação natural, "a coisa mesma", "o que em verdade é"?[14] Ao que se contrapõe a consideração: mas será que o próprio "meio" posto pela representação natural não põe também um "fim" que lhe é contrário? O que leva, por sua vez, a uma nova formulação ("ou:") do problema: o fato do "fim" ser contrário ao "meio" e o "meio" contrário ao "fim" indica que o "contrassenso" está antes em pensar em "meios e fins" quando se trata de conhecer. Trata-se aqui tão somente de uma *indicação*: de mostrar que *há* outra possibilidade de formular o problema do conhecer, que não se enreda na exigência de uma crítica prévia nem na consequente figuração do conhecer como "instrumento" ou "meio". É essa possibilidade que Hegel enunciará (não mais que isso) adiante neste § 1.[15]

Uma consideração de conjunto da representação natural exige um exame um pouco mais detalhado do termo "representação". Para Hegel, Kant tornou conscientes e desenvolveu os pressupostos presentes nessa noção. A ideia mesma de representação impõe uma separação entre o sujeito que representa e o objeto que é representado, entre o sujeito do conhecer e o objeto a ser conhecido, e depois se pergunta como eles podem ser reunidos. Kant pensou poder reuni-los racionalmente pressupondo que os objetos se orientam por nossas representações. Seja como for, a solução kantiana não põe em questão a ideia mesma de que o conhecer seja, por definição, "representativo", quer dizer, que seus termos sejam os de uma separação entre "representação" e "objeto representado". E esse é o problema de fundo, é o verdadeiro pressuposto da representação natural.[16]

A representação natural pressupõe desde sempre (e sem justificá-lo, dirá Hegel ainda neste § 1) uma distância entre objeto e representação. Pouco importa como se queira chamar os dois termos: "nós", "ideia", "conceito", "representação", de um lado; "absoluto", "ideado", "objeto", "representado", de outro. O decisivo é que essa distância, de uma maneira ou de outra, caracteriza de modo mais geral a filosofia moderna e a filosofia de Kant em particular. Como Kant antes dele, Hegel traz à luz os pressupostos da visão representativa (que ele também chama de "filosofia do entendimento" ou "filosofia da finitude"), para, então, iluminar suas contradições e tabus não explicitados, e apontar para uma solução do problema. Mas Hegel irá mostrar que Kant pretendeu resolver o problema sem alterar os seus termos, sem questionar de maneira radical os seus pressupostos mais fundamentais.

"Representação" em sentido amplo significa pressuposição necessária de um termo intermediário entre o objeto e sua apreensão cognitiva. E "natural" quer dizer: considerada como ponto de partida incontornável e inquestionável. O questionamento hegeliano vai dizer que tomar esse ponto de partida como dado é o mesmo que tornar um contrassenso a busca por uma filosofia sem pressupostos, que é o objetivo da filosofia moderna. Mais que isso, significa ignorar que a "representação", afinal, tem sua própria história, que ela "veio a ser", que não é um "dado". E o resultado da investigação de Hegel é que esse pressuposto fixa de maneira indevida a busca pela verdade: transforma o conhecer em algo "finito", "de entendimento".[17]

Entre o absoluto e seu conhecer existiria, portanto, de acordo com a "representação natural", um *termo intermédio*: a ideia mesma de "representação" já impõe um intermediário entre o absoluto e sua apreensão. Esse intermediário pode ser entendido de duas maneiras: como *instrumento* com o qual se apoderar do absoluto, ou como *meio* por intermédio do qual se o divisa. No primeiro caso, tem-se então um artefato, um produto da arte, um instrumento construído em vista da dominação do absoluto. No segundo caso, trata-se de um filtro por meio do qual ele é recebido, como na refração da luz, por exemplo.

A denominação genérica para os dois tipos de mediação é "meio", como se pode verificar adiante neste § 1: "Em ambos os casos fazemos uso de um meio [*Mittel*] que produz imediatamente o contrário de seu fim".[18] O importante a reter aqui é que se trata de dois lados do mesmo pressuposto fundamental da filosofia moderna: sob a pressuposição da necessidade de um termo intermediário entre o conhecer e seu objeto, esse termo pode ser caracterizado tanto como ativo (instrumento) quanto como passivo (meio), de tal maneira que o conhecer pode ser caracterizado ele também como atividade ou passividade.[19] Os verbos "apoderar-se"[20] e "divisar" fixam essa separação, própria da representação natural, segundo essa dupla possibilidade, como atividade e como passividade. Tal separação entre "conhecer", de um lado, e "absoluto", de outro, será examinada em maior detalhe no § 2.

Dentre as duas maneiras de fixar a separação, a primazia no texto cabe à noção de conhecer como instrumento. Essa primazia justifica também o destaque dado aqui a Kant, para fins de apresentação do problema, como modelar da filosofia da representação, já que a filosofia crítica seria por excelência aquela que teria levado a seu extremo a ideia de "instrumento". Na sua *História da filosofia*, Hegel repete quase que literalmente o texto da Introdução à *Fenomenologia do espírito*, mas mencionando Kant explicitamente. Segundo o texto, a filosofia kantiana "é chamada também de filosofia *crítica*, na medida em que seu fim é, primeiramente, diz Kant, o de ser uma crítica do conhecer. O conhecer é representado como um instrumento, a maneira pela qual queremos nos apoderar da verdade. Antes de poder ir à verdade mesma, portanto, ter-se-ia de investigar primeiro a natureza, a espécie do instrumento, de tal maneira [a saber] se ele é apto a desempenhar aquilo que dele se exige".[21]

Essa plausibilidade da exigência de crítica prévia é acompanhada, entretanto, da restrição do "parecer": a "preocupação parece justa". Ressoa a restrição anterior do início do texto: "de que seria necessário". A restrição se impõe justamente porque a *correção*, a *justificação*, a *legitimação* do procedimento só se dão como tais em vista do pano de fundo do processo, que é justamente a representação natural. Trata-se, então, de examinar em maior profundidade as pretensões da visão representativa. O pano de fundo, para fins desta apresentação, prossegue sendo a filosofia kantiana.

Diz, por exemplo, o § 41 dos *Prolegômenos*:

> A distinção de *ideias*, i.e., conceitos puros da razão, e categorias ou conceitos puros do entendimento, como conhecimentos de espécie, origem e uso inteiramente diferentes, é uma parte tão importante da fundamentação de uma ciência que deve conter o sistema de todos esses conhecimentos *a priori*, que, sem uma tal separação, a metafísica é nada menos que impossível, ou, quando muito, uma tentativa mal-acabada e desprovida de regras de levantar um castelo de cartas, sem conhecimento dos materiais empregados e de sua serventia para este ou aquele propósito. Se a *Crítica da razão pura* não tivesse sido capaz senão de por primeiro colocar essa distinção diante dos olhos, já teria contribuído mais para o esclarecimento de nosso conceito e para o desenvolvimento da pesquisa no campo da metafísica do que todos os esforços infrutíferos envidados até aqui para dar conta das tarefas transcendentes da razão pura, sem que tenha jamais cogitado que se estava em um campo inteiramente diverso daquele do entendimento e que conceitos de razão e conceitos de entendimento fossem com isso igualados, como se fossem de uma única e mesma espécie.[22]

Buscando defender Kant da caracterização e das críticas de Hegel, Karl Ameriks chega mesmo a explicitar o que poderiam ser exemplos dessas "diversas espécies de conhecimento".[23] Com isso, ajuda a esclarecer o que o próprio Hegel visa nessa passagem:

com certeza, o Kantiano tem de dizer alguma coisa sobre as diferentes espécies de verdade que ele considera, como, por exemplo: verdades formal-transcendentais sobre a estrutura de nossa cognição empírica, verdades formal-absolutas sobre a estrutura do entendimento enquanto tal, verdades empírico-materiais sobre itens da nossa sensibilidade e verdades numenal-materiais sobre o caráter das coisas em si mesmas. Mas não vejo problema nisso, desde que Kant dê, como certamente dá, alguma indicação sobre como essas verdades devem ser distinguidas, tal como por diferentes procedimentos de verificação (respectivamente: argumentos transcendentais, lógica formal, ciência, intuição intelectual), e desde que esteja claro que essas distinções não precisam ser usadas para implicar que a própria verdade é de diferentes espécies (em lugar de dizer apenas que há diferentes espécies de itens que são verdadeiros e diferentes caminhos que levam até eles).

O Kantiano, no caso, não faz senão dar razão a Hegel: a exigência de um inventário prévio dos conhecimentos de razão leva a distinguir entre "espécies de verdades" e, consequentemente, ao problema de saber qual verdade seria, afinal, mais verdadeira. Não obstante o contrassenso, Hegel escreve que a "preocupação parece justa". Seria necessário mapear os conhecimentos de razão e, com esse mapeamento, seria então pela primeira vez possível distinguir tarefas autênticas de tarefas ilusórias da razão, pois só assim seria possível estabelecer os limites e, complementarmente, os domínios de nossas faculdades e conhecimentos.

É essa justificação que acaba por transformar a "preocupação" inicial em "convicção" não apenas de que o conhecer e o absoluto estão separados absolutamente, mas de que o próprio absoluto é, enquanto tal, inalcançável *para a consciência*. Uma das folhas de rosto inserida em alguns exemplares da edição de 1807 da *Fenomenologia* trazia ainda o título original do livro, *Ciência da experiência da consciência*, expressão repetida no § 16 do texto da Introdução. O termo "consciência" é, portanto, de fundamental importância nesse projeto.

Neste ponto da Introdução, entretanto, "consciência" é tão somente aquela que contém a representação natural, é a contrapartida necessária da representação natural. É a consciência que corresponde à expressão "pelo menos para nós, seres humanos" (*uns Menschen wenigstens*), que aparece logo no primeiro parágrafo da "Estética transcendental" da *Crítica da razão pura* (KrV, p. 49, B p. 33; Crp, p. 71). A partir do próximo bloco argumentativo (§§ 5-8), "consciência" terá já um novo sentido, resultado da crítica à representação natural neste primeiro bloco de parágrafos.

Dado o pano de fundo da representação natural, com sua separação necessária entre "conhecer" e "absoluto" (ou como quer que se chame tais termos), a consequência é a de que não se pode alcançar "todo o início", o que "é em si". Sendo assim, é necessário distinguir na coisa mesma o que é em si (o que Kant chama de númeno) daquilo que é para nós (o que, na filosofia kantiana, é o fenômeno). O que é o mesmo que dizer: seria necessária uma crítica da razão.

Quanto mais detalhadamente se examina, entretanto, o projeto de uma crítica da razão do ponto de vista de sua lógica interna, mais se fica convencido de que o abismo entre o conhecer e o absoluto seria intransponível. Somente a postulação de um termo intermediário entre o conhecer e o absoluto poderia servir de ponte entre os dois termos. Ocorre que é a ideia mesma de uma apreensão do absoluto que assim periclita; seria um "contrassenso no seu conceito" pretender conhecer o absoluto por intermédio de algo, pois, nesse caso, o absoluto seria apreendido pelo condicionado, i.e., não seria apreendido como absoluto. Ou seja, periclita aqui a possibilidade mesma do conhecimento verdadeiro.

E isso mesmo quando se trata do conhecer como "meio". Como já se insistiu antes, buscar exemplos de filosofias que atribuem ao conhecer caráter de "instrumento" ou de "meio" é mero recurso de apresentação, mera tentativa de se aproximar do objetivo de Hegel no texto. Como se argumentou, o problema de Hegel é antes de tudo lógico e não de classificação de ramos da filosofia moderna. Para prosseguir na corda bamba de demonstrar uma vez mais esse ponto sem deixar, ao mesmo tempo, de prospectar a ideia de "conhecer como meio" com recurso a um exemplo, será tomado aqui, ainda que muito brevemente, um exemplo negativo apresentado por Locke.[24]

O Livro III do *Ensaio sobre o entendimento humano* é dedicado às Palavras. Nele se encontra uma passagem em que Locke faz uma analogia entre o papel das palavras como intermediárias entre nosso entendimento e a verdade e os olhos como intermediários entre os objetos visíveis e nosso entendimento. Esse papel é ao mesmo tempo necessário e portador de confusões, já que palavras representam ideias e a significação das palavras se refere a essências (ver capítulo IX, §§ 5 ss). É nesse contexto que Locke escreve o seguinte: as palavras "se interpõem entre nosso entendimento e a verdade, a qual o entendimento contemplaria e apreenderia, tanto quanto o *meio* [*Medium*] por intermédio do qual passam objetos visíveis, sendo que a obscuridade e a desordem delas não raramente lançam uma bruma diante de nossos olhos e se impõem por sobre nosso entendimento".[25]

Não é o lugar aqui de desenvolver a teoria do conhecimento de Locke. Para a ilustração do texto de Hegel, basta ressaltar como Locke critica a ideia de conhecimento como "meio": aceitar que seria possível ao entendimento ter acesso à verdade mediante as palavras é tão errado quanto tomar o globo ocular como um tal meio. Por essa razão, faz parte da necessária crítica prévia afastar as ambiguidades de significação e as imperfeições próprias das palavras da mesma maneira como é necessário afastar qualquer elemento indevido que se interponha entre os objetos e sua apreensão sensível.

Essa aproximação meramente negativa do que poderia ser uma posição favorável ao conhecer como "meio" tem ainda outra ressonância no texto de Hegel. Ocorre aqui pela primeira vez a primeira pessoa do plural e seus correlatos ("nossa atividade", "nos alcança", "obtemos"). É certo que também a passagem de Locke citada anteriormente (bem como o conjunto do *Ensaio*) se utiliza largamente da primeira pessoa do plural. E que o próprio Kant tem como ponto de partida essa formulação empirista (ainda que a transforme inteiramente), cujo emblema se encontra na expressão mencionada há pouco, "pelo menos para nós, seres humanos". No caso de Kant, a expressão é emblemática da impossibilidade de provar que a sensibilidade seja a única forma possível de acesso a objetos de conhecimento (ou, o que dá no mesmo, a impossibilidade de demonstrar que é logicamente impossível outra forma de intuição de objetos que não mediante a intuição sensível). Como se pode ler na *Crítica da razão pura*: "O conceito de um *númeno*, i. e., de uma coisa que deve ser pensada (apenas por um entendimento puro) não como objeto dos sentidos, mas como coisa em si mesma não é em absoluto contraditório; pois não se pode afirmar da sensibilidade que ela seja o único modo possível de intuição" (KrV, p. 211, B p. 310; Crp, p. 253).

Essa formulação sintetiza, para Hegel, o caráter "finito", "de entendimento", próprio da representação natural. Não por acaso, portanto, Hegel também se utiliza aqui da primeira pessoa do plural nesse sentido finitizador da filosofia moderna, que é o ponto de partida, o "pressuposto" da Introdução. E continuará a fazê-lo até o § 4, momento em que começam a prevalecer as fórmulas apassivadoras do sujeito ("poder-se-ia", "pressupõe-se") e, de forma mais geral, as fórmulas impessoais ("é universalmente conhecida", "poderia ser poupada") que predominarão até o § 10, onde surgirá novamente o "nós". Mas esse ressurgimento da primeira pessoa do plural não significa que se retornou ao início; pelo contrário, o "nós" do § 10 em diante (como se verá) já exprime a negação da própria representação natural de que se partiu: exprime o ponto de vista da "ciência", o ponto de vista da "consciência filosófica", daquela consciência que já superou os bloqueios próprios da representação natural.[26]

Assim, a divisão do conjunto do texto da Introdução proposta no início deste comentário pode ser soletrada também segundo a utilização ou não da primeira pessoa do plural e em que sentido. Um quadro sinótico da divisão nesses termos seria o seguinte:

Da perspectiva do duplo sentido do "nós" (como sujeito da "representação natural" e como "consciência filosófica")

| | |
|---|---|
| §§ 1-4 | "nós" no sentido da representação natural; o "pelo menos para nós, seres humanos" de Kant |
| §§ 5-8 | ausência da primeira pessoa do plural e predomínio de fórmulas impessoais e apassivadoras do sujeito |
| §§ 9-13 | presença de fórmulas impessoais e apassivadoras do sujeito e predomínio do "nós" no sentido de "consciência filosófica" |
| §§ 14-7 | com exceção de uma ocorrência no § 15, "nós" no sentido de "consciência filosófica" |

Parece prematuro esmiuçar todos esses elementos nesta altura da exposição. Como talvez seja prematuro indicar que somente no § 10 - ou seja, onde é exposto em toda a sua extensão o problema da medida, i.e., a reformulação por inteiro dos pressupostos da representação natural - surgirá explicitamente o "nós" como "consciência filosófica", distinta da "consciência natural" - também chamada de "consciência ingênua" ou "consciência comum". Mas aqui, mais uma vez, nada se perde em continuar a leitura sem levar em conta essa antecipação. E talvez se ganhe algo em voltar a ela ao final.

As duas versões possíveis do conhecer no âmbito da representação natural – como "instrumento" e como "meio" (*Mittel* ou *Medium*) – partilham de um mesmo pressuposto: fazem uso de um elemento intermediário, de um "meio" (*Mittel*), posto entre o conhecer e o absoluto. Isso, no entanto, tem por resultado, "imediatamente" (*unmittelbar*) – i.e., diretamente, de uma maneira que prescinde de intermediário –, o contrário do pretendido: ao invés de conhecer o absoluto, a conclusão a que se é levado necessariamente é a de que é impossível conhecer o absoluto. Como já visto, esse "contrassenso" é atribuído pela representação natural (na "preocupação" que se tornou "convicção") ao objetivo mesmo de conhecer o absoluto ("todo o início", "o que é em si"). Hegel, entretanto, indica que o contrassenso está antes em usar um "meio" para atingir um resultado não apenas "imediato" (ou seja, que prescindiria de um "meio"), mas igualmente contrário ao fim pretendido. Ou seja, o contrassenso não está em pretender conhecer o absoluto, mas nos pressupostos da própria representação natural que declara tal conhecer impossível. Quem pensa "meios" pensa "fins". E em uma relação pensada em termos de meios e fins, o contrassenso está antes em se servir de um meio que torna impossível atingir o fim.

No restante desse § 1, Hegel examina a possibilidade de eliminar o contrassenso presente na ideia mesma de meio fazendo-se recurso a um conhecimento dos "efeitos da ação" do instrumento ou da "lei de refração" do meio, de modo a corrigir os "desvios" causados pela utilização desses dois tipos de intermediários. Em ambos os casos, essa "correção" irá se mostrar não apenas impossível, mas igualmente supérflua; tão supérflua, aliás, quanto a própria pressuposição de um termo intermediário entre o conhecer e o absoluto. No caso do instrumento, conhecer o seu "desvio padrão", por assim dizer, *parece* – essa é a restrição utilizada mais uma vez por Hegel – poder obviar a dificuldade de não se ter acesso "direto" ao objeto tal qual é nele mesmo, mas apenas por intermédio de um instrumento, desde que se "subtraia" ao resultado o desvio e, dessa maneira, obtenha-se uma medida precisa.

É interessante notar, entretanto, que surge aqui um primeiro momento de reflexão da representação natural sobre sua própria posição. A tentativa de evitar o contrassenso a obriga a voltar-se sobre si mesma, de tal maneira que é a "naturalidade" da representação que começa também a se perder. Não é por outra razão que Hegel escreve simplesmente "representação" ("representação do absoluto", diz o texto) e não mais a "representação natural" do início. Trata-se de um movimento que pertence a uma época e não a uma filosofia em especial, tal como ressaltado na Apresentação.

Essas considerações parecem permitir já, apesar das muitas antecipações envolvidas, que se apresente um novo quadro sinótico do texto da Introdução:

Da perspectiva das pressuposições da representação natural

| §§ 1-4 | a necessidade de afastar as pressuposições da representação natural sem incorrer em dogmatismo |
|---|---|
| §§ 5-8 | o afastamento dos contrassensos da representação natural leva a um novo ponto de partida: a "consciência" |
| §§ 9-13 | a ciência, o saber verdadeiro, dá o padrão de medida do desenvolvimento da consciência; e esse padrão de medida da não verdade do saber natural não é externo à consciência, mas lhe pertence essencialmente: a consciência se examina a si mesma |
| §§ 14-7 | o exame a que a consciência procede é o mesmo que a experiência realiza em si mesma e no seu objeto |

Segue o texto do § 1: "Por certo parece possível obviar esse mal mediante o conhecimento dos efeitos da ação do *instrumento*, pois tal conhecimento torna possível subtrair ao resultado a parte que cabe ao instrumento na representação do absoluto que obtemos mediante ele, obtendo assim o verdadeiro em sua pureza". Mas, na melhor das hipóteses (sendo possível a "correção"), isso representaria simplesmente uma volta ao lugar de que se partiu antes de ser posta em movimento toda a maquinaria do conhecer.

Pois o que a correção nos daria seria o objeto, i.e., o absoluto, antes da aplicação a ele do instrumento, ou seja, tal qual era antes da aplicação a ele do instrumento. Todo o esforço de correção seria, com isso, inteiramente supérfluo.

Note-se que aparece aqui pela primeira vez o termo "*Ding*", traduzido por "coisa", em lugar de "*Sache*" (igualmente traduzido por "coisa"), como em "antes de ir à coisa mesma" ou em "a aplicação de um instrumento a uma coisa". "*Sache*" tem, em geral, um sentido abstrato de, por assim dizer, "matéria relevante", de conteúdo próprio a um objeto conceitual. "*Ding*", ao contrário, como explica Bernard Bourgeois em sua tradução, "é simplesmente a unidade existente das propriedades sensíveis que se dá à percepção".[27] Ou seja: na base da representação natural, da ideia mesma do conhecer como instrumento ou meio, há igualmente uma representação do absoluto como "coisa" em um sentido que não se distingue do de uma designação de unidade de marcas sensíveis. Em outros termos ainda: o absoluto é representado como o contrário de si mesmo.

Hegel não faz senão virar a representação natural contra ela própria, não faz senão mostrar o equívoco de pensar o conhecer em termos de "meios" e "fins". Ao examinar em profundidade a pressuposição de uma exigência de crítica prévia (que se infiltra entre o conhecer e o absoluto, seja à maneira do instrumento, seja à maneira do meio), mostra que essa pressuposição leva à conclusão necessária de que é impossível conhecer o absoluto, o que é em si. Mas, com isso, produz ao mesmo tempo um contrassenso: pois esse meio (a exigência de uma crítica prévia) se colocava inicialmente em vista de um fim (conhecer o absoluto); e a conclusão é a de que o meio torna impossível alcançar o fim pretendido. Hegel mostra então que o contrassenso está antes nos requisitos prévios postos pela representação natural; retirada a exigência, estaríamos novamente diante do objeto por conhecer, do absoluto, da mesma maneira como antes da interposição de toda a maquinaria conceitual da representação natural no processo de conhecer.

É apenas nesse sentido meramente imediato e abstrato que o absoluto é dito estar e querer estar "em nós tal como é em si mesmo e para si mesmo". A construção é não só hipotética como altamente irônica: "devesse o absoluto ser tão só aproximado de nós" tal como a representação natural o figura (ou seja, como uma coisa sensível, um pássaro, por exemplo), se ele pudesse ser assim "capturado" por ela mediante um instrumento (como o visgo, por exemplo), ele "bem zombaria dessa astúcia". Não significa de modo algum, portanto, que algo do problema já tenha sido resolvido; significa apenas uma indicação (não mais que isso) de que a representação do conhecer como instrumento ou meio é não apenas supérflua, mas nociva. E, acrescente-se, "faceira": dá-se ares de fazer algo muito complicado cujo resultado não é nada mais do que uma "conexão imediata"; aqui: uma relação imediata com o absoluto que está e quer estar "em nós tal como é em si mesmo e para si mesmo".[28]

É um simples retorno ao ponto de partida, portanto? Sim e não. Pois o ponto de partida não foi o problema "conhecer o absoluto", mas a representação natural desse problema. É no interior da representação natural que se continua a pensar. E pensar nos termos da representação é cada vez mais problemático. O que se sabe até o momento é que a representação natural contém nela um contrassenso de base e esse contrassenso é o de pensar o absoluto em termos finitos, em termos condicionados. É nesse sentido que se deve entender a indicação (não passa disso até agora) de que conhecer o absoluto altera esse próprio objeto por conhecer ("sem que nada nele se alterasse"). Não se pode, portanto, entender o "estar e querer estar em nós tal como é em si mesmo e para si mesmo" como um objeto fixo, imutável.[29] Porque, em última instância, representar-se o conhecer (e, portanto, também o absoluto) em termos de "meios" e "fins" limita de antemão e dogmaticamente o conhecer. Dito de outra maneira: o pressuposto fundamental da representação natural é o de que o conhecer envolve dois polos fixos e imutáveis. Essa fixação prévia é acrítica e dogmática, em tudo contrária ao objetivo que a própria filosofia moderna se colocou.

Cabe aqui examinar em maior detalhe esse "absoluto". No interior do vocabulário da representação natural, o vocabulário do conhecer, ele designa simplesmente o conhecimento verdadeiro, sem pressupostos, não dogmático, incondicionado. No que diz respeito à posição dessa noção no âmbito mais amplo da filosofia hegeliana, pode-se recorrer aqui à nota sobre o trabalho de revisão e reedição da *Fenomenologia* que Hegel mal tinha começado quando morreu em 1831. A terceira e última parte dessa curta nota diz: " c) trabalho de juventude peculiar, não reelaborar, – no que se refere àquele tempo em que foi redigido – no Prefácio: *o absoluto abstrato* – dominava então ".[30]

Esse duro juízo do Hegel da maturidade sobre sua obra de juventude pode talvez explicar, por exemplo, a centralidade atribuída por Heidegger a essa passagem para a interpretação do texto da Introdução. Mas, de qualquer modo, o exagero de Heidegger já está patente no descompasso entre o reconhecimento de que se trata de uma afirmação de passagem, em uma oração subordinada (", já não estivesse e não quisesse ele estar em nós tal como é em si mesmo e para si mesmo") e a imputação de que Hegel teria "ocultado"[31] aí algo de essencial e de decisivo: nada menos do que a *parousía*, maneira pela qual, segundo o autor de Holzwege, "a luz da verdade, o próprio absoluto nos irradia".[32]

Leituras como a de Heidegger, como argumentado na Apresentação, perdem de vista justamente a ideia de que a *Fenomenologia* possa ser pensada em sua sistematicidade própria e única, mostrando-se como um *projeto* e um *programa* alternativo àquele efetivamente trilhado por Hegel em sua obra posterior, consubstanciando-se em um modelo teórico que permite atualizar Hegel de uma maneira não só plausível para a compreensão do presente como frutífera para a experiência contemporânea. Tal objetivo se choca, uma vez mais, com a perspectiva de leitura ontoteológica de Heidegger, cujo ímpeto antimoderno não por último estabelece como central no texto da Introdução a conjunção sintomática da tradição grega clássica com a tradição cristã na noção de *parousía*.[33]

Lido da perspectiva de suas condições de produção intelectual,[34] o texto da Introdução não permite atribuir qualquer caráter dedutivo a esse absoluto, que, ao contrário, reduz-se ao procedimento de negação determinada da representação natural, cujo desenvolvimento é o da própria *Fenomenologia* em suas figuras da consciência. Isso quer dizer também, como se verá adiante, que o decisivo passa a ser então a "apresentação do saber fenomênico" (§ 4), que "tem ora por objeto somente o saber fenomênico" (§ 5). Sendo a *Fenomenologia* "introdução" e "primeira parte" de um Sistema ainda por ser devidamente desenvolvido e apresentado, o seu procedimento construtivo não pode ser outro senão o de uma negação determinada da filosofia moderna, da representação natural, negativo sobre o qual se delineia a súmula de um diagnóstico de época de intenção sistemática. O absoluto designa aqui o ponto de fuga desse processo de negação, posto como o horizonte tanto de um Sistema ainda em estado de esboço quanto de um processo de modernização social que vem nos ombros das tropas de Napoleão.

## Breve recapitulação do § 1

O ponto de partida do texto é a representação natural, cuja característica mais marcante é a da posição necessária de um termo intermediário entre o conhecer e seu objeto, entre o "conhecer" e a "coisa mesma", entre o "conhecer" e "o que em verdade é", entre o "conhecer" e o "absoluto". Tal representação apresenta suas credenciais: ela justifica, ela busca legitimar sua posição apresentando como razões o fato de que, não tendo sido feito o inventário dos conhecimentos da razão, é possível se enganar a respeito dos meios com que se propõe a alcançar os fins postos pela própria razão. Ora, a exigência e a necessidade de tal inventário tornam aparentemente irrecusável a ideia de um termo intermediário entre o conhecer e o absoluto, a ideia de que o inventário tenha necessariamente de preceder o próprio conhecer, para que este possa ser a justo título chamado de conhecer, para que seja conhecer em sentido autêntico. Ocorre que, com esta posição do problema e sua respectiva justificação, o que era uma "preocupação" (que impõe cautela) torna-se uma "convicção", cuja consequência é a inversão dos objetivos colocados, um "contrassenso": "fazemos uso de um meio que produz imediatamente o contrário de seu fim".

Se se tratava, no início do texto, do "conhecer efetivo do que em verdade é", do conhecimento de razão, põe-se agora uma *barreira* entre o conhecer e seu objeto. Ou seja, a exigência de um elemento prévio ao processo efetivo de conhecer, a posição de um termo intermediário entre o conhecer e seu objeto, leva necessariamente à consequência de que é impossível alcançar o absoluto, estando ele, portanto, nitidamente separado do conhecer que o busca. Ocorre que, se for retirada essa pressuposição, encontramo-nos diante do problema do conhecer exatamente como antes. Ou seja: com a pressuposição, conhecer o absoluto é impossível; retirada a pressuposição, vemo-nos diante do absoluto da mesma maneira que antes de tentar apreendê-lo por um conhecer tornado instrumento ou meio. Dito de outra maneira ainda, aceitando-se as pressuposições da representação natural, o problema posto no início torna-se insolúvel; retiradas essas pressuposições, encontramo-nos exatamente no ponto de que havíamos partido, sem ter avançado uma única polegada na solução do problema.

E, no entanto, a conexão tornada por assim dizer novamente imediata entre "conhecer" e "absoluto" é apenas aparentemente uma volta ao exato início. Pois o ponto de partida não foi a relação entre conhecer e absoluto, mas a representação natural desse ato de conhecer. Apontar os pressupostos problemáticos da representação natural não leva de volta ao início, mas a um novo início, resultado do movimento de crítica à representação natural que contém nele o movimento realizado.

No caso do conhecer como "meio", a ideia de uma possível "correção de desvio" vem da imagem da refração da luz. Em princípio, conhecendo-se sua lei de refração, seria possível corrigir a distorção causada pelo meio, de modo a apreender o objeto tal como é sem a interferência, sem a distorção do meio.

Ocorre que a imagem da refração da luz reproduz à sua maneira o paradoxo já apontado na ideia de instrumento: por que afinal seria necessário postular um meio se, sem ele, o objeto se dá tal como é em si mesmo? Dito de outra maneira: se a correção do desvio causado pelo meio nos dá o objeto tal como é, é a postulação mesma de um meio que se mostra inteiramente desnecessária e supérflua.

Não se trata de afirmar como verdadeira a tese de que a verdade nos toca tanto quanto não se trata de afirmar positivamente que o absoluto está e quer estar em nós tal como é em si mesmo e para si mesmo. O que está em causa é simplesmente a legitimidade de pleno direito da afirmação da posição contrária, dado o contrassenso a que conduz a representação natural. É o que será estabelecido no § 2.

§ 2
há que desconfiar da desconfiança introduzida na ciência
porque pressupõe algo não demonstrado
nomeadamente: uma separação absoluta entre o conhecer e o absoluto que acaba por resultar no contrário do que é pressuposto

O "Entrementes" da abertura do parágrafo indica um *decurso*, um *processo* ocorrido "nesse meio-tempo"; indica também que o resultado desse processo é contrário, é adversativo relativamente ao ponto de partida. Esse processo é justamente aquele em que a "preocupação" se tornou "convicção" da distância intransponível entre o absoluto e o conhecer. Com isso, essa "preocupação" passa a ser agora "desconfiança" e, algumas linhas adiante, "temor".

Há ainda outra novidade relativamente ao parágrafo anterior: a "desconfiança" é introduzida *na ciência*. É a primeira ocorrência do termo "ciência". Em seu comentário da Introdução, Heidegger chama a atenção para o fato de que a palavra "filosofia" (que apareceu no início do texto) não será mais utilizada até o final, sendo posta em seu lugar justamente a palavra "ciência".[35] Uma explicação pode ser encontrada no assim chamado Prefácio à *Fenomenologia do espírito*. Hegel apresenta sua própria posição como sendo a que anuncia uma nova época na história da humanidade. Esta época é a da filosofia. No penúltimo parágrafo do texto (W. 3, p. 66; FE, p. 69), já citado anteriormente, afirma que "tudo o que há de excelente na filosofia de nosso tempo coloca seu próprio valor na cientificidade; e, embora outros pensem diversamente, de fato, só pela cientificidade a filosofia se faz valer". Essa identidade de ciência e filosofia, ou antes, esse vir a ser ciência da filosofia, é o movimento teórico essencial da modernidade para Hegel[36] e é também, portanto, a "verdadeira figura em que a verdade existe". Donde se pode concluir que há figuras "incompletas" da verdade, por exemplo. Mas isso não tem nada que ver com afirmar que há "diferentes espécies de conhecimento" (§ 1) que permitiriam distinguir "diferentes espécies de verdade".[37]

A exigência de uma crítica prévia da razão introduz um *pressuposto* numa filosofia que se pretendia sem pressupostos, uma filosofia que elevou a modernidade a seu conceito porque tirou as consequências radicais de uma autofundação. Por que introduzir uma crítica que está *antes do próprio conhecer*, que se coloca entre nós e o conhecimento? Como diz a conhecida crítica: por que essa crítica não exigiria, por sua vez, uma crítica dessa crítica anterior e assim por diante, em um regresso infinito? Ao falar das "reservas" em relação à ciência – "que se lança ela própria ao trabalho e efetivamente conhece sem tais reservas" – Hegel visa, portanto, à "crítica da razão". A filosofia não vem a ser ciência porque adotou o *modelo* de uma ciência realmente existente, como algo exterior a si mesma a que ela se conforma. Em Hegel, trata-se, ao contrário, de mostrar como, nos novos tempos, ciência e filosofia coincidem. Ou seja, trata-se de um desenvolvimento concomitante da realidade efetiva e do pensamento, onde a ciência surge como *produto*: é somente assim, segundo Hegel, que ciência e filosofia coincidem.

O § 1 já havia mostrado que a transformação da "preocupação" em "convicção" fez da necessidade de um termo intermediário entre o conhecer e seu objeto uma *petição de princípio*, um *pressuposto*. O fato de essas pressuposições conduzirem ao inverso do que pretendiam ("Fazemos uso, em ambos os casos, de um meio que produz imediatamente o contrário de seu fim") indica que se trata de pressuposições arbitrárias e que, nesse sentido, não há por que não pressupor legitimamente o contrário. Se a "preocupação" tornada "convicção", em nome da pureza e da justeza da ciência, introduz uma desconfiança nessa mesma ciência, é perfeitamente *legítimo* providenciar[38] uma "desconfiança nessa desconfiança".

Note-se bem, entretanto: não se trata aqui de maneira alguma de defender, muito menos de dar por demonstrada a posição contrária, como se apontar o caráter problemático das pressuposições da representação natural fosse suficiente para determinar positivamente o contrário como sendo o ponto de vista da ciência. Como no caso da metáfora do visgo do § 1, Hegel não pretende aqui estar introduzindo sua própria posição, a posição "verdadeira". Trata-se tão só de estabelecer a *legitimidade* de afirmar a posição contrária: "não há como deixar de ver *por que não se deva*, ao inverso, ser posta e providenciada uma desconfiança nessa desconfiança".[39]

A concepção do conhecer como instrumento ou meio mostrou ter pressupostos que não são examinados quanto à sua verdade. Quando a "preocupação" se mostrou "convicção" e "desconfiança", veio à tona o *dogmatismo* próprio da representação natural, que se pretende, ao contrário, antidogmática, crítica.[40] Se a representação natural pressupõe sem demonstrar a necessidade de um termo intermediário entre o conhecer e o absoluto, é igualmente legítimo pressupor que essa exigência de uma crítica prévia do conhecer e sua concepção como instrumento ou meio possa ser descartada. Se dogmatismo há da parte da representação natural – que, no entanto, pretende-se crítica –, não haveria por que não pressupor com inteira legitimidade o seu exato contrário.

Não se trata de proceder a um exame aprofundado dos pressupostos da filosofia da representação natural em suas muitas configurações nas filosofias particulares. A estratégia é bem mais brutal e direta: a defesa da posição contrária àquela da necessidade do exame prévio da capacidade de conhecer não tem por que se sentir concernida pela crítica no sentido da representação natural. Se a posição da representação natural vale tanto quanto a posição contrária, defender a posição contrária significa produzir uma espécie de imagem especular do dogmatismo da filosofia moderna, que se pretende antidogmática.

Foi assim que a "preocupação" tornada "desconfiança" se tornou "temor de errar". E é esse "temor" assim constituído que "pressupõe como verdade algo, e mesmo muitas coisas, e apoia nisso suas reservas e consequências, o que tem de ser ele mesmo previamente examinado se seria verdade".[41] O próximo período explicita essas pressuposições e mostra que resultam no seu contrário.

As representações do conhecer como *instrumento* e *meio* têm por consequência uma *diferença entre nós mesmos e esse conhecer*. Se o conhecer é conhecer do absoluto, do incondicionado, representar-se esse conhecer como instrumento ou meio significa dizer que estamos *de um lado* e o conhecer mesmo *de outro lado*, já que o conhecer só pode ser obtido pela *mediação* de um instrumento ou de um meio (ou seja, só pode ser dado de maneira condicionada). Pressupomos que o conhecer efetivo seja algo diferente de nós.

O conhecer é conhecer do absoluto e, no entanto, há uma nítida linha de separação entre eles. Como o absoluto, que é o real, pode ser diferente do conhecer, e como este, sendo distinto do absoluto, pode ser algo de real? O absoluto está ora de um lado, ora de outro. O absoluto é ora relativo, ora padrão inatingível. De qualquer modo, não é o absoluto. A filosofia crítica alcança algo de absoluto (i.e.: os limites dos usos de nossas faculdades racionais), mas quer fazê-lo sem o absoluto.

Kant, por exemplo, começa por afirmar a *separação absoluta* de fenômeno e coisa em si. Mas, se esta limitação é absoluta, é o conhecimento dela que se torna, então, impossível. É necessário que esse conhecimento ultrapasse os limites que ele próprio fixou para si mesmo para conhecer sua limitação e, sobretudo, para poder afirmar o caráter absoluto da separação. Ou, como Hegel escreve em *Fé e saber*, de 1802 (W. 2, p. 313):

> As coisas tais como conhecidas pelo entendimento são apenas fenômenos, nada em si; o que é um resultado assaz verdadeiro. A conclusão imediata, entretanto, é a de que um entendimento que só conhece fenômenos e nada em si é ele mesmo fenômeno e nada em si. Mas um tal entendimento discursivo, cognoscente, é considerado, ao contrário, como em si e absoluto, e o conhecer dos fenômenos é considerado dogmaticamente como o único modo do conhecer, sendo negado o conhecimento de razão.

# § 3

1. introduzir uma desconfiança na desconfiança tem por pressuposição que a verdade se funda na identidade entre verdadeiro e absoluto

2. a representação natural poderia rejeitar essa pressuposição mediante uma diferença entre duas espécies de verdade

3. mas é manifesto que:

a) essa seria uma diferença turva (o falar "daqui" da representação natural)

b) a significação de expressões como "absoluto", "conhecer" etc. ainda está por ser alcançada (o falar "de lá" da introdução de uma desconfiança na desconfiança)

Como se pôde ler no parágrafo anterior, o temor que a representação natural tem de errar "pressupõe que o absoluto esteja *de um lado* e que *o conhecer esteja do outro lado*, para si e separado do absoluto, sendo, entretanto, algo de real, ou, com isso, que o conhecer, estando fora do absoluto, e também assim fora da verdade, seja não obstante verdadeiro".[42] Mas essa pressuposição não foi ela mesma demonstrada. Mais que isso, trata-se de uma pressuposição contrassensual. De modo que se torna igualmente legítimo defender uma posição contrária àquela da representação natural (a "desconfiança da desconfiança").

Essa nova posição, entretanto, funda-se, por sua vez, em nova pressuposição. Por essa razão o parágrafo se inicia por: "Essa consequência". A expressão "resulta de que" enuncia qual é tal pressuposição da posição contrária à da representação natural: "somente o absoluto é verdadeiro, ou, somente o verdadeiro é absoluto". Ou seja, a partir de agora há pelo menos duas posições em conflito na determinação dos termos "conhecer" e "absoluto", fundadas, por sua vez, em pressuposições antagônicas e aparentemente irreconciliáveis. Tem-se, de um lado, a premissa de que "somente o absoluto é verdadeiro, ou, somente o verdadeiro é absoluto"; de outro, uma separação absoluta entre conhecer e absoluto, de tal maneira que se torna impossível reuni-los novamente em uma unidade.

Esse antagonismo não é externo à representação natural de que se partiu. Pelo contrário, ele lhe é constitutivo, é sua imagem especular. Como a pressuposição da representação natural de que "conhecer" e "absoluto" estão separados de maneira absoluta não foi demonstrada, pode-se opor a ela a posição contrária ("somente o absoluto é verdadeiro, ou, somente o verdadeiro é absoluto") como igualmente legítima pretendente à verdade.

Diante desse desafio, a representação natural poderia ainda formular uma nova fundamentação para sua posição. Ao ser confrontada com seu contrassenso (§ 1) e com a legitimidade de, como consequência, introduzir uma posição contrária à sua (§ 2), a representação natural poderia uma vez mais tentar evitar a contradição por meio de uma distinção, como enuncia a regra clássica. E, assim, poderia diferenciar entre um conhecer que não conhece o absoluto, mas é verdadeiro; e o conhecer em geral, que seria capaz de uma verdade outra que não a apreensão do absoluto.

Esse limite representado pela cisão na ideia de verdade se mostra primeiramente na esterilidade do antagonismo entre as duas posições contrárias. De pouco adianta ser legítimo opor a uma pressuposição não demonstrada da representação natural uma pressuposição contrária igualmente não demonstrada. Aliás, é a noção mesma de pressuposição que está em causa aqui. Uma das consequências da argumentação de Hegel é de que a única maneira de impedir que a "pressuposição" se congele em um "pressuposto", em sentido dogmático, é não bloquear a negatividade que a habita, é deixar que essa sua negatividade própria tenha livre curso. E "livre" quer dizer aqui (como se verá adiante, quando do exame do próximo bloco de parágrafos): como negação determinada.

A oposição de pressuposições não demonstradas não pertence ao campo da ciência, é um mero "falar" (*reden*). Para enfatizar a unilateralidade de cada uma das duas posições, Hegel diz que se trata de um "falar daqui e dali", um confronto verbal estéril. Do lado da representação natural, ele leva a uma "diferença turva". A postulação da cisão e da diferença absoluta entre "verdadeiro" e "absoluto" leva à diferença entre um "verdadeiro absoluto" e um "verdadeiro ordinário". Leva a uma diferença disparatada entre "duas" verdades: uma verdade do absoluto (tornada inatingível) e uma verdade do conhecer (que é verdade apenas para nós – no sentido de "pelo menos para nós, seres humanos"). São disparates como esse, diga-se de passagem, os visados por Hegel na seguinte passagem da *Ciência da lógica* (W. 5, p. 39): "Como se fosse concedido a um homem o tino correto [*die richige Einsicht*] com a ressalva de que não seria capaz, entretanto, de atinar [*einsehen*] com nada verdadeiro, mas apenas com o não verdadeiro. Tão disparatado [*ungereimt*] quanto isto seria um conhecimento verdadeiro que não conhece o objeto tal como ele é em si".

O alvo aqui parece ser mesmo Kant e, em especial, a passagem do Prefácio à Segunda Edição da *Crítica da razão pura* que se segue à "ressalva" necessária da distinção entre "conhecer" e "pensar", solidária da separação de fenômeno e coisa em si: "Pois, do contrário, seguir-se-ia a disparatada proposição [*der ungereimte Satz*] de que o fenômeno [*Erscheinung*] existe sem algo que nele apareça [*erscheint*]".[43] Afinal, a pergunta nesse caso não tarda: E o que poderia garantir que o fenômeno seja aparição da coisa em si?

Também a posição contrária à da representação natural não se encontra em melhor situação.[44] Ela é apenas o negativo da posição dogmática da representação natural. Porque o dogmatismo não está apenas em apoiar-se em pressuposições não demonstradas. Está igualmente na tentativa de justificar *a posteriori* essas pressuposições mediante a multiplicação aparentemente ilimitada de distinções, até que essa "coerção à distinção" acaba por atingir a própria ideia de verdade, o fundo que, agitado, torna "turvo" o próprio exercício crítico.[45] De modo que a pergunta passa a ser: o que leva a representação natural (e sua eventual antagonista) a se enredar nesse exercício distintivo que se revela finalmente apenas um "falar" ("daqui e dali")? Se for possível encontrar a fonte dessa "coerção à distinção", talvez seja possível também encontrar a solução para evitar esse círculo vicioso.[46]

Hegel encontra essa fonte no pressuposto implícito partilhado entre as posições antagônicas: ambas são um "falar", um "representar". E isso quer dizer que não alcançaram de fato a "significação" dos termos que esse "falar" pressupõe. Ou seja, só há embate de posições dogmáticas se se aceitar um pressuposto partilhado pelas duas posições (a da representação natural e a de sua antagonista): a de que os termos que mobilizam são já devidamente conhecidos. Daí que Hegel conclua pela recusa da ideia de que temos à mão, de que *dispomos* de saída e de antemão dos conceitos. Recusa, portanto, o pressuposto de que dispomos de conceitos como "absoluto", "conhecer" etc. Por isso, Hegel escreveu que eles são aqui "palavras": porque representam um "falar" que não vem acompanhado da produção da *significação* dos termos utilizados. Será, portanto, na busca da "significação" que se deixará o campo do embate de dogmatismos para alcançar oposições efetivamente fecundas.[47]

No chamado Prefácio à *Fenomenologia*, a contraposição se dá de maneira semelhante, entre a *representação* do absoluto e a *apresentação* do verdadeiro, e encontrará sua primeira solução no § 4, sendo o cerne mesmo do movimento realizado nesse primeiro bloco de parágrafos do texto da Introdução. Diz a mencionada passagem do Prefácio (W. 3, pp. 26-7; FE, pp. 37-8):

> O carecimento [*Bedürfnis*] de representar o absoluto como *sujeito* serviu-se das proposições: "*Deus* é o eterno" ou "a ordem moral do mundo" ou "o amor" etc. Em tais proposições, o verdadeiro só é posto como sujeito diretamente, mas não é apresentado como o movimento do refletir-se em si mesmo. Em uma proposição desse tipo começa-se pela palavra "*Deus*". Para si, é um som sem sentido, um mero nome; só o predicado diz primeiramente *o que ele é*, é o seu preenchimento e sua significação; só nesse termo [*Ende*] o começo vazio vem a ser um saber efetivo. Nesta medida, não se pode deixar de observar por que não se fala apenas do eterno, da ordem moral do mundo etc., ou, como faziam os

Antigos, dos conceitos puros do ser, do uno etc., daquilo que tem significação, sem acrescentar o som *sem sentido*. Mas é que mediante essa palavra se indica justamente que não se põe um ser, ou essência, ou universal em geral, e sim um refletido em si, um sujeito. Mas isso também é somente uma antecipação. Toma-se o sujeito como um ponto fixo no qual se penduram, como em um apoio, os predicados por meio de um movimento que pertence a quem dele sabe e que também não é visto como pertencendo ao próprio ponto; e, no entanto, somente por meio desse movimento o conteúdo seria apresentado como sujeito. Da maneira como esse movimento está constituído, não pode pertencer ao sujeito; mas, segundo a pressuposição daquele ponto, não pode também se constituir diferentemente, só pode ser exterior. Daí que tal antecipação – a de que o absoluto é sujeito – não apenas não é a efetividade desse conceito como a torna até mesmo impossível; pois aquela o põe como um ponto de repouso, e esta, ao invés, é o movimento de si.

Hegel escreveu que "somente o absoluto é verdadeiro, ou, somente o verdadeiro é absoluto" e já se viu que ele não pode tomar essa afirmação como certa, pois fazê-lo equivaleria a incorrer no mesmo erro que a posição pressuposta pela representação natural. Mas há ainda algo mais. É a enunciação mesma da tese que pertence ainda à lógica da representação. E é a própria lógica da "representação" que está em causa aqui: uma lógica na qual a verdade não consegue encontrar expressão adequada. Em outros termos, tal representação é índice de que os enunciados ainda não foram compreendidos (*begriffen*) como verdadeiros. Mas esse registro é aqui necessariamente o de uma "antecipação".[48]

Ora, mas não tinha sido exatamente o papel da *Crítica da razão pura* o de realizar essa depuração das significações e estabelecer por fim o sentido correto das palavras? Não teria Kant estabelecido através da crítica da razão um novo sentido a palavras como "absoluto", "conhecer", "verdade", o único sentido, aliás, que poderiam ter essas palavras para designar corretamente domínios do saber, colocando assim finalmente a Metafísica no caminho reto e seguro de uma ciência? Certamente. Mas o que Hegel está dizendo é que Kant não mostrou *como foram forjados* esses conceitos.

Da mesma maneira como não problematiza as ciências de seu tempo, tomadas como padrão e medida da certeza do conhecimento, da mesma maneira como não nos mostra como foi que um "sujeito transcendental" se constituiu como garante desse conhecimento, Kant também não apresenta a *gênese*, o nascimento e o desenvolvimento de "palavras" como "absoluto", "conhecer", "verdade". Com efeito, as novas significações que adquirem esses termos só são novas dadas as pressuposições dogmáticas de que partiu Kant. Em outras palavras, são novas apenas na medida em que se apoiam em novos pressupostos não problematizados. O que faz com que, ao final, todas as sutis distinções da *Crítica da razão pura* sejam expressões de um contrassenso fundamental.[49]

## § 4

I. seria possível rejeitar tais representações

1. como contingentes e arbitrárias e ver como embuste o vocabulário de que se utilizam, deixando de lado, assim,

a) por inservíveis, as representações do conhecer como instrumento ou meio

b) por ser subterfúgio, a pretensa incapacidade da ciência

2. pois

a) pressupor que as significações são conhecidas apenas poupa o mais importante, a necessária produção do conceito

b) são um vazio fenômeno do saber

II. mas, ao surgir, a ciência é fenômeno

1. que, por isso, ainda não é ela mesma, de modo que:

a) não há como afirmar uma condição especial para ela no campo fenomênico

b) muito embora tenha de se livrar dessa aparência, só pode fazê-lo se virando contra essa mesma aparência

2. pois, no campo fenomênico, a ciência não pode

a) rejeitar um saber que não é verdadeiro, porque isso significaria um mero ato de força

b) reivindicar que seria pressentida no conhecer não verdadeiro, porque isso significaria se reivindicar de uma sua forma fenomênica

III. de maneira que a ciência da experiência da consciência deve ser a apresentação do saber fenomênico

São dois os resultados mais gerais da argumentação até aqui. O primeiro resultado: as posições e pressuposições da representação natural são insustentáveis. De acordo com os próprios termos em que se formulam. Elas são "vazio aparecimento do saber". Mas, abandonar a representação natural por que outra coisa? Pela "verdadeira ciência"? Seria apenas fazer prova de dogmatismo. Além disso, a própria ciência, o "conhecer efetivo do que em verdade é", é ela mesma fenômeno, aparecimento, e não pode pretender qualquer prevalência frente aos outros saberes que também se dizem verdadeiros. Como diz o texto deste § 4, "um seco asseverar vale tanto quanto outro".[50]

Chega-se com isso ao segundo resultado da argumentação: se a principal pressuposição da representação natural é a de que ela dispõe dos conceitos de que lança mão, de que a significação dos conceitos utilizados é universalmente conhecida, então a saída para esse dogmatismo que a funda está em se colocar como tarefa a produção dos conceitos, momento em que a representação perde a sua "naturalidade", justamente. A própria ciência tem de ser produzida, não pode ser pressuposta como dada. Mas, ao mesmo tempo, só pode ser tomada como se dá, como surge (*auftritt*); tomá-la de outra maneira seria incorrer em dogmatismo.[51]

A ciência se dá como "fenômeno", como aparecimento e aparição. O importante é não confundir esses dois momentos: tomar algo como se dá não é o mesmo que tomá-lo como dado, como algo "natural", ou seja, como algo acabado e definitivo do qual se pode partir positivamente – e não negativamente, à maneira de um pressuposto que se nega a si mesmo, que é a solução de Hegel para efetivar o projeto moderno de uma filosofia sem pressupostos. A atitude receptiva que caracteriza o procedimento hegeliano significa tomar algo como se dá, mas sem por isso bloquear a negatividade que habita esse "dado". Ao ser tomado como uma positividade que precisa mostrar sua própria história, seu próprio processo de engendramento, o ponto de partida, o pressuposto, perderá, assim, seu caráter de "dado", seu caráter "natural". Se a ciência só se dá como aparecimento, como aparência e como aparição – em suma, como *fenômeno* –, se, ao surgir, surge ao lado dos outros saberes, só pode ser produzida a partir dos seus aparecimentos, só pode ser "apresentação do saber fenomênico".

Note-se, aliás, que esse procedimento se distingue decididamente dos "subterfúgios" (*Ausreden*) da representação natural (que pressupõe a "incapacidade da ciência"). Estes têm por objetivo, diz o texto, "simultaneamente libertar-se da faina da ciência e simultaneamente dar-se a ver em um esforço sério e zeloso",[52] ou seja, "dar-se ares", "manter as aparências" de seriedade, de um lado, e, de outro lado, de fato fazer economia do esforço que exige a ciência.[53] O que significa que esse "surgir" da ciência aponta para uma atitude necessariamente receptiva[54] do sujeito da apresentação e se opõe decididamente a qualquer forma de compreensão da "receptividade" do "dado" como passividade preguiçosa. Ao contrário, exatamente porque a ciência surge como fenômeno é que o trabalho de apresentação do saber fenomênico é longo e penoso. Dito de outra maneira: "não há via real para a ciência".[55]

Qual o sentido, portanto, do percurso até este § 4? Partiu-se de uma exterioridade recíproca posta pela representação natural ("conhecer" e "absoluto") que punha como necessário o recurso a um termo intermediário entre os dois termos. Hegel mostrou então que se tratava de uma exterioridade problemática e que qualquer posição do problema do conhecer como instrumento ou meio reproduzia essa exterioridade e vinha, portanto, carregada das mesmas dificuldades. Mas a mera afirmação da posição contrária – cuja pressuposição é "somente o absoluto é verdadeiro, ou, somente o verdadeiro é absoluto" (§ 3) – é, como contraposição representativa, igualmente dogmática.

O importante a ressaltar aqui é que, a partir da análise das próprias pressuposições da representação natural, surgem legitimamente dois pontos de vista incompatíveis sobre o conhecer. Como não podem ser ambos verdadeiros ao mesmo tempo e sob o mesmo aspecto, é a própria lógica representativa que exige que sejam determinados segundo a contraposição entre um "saber verdadeiro" e um "saber não verdadeiro". O que não significa, insista-se ainda uma vez, que o "saber verdadeiro" designe aqui a posição do próprio Hegel, que ele se encontre desde já como que "disponível", como se bastasse à consciência moderna bloqueada pela representação natural abandonar sua teimosia representativa para abraçar o ponto de vista da ciência.[56]

O que existe aqui, ao contrário, é uma mera *contraposição* de pontos de vista. Pensar que o ponto de vista da ciência enunciado neste momento e nestes termos representaria a "posição de Hegel" significaria recair no mesmo equívoco dogmático – realizado em nome do antidogmatismo – de todas as tentativas filosóficas anteriores. Não poucas vezes, é esse o objetivo dos comentários que identificam essa mera *enunciação* do "surgir da ciência" à posição de Hegel: acusá-lo do dogmatismo que ele próprio denuncia. Mas, do ponto de vista da argumentação desenvolvida no texto, não há como negar que o "ponto de vista da ciência" surge neste momento segundo a lógica própria da representação natural, é enunciado nos termos da representação natural. E isso, como se sabe, está longe de solucionar os impasses encontrados até aqui nesse "modo de pensar".

Não se trata, entretanto, de um mero retorno ao ponto de partida. O problema do conhecer de que se partiu foi reformulado. Em lugar da contraposição entre "conhecer" e "absoluto", o que se tem agora é uma contraposição entre um saber verdadeiro e um saber não verdadeiro. Essa reformulação ainda é afetada, por certo, pela exterioridade característica da representação natural. Mas já em novo patamar. A contraposição entre "conhecer" e "absoluto" contém um contrassenso que obriga a distinguir entre "verdades", entre "espécies de verdades", "entre um verdadeiro absoluto e um verdadeiro de outra espécie" (§ 3). Não é da verdade que se trata aqui, portanto, mas de *saberes*, ou seja, de posições que expressam *pretensões de verdade*. O que era inicialmente uma contraposição entre "conhecer" e "absoluto" foi reformulado em termos de uma contraposição entre um saber verdadeiro e um saber não verdadeiro.

Ao proceder a essa primeira reformulação dos termos do problema do conhecer, Hegel está obrigado agora a colocar como novo ponto de partida um antagonismo aparentemente intransponível entre o ponto de vista da ciência, do saber verdadeiro, e o do saber não verdadeiro.[57] Tentar resolver o antagonismo pela afirmação de força de um pretenso ponto de vista da ciência significaria simplesmente repor o dogmatismo que se trata de afastar, o que destruiria a própria filosofia hegeliana. Porém, também não é mais possível simplesmente afastar como inexistente ou irreal um ponto de vista (o da "ciência") que se apresenta como tão legítimo quanto o anterior. Uma legitimidade, ressalte-se, que tem sua origem na própria lógica representativa de que se partiu.[58]

Com isso, as críticas que Hegel dirigiu à representação natural do conhecer como instrumento ou meio e, em particular, à filosofia crítica kantiana voltam-se aqui contra ele próprio. Se a ciência é manifestação, se ela se faz fenômeno, se surge como um saber qualquer, como garantir que a manifestação é manifestação *da* ciência? Mais ainda: o que significa aqui "manifestação", já que o surgir da ciência "ainda não é ela desdobrada e levada a cabo em sua verdade"?

Hegel levantou a seguinte possível resposta: "Com mais justeza, ao contrário, poderia ser poupada a faina de sequer atentar a tais representações e jeitos de falar por intermédio dos quais a própria ciência deve ser repelida, pois eles perfazem apenas um vazio fenômeno do saber, o qual desaparece imediatamente diante da ciência surgente". Mas essa resposta não é aceitável, porque dogmática no sentido pós-kantiano da expressão, como oposto a "crítico". Pois, se assim fosse, no que a ciência difeririria dessas mesmas "vazias manifestações do saber", no que seria algo mais que um "modo de falar"?[59]

Uma solução para o problema talvez pudesse ser a seguinte: a ciência é o saber que o saber ainda não verdadeiro procura, sem o saber, no interior de si mesmo. Nesse caso, a ciência poderia surgir como o verdadeiro que é pressentido no não verdadeiro. Mas também essa tentativa de solução é descartada por Hegel: "Pois a ciência não pode nem rejeitar um saber que não é verdadeiro como sendo uma visão comum das coisas e asseverar que é um conhecimento inteiramente diverso, que para ela nada é, nem se reivindicar do pressentimento de um saber melhor nesse mesmo saber". Ocorre, nessa passagem, aquele mesmo *"um* seco asseverar" (ein *trockenes versichern*) que é dito equivalente a qualquer outro, o que mostra que o fato de o outro saber nada ser *"para ela"*, ou seja, nada ser *"para a ciência"*, equivale a dizer que a afirmação é dogmática de pleno direito. O dogmatismo se revelaria pelo fato de um *pressuposto*, em sentido fundante, ter sido introduzido: a ciência já acabada e consumada dá a medida da não verdade do saber comum. Ou seja, recai-se no mesmo erro da representação natural de que se partiu.

Por outro lado, também não se trata de buscar nesse saber não verdadeiro o "pressentimento" de um saber melhor. Pois isso significaria dizer que o não verdadeiro é conforme ao verdadeiro, e recolocaria aqui a crítica desenvolvida por Hegel já no § 1: como uma concepção do conhecer como instrumento ou meio pode conhecer o absoluto? Dito de outra maneira: como se poderia alcançar o absoluto por meio do condicionado? De fato, nesse sentido, o assim chamado Prefácio da *Fenomenologia* (W. 3, p. 41; FE, pp. 48-9) conclui que "não se pode dizer [...] que o *falso* constitua um momento ou até mesmo um componente do verdadeiro. Na expressão: em todo falso há algo de verdadeiro, os dois termos contam como o óleo e a água que não se misturam, mas só se unem exteriormente". E, ao final do mesmo parágrafo: "o falso é um momento da verdade não mais como falso".[60]

O sentido dessa série de perguntas é pensar como é possível vincular legitimamente os termos "absoluto" e "manifestação", ou seja, que acepção de "manifestação" pode ser conforme ao absoluto. Afastou-se a ideia de que o absoluto, ao se manifestar, automaticamente esvaziaria os demais saberes, desqualificando-os como visões vulgares das coisas. Mas foi igualmente afastada a ideia de que o absoluto seria imediatamente reconhecido como tal em sua manifestação, por ser a verdade que o saber não verdadeiro pressente em si mesmo. Dito de outra maneira, afastou-se com isso a ideia de que a manifestação do absoluto possa ser algo como uma *revelação*.

Nesse sentido, se nenhuma dessas acepções de manifestação é conforme ao absoluto, também é verdade que o absoluto não pode se dar de uma vez por todas, já que, como visto no § 3, não se trata de pensar que *dispomos já* de conceitos como absoluto, verdade etc., mas justamente de *produzir* esses conceitos. A "ciência" parece ser o sujeito de todas as ações desse § 4. E, no entanto, o resultado geral da argumentação até aqui é o de que a ciência não pode surgir de saída como sujeito desse movimento senão ao preço de um novo dogmatismo.

O que se viu nesse primeiro bloco de parágrafos foi uma tradução do vocabulário inicial do "conhecer" para um novo vocabulário, o do "saber". Essa tradução e reformulação do problema inicial se deu de maneira a evitar tanto o contrassenso da representação natural como sua substituição por uma nova posição dogmática qualquer. O que se mostrou foi que a *verdade* afirmada pela representação natural não passava de uma *pretensão de verdade*, ou seja, de um *saber*. Um saber que não se põe mais de maneira solitária, entretanto, como único pretendente à verdade. Trata-se agora de um saber que confronta seu rival, o saber que, ao contrário da representação natural, rejeita a separação entre "conhecer" e "absoluto" e afirma que "somente o absoluto é verdadeiro, ou, somente o verdadeiro é absoluto" (§ 3).

É essa reformulação do problema inicial em termos da contraposição entre saberes o que explica, por sua vez, porque todo o próximo bloco de parágrafos é dedicado à "consciência". Se a única maneira de afastar o dogmatismo e a contraposição entre saberes é produzir os conceitos, produzir a verdade, o sujeito dessa produção só pode ser a consciência que carrega o saber. Todo o próximo bloco de parágrafos é dedicado à determinação da posição da consciência no processo de produção da verdade. O que significa igualmente dizer que a consciência é simultaneamente o sujeito e o *locus* da apresentação.

É nesse sentido que não se pode caracterizar a manifestação da ciência como algo fixo do qual se possa dizer de uma vez por todas que é, desde sempre e em sua aparição única, manifestação do absoluto enquanto tal.[61] Ou seja: a manifestação própria à ciência não pode ser senão a *apresentação da própria ciência*, aquilo que faz dela saber absoluto,[62] quer dizer, a *produção* do absoluto. Sendo assim, cada etapa da apresentação em que o absoluto se manifesta não é capaz de contê-lo todo, e, no entanto, é manifestação *do* absoluto e, como manifestação, negação do absoluto que a manifestação nela mesma não pode conter.

Esse o sentido mais amplo da passagem: "A ciência, entretanto, tem de se libertar dessa aparência, e disso é capaz apenas mediante virar-se contra ela". É a sua explicitação que conduz ao resultado mais geral do final deste parágrafo: "Com este fundamento, deve-se proceder aqui à apresentação do saber fenomênico". Nesse momento, a "*Vorstellung*" passa na "*Darstellung*". Esse é o movimento essencial deste parágrafo.[63] Ou, como se pode ver no quadro sinótico abaixo:

Da perspectiva da passagem da "representação" (*Vorstellung*) para a "apresentação" (*Darstellung*)

| §§ 1-4 | a necessidade de afastar as pressuposições da representação natural sem incorrer em dogmatismo |
|---|---|
| §§ 5-8 | as contradições da representação natural têm de ser dissolvidas pelo caminhar da própria consciência natural, que tem tanto um sentido negativo quanto positivo |
| §§ 9-13 | a ciência, o saber verdadeiro, dá o padrão de medida desse desenvolvimento da consciência; e esse padrão de medida da não verdade do saber natural não é externo à consciência, mas lhe pertence essencialmente: a consciência se examina a si mesma |
| §§ 14-7 | o exame a que a consciência procede é o mesmo que a experiência que ela realiza em si mesma e no seu objeto |

## Breve recapitulação do resultado (§§ 1-4)

A representação natural tem por pressuposto uma concepção do conhecer como instrumento ou meio que mostra duas consequências mais gerais.

A primeira consequência é a constatação da impossibilidade de se atingir o objetivo a que se propõe inicialmente, ou seja, o "conhecer efetivo do que em verdade é". Isso poderia não ser tão grave. Afinal, poderia se tratar de uma tarefa de fato inexequível.

Mas Hegel apresenta então a segunda consequência: ao estabelecer o conhecer como instrumento ou meio, a representação natural é obrigada a aceitar o contrassenso de não poder conhecer o absoluto; e isso põe o problema de saber por que, afinal, seria necessário aceitar tal contrassenso como inevitável. Ou seja, a representação natural perde sua evidência e sua autoridade.

Torna-se legitimamente possível, portanto, colocar o problema do conhecer em novos termos. Mas esses novos termos não podem ser os de um saber que se arroga o título de científico e que se impõe por sobre a representação natural: tal seria uma posição tão dogmática quanto a anterior. Depois de demonstrado que a representação natural é arbitrária por não pensar nem fundamentar seus pressupostos, está aberta a possibilidade para defender a posição contrária. Mas Hegel não pode seguir essa via: defender a posição contrária à da representação natural não alteraria substancialmente os termos do problema, pois equivaleria a tomar o outro lado de um mesmo erro fundamental.

No entanto, o essencial foi alcançado: a representação natural foi, por assim dizer, "desnaturalizada". Ao mostrar o dogmatismo dessa posição, tornando legítima a defesa da posição contrária, Hegel abriu caminho para uma reformulação dos termos do problema do conhecer. Não afastou inteiramente, entretanto, a exterioridade inicial entre os termos do problema. Até este ponto, apenas a reformulou, em conformidade com a escavação dos pressupostos da representação natural a que procedeu. A nova exterioridade é agora a da diferença entre o ponto de vista do saber verdadeiro (o "ponto de vista da ciência") e o ponto de vista do saber não verdadeiro. Este último será determinado a partir do § 5 como o ponto de vista da consciência natural, que será contraposta em seguida ao ponto de vista da consciência filosófica. A exterioridade dos termos em que se coloca inicialmente o problema do conhecer será reformulada a cada vez no decorrer da Introdução. E a cada reformulação, um movimento de interiorização, em direção à consciência, será realizado.

## §§ 5-8: consciência natural e ciência: a verdade como "caminho" (da "consciência natural" à "consciência")

### § 5

Tendo por objeto somente o saber fenomênico, a apresentação
a) não parece ser a ciência em sua figura própria
b) mas, na sua qualidade fenomênica, pode ser tomada
  i) como o caminho da consciência natural rumo à verdade
  ii) ou ainda como o caminho da alma que se depura em espírito

A primeira marca de que este § 5 inicia uma nova etapa argumentativa está em que, a partir de agora, é deixado para trás o vocabulário do "conhecer", onipresente no primeiro bloco de parágrafos. Neste parágrafo, a única menção a esse vocabulário é indireta. Vem ao final, quando se fala do conhecimento (*Kenntnis*) que a consciência alcança "do que ela é em si mesma". Ao longo dos quatro primeiros parágrafos, a contraposição entre "o conhecer" (*das Erkennen*) e "a ciência" (*Wissenschaft*) abriu progressivamente espaço para essa reformulação dos termos iniciais do problema, enunciado a partir de agora segundo o vocabulário do "saber" (*Wissen*).[64]

Ao surgir, a ciência ainda não se move "em sua figura própria". Isso significa que o saber ainda não se move no elemento do espírito, no qual é saber verdadeiro, ciência. Não se mover no elemento do espírito significa, portanto, estar no elemento da "alma" ou da "consciência".[65] Uma tradução literal da expressão em causa aqui poderia ser: "ciência semovente", "*sich bewegende Wissenschaft*". Esse estado de "movimento" (*Bewegung*) inclui o "caminho" (*Weg*) em que se dá, de acordo com o antigo parentesco das duas palavras em alemão. Note-se e enfatize-se, portanto, que a ciência *surge em movimento*; o seu surgir e o seu estado de movimento coincidem. Mas, ao surgir, não se move na sua "figura própria", e sim na sua imediatidade, e, por essa razão, é movimento que leva da alma e da consciência ao espírito.[66] Dito de outra maneira, dá-se como movimento que coincide com o surgir da ciência, movimento próprio de um *caminho*. O que, por contraste, permitiria dizer que o movimento próprio da ciência, aquele que ela realiza "em sua figura própria", não tem essa forma, por assim dizer, caminhante. Neste § 5, o estado de movimento em que a ciência surge leva à metáfora do caminho. O § 6 toma esse caminho como ele se apresenta inicialmente para a consciência que o percorre, ou seja, como "o caminho da *dúvida*, ou, mais propriamente, como o caminho do desespero", buscando indicar, entretanto, que esse não é o seu único sentido.

É daí que o § 7 parte para voltar à ideia inicial: assim como o caminho, também o movimento "não é um movimento meramente *negativo*". Esse constante ir e vir entre o "movimento" e o "caminho" ressurgirá na abertura do § 14, que enuncia: "Esse movimento *dialético*". Essa qualificação do movimento (como dialético) será desenvolvida nos §§ 14 e 15, de tal maneira que a abertura do § 16 poderá voltar a uma metáfora do caminho já ela mesma nova e plenamente qualificada: "Mediante essa necessidade, esse caminho rumo à ciência é já ele mesmo *ciência*".[67] Essa peculiar conjunção de "surgir da ciência", "movimento" e "caminho" é marca característica do percurso fenomenológico.

No Prefácio à Segunda Edição da *Crítica da razão pura* a metáfora do "caminho" surge na expressão "caminho seguro da ciência".[68] Neste texto, Kant mostra que o critério fundamental para reconhecer um conhecimento como científico não é o do acabamento, ou seja, o de que nada mais há para conhecer em determinada matéria. O critério fundamental é o de que esse conhecimento seja *sistemático*, ou seja, que esteja assentado sobre *sólidos fundamentos*. A ideia de *caminho* é, portanto, a ideia de um rumo certo, do caminho correto no qual o conhecimento vai à frente, no qual o conhecimento progride em direção ao seu objetivo. Se o *caminho* está certo, então qualquer conhecimento que venha se somar aos já existentes representa um progresso naquela disciplina particular: toda *progressão* significa também um *progresso*.

Quando isto não ocorre, segundo Kant, tem-se um "mero tatear". O problema é, portanto, o de descobrir quais os critérios que permitem reconhecer que o caminho tomado é *seguro*. Essa é a tradução em novos termos do resultado mais geral do primeiro bloco de parágrafos: a necessidade de substituir a "representação" pela "apresentação" corresponde à necessidade de substituir a metáfora do "instrumento" (ou "meio") pela metáfora do "caminho", ainda que em sentido diferente daquele que lhe é atribuído por Kant. O que já deixa entrever, por sua vez, que também a metáfora do caminho será insuficiente e acabará mostrando suas limitações.[69]

Relembrando a análise do § 4 realizada anteriormente: como o saber que aparece só pode aparecer na e para a *consciência*, e como a consciência não se identifica de saída com a ciência – e isso é o que quer dizer ser uma consciência "natural" – o processo de progressiva identificação entre consciência e ciência – que culmina na consciência "filosófica", uma consciência já "produzida" como consciência – tem de ser caracterizado como uma *apresentação* e não como uma *representação* do saber. Essa apresentação, a partir do § 5, é circunscrita pela metáfora do caminho. Em consonância com essa mudança de registro, surge a partir deste parágrafo um sentido de "consciência" que não é mais aquele da ocorrência solitária do termo no § 1, em que a "consciência" era meramente a da representação natural. Trata-se já de uma consciência que quer se elevar a *espírito*, quer dizer, uma consciência empenhada no desbloqueio dos entraves autoimpostos pela lógica mesma da representação natural. Uma consciência empenhada em se encontrar a si mesma, processo que levará a uma mudança de *atitude*, de *comportamento*, que é a que caracteriza a passagem ao "ponto de vista do espírito".

Hegel diz que "deste ponto de vista" – ou seja, aquele que não é o da "ciência livre", mas o da "consciência natural" – o processo se apresenta como caminho. Mas ele introduz também a restrição do "parecer": "ela não parece ser ela mesma a ciência livre". Como conciliar esses dois pontos de vista diferentes, ou seja, o ponto de vista da "ciência livre, movendo-se em sua figura própria" e o ponto de vista da "consciência natural", segundo o qual o processo se apresenta como um caminho? De saída, o sentido desse "parecer" pode ser indicado mediante a antecipação enunciada por Amelia Podetti: "como se verá no § 14 e, especialmente, no § 16, o caminho rumo à ciência é também ciência".[70]

Para deslindar essa indicação, é possível começar pela análise do termo "figurações" (*Gestaltungen*), presente em "o caminho da alma que percorre a série de suas figurações". P.-J. Labarrière o traduz por "formações" e faz o seguinte comentário: "*Gestaltung* acrescenta ao termo simples de *Gestalt* uma nuance factícia que traduz a parte que assume o espírito no surgimento da figura. Normalmente, *Gestalt* qualifica a figura definida nela mesma, no seu equilíbrio estático, e *Gestaltung* a designa em seu engendramento e dinamismo".[71] Em outro livro seu, Labarrière diz que o termo "vago" de *Gestaltung* é utilizado para caracterizar as grandes divisões da própria *Fenomenologia do espírito* (Consciência, Consciência de si, Razão, Espírito, Religião, Saber absoluto), também ditos por Hegel "momentos" (no sentido lógico). São as grandes divisões do livro, chamadas seções.[72]

Quem percorre o caminho é a consciência, são suas as figuras,[73] são suas as estações que lhe "fixadas diante dela mediante sua natureza". Por isso, William F. Bristow diz que, ao utilizar a palavra "*Gestalt*", Hegel "indica que o estágio particular consiste de uma formação complexa, composta de elementos específicos, a saber, de uma concepção do objeto, do *que* sabemos; de uma concepção do critério, de *como* sabemos; *e* de uma concepção do sujeito, do papel do sujeito no conhecimento".[74] É isso o que vem estampado na abertura deste § 5, na expressão "saber fenomênico", que pode ser tomada tanto como "aparecimento do saber" – vale dizer, como o saber da consciência da representação natural, cujos bloqueios autoimpostos surgem primeiramente sob a forma de saberes em conflito –, quanto como "o saber que aparece" – vale dizer como o saber de uma consciência que, já liberta de tais bloqueios autoimpostos, pode reconstruir a "história exaustiva da *formação* da própria consciência em ciência" (como enunciará o § 6).

Para encerrar a análise desta abertura do § 5 ("Porque essa apresentação tem ora por objeto somente o saber fenomênico"), cabe lembrar que, como bem ressalta Andreas Graeser,[75] o "somente" remete à própria "delimitação temática" da *Fenomenologia*, à sua posição no Sistema da ciência tal como pensado então, em 1807. Para a interpretação defendida aqui, designa também as próprias condições intelectuais de produção da *Fenomenologia*, em que estava dado de fato unicamente o saber fenomênico, em que o "Sistema" era uma referência ainda insuficientemente desenvolvida para que se pudesse desenvolver com precisão o que deveria ser sua "introdução" e "primeira parte". Isso exige igualmente reinterpretar a diferença, no interior de cada figura, entre os textos escritos "para nós" e aqueles escritos "para a consciência" à maneira de uma radical reformulação da questão transcendental kantiana, que pretende distinguir o "puro" do "empírico" em cada proposição de conhecimento.[76] Labarrière resume a questão em termos que serão parafraseados a seguir.[77]

O cerne da experiência[78] da consciência está justamente no fato de que esta confronta sua apreensão do mundo com as regras de leitura[79] que ela mesma se colocou para apreender o mundo, regras de leitura que serão eventualmente modificadas, de acordo com o resultado desse confronto.[80] Tais são os textos "para a consciência", que definem os limites de cada uma das figuras da consciência, ou seja, determinadas posições teóricas e práticas que serão testadas, aliás, pela própria consciência, como se verá adiante. Esses textos estão entremeados por textos "para nós", ou seja, "para nós filósofos", "para nós que já percorremos o caminho da sucessão de figuras da consciência".[81] Os textos "para nós" expõem tanto as condições, os pressupostos da experiência que a consciência irá realizar, como as conclusões da experiência efetuada, mostrando como dela surgem, de um mesmo movimento, um novo objeto e um novo saber desse objeto, mostrando, em suma, como uma experiência se engendra necessariamente da experiência que a precedeu (isso tudo são antecipações: são afirmações "para nós"). Como escreve Labarrière: "de fato, a consciência que caminha é convidada a ler não somente os textos que são escritos *para ela*, mas também aqueles que são escritos *pelo e para o filósofo*; e ela não pode compreender os primeiros sem ter já uma inteligência pessoal dos segundos".[82]

Na interpretação proposta aqui, essa compreensão parcial dos textos "para nós" é possível exatamente porque o ponto de partida da *Fenomenologia* não é uma consciência que se encontra no nível da "certeza sensível" do primeiro capítulo do livro, mas uma consciência que se move já no elemento da filosofia moderna, a representação natural de que parte o texto da Introdução. É uma forma de consciência, portanto, dotada de alto grau de reflexividade e de capacidade crítica. Ao mesmo tempo, trata-se de uma consciência que se defronta de maneira inexorável com uma forma mais avançada de consciência, trazida pela expansão napoleônica e sua institucionalização da modernidade.

Complementarmente, na interpretação de Labarrière, são duas razões da necessidade dessa compreensão ao menos parcial dos textos "para nós". Em primeiro lugar, a oposição entre os dois registros, que parece insuperável no início, é chamada a se reduzir à medida que se avança no caminho. Em segundo lugar, a consciência não pode compreender as mudanças a que é chamada a fazer em seu saber se não toma um pouco de distância da experiência em que está imersa, se não percebe a direção em que chama a si mesma a modificar o seu saber em cada etapa.

Labarrière pressupõe de alguma maneira a ideia de que o começo do filosofar depende de uma livre adesão à proposta da *Fenomenologia*. No seu raciocínio, o reconhecimento do encadeamento necessário das figuras, que exprime a presença viva do todo do projeto moderno na consciência desde o princípio, tem de ser proposto e não imposto à consciência. Nesse sentido, a consciência poderia se recusar a fazer o movimento – ao preço, entretanto, de estar pronta a ser infiel a si mesma, ao seu próprio saber e à sua própria natureza. Teria de estar pronta, portanto, a recusar seu próprio tempo e a se retirar dele, a desistir do movimento incessante da modernidade, ou mesmo resistir a ele.

Esse problema já foi abordado anteriormente[83] e retornará quando estiver em questão o § 17, assim como na análise do § 8, com a qualificação "imparável" que Hegel atribui à "progressão" rumo ao "alvo", rumo ao ponto "onde o saber não carece mais de passar além de si mesmo, onde se encontra a si mesmo e onde o conceito corresponde ao objeto e o objeto ao conceito", de tal maneira que a consciência "não pode encontrar satisfação em nenhuma estação anterior". A questão é a de saber, mesmo que ainda nos termos do momento do texto em que nos encontramos, por que essa progressão tem como marca característica ser "imparável".

Um dos elementos desse caráter irresistível da progressão está presente aqui sob a forma da ideia do "caminho da alma que percorre a série de suas figurações como estações fixadas diante dela mediante sua natureza, depurando-se em espírito". De início, é importante registrar e comentar, mesmo que de maneira breve, por que Hegel utiliza aqui "alma" e não "consciência". Em seus escritos posteriores, Hegel colocará a alma como objeto da Antropologia, primeira etapa da filosofia do espírito subjetivo. Na *Fenomenologia*, "alma" aparece como base primeira e mais geral do espírito e, nesse sentido, como elemento no qual se move a consciência antes de se elevar a espírito.[84] Se a alma permite, de um lado, a individuação do espírito, a encarnação do espírito no indivíduo,[85] ela é aqui ainda, por outro lado, abstrata demais. E, no entanto, ao mesmo tempo, a "alma" é emblema do movimento, do negativo, já que emblema da *desigualdade* que afeta e aflige a consciência: "A desigualdade, que tem lugar na consciência entre o eu e a substância, que é seu objeto, é a sua diferença, o *negativo* em geral. Ele pode ser visto como a *falta* [*Mangel*] de ambos, é, no entanto, sua alma ou o movente [*Bewegende*] dos mesmos; razão pela qual alguns Antigos compreenderam o *vazio* como o movente, apreendendo o movente por certo como o *negativo*, mas não ainda este como o si [*Selbst*]".[86]

Nesse momento, a conjunção fundamental já ressaltada no exame deste § 5 entre "surgir da ciência", "movimento" e "caminho" mostra incluir ainda outro elemento: a "alma", que é ela mesma, por sua vez, o "negativo", o "movente". E é essa conjunção de elementos que faz com que, em lugar de "reflexão" e como resultado já de sua crítica às próprias filosofias da reflexão –, Hegel utilize a expressão *experiência* – neste § 5 ainda desprovida da densidade conceitual que adquirirá, como mencionado há pouco –, súmula dessa conjunção de elementos e por ele caracterizada como pertencendo propriamente à *consciência*, que se desenvolve sucessivamente, por sua vez, em "consciência de si" e em "razão" até alcançar sua *figura* de "espírito".

Para que possa se elevar a espírito, a experiência da consciência tem de ser *experiência da negatividade* que é própria de seu desdobramento reflexivo, experiência que lhe permitirá progressivamente derrubar os bloqueios que a separam de sua natureza puramente espiritual. Desse modo, a alma contém nela tanto o princípio de individuação do espírito quanto "a série de suas figurações como estações fixadas diante dela mediante sua natureza". Mas ela só é capaz de realizar esse percurso se se determina como *consciência*, cuja forma mais elementar é a consciência natural, na qual um "eu" é posto como princípio unificador do conteúdo da alma, princípio unificador que deve, então, suportar a experiência da negatividade que o alçará a espírito. Como explica uma vez mais Amelia Podetti, no elemento do espírito, "formação intelectual e formação ética ou prática só aparecem dissociadas nas figuras da primeira parte da *Fenomenologia*, que são apenas 'abstrações' do espírito e, por isso, são apenas 'figuras da consciência' e não 'figuras do mundo'".

Podetti prossegue, demonstrando como isso explica também o "ou" (*oder*) presente neste § 5 (em "como o caminho da consciência natural, que impele para o saber verdadeiro; ou como o caminho da alma que percorre a série de suas figurações como estações fixadas diante dela mediante sua natureza") e sua relação com o final da passagem ("alcançando, mediante a experiência completa de si mesma, o conhecimento do que ela é em si mesma"):

> Portanto, o *oder* que conecta as duas expressões é um *oder* inclusivo e não exclusivo. Pela mesma razão, a última proposição comenta as duas primeiras, ou, talvez melhor, as sintetiza, já que descreve o caminho como sendo o da alma (que, na segunda proposição, se purifica em espírito) que chega ao conhecimento mediante a experiência. Podemos dizer, então, que a experiência cuja descrição constitui o objeto da *Fenomenologia* é a totalidade da experiência, tanto teórica ou intelectual como prática, seja religiosa, artística, política, econômica ou técnica.[87]

Dito de outra maneira, a "natureza" da consciência mediante a qual são "fixadas as estações" é uma natureza essencialmente histórica. E é sua *natureza* que *fixa* as estações e não, por assim dizer, a "fixação" das estações é que faz a sua "natureza". Foi também para explicitar o específico desse caráter "inclusivo" mais amplo que, na apresentação esquemática do parágrafo, acrescentou-se ao "ou" um "ainda": "ou ainda como o caminho da alma que se depura em espírito".

As "estações" estão "fixadas diante" da consciência "mediante sua natureza" exatamente porque não se trata de uma negação abstrata da representação natural, mas de uma negação *determinada*, que incide sobre a *natureza* própria desse "modo de pensar" moderno. O que exige, portanto, a devida qualificação da relação entre "representação natural" e "consciência natural". A consciência natural se caracteriza não por ser detentora de um saber determinado, mas por uma *atitude*, por um *comportamento*: por tomar o imediato sempre como verdadeiro. Comportando-se assim, a consciência natural não apenas confunde "verdade" e "imediatidade" como também *resiste ativamente* a toda evidência da presença da mediação, opõe-se a todo indício de que o mediado seja momento do não mediado, do imediato. Já a representação natural, embora seja ela também marcada por esse comportamento próprio à consciência natural, possui um saber determinado, constitui-se como uma posição determinada de saber, que não se caracteriza unicamente por seu comportamento avesso à mediação. A representação natural é própria de uma consciência moderna, marcada pela cisão entre "conhecer" e "absoluto". Apesar da importante diferença, também em outro sentido a consciência que corresponde ao nível de desenvolvimento da representação natural é também consciência natural: porque, em princípio pelo menos, é capaz de se colocar nas diferentes posições de saber, nas diferentes "figuras" que a precederam, porque é capaz de reconstruir todas as etapas de formação de si mesma como consciência portadora da representação natural.[88]

É a exigência da produção dos conceitos – "o 'absoluto', o 'conhecer' etc. são palavras que pressupõem uma significação que se trata primeiramente de alcançar", como se viu na análise do § 3 – que estabelece, portanto, a "certeza sensível" como primeira etapa do percurso, ou mesmo a sequência de seções tal como se encontra no desenvolvimento da *Fenomenologia*. Ou seja, começar pela "certeza sensível" não significa dizer que a representação natural se encontre nessa etapa da consciência, nesse nível de elaboração teórica, mas que, para produzir a si mesma, ela precisa reconstruir sua história desde sua forma mais elementar, desde sua mais simples posição de saber. Da mesma forma, quando o § 8 se abrir com a adversativa: "O *alvo*, porém, é fixado para o saber de maneira tão necessária quanto a série da progressão", essa "fixação" das estações passará a incluir também o seu "alvo", quer dizer, o próprio alvo que se colocou a representação natural: "ele está onde o saber não carece de passar além de si mesmo, onde se encontra a si mesmo e onde o conceito corresponde ao objeto e o objeto ao conceito". Também por essa razão, do ponto de vista da divisão de texto, é o § 8 que encerra este bloco de parágrafos.

## § 6

1. a consciência natural mostrar-se-á ser saber não real

2. esse caminho tem para ela uma significação negativa, vale para ela como perda

a) pode, por isso, ser visto como o caminho da dúvida – que é caminho do desespero e não o daquela dúvida comum, mero artifício para reafirmar o saber anterior como verdadeiro

b) mas é, ao contrário, descoberta da não verdade do saber fenomênico

3. trata-se, portanto:

a) de um ceticismo que se consuma e não do ceticismo superficial de um pretenso zelo sério pela ciência e pela verdade que, de fato, se aferra:

i) seja ao propósito de testar tudo por si mesmo e seguir apenas a própria convicção

ii) seja a produzir tudo por si mesmo e de declarar verdadeiro somente o próprio feito

b) da série de figurações percorrida pela consciência como história detalhada da formação da consciência em ciência, como o caminho da execução efetiva, e não da forma do propósito apresentado acima – que toma a formação como imediata, como já realizada e acontecida –, pois

i) seguir a própria convicção não altera necessariamente o conteúdo da própria crença nem faz surgir a verdade em lugar do erro; o que diferencia o entregar-se à autoridade de outrem e seguir a própria convicção é apenas a vaidade desta última maneira

ii) o ceticismo que abrange todo o âmbito da consciência torna primeiramente possível examinar o que é a verdade, capaz que é de criar um desespero em representações, pensamentos e opiniões naturais, independentemente de serem próprios ou alheios

A consciência natural não é consciência que provém da natureza. É antes a consciência que se opõe àquela consciência que se sabe produto, que se sabe resultado de um processo, que sabe de si, que produz a si própria. É a consciência que, a cada vez, identifica imediatamente seu saber à verdade. A capacidade de encontrar as mediações envolvidas no imediato, no dado – para, então, des-envolvê-las – é o que irá des-naturalizar a consciência. O caminho de desnaturalização da consciência – ou, o que é o mesmo, o desenvolvimento da capacidade da consciência de encontrar a gênese do imediato, do dado, do "natural" – é o próprio caminho da *Fenomenologia*.

O primeiro problema aqui, como no bloco de parágrafos anterior (§§ 1-4), é o de saber como determinar o "natural". A representação natural de que partiu o texto da Introdução, como se viu, era um emblema para a "filosofia moderna", da qual, para fins de exposição, tomou-se o pensamento de Kant como sua forma mais avançada. Seguindo essa argumentação e esse paralelismo, a consequência a tirar agora seria a de que a consciência natural é aquela que corresponde à representação natural, que é fonte e repositório desta.

E, no entanto, mesmo do ponto de vista textual, "representação natural" e "consciência natural" aparecem separadamente. No primeiro bloco de parágrafos, aquela que corresponde à "representação natural" é a "consciência" sem mais, àquela altura ainda sem as determinações que a noção adquire neste segundo bloco argumentativo da Introdução. Em rigor, a própria expressão "representação natural" só aparece explicitamente uma vez, logo no início do texto. Mas é igualmente correto dizer que ela permanece, como se mostrou, implicitamente presente e operante durante todo o primeiro bloco argumentativo do texto, mesmo que sob outras formas.[89]

Mais que isso, essa consciência que corresponde à configuração intelectual mais avançada dos tempos modernos não é aquela que corresponde à forma de consciência do primeiro capítulo da *Fenomenologia*. A consciência natural está muito aquém do desenvolvimento da representação natural que é criticada por Hegel no início da Introdução. O que pode ser demonstrado ainda ao se considerar que Hegel lança mão, neste § 6, da imagem do *ceticismo*, que é também uma das figuras do próprio percurso fenomenológico, uma figura que surge, entretanto, apenas na segunda parte da segunda metade do capítulo IV do livro, já perto do final da seção "Consciência de si". Ou seja, Hegel não pode estar falando sem mais aqui da consciência tal como se põe, por exemplo, no primeiro capítulo da *Fenomenologia*, na "Certeza sensível". Ao mesmo tempo, isso não significa dizer que a consciência natural surgida nesse segundo bloco de parágrafos seja desprovida da representação natural que será abalada pela dúvida cética. Todas as ocorrências de "representação" nos parágrafos posteriores ao primeiro bloco argumentativo guardam afinidade com a lógica da representação natural.[90]

De um lado, a consciência natural não pode ser identificada sem mais como aquela que contém a representação natural de que partiu o texto. De outro lado, no entanto, não é equivocado dizer que essa consciência natural, ao surgir no segundo bloco de parágrafos, preserva algo da representação natural que foi o ponto de partida de Hegel na Introdução. Afinal, a representação natural é a forma mais avançada da consciência natural, sua figura mais refletida e mais próxima da realização dos potenciais da consciência na plenitude da consciência filosófica. Não é à toa, portanto, que tantos intérpretes a vinculam à "consciência natural". Mas é aí que se perde justamente o que há de mais específico na *forma de apresentação* da Introdução: o seu ponto de partida não é o mesmo do próprio percurso fenomenológico proposto, que começa pela "Certeza sensível".[91]

Ao mesmo tempo, é isso o que permite a Hegel apresentar o *programa* do percurso fenomenológico (e do *projeto* nele embutido) sem a concretude do próprio caminho: porque seu ponto de partida é, de fato, a consciência filosófica estabelecida de seu tempo. De um lado, escolher para a Introdução um ponto de partida diferente daquele representado pelo primeiro capítulo da própria *Fenomenologia* significa que, mesmo "consciências naturais" as mais desenvolvidas, portadoras da representação natural – ou seja, consciências filosóficas modernas, seja por esforço próprio, seja por se submeterem à autoridade intelectual estabelecida –, são instadas a "voltar atrás" no percurso que fizeram sem o saber, a refazer os passos que fizeram delas consciências modernas.[92] Dito de outra maneira, "consciências naturais" portadoras da "representação natural", consciências filosóficas modernas, são instadas a abandonar progressivamente o saber, a atitude, o "modo de pensar" que as caracteriza e acompanha. Somente mediante essa gênese de si própria, a consciência natural moderna estará em condições de se criticar a si mesma de uma maneira que não é a da "crítica" estabelecida na modernidade como o elemento da filosofia.

De outro lado, o fato de a Introdução ter tomado como ponto de partida a situação histórica das guerras napoleônicas e a situação de consciência presente, ou seja, de ter sido escrita para uma consciência que não tem por conteúdo somente a "certeza sensível", mas, ao contrário, já se encontra em um ponto muito mais avançado do percurso fenomenológico, soluciona de maneira peculiar o problema do começo, de como e por onde começar.[93] Tomar o saber como ele se apresenta, no caso da Introdução, significa partir da representação natural. E esse é um modelo de crítica que se mostrou já particularmente fecundo na posteridade hegeliana.[94]

A consciência natural é fonte e repositório de um saber natural que se distingue do saber real. Dito de outra maneira: a consciência natural é, potencialmente, portadora de qualquer posição de conhecimento que identifique "verdade" e "imediatidade". A consciência natural se justifica a si mesma a partir de sua aparência, ou seja, põe-se a cada vez como saber real. Mas como é possível olhar o processo a partir do saber real, se já se estabeleceu que, na apresentação do saber fenomênico, é vedado como ilegítimo à ciência se arrogar superioridade frente ao saber da consciência?

É importante notar que tanto este § 6 como o § 7 se iniciam por verbos no futuro do indicativo ("mostrar-se-á", "dar-se-á"). O § 5 apresentou pela primeira vez a expressão "consciência natural". Mas, a partir daí, no texto da Introdução é a própria exposição que parece ter sido posta nas mãos da consciência que já realizou o percurso fenomenológico, a consciência filosófica. Os §§ 6 e 7 explicitam essa mudança de registro do texto, indicando que as observações feitas ainda irão acontecer para a consciência natural. Mais que isso, ambos os verbos se encontram na forma reflexiva: é a consciência natural que vai *se* mostrar, é a completude das formas da consciência que vai *se* dar. Isso indica já pelo menos duas coisas.

Indica, em primeiro lugar, que o processo fenomenológico se dá por si mesmo, quer dizer, que a sequência de estações pelas quais passará a consciência em seu caminho rumo à verdade é uma sequência necessária, já que estabelecida por sua própria natureza, pela necessidade que carrega dentro de si de se libertar das amarras que a impedem de realizar seus potenciais em toda a plenitude. Em segundo lugar, entretanto, o uso do reflexivo indica a exigência de que a consciência se debruce sobre si mesma e sobre o percurso que realiza, de maneira a compreendê-lo como um percurso seu, como um percurso que ela própria realiza. Isso explica também o duplo registro desses parágrafos antecipatórios.

Demonstrado o contrassenso da representação natural no primeiro bloco de parágrafos, o § 5 determinou a consciência natural como ponto de partida necessário do caminho expositivo próprio da Introdução. Este § 6 confronta a perspectiva que tem a agora consciência natural do percurso que realiza (um sentido puramente negativo, de perda de seu saber) com a perspectiva da "consciência" (sem adjetivação), em que se trata da "história exaustiva da *formação* da própria consciência em ciência". Cabem duas novas observações aqui.

Em primeiro lugar, essa ocorrência de "consciência" já não tem mais o sentido do primeiro parágrafo, em que o termo correspondia à consciência pressuposta pela representação natural. Pela primeira vez no texto, a consciência é tomada como *objeto*, no sentido de que se tem aqui um discurso *sobre* a consciência: "A série de suas figurações, que a consciência percorre nesse caminho, é antes a história exaustiva da *formação* da própria consciência em ciência". Essa transformação da consciência em objeto só é possível, entretanto, se a consciência deixar de ser "natural". Daí a ausência de adjetivação da consciência nesse momento do texto. Pois se toma a si mesma como objeto, se reflete sobre si mesma, a consciência deixa de ver a si mesma como "dada", deixa de ser consciência "ingênua" ou "natural" e adquire a reflexividade mencionada há pouco a propósito dos verbos utilizados por Hegel ("mostrar-se-á", "dar-se-á").

Em segundo lugar, essa "história exaustiva" (*ausführliche Geschichte*) corresponde à "execução efetiva" (*wirkliche Ausführung*) do período seguinte, no sentido de que reconstruir como a "consciência" vem a ser "ciência" é o mesmo que reconstruir de maneira exaustiva a sua "formação" (*Bildung*). Em contraste e oposição ao subjetivismo do "propósito", que representa a formação "como imediatamente cumprida e ocorrida", a "história exaustiva" exige que seja reconstruída toda "a série de figurações". É essa "história exaustiva da *formação* da própria consciência em ciência" que exige que, no âmbito da *Fenomenologia*, a consciência (e a experiência que ela realiza) vá até o último capítulo, até "O saber absoluto". É essa "história *exaustiva*" (grifo meu) que constitui aquilo que há de característico no *projeto* da *Fenomenologia*.[95]

O resultado do primeiro bloco de parágrafos foi o de que não é possível tomar a ciência como dada, como disponível, a não ser incorrendo em dogmatismo. Foi para evitar um novo dogmatismo que o movimento do texto mostrou, portanto, a necessidade da passagem da "representação" para a "apresentação". A ocorrência de "consciência" aqui, portanto, não pode significar que a consciência natural e o comportamento que a caracteriza foram deixados para trás. Pois o processo de transformação enquanto tal da consciência ainda não se deu. Trata-se antes de *indicar* que essa reflexividade primeira, própria da consciência, produz nela, ao mesmo tempo e inicialmente, uma *cisão*. Esta aparece aqui no § 6 como uma cisão entre "consciência natural" e "consciência", sendo a perspectiva da primeira *negativa*, de *perda* do seu saber, enquanto a segunda (que toma a consciência natural por objeto) vê aí também um processo *positivo* de *formação*.

Além disso, o § 6 registra, ao seu final, outra ocorrência de "consciência" e ainda a expressão "consciência fenomênica". Essa passagem final do parágrafo reforça a cisão anunciada antes. Porque a "consciência fenomênica" é a consciência que aparece, aquela que corresponde ao "saber fenomênico" com que se encerrou o primeiro bloco argumentativo, ao final do § 4, o qual é, por sua vez, o objeto da *apresentação* em que consiste, de fato, o conhecer. É no âmbito dessa consciência fenomênica que se ergue o ceticismo.

Mas trata-se aqui do ceticismo em um sentido bastante amplo, do ceticismo no sentido mais elementar da *constatação* da *diaphonía*, da constatação da pluralidade de discursos que se pretendem portadores da verdade.[96] E, para se chegar a ela, basta que se reconheça a existência de pelo menos dois discursos sobre o mesmo objeto, ao mesmo tempo e sob o mesmo aspecto, que se pretendam verdadeiros. E essa condição se cumpre: o ceticismo se segue necessariamente do fato de que há dois saberes distintos entre si que se pretendem ambos verdadeiros.

Esse ceticismo ainda vago[97] se mostra inicialmente sob um aspecto patético (no sentido de *páthos*), sob o aspecto do "desespero".[98] Diz o texto: "o ceticismo que se ergue por todo o âmbito da consciência fenomênica torna o espírito primeiramente apto a examinar o que é verdade, produzindo um desespero nos assim chamados pensamentos, representações e opiniões naturais". O exame do que é verdade só é possível quando surge a dúvida que leva ao desespero, ou seja, a dúvida que leva ao abalo profundo de todas as representações antes tomadas como "naturais". Tal dúvida não recai meramente sobre o problema do conhecimento de objetos tomado em seu sentido mais restrito e limitado, mas sobre a verdade como atitude, como pretensão de legitimidade, no limite, de uma forma de vida. A "desnaturalização" das representações não é o movimento de uma "decisão livre", mas impulsão do "novo mundo", do novo tempo da modernidade que vem carregado nos ombros dos exércitos napoleônicos. A consciência não pode simplesmente ignorar a dúvida cética (e o desespero que dela decorre) tanto quanto o que viria a ser mais tarde a Alemanha não pode ignorar o avanço e a ocupação territorial das tropas de Napoleão.[99]

Já desde o primeiro bloco argumentativo (§§ 1-4) a representação natural se mostrou incapaz de resolver os problemas colocados por seus pressupostos não demonstrados. Neste § 6, Hegel mostra que decidir substituir o saber de que se dispõe por outro que se diz verdadeiro também não resolve o problema, já que, nesse caso, se trata apenas da substituição de um conjunto de pressuposições equivocado por outro simetricamente equivocado, ele também não produzido, "natural". Em ambos os casos, a consciência "com eles se lança *diretamente* ao exame, sendo assim, entretanto, de fato incapaz do que quer empreender". Lançar-se diretamente ao exame quer dizer antes de tudo não duvidar das representações naturais. E sem a dúvida, sem a desnaturalização dos "assim chamados pensamentos, representações e opiniões naturais", não há exame que possa conduzir à verdade.[100]

Portanto, o real problema por resolver está posto na *cisão* entre dois saberes, entre dois pontos de vista antagônicos que se pretendem verdadeiros. É essa cisão que tem de ser superada. A troca de um saber por outro não é capaz de fazer desaparecer o saber anterior como legítimo pretendente a um saber igualmente verdadeiro. De outro lado, essa cisão pode se mostrar insuperável em pelo menos dois casos. Em primeiro lugar, se o processo de desnaturalização das representações for um processo unicamente *negativo*, exclusivamente de perda pela consciência de seu saber. Em segundo lugar, a cisão se mostrará insuperável igualmente se os pontos de vista antagônicos forem *de todo exteriores* um ao outro. O atual § 6 já deu indicações de que nenhuma dessas duas possibilidades corresponde efetivamente ao que se passa. Mas caberá aos dois próximos parágrafos excluir sucessivamente uma e outra. Ao § 7 caberá explicitar o sentido positivo, integrador, da negatividade. O § 8 integrará as duas perspectivas antagônicas em uma e mesma consciência.

Se o § 6 introduz propriamente a noção de consciência natural e já a confronta preliminarmente com a "consciência" que é capaz de tomar a "consciência natural" por objeto, o § 7 mostra que a negatividade da "consciência não real", da "consciência não verdadeira" tem um resultado positivo, ligado à "consciência" do parágrafo anterior, dita "consciência filosófica". O § 8 mostrará que essas duas perspectivas são, na verdade, momentos de uma e mesma consciência, de modo que, a partir daí e até o final do texto, somente se encontrará a expressão "consciência", sem qualquer adjetivação ulterior. É por isso que o movimento próprio desse bloco de parágrafos é o que leva da "consciência natural" à "consciência", como unidade de "consciência natural" e "consciência filosófica".

Como adverte Heidegger,[101] Hegel não emprega nesse momento "conceito" no sentido que terá o termo na obra posterior e mesmo ao final do percurso da própria *Fenomenologia*, tendo aqui antes o sentido de "formas e regras do pensamento representativo em geral". A observação é correta, mesmo se revela, uma vez mais, que Heidegger lê o texto da Introdução a partir da obra de maturidade. Em contrapartida, afastado esse viés de leitura, a ocorrência da noção nesse momento do texto permite propor uma interpretação de "conceito" no sentido que adquire exclusivamente no âmbito da *Fenomenologia*, o que é também um dos objetivos mais gerais deste comentário.

No momento, importa ressaltar que a acepção de "conceito" em jogo aqui é a que coincide com o surgimento do "novo", do "mundo novo", do "nosso tempo" como "tempo do nascimento e da passagem para um novo período" (W. 3, p. 18; FE, p. 31). Como diz o parágrafo seguinte do mesmo Prefácio (W. 3, p. 19; FE, p. 31): "Falta, porém, a esse mundo novo – como falta a uma criança recém-nascida – uma efetividade acabada; e é essencial que isso não seja deixado sem considerar. O surgir [*Auftreten*] primeiro é primeiramente sua imediatidade ou seu conceito. Tão pouco quanto um edifício está pronto quando colocado seu fundamento, também o conceito alcançado do todo não é o todo mesmo".[102] Completa-se aqui a conjunção de elementos fundamentais da *Fenomenologia*. Aos elementos já mencionados quando do exame do § 5 ("surgir da ciência", "movimento", "caminho", "alma", "negativo"), soma-se agora o "conceito" tal como surge, como imediatidade do "mundo novo", do "nosso tempo", cuja súmula será dada, por sua vez, pela noção de "experiência".

De modo que, do ponto de vista da "consciência" que se põe a caminho, torna-se possível já esboçar aqui mais um quadro sinótico da divisão de texto:

Da perspectiva da "consciência"

| | |
|---|---|
| §§ 1-4 | uma única ocorrência, em que Hegel escreve "consciência", sem ulterior adjetivação. É a consciência que corresponde à representação natural |
| §§ 5-8 | a consciência é agora consciência natural. A reflexão sobre consciência natural faz desta objeto (e a desnaturaliza, portanto), introduzindo uma outra perspectiva: a da consciência filosófica, que aparece primeiramente abreviada como "consciência" sem mais. Ao final do bloco argumentativo, a aparente cisão entre consciência natural e consciência filosófica mostra-se unida no interior da "consciência", termo que, sem adjetivação, será assim empregado até o final do texto |
| §§ 9-13 | é a consciência como unidade que se cinde a si mesma nos dois momentos antes explicitados, determinados agora como "saber" e "verdade". Essa negatividade própria da consciência que se cinde a si mesma permite que ela compare esses dois momentos como momentos que lhe são próprios, dando a si mesma, assim, a medida do exame da verdade |
| §§ 14-7 | ao realizar o exame, a consciência pratica nela mesma um movimento dialético em que a negação de seu saber resulta em um novo saber. Isso só é possível porque a consciência realiza a cada vez uma reversão de si própria na qual se dá a experiência que a consciência faz sobre si mesma |

Neste momento do texto, a posição da consciência natural passa a ser a seguinte: "Entretanto, tomando-se antes pelo saber real, esse caminho tem para ela uma significação negativa, e o que é realização do conceito vale para ela antes como perda de si mesma; pois perde nesse caminho a sua verdade". O ponto de vista do filósofo afirma que o caminho é realização do conceito, no sentido pleno que adquire esse movimento no âmbito da *Fenomenologia*. Mas, *para a consciência*, a dissolução do saber fenomenal pela sua própria inconsistência se apresenta como *negativa*, ainda que essa negatividade não se apresente na forma mais alta do movimento do conceito, do motor do processo fenomenológico: ela se apresenta como *perda*. Como se a consciência natural fosse *vítima* de um processo que lhe é exterior. E essa exterioridade é dada pela própria exterioridade de seu saber: porque toma algo mediato por imediato, porque toma a aparência pela verdade, a *sua* verdade.

Hegel prossegue qualificando o caminho a ser percorrido pela consciência: "Ele pode ser visto, assim, como o caminho da *dúvida*, ou, mais propriamente, como o caminho do desespero; nele, com efeito, não ocorre o que sói entender-se por duvidar, o abalo desta ou daquela pretensa verdade ao qual sucede o conveniente redesaparecimento da dúvida e um retorno àquela mesma verdade, de sorte que, no fim, a coisa volta a ser tomada como antes". O jogo de palavras em alemão "*Zweifel*"/"*Verzweiflung*" (dúvida/desespero) pode enganar, mas não deveria: a experiência da consciência não é jogo de palavras nem jogo de cena. Tampouco uma dúvida fingida, uma prova por absurdo daquilo que já se sabe antes mesmo de duvidar. Mais que isso: o *processo* da dúvida é tão profundo que afeta o próprio objeto da dúvida.

O que mostra, uma vez mais, que uma posição de saber não pode ser entendida como mera pretensão de conhecer, nem a verdade deve ser entendida como mero exercício teórico. Cada posição de saber da consciência é uma atitude em relação ao todo da experiência, pressupõe sempre, no limite, a pretensão de se justificar como uma forma de vida. Ao final de cada confronto do saber com sua própria pretensão totalizante, não se tem nem retorno ao início nem um resultado que é um puro nada indeterminado, mas um aprendizado que se configura em um novo imediato, em um novo objeto, para o qual a consciência natural tem de encontrar um novo saber. É preciso aguardar o § 7 para que a negatividade, apreendida como em verdade é, indique de alguma forma a *sua* positividade, uma positividade que é o contrário de um imediato. A essa altura, como já mencionado quando do exame do § 5, a metáfora do caminho (*Weg*) retorna uma vez mais à sua fonte, ao movimento (*Bewegung*), de tal maneira que a qualidade do caminho determina também a própria qualidade do movimento que é realizado.

Mas já no § 6 Hegel indica que a negação do saber não tem caráter apenas negativo. Diferentemente do que ocorre no § 7, entretanto, Hegel mostra aqui essa positividade apenas por contraposição a um entendimento parcial da negação e não em sua necessidade, em sua positividade resultante da negação. A questão primordial é afastar interpretações da dúvida que a mantêm longe de seu parentesco com o desespero. Dito de outra maneira, o primeiro passo é afastar aquelas interpretações da dúvida que simplesmente concordam com a significação negativa que a consciência natural atribui ao seu caminhar. Essa compreensão da dúvida é falsa exatamente porque reconfortante, por corresponder à perspectiva mais imediata que tem a consciência natural do movimento que realiza. Como escreveu Hegel no chamado Prefácio à *Fenomenologia*: "A filosofia, entretanto, tem de se resguardar de querer ser edificante" (W. 3, p. 17; FE, p. 30).

Essa dúvida penetrante e consciente[103] é, para Hegel, um "ceticismo que se consuma".[104] Neste § 6, o exame recai justamente sobre a polaridade vazia da consciência natural, que passa da experiência negativa da perda para o aferrar-se novamente ao imediato de sua opinião, que passa da má negatividade para a má positividade, ou seja, de uma negatividade imediata para uma positividade igualmente imediata. De modo que, na verdade, as duas atitudes são dois lados da mesma moeda.

Como pura negatividade, o ceticismo imaturo, não consumado, é caracterizado como "zelo sério". Hegel estabelece aqui uma relação com aquela atitude, registrada no § 4 (e que reaparecerá ainda uma vez no § 8), de "simultaneamente libertar-se da faina da ciência e simultaneamente dar-se a ver em um esforço sério e zeloso". Essa atitude antirreceptiva, esse posicionamento dogmático – pois é disso que se trata – pode acontecer mesmo no caso de posições céticas, cujo cerne justamente é a luta contra o dogmatismo. É assim que o ceticismo imaturo, não consumado, apresenta-se aqui como um "firme propósito", o propósito (*Vorsatz*) de não se entregar à autoridade de outrem, de provar tudo por si mesmo e de seguir somente a própria convicção.

Com certeza, Hegel não pretende que se entregar cegamente à autoridade seja melhor que seguir a própria convicção. Mas, como ocorreu no caso da pura negatividade, expressa como "perda", também aqui a positividade não leva em conta o seu conteúdo, ou seja, tanto o negativo quanto o positivo dessa consciência natural que é apenas conceito do saber são exteriores aos seus objetos: "mediante a inversão da crença fundada na autoridade na crença fundada na própria convicção não altera necessariamente o conteúdo da própria crença nem faz surgir a verdade no lugar do erro. Fixar-se no sistema da opinião e do preconceito pela autoridade de outrem ou por convicção própria só se diferencia mediante a vaidade que reside nesta última maneira".

Essa "inversão" é o equivalente interiorizado pela consciência daquelas oposições exteriores do primeiro bloco de parágrafos. Primeiramente, uma análise interna da representação natural conduziu a um contrassenso (§ 1); em seguida, o contrassenso foi reduzido logicamente a uma oposição entre "o absoluto" e "o conhecer" (§ 2); por fim, fez-se uma tentativa malsucedida de superação da oposição mediante uma diferença entre "um conhecer que não conhece o absoluto, como quer a ciência, e é, no entanto, verdadeiro; e o conhecer em geral, que, mesmo incapaz de apreender o absoluto, seria, no entanto, capaz de outra verdade" (§ 3). Agora, essas oposições foram interiorizadas sob a forma de "crenças". Mas nem por isso a lógica opositiva foi, com isso, superada. A mera interiorização também não resolve o problema: não é simplesmente porque os dois termos externos podem ser considerados como internos à consciência que a oposição – e, portanto, o próprio problema do conhecer tal como inicialmente colocado – foi efetivamente superada. Ou seja, uma mera *inversão* (como aqui, no § 6) de um conjunto de crenças em outro não resolve a intranquilidade da presença de dois saberes antagônicos no interior da consciência. Apenas uma *reversão* (§ 15) da consciência é sinal autêntico de uma *atitude* propriamente científica.

Dito de outro modo, o subjetivismo da dúvida que se aferra à sua verdade está no cerne da noção de opinião, do *Meinen*. *Meinen* não é apenas o "querer dizer". É também aceitação confiante do dado, do imediato (traduzido: uma garantia fundada na referência imediata à subjetividade de quem fala), o que remete, por sua vez, ao fato de que o *Meinen* tem uma raiz que, na interpretação de Hegel, diz respeito ao "meu" (*mein*). Não por acaso, o primeiro capítulo da *Fenomenologia* se chama "A certeza sensível, ou o isto e o *Meinen*", que, na tradução de Jean Hypollite,[105] tornou-se "o isto e minha visada do isto". Como diz o texto desse capítulo (W. 3, p. 86; FE, p. 88), no segundo movimento de sua dialética, a verdade da certeza sensível "está no objeto como objeto *meu* (*meinem*), ou está no *visar* (*Meinen*)".

É justamente esse "egoísmo" que está na base daquele "firme propósito" de não seguir nada que não seja a própria convicção. E esse "firme propósito" pretende substituir o caminho ao longo da série de figurações da consciência, declarando-o consumado. A ênfase no possessivo, no egoísmo, na vaidade, é uma marca desse bloco de parágrafos como um todo.

Hegel não utiliza apenas o termo "figurações", mas também "formação" (*Bildung*) para caracterizar o percurso.[106] A desinência "-ung" ("ção") de *Bildung* já indica que não se trata de um processo tomado unicamente em seu resultado, em seu termo, mas justamente de algo *em processo*, processo que a consciência natural recusa em nome da imediatidade de seu saber. É por isso que Hegel escreveu: "contra essa não verdade, entretanto, esse caminho é a execução efetiva".

O final dessa passagem se liga à abertura do § 9, que tratará do "*método da execução*". Mas ecoa também outra passagem deste mesmo § 6: "o caminho é a vista penetrante e consciente na não verdade do saber fenomênico". O vínculo interno entre "caminho" e afastamento da "não verdade" estabelecido aqui é também uma oportunidade para tentar esclarecer minimamente o que pode estar envolvido na noção de "verdade" tal como pensada por Hegel até aqui.[107] O vínculo entre "caminho" e "verdade" remete à superação do bloqueio posto pela representação natural ao estabelecer de saída como pressuposto não problematizado a separação entre "conhecer" e "absoluto", na qual estão enredadas todas as demais separações (sujeito e objeto, ideia e ideado etc.).

É possível dizer que Hegel se mantém de alguma maneira fiel à ideia tradicional de verdade. Afinal, assim poderia ser interpretada, por exemplo, a abertura do § 8, que afirma que o alvo "está onde o saber não carece mais de passar além de si mesmo, onde se encontra a si mesmo e onde o conceito corresponde ao objeto e o objeto ao conceito". Mas, em primeiro lugar, há que pensar que a regra tradicional da *adaequatio rei et intellectus* de que parte Hegel na representação natural já está formulada à maneira moderna da adequação de representações. Hegel tem já boas razões até agora para pelo menos pensar que essa maneira moderna de reformular o problema tradicional da verdade não foi bem-sucedida, só podendo subsistir (pelo menos em sua intenção fundamental não dogmática de ser uma filosofia sem pressupostos) em sua tradução no vocabulário do "saber", enquanto "caminho", enquanto "apresentação do saber fenomênico".

Se isso está longe de ser ainda suficiente para afastar a concepção tradicional-moderna da verdade como correspondência, será o objetivo do terceiro bloco de parágrafos (9-13) avançar nessa direção. Pois se trata ali de mostrar que, no processo, no caminho, altera-se não apenas o objeto do saber, mas, ao mesmo tempo, o seu padrão de medida. Com isso, será também afastada qualquer fixidez dos termos "conceito" e "objeto" na expressão "onde o conceito corresponde ao objeto e o objeto ao conceito". Cada um dos termos se modifica em cada teste a que é submetido o saber da consciência, assim como se altera o próprio padrão segundo o qual os dois termos se medem a si mesmos. O que quer igualmente dizer que se altera a própria consciência que realiza esse exame. Trata-se de uma concepção de verdade expressa no chamado Prefácio à *Fenomenologia* nos seguintes termos: "Tudo depende, na minha concepção – que tem de se justificar apenas por meio da apresentação do sistema –, de que o verdadeiro não seja apreendido e expresso como *substância*, mas, da mesma forma, como *sujeito*".[108]

Essa formação, que é processo, que é caminho da consciência na realização do conceito, não tem por termo um conteúdo qualquer a ser apreendido, uma verdade que possa ser expressa por um conjunto determinado de proposições.[109] No texto da Introdução, é justamente a representação natural que reduz o caminho a uma série de proposições fixas. Por essa razão o texto de Hegel diz: "Aquele propósito *representa* a formação no modo simples do propósito, como imediatamente cumprida e ocorrida" (grifo meu). Já se passou do modo da "representação" para o modo da "apresentação"; nesse sentido, toda tentativa de congelar o movimento, de fixar o caminho recebe de Hegel a qualificação de "representativo", quer dizer, de tentativa de fixação em um estágio determinado em lugar de aceitação do fluxo e do movimento.[110]

§ 7
A série completa das figuras da consciência se dá por meio da necessidade da progressão e da concatenação, concebível mediante a observação antecipada de que o movimento não é meramente negativo, em duas etapas:

a) a consciência natural tem uma visão unilateral da negação; como o ceticismo, que faz da sua essência uma negatividade meramente negativa, que vê sempre no resultado um puro nada, abstraindo do processo que produziu esse nada

b) mas o nada é ele mesmo resultado e, com isso, é algo determinado e tem conteúdo

i) esse ceticismo não pode ir além da abstração do nada ou da vacuidade;

ii) se, ao contrário, o resultado for apreendido como negação determinada, uma nova forma desponta e a progressão se realiza mediante a série completa das figuras

O mero fluxo, a mera sucessão das figuras não é o mesmo que realização do conceito, entretanto. Como visto quando da análise do § 6, o "caminho" percorrido é, *para o filósofo*, realização do conceito, enquanto, *para a consciência*, ele tem uma "significação negativa", vale para ela como "perda de si mesma". *Para a consciência*, as figuras se sucedem de maneira dificilmente compreensível. É por isso que Hegel diz que a "realização do conceito [*Begriff*]" – ou: a "completude das formas da consciência não real" – consiste não em ser capaz de nomear cada uma das figuras, em decorar uma *sequência*, mas em compreender (*begreifen*) o *porquê* do "prosseguir", da "progressão" (*fortgehen, Fortgang*) e o *porquê* da passagem de uma figura determinada a outra figura determinada (a "concatenação", a *Zusammenhang*).

Noutras palavras, o mero "prosseguir" (*fortgehen*) não garante que a progressão (*Fortgang*) esteja sendo compreendida em sua necessidade. Também o mero "passar" pelas figuras não garante que a nova se apresente como consequência necessária da anterior, mostrando a integridade do processo. Pois tanto a progressão como a concatenação podem estar sendo experimentadas[III] como exteriores. Em termos meramente espaço-temporais, por exemplo. Seria o caso de uma progressão e de uma concatenação entendidas em termos meramente temporais, como em uma passagem da primeira figura da *Fenomenologia*, a "certeza sensível", para a segunda, a "percepção", que pudesse ser descrita em termos tão crus quanto: "Antes, eu acreditava que a verdade estava na certeza do acesso direto ao isto, ao objeto sensível, mas agora sei que a verdade está na apreensão da coisa, das propriedades dos objetos por minha percepção". Ou, o que dá no mesmo, no caso de uma progressão e de uma concatenação meramente espaciais, em que as estações da consciência seriam experimentadas como pontos dispostos em um espaço contínuo e homogêneo.[112] A completude das formas da consciência não está, portanto, em *passar* pura e simplesmente por cada uma das figuras. Não se trata de um álbum de figurinhas em que cada uma deve ser colada, fixada num lugar externamente predeterminado.

"Completude das formas da consciência não real" significa que a consciência reconstituirá sua história, que ela percorrerá o conjunto de suas representações e determinações e, desse modo, compreenderá não apenas a limitação de cada uma de suas figuras, mas também o momento de verdade de cada uma, a necessidade que a levou a abandonar uma figura e ir adiante rumo à seguinte, bem como o vínculo interno necessário que une uma figura à seguinte e, por fim, a toda a série. E isto quer dizer: a consciência voltará a seu ponto de partida, ou seja, à consciência filosófica moderna mais avançada de que partiu a Introdução à *Fenomenologia*. Mas, ao voltar ao ponto de partida, já não estará mais presa às amarras próprias dessa "representação natural" e poderá ir além dela, quer dizer, ir além de si mesma. Com isso, estará em condições de realizar todos os potenciais nela presentes, indevida e desnecessariamente bloqueados por uma compreensão limitada, representativa, de sua própria natureza.

A completude é a característica mais saliente do *sistema*, forma por excelência de apresentação do verdadeiro. Não foi por outra razão que Hegel repetiu uma conjunção de termos muito semelhante no chamado Prefácio, ao unir novamente a "progressão" em sua aparência com um movimento "meramente negativo": "Porque ora o referido sistema da experiência do espírito apreende apenas a *aparência* do mesmo, parece que a progressão que leva dele à ciência do *verdadeiro*, que é na *figura do verdadeiro*, é meramente negativa".[113] Esse sentido sistemático já tinha sido indicado no § 6 sob a forma da "história exaustiva da *formação* da própria consciência em ciência".

Essa completude é índice tanto da necessidade do caminhar como da necessária vinculação entre as figuras. Significa aqui também a supressão da distância que separa a consciência comum da consciência filosófica, que separa uma consciência presa aos bloqueios autoimpostos da lógica representativa da filosofia moderna de uma consciência capaz de abrigar a negação em toda a sua extensão, sem bloquear seu movimento. Suprimir essa distância é também o mesmo que compreender (*begreifen*) a necessidade do caminhar e das paradas e retomadas do percurso efetuadas pela consciência.

Diz este § 7: "pode-se, em geral, observar *de antemão* que" (grifo meu). Essa "antecipação" irá se prolongar até o § 8 e, já em novo registro,[114] continuará nos parágrafos seguintes. O início do § 9, por exemplo, diz: "Como o que foi dito o foi de maneira *preambular* e em geral" (grifo meu). Em seguida, nesse mesmo § 9, lê-se que pode ser útil recordar os elementos apresentados neste § 7 (necessidade da progressão e da concatenação) do ponto de vista do "*método de execução*", quer dizer, do ponto de vista mais concreto de como o processo de exame de seu saber conduzido pela consciência leva à verdade. O caráter antecipatório dos §§ 5-8 será retomado em nova chave nos §§ 9-13. Também o § 10 repetirá essa exigência de um esforço de recordação.

Dentre todas essas antecipações, tem destaque a abertura do § 8, que se inicia pela afirmação de que o "*alvo* é fixado para o saber tão necessariamente quanto a série da progressão". Isto quer dizer, antes de mais nada, que não importa se o ponto de vista é o da consciência natural ou o da consciência filosófica: em qualquer dos casos, trata-se sempre de encontrar o momento em que "o saber não carece mais de passar além de si mesmo, onde se encontra a si mesmo e onde o conceito corresponde ao objeto e o objeto ao conceito" (§ 8). Nesse momento, Hegel irá afirmar que a "consciência é para si mesma seu *conceito*". Não se trata mais da "consciência *natural*" ou da "consciência *filosófica*", mas simplesmente da "consciência" que contém nela tanto a possibilidade de ser consciência natural quanto a de ser consciência filosófica.

Se é assim, o problema do conhecer foi interiorizado: os dois pontos de vista inicialmente antagônicos, os momentos do "saber verdadeiro" e do "saber não verdadeiro", da "consciência natural" e da "consciência filosófica", mostram-se momentos *da consciência*. Desse modo, a formulação do problema também se altera mais uma vez: se os dois momentos antagônicos são momentos *da consciência*, isto significa que não é necessário – e nem possível – introduzir um ponto de vista exterior a ela que pudesse servir como *parâmetro*, como *padrão de medida* para que ela pudesse distinguir o saber verdadeiro do saber não verdadeiro. O problema do conhecer, antes colocado nos termos da representação natural, agora diz respeito a como *medir* a verdade do saber a partir de dois pontos de vista diferentes e aparentemente antagônicos que se encontram no interior da própria consciência. Se é assim, será preciso investigar um pouco melhor a natureza desses dois momentos da consciência e as relações que estabelecem entre si.

A sequência de antecipações ajuda a compreender por que a afirmação com que se abre este § 7 não pode ser compreendida em todo o seu alcance por uma consciência comum que não esteja pelo menos no nível da consciência filosófica moderna mais avançada, que é aquela a que se dirige o texto da Introdução. Como visto na análise do parágrafo anterior, a perda de uma certeza significa, para a consciência comum, perda de si mesma, tendo para ela um sentido meramente negativo. É exatamente por isso que Hegel prossegue: "Para tornar concebível este ponto, pode-se, em geral, observar de antemão que a apresentação da consciência não verdadeira em sua não verdade não é um movimento meramente *negativo*". Tanto a explicação para essa posição limitada da consciência como a possibilidade de superação dessa limitação foram formuladas no chamado Prefácio à *Fenomenologia* da seguinte maneira: "Porque ora o mencionado Sistema da experiência do espírito apreende deste apenas o *fenômeno*, parece meramente negativa a progressão dele à ciência do *verdadeiro*, que é na *figura do verdadeiro*" (W. 3, pp. 39-40; FE, p. 47).

Ou seja, trata-se de uma *antecipação* e, dada a dificuldade de compreender algo que ainda não foi experimentado, Hegel pretende tornar a observação "concebível", "compreensível", "apreensível". Trata-se mais uma vez da referência ao *Begriff*, ao conceito, em sua acepção corrente: tornar "concebível" é uma tentativa de aproximar a consciência natural da consciência filosófica. Mas, mais do que isso, trata-se de uma tentativa de tornar concebíveis essas antecipações por meio da utilização dos *termos* da representação natural, da *gramática* que lhe é própria. Se é notável a proximidade terminológica deste segundo bloco de parágrafos (§§ 5-8) com o último (§§ 14-7), há também uma distância considerável a separá-los, pois a linguagem do último bloco já se desvencilhou da linguagem e da gramática próprias à representação natural para exprimir e formular os termos do problema segundo a lógica da *experiência*, segundo a linguagem própria da *Fenomenologia*.

De maneira consequente, portanto, tal tentativa de tradução, de aproximação, é também tentativa de apontar para uma solução dos impasses do parágrafo anterior, onde a dúvida era, ao mesmo tempo, necessária (já que motor do movimento da consciência natural) e, pelo menos à primeira vista, puramente negativa (pois, para a consciência natural, o sentido do desenvolvimento não está dado nem pode nunca já estar dado). Com essa antecipação, portanto, Hegel exorta a uma reflexão sobre a natureza da dúvida. Pois se o movimento não é "meramente *negativo*" é porque a "negatividade" deve ter outros sentidos que não apenas o de "perda", "perda de si mesma" ou "perda de sua verdade" da consciência natural. Para retomar uma vez mais o vínculo entre "movimento" (*Bewegung*) e "caminho" (*Weg*), já apontado desde o § 5: o caminho (§ 6) que parece unicamente negativo (mas não é) remete uma vez mais à natureza do movimento (§ 7), que é, afinal, o que constitui o próprio caminho (um movimento que, por isso mesmo, não é meramente negativo). É assim que Hegel convida a uma reflexão sobre a negatividade e sua natureza, dando um novo sentido à dúvida tal como surgiu no § 6.

Nas *Lições de história da filosofia*, Hegel não se cansa de sublinhar a excelência e a originalidade da filosofia cartesiana.[115] O espírito dessa filosofia não é outro senão o saber, a unidade de ser e pensar. E o caminho escolhido por Descartes é o de duvidar de tudo, o que representa, para Hegel, um começo absoluto. E, para Hegel, o sentido da dúvida cartesiana é o seguinte: renunciar a todos os pré-juízos/pré-conceitos, tomando como guia e ponto de partida o próprio pensamento. Mas o que prevalece, segundo Hegel, é o objetivo de chegar a algo firme e seguro e não o momento meramente subjetivo da dúvida. Ainda que a dúvida seja um ato da vontade, de modo algum devemos pretender nos encerrar nos limites da convicção subjetiva.

A esta compreensão cartesiana da dúvida Hegel opõe justamente a posição cética, em que a dúvida não é ponto de partida, mas resultado. Na interpretação de Hegel, o ceticismo não tem outro objetivo além do duvidar.[116] Por isso ele é "unilateral", como diz a sequência do texto. Ou seja, aquele que faz da experiência meramente negativa da consciência comum um *saber* é um cético. O ceticismo, segundo Hegel, transforma a experiência de perda da consciência natural em saber, ou seja, diz que o caminho não contém necessidade, que não há progressão e concatenação necessárias, mas apenas exercícios diversos de dúvida cujo resultado é invariavelmente negativo, nulo. Essa fixação do processo, essa pretensão de pura negatividade para o caminho é, para Hegel, "unilateral". É também nesses termos que o ceticismo se apresentará como uma das figuras que a consciência natural terá de percorrer em seu caminho fenomenológico.

Prossegue o texto: "Ela é nomeadamente o ceticismo, que vê sempre no resultado somente o *puro nada* e abstrai do fato de que esse nada é, de maneira determinada, o nada *daquilo de que resulta*". Hegel constrói aqui uma imagem bastante peculiar do ceticismo. Porque, em primeiro lugar, o ceticismo apresentado neste § 7 não corresponde às duas imagens segundo as quais ele surgiu no parágrafo anterior. Não se trata nem do "ceticismo que se consuma", nem do ceticismo pretensamente moderno e esclarecido que, de fato, é unicamente opiniático, aferrando-se a um abstrato *"propósito"* de, na ciência, não se entregar à autoridade dos pensamentos de outrem, mas ao contrário de examinar tudo por si mesmo e de seguir somente a própria convicção".[117] E, em segundo lugar, o ceticismo tal como apresentado por Hegel neste parágrafo também não corresponde a nenhuma versão histórica específica. É possível encontrar aí elementos de diferentes escolas e formações céticas, desde Pirro até G. E. Schulze, contemporâneo criticado por Hegel no ensaio "Relação do ceticismo com a filosofia, apresentação de suas diferentes modificações, e comparação do ceticismo mais recente com o antigo", de 1802.

O que mostra que Hegel busca algo como a estrutura fundamental do ceticismo, da mesma forma como apresentou, no primeiro bloco de parágrafos (§§ 1-4), a estrutura fundamental da filosofia moderna sob o signo da representação natural. E, no caso, o que confere unidade a essa imagem geral do ceticismo é justamente seu caráter de imagem em negativo, de contraste, relativamente à representação natural. E, assim como a representação natural não corresponde a nenhuma filosofia moderna especificamente, mas pretende alcançar a sua estrutura lógica fundamental, também o ceticismo tal como Hegel o apresenta aqui não corresponde a nenhuma de suas versões em particular, mas é como a imagem em negativo da filosofia representativa. A alternativa filosofia representativa/ceticismo é, portanto, como um pêndulo inevitável, como uma lógica bipolar incontornável da filosofia moderna.[118]

Hegel pretende mostrar também que uma saída de cunho cético para os impasses da representação natural não é uma verdadeira saída. E, no entanto, como já anunciado no § 6 e analisado há pouco, algo importante se ganha com essa passagem pelo ceticismo, que é justamente a introdução consciente e incontornável da negatividade no elemento mesmo da representação natural própria da filosofia moderna. A mera introdução da negatividade não se mostrará, entretanto, suficiente, por sua vez, para superar os impasses da filosofia representativa; ao contrário, é antes, a sua contrapartida necessária, a derradeira demonstração dos limites autoimpostos pela representação natural. Mas, antes de chegar a esse momento, aos dois últimos blocos de parágrafos do texto, cabe tentar reproduzir a imagem que o próprio Hegel constrói desse ceticismo como reverso da medalha da filosofia moderna.

O ceticismo é um severo ataque ao dogmatismo. A argumentação cética abrange desde a diversidade entre os animais e os homens até a diversidade de costumes e convicções dos povos, passando pela diferente composição dos órgãos dos sentidos, pelas circunstâncias em que algo é percebido e muito mais. São indícios importantes da dificuldade de decidir sobre a verdade das próprias impressões, para dar apenas um exemplo. Hegel não hesita em utilizar o arsenal cético contra o dogmatismo. É, segundo ele próprio, no espírito do ceticismo que escreve: "A essência do dogmatismo consiste no fato de que ele põe um finito, afetado por uma oposição, como o absoluto, por exemplo, puro sujeito ou puro objeto, ou, no dualismo, a dualidade em face da identidade" (W. 2, p. 245 – *Verhältnis des Skeptizismus zur Philosophie*).

O mote do ceticismo é: não acredite em uma pretensa autoridade dos pensamentos de outrem, teste-os por si mesmo. Já o § 4 tinha enunciado indiretamente essa palavra de ordem do Esclarecimento (o *sapere aude*) sob a fórmula do "seco asseverar" que "vale tanto quanto outro". Mas, naquele momento, tratava-se ainda, por assim dizer, de uma estratégia defensiva da representação natural diante do "surgir da ciência". Aqui, essa palavra de ordem tem já o sentido positivo de buscar determinar qual seria o saber verdadeiro. Ora, a situação em que dois saberes se reivindicam simultaneamente como verdadeiros corresponde à estrutura mesma do ceticismo, de modo que este deve se seguir ao bloco argumentativo relativo à representação natural. Assim, testar significa colocar em dúvida. É de notar que a dúvida não deve ser entendida como mera tentativa de abalar uma verdade qualquer com o objetivo de desqualificar a própria dúvida e proporcionar um retorno tranquilo à verdade anterior.[119] Ao contrário, ao testar a verdade das afirmações, a sucessão de argumentos e contra-argumentos mostrará que é impossível decidir por um lado ou por outro. Mas, inesperadamente, na impossibilidade mesma de decidir, encontra-se a imperturbabilidade, a *ataraxía*, que se procurava ao buscar a verdade.

A questão que se põe para Hegel nesse ponto é: de que valeu então ter percorrido o trajeto? O cético não tem outra coisa a fazer senão permanecer à espera da próxima proposição não evidente para exercitar-se na sua arte: "tem de aguardar se e o quê de novo se lhe venha a oferecer para lançá-lo no mesmo abismo vazio".[120] O cético é, para Hegel, aquele que despreza o debate que, no entanto, funda seu argumento e sua filosofia. Quer permanecer fora (ou aquém, ou além, como se queira) do discurso com que compartilha a sua origem. Também a dúvida que o assalta é nula: o caminho da dúvida, o que faz dela dúvida, é, afinal, desprovido de importância. Como escreve Hegel: "Com a virada [operada por Sexto Empírico] do ceticismo contra o saber em geral, vê-se ele compelido a suprimir – porque opõe um pensar a um pensar e porque combate o *é* do pensar filosófico – o é de seu próprio pensar".[121] Em suma, o ceticismo antigo é uma variante *avant la lettre* da filosofia do entendimento, da filosofia moderna: só o entendimento enxerga dessemelhança nas coisas; a razão põe como uno tudo o que é dessemelhante. As diferenças se fazem sobre um fundo de homogeneidade que é primeiro; as diferenças dependem unicamente do subjetivo (cf. W. 2, pp. 246-7).

Na caracterização de Labarrière, o caminho da *Fenomenologia* está repleto de cadáveres, e há sempre "alguma parte de nós mesmos que não pode ou não quer ascender a uma nova regra de leitura da realidade. Permanecemos em parte homens da certeza sensível, estoicos ou céticos, vítimas da consciência infeliz, dominadores, defensores de uma liberdade abstrata ou de uma mera 'representação' religiosa. Donde a necessidade de retomar sem descanso um percurso que não podemos fazer de uma só vez segundo a sua maior e mais radical exigência".[122] Como já ressaltado anteriormente,[123] essa interpretação se segue da pressuposição de que trilhar o caminho da *Fenomenologia* envolve uma escolha, uma decisão livre, um elemento marcante da obra de Hegel posterior a 1817, mas cuja pressuposição não é necessária para a leitura do livro de 1807. Antes, pelo contrário, o elemento marcante da *Fenomenologia* é a *inquietude* da consciência com seu próprio saber. Essa inquietude pertence à consciência na mesma medida em que a forma de vida do Antigo Regime está sendo atacada nos campos de batalha pela expansão napoleônica.[124] Ainda assim, vale ressaltar do texto de Labarrière a "necessidade de retomar sem descanso o percurso", o que parece corresponder mais precisamente à ideia de que a progressão da consciência é irresistível.

Como dirá o § 8, a progressão tem caráter "imparável", ela exige diminuir cada vez mais a distância que separa a consciência natural da consciência filosófica, vale dizer, é preciso deixar para trás os bloqueios autoimpostos pela representação natural, pela filosofia moderna. O que, ao mesmo tempo, significa acompanhar o fluxo incessante que caracteriza a própria modernidade, que, por sua própria estrutura, exige que toda cristalização seja dissolvida, que exige a derrubada dos bloqueios que a fixam em uma figura determinada. Afirmar que é preciso se apropriar progressivamente dos textos escritos para e pelo filósofo significa, na verdade, realizar o trabalho de autonegação, de negação determinada da representação natural, com o que se encontra a necessidade da progressão e da concatenação das figuras.

Essa necessidade mostra que quando "o resultado é apreendido como negação *determinada*, como na verdade é, despontou então imediatamente uma nova forma e a passagem se fez na negação, por intermédio do que a progressão se dá por si mesma mediante a série completa das figuras". O resultado da negação só é mais que um nada vazio e sem conteúdo, só se mostra como negação determinada, porque o horizonte sistemático é imanente ao desenvolvimento da consciência, cujo motor é a negação. Desse modo, na expressão "negação determinada" temos a síntese do movimento efetuado neste parágrafo: negação como necessidade da progressão; determinação como expressão da necessidade da concatenação entre os momentos do processo. Nessa altura, cabe mencionar que o resultado da operação de negação determinada assim realizada é o que recebe o nome de *Aufhebung*, a supressão/conservação que caracteriza um movimento dialético propriamente dito, vale dizer, a passagem de uma etapa a outra do percurso.[125]

Por fim, cabe ainda um comentário sobre duas expressões que aparecem no seguinte trecho: "um saber que faz dessa unilateralidade sua essência é uma das figuras da consciência inacabada que cai no transcurso do caminho e que nele se oferecerá". Esse saber é o ceticismo, como já se viu. Mas é de se notar aqui a primeira ocorrência de "essência" em um sentido diverso daquele da sua primeira aparição, logo no primeiro parágrafo, na expressão "essência absoluta", em que aparecia como intercambiável com outras expressões próximas como "o que em verdade é", "a coisa mesma", "o absoluto", "todo o início", "o que é em si", "o verdadeiro em sua pureza". Aqui, no § 7, "essência" surge pela primeira vez com o sentido mais estrito que terá nos dois últimos blocos de parágrafos, onde desempenha papel destacado e só não comparece nos §§ 10, 13 e 16. Tomando a perspectiva mais geral da *Fenomenologia* (e não necessitando, por essa razão, fazer considerações de detalhe sobre as diferenças entre as ocorrências de "essência" no § 1 e no § 7), Terry Pinkard apresenta uma caracterização precisa do sentido que terá a expressão a partir de agora no livro: "com bastante consistência, Hegel se refere àquele conjunto de 'bases' [*grounds*] que as pessoas tomam como dotadas de autoridade como a 'essência', ou a 'essência absoluta' de uma formação de consciência; ele diz desse 'essências' que elas são os 'objetos' de uma consciência que parte do pressuposto [*assumes*] de que tal e tal é dotado de autoridade para ela".[126]

O segundo comentário na passagem destacada se refere à expressão "no transcurso do caminho". Hegel emprega aqui pela primeira vez a metáfora do caminho conjugada com "transcurso" (*Verlauf*), que reaparecerá nos §§ 14 e 15. É de se notar igualmente que o § 15 irá retomar explicitamente a discussão sobre o ceticismo deste § 7. A metáfora do caminho ela mesma só será retomada mais uma vez, no § 16. Mas, no último bloco de parágrafos (§§ 14-7), o que está em causa é já o ponto de fuga de todo esse movimento: uma noção de experiência inconcebível tanto para o ceticismo quanto para as filosofias de entendimento em geral. Daí também que o ceticismo seja retomado no § 15, quando o que estará em causa será justamente o "transcurso da experiência".

### § 8

I. não é apenas a série da progressão que é necessária, entretanto; também o é o *alvo*, a correspondência de conceito e objeto; de modo que não pode haver parada antes que ele seja atingido, não pode haver satisfação em nenhuma estação anterior

II. a satisfação limitada de fixar-se em uma estação anterior é objeto de uma violência que,

a) no caso do que está limitado a uma vida natural, significa passar além de sua existência imediata, morrer;

b) no caso da consciência, significa passar além de uma limitação que lhe pertence, de modo que a consciência sofre a violência que ela mesma realiza

III. o sentimento dessa violência pode fazer com que

1. a consciência, por medo, recue diante da verdade

a) mas o medo não permite alcançar a tranquilidade, a menos que se fique:

i) em uma inércia sem pensamento (o que o próprio pensamento não permite, entretanto);

ii) em uma positividade sensível em que tudo é por si mesmo bom (o que a razão não tolera, entretanto)

2. o temor da verdade se esconda sob um zelo extremado pela verdade que resulte apenas na vaidade

a) cuja satisfação tem de ser deixada a si mesma porque foge da verdade

i) já que torna vã toda verdade e coloca em seu lugar apenas o eu seco

Mostra-se aqui a origem do caráter irresistível da progressão. Se a satisfação só se encontra no momento em que o conceito corresponde ao objeto e o objeto ao conceito, onde o saber não carece mais de passar além de si mesmo, o motor da progressão se mostra agora como *desigualdade entre a consciência e seu objeto*. Como diz uma passagem do Prefácio já citada anteriormente, quando do exame do § 5: "A desigualdade, que tem lugar na consciência entre o eu e a substância, que é seu objeto, é a sua diferença, o *negativo* em geral. Ele pode ser visto como a *falta* [*Mangel*] de ambos, é, entretanto, sua alma ou o movente [*Bewegende*] dos mesmos; razão pela qual alguns Antigos compreenderam o *vazio* como o movente, apreendendo o movente por certo como o *negativo*, mas não ainda este como o si [*Selbst*]" (W. 3, p. 39; FE, pp. 46-7).

Seguindo de perto o comentário de Jean Hyppolite, teríamos uma seguinte possível paráfrase do texto:[127] O saber da consciência é sempre saber de um objeto. Se se entender por conceito o lado subjetivo do saber e por objeto o seu lado objetivo, então a verdade da relação, o saber, é o movimento da consciência se transcendendo a si mesma em direção ao objeto. Mas o objeto é também necessariamente objeto "para a consciência", e o conceito é saber de si, consciência que o saber tem de si. Desse modo, pode-se dizer, da mesma maneira, que o objeto é que deve ser idêntico ao conceito. De qualquer forma que se apresente a desigualdade em cada um desses momentos, é ela que está na base da progressão da consciência, é ela que introduz a insatisfação na consciência e a impulsiona a percorrer o caminho.[128]

E se esse "alvo" se apresenta ainda vago, isso se dá por boas razões, já que é "o procedimento ele mesmo que precisa ser definido".[129] Quando a apresentação de um Sistema, como é o caso da *Fenomenologia*, não é desde logo realizada na sua integralidade, mas colocada como meta a ser alcançada futuramente, mediante longo e exaustivo exercício de "negação determinada" (§ 7) da representação natural (§ 1), que coincide, por sua vez, com a "história exaustiva da *formação* da própria consciência em ciência" (§ 6), tem-se exatamente a interpretação da *Fenomenologia* segundo as suas "condições de produção intelectual", tal como exposto na Apresentação; tem-se, em suma, a sua caracterização mais precisa como *modelo filosófico*.

Já se teve anteriormente a oportunidade de examinar uma passagem do chamado Prefácio à *Fenomenologia* em que o alvo era formulado em todo o seu alcance e em todas as suas consequências, como "forma da ciência": "A verdadeira figura em que a verdade existe só pode ser o seu sistema científico. Colaborar para que a filosofia se aproxime da forma da ciência – o alvo em que deixa de se chamar *amor ao saber* para ser *saber efetivo* – é isto a que me proponho" (W. 3, p. 14; FE, p. 27). Ou, em outra formulação ainda: "O alvo é a vista penetrante [*Einsicht*] do espírito naquilo que é o saber" (W. 3, p. 33; FE, p. 42).

Do ponto de vista do andamento do texto da Introdução, o bloco de parágrafos que se encerra com este § 8 iniciou uma sequência de "antecipações" do percurso. Essas antecipações têm dois sentidos fundamentais. Em primeiro lugar, apesar de já enunciada em todas as suas dimensões e consequências, a negação da representação natural só poderá se apresentar em sua plenitude como negação *determinada* quando surgir a noção de "experiência", enunciada e desenvolvida apenas no último bloco de parágrafos (§§ 14-7). Nesse sentido, deixar de mover-se no elemento da representação natural, deixar para trás o "contrassenso", as amarras autoimpostas de uma modernidade ideologicamente amputada, só se torna de fato possível depois que: foi devidamente apresentado e criticado o "contrassenso" da representação natural (§§ 1-4); foi antecipado que essa apresentação crítica não tinha consequências meramente negativas, de perda (§§ 5-8), mas que descortinava novos potenciais de realização; e, por fim, ficou demonstrado que a reformulação dos termos do problema não era afetada pelo contrassenso encontrado na própria representação natural (§§ 9-13).

Em segundo lugar, a série de "antecipações" tem o sentido de "traduzir" os resultados da negação determinada da representação natural – que constitui, em suma, o próprio percurso fenomenológico em sua integralidade – nos termos ainda da própria representação natural. O que significa, de um lado, que esse "esforço de tradução" irá prosseguir até o final do texto da Introdução e, de outro lado, que ele irá ganhar cada vez mais em densidade e em complexidade, apontando para a superação da limitação em que se move a representação natural. Se ainda está distante o momento da argumentação em que o "alvo" (assim como "a necessidade da progressão e da concatenação" e tantos outros termos de importância decisiva) será formulado em termos rigorosos,[130] sua primeira formulação neste bloco de parágrafos é essencial para que seja possível alcançar, no bloco seguinte, uma reformulação dos termos do problema do conhecer *internamente* ao "contrassenso" da representação natural e não simplesmente contra ele ou exteriormente a ele.

Não por acaso, portanto, um dos elementos mais importantes desse processo de "tradução" neste ponto é justamente a ideia de "alvo" (*Ziel*). Não se trata de de um *fim*, seja à maneira de um "término", seja à maneira de uma "finalidade". "Alvo" indica que a consciência se põe a si mesma o objetivo de alcançar uma compreensão de si mesma, de sua própria natureza. É o sinal de que a consciência atingiu um estágio de desenvolvimento em que as amarras autoimpostas por uma compreensão limitada da modernidade se tornaram visíveis.[131]

Dito de outra maneira, o alvo é ele também uma etapa, ainda que uma etapa muito especial, já que indica uma mudança de patamar no desenvolvimento da consciência: a sua compreensão como espírito. Ou, se se quiser, a determinação conceitual precisa e complexa do momento presente, que permite reconstruir o projeto moderno de maneira tanto a afastar o finitismo característico da representação natural quanto a descortinar os potenciais de realização nele embutidos.

Para atingir esse alvo não basta unicamente tornar visíveis as amarras autoimpostas e, por assim dizer, ideológicas (as da "ideologia da Finitude"),[132] da representação natural. Há que efetivamente ultrapassá-las. Do contrário, não haveria por que legitimamente afirmar que essa consciência saiu de seu âmbito finito e se desenvolveu em espírito. Daí que a *Fenomenologia* tenha sido caracterizada por muitos comentários como composta de "duas partes", separadas pelo capítulo IV, "O espírito", e que tenha se tornado um problema recorrente relacioná-las.

Na interpretação defendida aqui, essa mudança de nível do desenvolvimento da consciência significa que a seção intitulada "O espírito" é marcada pelas experiências sociais e históricas que correspondem a momentos sucessivos em que amarras autoimpostas se tornam visíveis e em que a superação desses bloqueios é reconstruída historicamente, mostrando seu ancoramento em processos sociais concretos. O que, por sua vez, não apenas é compatível com uma interpretação da *Fenomenologia* em que a exigência central é a de uma negação determinada da representação natural; é também necessário que esse passo no elemento do espírito seja dado, de maneira a que não só as amarras autoimpostas por cada época se tornem visíveis, mas seja indicada a sua superação concreta em processos históricos e sociais. O que no início surgiu, portanto, como o mero problema do conhecer, expande-se assim em termos de um mundo, em termos da necessidade da compreensão de épocas históricas em suas configurações mais complexas.

A insatisfação da consciência só pode ser experimentada em vista da satisfação que a contém, como o finito só pode ser pensado a partir do infinito. Desse modo, a insatisfação da consciência só pode ser pensada pela referência ao horizonte sistemático que é imanente à sua progressão. A insatisfação da consciência não é introduzida "de fora", mas é explicitação do caráter imperfeito, inacabado e incompleto que a consciência sabe ser, explicitação que só é possível em vista da perfeição, do caráter acabado e completo do saber absoluto que ela também contém nela mesma de alguma maneira.

Essa explicitação do caráter imperfeito da consciência como motor de sua progressão não é outra coisa do que o "alvo" da progressão, que se *mostra* à consciência como necessário. Esse também é um argumento importante para mostrar que a *Fenomenologia* "contém, na forma da crítica de figuras históricas da consciência, uma apresentação de todo o sistema"; não pode haver, "por exemplo, uma verdade lógica ao lado da verdade fenomenológica, pois, do contrário, seria justificada a premissa de Kant criticada de um saber que está 'fora do absoluto' e 'seja não obstante verdadeiro' (§ 2). E a estrutura do sistema tem de corresponder à da *Fenomenologia*, do contrário, haveria alternativas e não, portanto, caminhos necessários da justificação".[133]

A desigualdade da consciência frente a seu objeto é fonte de insatisfação e de movimento porque ela tem por alvo o momento em que conceito e objeto coincidem, o momento em que o saber não tem necessidade de passar além de si mesmo, em que a consciência não está mais afetada pela necessidade de passar em um outro diferente de si mesma. A necessidade dessa passagem para tudo o que está limitado à vida natural, para tudo aquilo que não é consciência, é colocada de fora. O que existe meramente por natureza não é capaz de superar a necessidade de passar em um outro porque essa passagem lhe é imposta de fora, é a sua *morte*: "O que está limitado a uma vida natural não pode, por si mesmo, passar além do seu ser-aí imediato; mas ele será lançado para além desse ser-aí mediante um outro, e esse ser arrancado para fora é sua morte".[134]

A negação tem sentidos diferentes conforme é referida à vida natural ou à consciência. No caso do "ser-aí imediato", a negação é a morte, vale dizer, a negação lhe é exterior. A negação, ainda que apareça primeiramente para a consciência como mera negatividade (como morte de uma figura, por exemplo), mostra-se, a seguir, como positividade: a morte de uma figura da consciência é também (e traz consigo) uma nova figura. A negação é, inicialmente, pura negação da finitude da consciência, mas ela traz consigo a marca de sua infinitude ao tornar a morte *sua* morte, já que é a consciência que se nega a si mesma.

Como diz o chamado Prefácio à *Fenomenologia* (W. 3, p. 36; FE, p. 44):

> A vida do espírito não é a que se atemoriza em face da morte e se preserva em face da devastação, mas sim a vida que suporta a morte e nela se conserva. O espírito conquista a sua verdade somente quando se encontra a si mesmo na absoluta dilaceração. O espírito não é esse poder a modo do positivo que se desvia do negativo, como acontece quando dizemos de alguma coisa que ela não é nada ou é falsa, e assim, satisfeitos, passamos a outra coisa; ao contrário, o espírito é esse poder somente quando contempla o negativo face a face e junto dele permanece. Esse permanecer é a força mágica que reverte o negativo em ser.[135]

Em uma chave de interpretação abertamente antropológica, José Henrique Santos dará ao "trabalho" a posição central nessa diferenciação e produção na *Fenomenologia*. Comentando um livro bastante posterior (o § 10 da *Filosofia do direito*), escreve o autor:

> A educação pelo trabalho é o momento privilegiado em que o homem se põe no elemento da cultura, como ser acrescentado à natureza, e cria para si uma "segunda natureza" como um fato objetivo e real. Neste movimento, a natureza se torna humana e se transforma em cultura, ao mesmo tempo em que o homem, ao se apropriar da natureza "externa" mediante o trabalho, se apropria também de sua natureza "interna" e se faz homem culto. A passagem da natureza à cultura é um processo de humanização, mediante o qual o homem se torna consciente de sua

liberdade e busca o reconhecimento social como forma de vida. O homem não se dá a si mesmo como algo pronto e perfeito.[136]

Da perspectiva do autor, esse processo de humanização é também um processo de socialização, em que no "jogo de posições e autoposições, a sociabilidade aparece como um horizonte necessário, mas de modo algum dado. Ela tem de ser produzida no movimento do reconhecimento".[137]

Outra maneira ainda de expressar essa passagem entre natureza e cultura, como lembra Hyppolite,[138] encontra-se na efetividade do mundo ético, primeira parte da seção "O espírito" da *Fenomenologia*. O culto dos mortos na cidade antiga tem por finalidade subtrair a morte à natureza para torná-la o que ela realmente é para o homem, uma operação da consciência de si (cf. W. 3, pp. 330ss; FE, pp. 309ss). Em suma: no caso da consciência, o "ser arrancado para fora" não é ação de um outro, mas da própria consciência. A violência que é perder a sua verdade e sua vida provém da inquietude, do negativo que a consciência traz dentro de si. Esse movimento teórico corresponde ao movimento histórico-prático de uma modernidade que vem com os exércitos de Napoleão. A morte da consciência é um momento necessário de sua ressurreição em uma nova figura, como o botão que desaparece e ao mesmo tempo se conserva no brotar da flor. A derrubada do Antigo Regime resultará na instauração da nova ordem moderna, decantação institucional da Revolução Francesa.[139]

O aparecimento da "morte", como costuma acontecer, muda tudo. A referência à morte do "que está limitado a uma vida natural" traz não apenas a violência (*Gewalt*), mas, igualmente, o medo (*Angst*). E o aparecimento da violência traz consigo o "medo da verdade", expressão que só ocorre nesse momento do texto. Não por acaso, entretanto, reaparece logo em seguida o "temor da verdade", expressão com que tinha se encerrado o § 2. Naquele momento, no primeiro bloco de parágrafos, o "temor de errar" e o "temor do erro" se mostraram como "temor da verdade". O ponto de partida parecia se restringir a um problema de teoria do conhecimento. Parecia se tratar apenas do problema do "conhecer", parecia que "saber" se referia unicamente a um posicionamento teórico.

Ao fim do segundo bloco de parágrafos, o saber já está conectado internamente à *formação* da consciência, ao movimento de percorrer a série de estações que lhe permitirá encontrar-se a si mesma. O "medo da verdade" mostra aqui que a posição mesma do problema já se alterou radicalmente.

Como se viu, a dúvida/desespero está longe de ser jogo de cena. O aparecimento do medo formula o problema em outro patamar, já que, entre outras coisas, "o medo não pode encontrar quietude". Ao retomar, neste § 8, uma expressão característica do primeiro bloco de parágrafos, o "temor da verdade", Hegel retoma também a atitude um tanto faceira que é própria daquele início de percurso, o "zelo ardente", ligado sempre à ideia de "dar-se a ver em um esforço sério e zeloso" (§ 4).[140] E, com isso, encerra também um movimento argumentativo que reformula inteiramente os termos abstratos do ponto de partida do texto, do "conhecer".

## Breve recapitulação do resultado (§§ 5-8) – retrospecto e perspectivas

Foram postas em xeque as representações do conhecer como instrumento ou meio, que finitizam o absoluto e estão obrigadas a pressupor coisas que não podem provar. A ciência, que pretende conhecer o absoluto sem as limitações autoimpostas da representação natural, pelo fato mesmo de surgir ao lado desse outro saber, é ela mesma manifestação. Quer dizer, ao surgir, a ciência não se move livremente em sua figura original: não podemos nos julgar de posse de conceitos como absoluto, verdade, conhecer, a tarefa é justamente a de produzi-los. De modo que a manifestação própria da ciência é a apresentação do saber tal como aparece, do saber fenomênico (§§ 1-4).

Nesse desenvolvimento, entretanto, a consciência natural vai se mostrar apenas conceito do saber. Ocorre que esse "apenas conceito do saber" abriga uma negatividade que, desenvolvida, mostra sua positividade, mostra-se como negação determinada. O que faz com que a progressão se dê por si mesma, com a série completa das figuras. E a positividade da negação como negação determinada diz já que o alvo da progressão está colocado de maneira tão necessária quanto a própria série das figuras. O que não quer dizer, entretanto, que o alvo seja exterior à consciência: esta é para si mesma o seu conceito (§§ 5-8).

Este segundo bloco (§§ 5-8) mostra a passagem da "consciência natural" para a "consciência", enquanto o primeiro (§§ 1-4) mostrou a passagem da "representação" para a "apresentação", do "conhecer" para o "saber". A diferença também se faz notar no nível por assim dizer estilístico-argumentativo: a partir do § 5, as aberturas de parágrafo surgem como enunciações de teses programáticas, que necessitam, portanto, de desenvolvimento. Hegel faz de saída uma série de afirmações complexas e densas que necessitam de toda uma argumentação posterior não apenas para que sejam demonstradas, mas para que sejam até mesmo explicadas quanto ao seu sentido.

Esse recurso estilístico corresponde a uma importante mudança de registro: a partir do § 5 predomina a perspectiva da consciência filosófica.[141] A consciência que já realizou o percurso fenomenológico passa a fazer sucessivos exercícios de recordação, de maneira a determinar mais claramente: qual é a natureza do caminho fenomenológico (§§ 5-8), qual o método segundo o qual ele se desenrola (§§ 9-13) e qual o sentido mais geral (i.e. sistemático) desse caminhar (§§ 14-7). Ao mesmo tempo, Hegel responde com isso a duas exigências: tornar compreensível para uma consciência teórica moderna a proposta da *Fenomenologia*; e afastar possíveis objeções que lhe poderiam ser dirigidas em vista das críticas antes endereçadas à representação natural.

Isso porque, ao colocar em xeque, nos §§ 1-4, a pretensa inevitabilidade da pressuposição de um termo intermediário entre o absoluto e o conhecer, reformulando a ideia de uma "crítica da razão" no conceito de "apresentação", Hegel se vê imediatamente diante do problema de como distinguir o saber verdadeiro do saber não verdadeiro, já que, na "apresentação", ambos se pretendem verdadeiros e dispõem de legitimidade para tanto segundo a própria argumentação hegeliana. Para solucionar esse problema, Hegel realiza três movimentos no segundo bloco de parágrafos. Em primeiro lugar, estabelece a necessidade que caracteriza o percurso fenomenológico, indicando que o caminho não é feito ao acaso. Em segundo lugar, mostra que essa necessidade é interna ao próprio objeto a ser investigado (ou seja, é interna à própria consciência). Por fim, indica que os dois momentos antagônicos presentes na apresentação do saber fenomênico (saber real e saber não real) são momentos de uma e mesma consciência.

Essa compreensão da natureza dos antagonismos da consciência e sua necessária superação tem de ser de alguma maneira acessível à consciência comum. Mas, sendo essa maneira, no caso da consciência comum, a do percurso fenomenológico e ele ainda não foi realizado, é necessário *antecipá-lo* em seus traços fundamentais. Embora a consciência comum não possa compreendê-lo em sua inteireza, as antecipações têm de ser "concebíveis" (§ 7) para ela. E o são, assim se argumentou aqui, porque essa consciência comum é, em sua natureza, uma consciência *moderna*.

Não obstante, há aqui uma ruptura textual importante. Pois não se trata mais – como foi o caso do primeiro bloco de parágrafos (§§ 1-4) – de uma crítica dirigida ao caráter supérfluo, contraditório e limitador das amarras autoimpostas pela representação natural; trata-se agora de indicar as *potencialidades* que se mostram uma vez levantadas essas barreiras supérfluas. E como essas potencialidades não podem ser atualizadas de uma vez, mas mediante a realização do percurso, o bloco de parágrafos em exame (§§ 5-8) só pode mesmo se estruturar como um conjunto de antecipações, de tentativas de tradução para a consciência imersa na representação natural das potencialidades que a habitam e que podem ser efetivadas com a suspensão das barreiras da lógica representativa. E, no entanto, essas antecipações são de essencial importância para mostrar o *sentido* do percurso, para mostrar que há ganhos significativos em deixar para trás o mais tenaz dos dogmatismos, que é o dogmatismo moderno.

Não é por outra razão que a sequência do texto, o próximo bloco de parágrafos (§§ 9-13), parece dar "um passo para trás", parece retornar ao resultado do primeiro bloco (§§ 1-4), voltando a objeções já endereçadas à representação natural. Assim como os §§ 5-8 dão maior concretude à reformulação do problema do conhecer por Hegel, à noção mesma de apresentação, o bloco seguinte irá se ocupar de responder se as objeções de Hegel à representação natural não atingiriam a própria *Fenomenologia*. Pois a solução hegeliana da "apresentação" parece à primeira vista incompatível com a perspectiva da consciência filosófica: afinal, se a medida da verdade do saber for dada pela consciência que já realizou o percurso, a solução da "produção do conceito" (contra uma sua "representaçao natural") seria mera falácia a encobrir uma nova forma de dogmatismo, em que a consciência filosófica impõe sem mais sua perspectiva à consciência natural que realiza o percurso.

Será tarefa do § 9 formular essa objeção de maneira rigorosa, retomando o tema do "surgir da ciência", enunciado no primeiro bloco de parágrafos: "Mas aqui, onde a ciência surge primeiramente, nem ela mesma nem o que quer que seja se justificou como a essência ou o em si, sem o que parece impossível ter lugar qualquer exame". E o § 10 anuncia desde o seu início que a solução para tal contradição será alcançada nos seguintes termos: "Essa contradição e sua eliminação dar-se-ão de modo mais determinado se inicialmente forem recordadas as determinações abstratas do saber e da verdade tais como se encontram na consciência". Essa solução será alcançada ao final do § 13.

Dos §§ 5-8, pode-se dizer, em resumo, que a consciência é para si mesma o seu conceito porque não busca em outra parte a verdade, mas nela mesma. A verdade não é algo que lhe sobrevenha, que lhe seja imposto de fora, mas está presente no seu interior. Mas de uma maneira que ainda resta determinar.

## §§ 9-13: o problema da medida do saber não verdadeiro e sua solução

### § 9

1. dado o caráter de antecipação do que foi dito até aqui sobre a necessidade da progressão e da concatenação, pode ser proveitoso recordar algo sobre a natureza da apresentação, vale dizer, sobre seu método de execução

2. parece que há na apresentação uma pressuposição necessária: a da posição de um padrão de medida do saber fenomênico

    a) esse padrão de medida – seja ele a ciência ou outra coisa – seria a essência ou o em si

    b) mas, neste momento, em que surge primeiramente a ciência, nem ela nem o quer que seja pode se arrogar legitimidade para tal, de modo que é o próprio exame que parece impossível

O que foi dito até aqui, diz o início do parágrafo, o foi "de maneira preambular" (*vorläufig/praevius*), ou seja, no sentido original de "precursor", daquilo que precede, daquilo que segue à frente. Portanto, o "ir à frente", a "progressão", foi apresentado inicialmente do ponto de vista do percurso já realizado. É por isso, inclusive, que as considerações foram feitas "em geral", ou seja, sem a concretude que só o desenrolar efetivo do processo pode dar. Não obstante, a recordação incide aqui sobre o "método de execução", ou seja, sobre o método segundo o qual a consciência caminha rumo ao saber absoluto. A referência ao "preambular", ao "em geral" e ao "modo e à necessidade da progressão" remete diretamente à abertura do § 7, ou seja, à "necessidade da progressão e da concatenação". Hegel pretende a partir de agora mostrar como se dá esse caminhar em sua necessidade, o que tinha sido apenas anunciado e indicado no bloco argumentativo anterior.

A novidade trazida pela noção hegeliana de apresentação é ter permitido pela primeira vez colocar de maneira correta os termos do problema, afastando as "representações inservíveis" (§ 4). Para isso, entretanto, ela tem de ser capaz ela também de afastar as críticas dirigidas à representação natural, ainda que estas retornem agora em outro patamar, já reformuladas segundo o vocabulário do saber. Se objetivo é fazer ciência, ou seja, produzir o conhecimento verdadeiro no contexto da filosofia sem pressupostos em que somente é possível, o que seria então essa "apresentação" que tem o "absoluto" como alvo da progressão, essa ciência que é desenvolvida como sistema total do saber, senão o pressuposto mais cristalino e evidente da filosofia hegeliana?[142] Como escapar à acusação de dogmatismo, que pode ser enunciada até mesmo em seu sentido mais vexatório, que é o sentido pré-crítico?

A marca textual mais clara de que o problema de que partiu o texto está sendo retomado em novo patamar é dada pela ocorrência do "conhecer". Dentro do vocabulário do conhecer, referido já na análise do § 5, o verbo substantivado "o conhecer" domina amplamente o primeiro bloco de parágrafos, com nada menos do que onze ocorrências, desaparecendo depois sem deixar traços, sendo a única exceção em todo o texto justamente a sua ocorrência solitária neste § 9.[143] A partir do segundo bloco, domina já o "saber" como nova súmula do problema de partida e não será diferente até o final do texto da Introdução.

O desenvolvimento do argumento se inicia por duas restrições importantes: a do adjetivo "representada" e a do verbo "parecer" (empregado duas vezes neste § 9). Dizer que a "apresentação" é "representada" significa já que a apresentação não está sendo tomada em seu sentido pleno, mas no sentido que lhe dá a consciência representativa, ou seja, em um sentido limitado.[144] É essa limitação que vem reforçada adicionalmente pelo "parecer". Assim, se, como se viu a propósito do § 5, o objeto da *Fenomenologia* é o "saber fenomênico", o seu desenvolvimento é o da "apresentação". Mas não se pode fazer da apresentação assim entendida uma *representação* ("um *comportamento da ciência* para com o saber *fenomênico e como investigação e exame da realidade do conhecer*") senão ao preço de uma regressão à posição da representação natural.[145]

São dois os momentos que constituem o problema do conhecer reformulado em novo patamar, ambos determinados agora como momentos *da consciência*. Não se deve – nem se pode, se o objetivo é escapar ao contrassenso da representação natural – estabelecer um parâmetro exterior à consciência que possa resolver o antagonismo entre os dois momentos. A consequência é, portanto: a consciência tem de determinar no seu interior quais são esses momentos e, além disso, ela tem de encontrar nela mesma o padrão de medida do saber verdadeiro. Ou seja: a consciência tem de investigar a si mesma e, nesse processo, encontrar o padrão de medida que lhe permita distinguir, a cada vez, o saber verdadeiro do saber não verdadeiro.

Mas, mesmo após todas essas reformulações, o que distinguiria, afinal, esse projeto hegeliano do projeto das demais grandes filosofias modernas? Não pretenderam todas elas de alguma maneira proceder a um inventário de nossas representações e conhecimentos com vistas à determinação de sua origem, de seu alcance e de sua validade? Recorde-se uma vez mais o que se aprendeu com os três primeiros parágrafos do texto.

Hegel se insurge contra a ideia de que possamos estabelecer de uma vez por todas o inventário de nossas representações e conhecimentos. Tal projeto pressupõe que sejamos capazes de congelar como em uma fotografia os modos da coisa pensante, as representações e as faculdades de que se originam. Em suma, tudo se passa como se pudéssemos partir sem mais dos resultados, partir de onde pretendemos chegar. É preciso produzir os conceitos e não tomá-los como dados. Desse modo, quando Hegel diz que a consciência investiga a si mesma, ele pretende dizer: ela reconstrói o percurso que a levou a sua configuração moderna, à representação natural.

Encontramos pelo menos três "pontos de partida" sucessivos no texto da Introdução: "representação natural", "consciência natural" e "consciência". A primeira coisa que se aprende a cada novo ponto de partida é que "ponto de partida" não significa "marco zero" ou "tábula rasa". O ponto de partida já é um resultado, de modo que aquilo que é tomado como um imediato é já mediado. Portanto, a consciência não é um marco zero, mas é ela mesma resultado, produto. Ela é a história de tudo o que a constitui como consciência, sua própria história. O que Hegel está dizendo é que a consciência tem de se apoderar de sua própria história, tem de conhecer a si mesma para poder conhecer efetivamente. É por isso que todo o percurso da *Fenomenologia* já está contido em germe no início: porque a consciência é síntese, é súmula de vários e diversos momentos por explicitar e que necessitam de explicitação. Essa explicitação é o próprio percurso da *Fenomenologia*.

As lições do § 9 podem ser sintetizadas da seguinte maneira. Se os dois momentos do problema do conhecer (até aqui: "saber verdadeiro" e "saber não verdadeiro", "saber real" e "saber não real") são momentos *da consciência*, não se pode nem se deve estabelecer para ele uma solução externa à consciência, ou seja, o padrão de medida do conhecer efetivo não pode ser exterior à consciência. Mais que isso, é a própria lógica da apresentação que não permite qualquer tipo de intervenção exterior ao seu desenrolar. À apresentação do saber fenomênico não é dado privilegiar qualquer manifestação do saber como superior por princípio.

Mas o problema do exame da verdade do saber parece exigir que um padrão de medida seja colocado na base da apresentação. Pois se os dois momentos pertencem à consciência, parece inevitável que se busque um padrão de medida da verdade que lhe seja externo. Pois, do contrário, a consciência permaneceria encerrada em si mesma, não tendo condições, portanto, de aceder à verdade.[146] Como seria possível aferir – lembre-se aqui da representação do conhecer como instrumento ou meio – a verdade ou a não verdade de algo sem um parâmetro independente da própria consciência? Além disso: que outro padrão de medida pode ser utilizado senão o da própria verdade, vale dizer, o do saber verdadeiro, da ciência? Ocorre que, se assim for, a lógica da apresentação do saber fenomênico terá sido solapada pelo dogmatismo explícito de uma posição que se arroga detentora dos conceitos e da verdade em detrimento de qualquer outro saber. E, como já se estabeleceu desde o § 4, tal pretensão não é sustentável. De modo que é a própria apresentação que parece periclitar. É à solução desses problemas que se dedicam os parágrafos seguintes.

## § 10

1. tanto essa contradição como seu afastamento dar-se-ão de maneira mais precisa com a recordação dos momentos do saber e da verdade tais como se dão na própria consciência

a) a consciência diferencia algo de si e a ele se conecta: o saber é o lado determinado dessa conexão

b) diferenciamos, no entanto, desse ser para a consciência o ser em si: o lado desse em si se chama verdade

2. não nos cabe ir além dessas determinações iniciais abstratas, pois

a) sendo nosso objeto o saber fenomênico, as determinações serão tomadas como se oferecem

b) e como foram apreendidas é bem como se oferecem

Hegel diz inicialmente que a questão está mal formulada e pede uma vez mais (como no § 9) um esforço de recordação, mais especificamente com relação ao aparecimento do saber e da verdade como determinações abstratas da consciência. Para que a questão possa ser mais bem formulada, ou seja, posta de maneira mais *determinada*, é preciso, paradoxalmente em aparência, considerar o caráter *abstrato* do saber e da verdade.

Tomar a abstração como ponto de partida significa dizer que ela está presente tanto na "representação natural" como em qualquer "consciência natural" de maneira mais ampla. A noção mesma de *consciência* envolve as determinações abstratas "saber" e "verdade" como marcas características – mesmo que os *nomes* (saber e verdade) dados a esses momentos da consciência possam ser diferentes. Como diz a seguinte passagem do chamado Prefácio à *Fenomenologia*: "O ser-aí imediato do espírito, a *consciência*, tem os dois momentos, o do saber e o da objetividade [*Gegenständlichkeit*] negativa frente ao saber. Desenvolvendo-se e expondo o espírito seus momentos nesse elemento, essa oposição lhes sobrévem e eles surgem como figuras da consciência".[147] Mas Hegel pretende que essa não é uma intervenção da "consciência filosófica", do "nós", sobre a consciência, mas de momentos que "se dão" na própria consciência, da mesma maneira como mostrará que a diferenciação entre os dois momentos tematizados neste § 10 "recai", de fato, na própria consciência (§ 12).

Neste ponto da argumentação, importa a Hegel somente mostrar que falar em "consciência" implica necessariamente falar nessas duas "determinações abstratas". O que mostra mais uma vez não apenas que o texto da Introdução foi escrito para uma "consciência" moderna, mas que esse ponto de vista moderno da representação natural é que determina e organiza as próprias "figuras" do percurso fenomenológico, seu início e sua sequência. De modo que, mais uma vez, vê-se aqui que a necessidade da sequência das figuras, sua estrutura lógica e não cronológica, deriva da própria necessidade de proceder a uma reconstrução da consciência filosófica moderna, que é o real ponto de partida da *Fenomenologia*.

Note-se também que o texto diz que uma formulação (ou reformulação) mais exata do problema do conhecer diz respeito não apenas à ação de "abrir caminho" (*Wegräumung*), de "afastar" a contradição.[148] Diz respeito à própria contradição. Isso significa que também a formulação da contradição no parágrafo anterior é ainda precária: depende de uma elaboração mais refinada. Note-se ainda que "contradição" aqui se aproxima do "contrassenso" da representação natural, encontrado no primeiro parágrafo do texto. Ou seja, não se trata da "contradição" no sentido mais elaborado que tem essa noção na *Fenomenologia* – já que esta ocorrência do termo é a única nos limites do texto da Introdução – como negatividade e movimento, mas, ao contrário, de uma situação de quase *imobilidade*, em que "padrão de medida" e "objeto" são pensados como estanques, em que a contradição parece ter lugar porque justamente é a incongruência própria da representação natural que ainda domina a própria formulação do problema. Esse é mais um marcador daquele peculiar espelhamento entre os blocos de §§ 1-4 e 9-13, já mencionado nas considerações iniciais sobre a divisão do texto.

Como uma última peculiaridade a ser ressaltada ainda nesse início de parágrafo está o fato de que o esforço de recordação, apesar de dizer respeito diretamente à consciência filosófica, pode ser em boa medida acompanhado também por quem ainda não tenha familiaridade com o conjunto da *Fenomenologia*. Isso porque os desenvolvimentos até aqui – especialmente aqueles relativos aos resultados da crítica à representação natural – já permitem uma razoável compreensão dos termos em que a consciência filosófica realiza a recordação. É o que mostra o próprio uso do "nós" a partir deste § 10. Nos §§ 1-4, Hegel utiliza a fórmula apassivadora (e não a fórmula ativa do "nós"). Somente aqui – ou seja, ao aparecer em toda a sua extensão o problema da medida, i.e., a reformulação dos termos em que a representação natural coloca a tarefa de "conhecer" – surge o "nós" como consciência filosófica.

O "saber" apareceu pela primeira vez no § 4. Quando a ciência surge, ela surge como um saber ao lado de outros saberes. Encontra-se aí já a "determinação abstrata" que é o saber como estabelecimento de uma pretensão de verdade. Talvez o mais interessante aqui seja recordar que esse surgir da ciência e a posição dos saberes em suas particularidades irredutíveis engendraram tanto o problema quanto a solução para a questão da "manifestação", do "aparecimento" da ciência.

Como já visto, a manifestação própria à ciência é a apresentação do saber tal como aparece, do saber fenomênico. Nesse sentido, o esforço de recordação diz respeito à apresentação. Sabe-se que o absoluto não pode se dar de uma vez por todas: não *dispomos* já de conceitos como absoluto, verdade etc., mas temos de *produzi-los*. Com isso, o absoluto se dá como manifestação na forma da *apresentação* da própria ciência. E o final do § 4 concluiu: a ciência é "apresentação do saber fenomênico". Ora, se é assim, a questão relativa ao "padrão de medida", ao "critério", ao "gabarito" do exame, para que seja formulada de maneira não dogmática, só pode interrogar a própria consciência, e só pode interrogá-la a partir dela mesma.

O saber consiste na conexão determinada da consciência com algo que ela própria diferenciou de si. Algo é posto como distinto da consciência, como um outro a que se conecta. E, no entanto, essa diferenciação é obra da própria consciência. De modo que aquilo que é diferenciado permanece preso à própria diferenciação, preso à conexão posta por ela. E Hegel nos diz que "isso virá a ser expresso", ou seja, será exposto assim ao longo da *Fenomenologia do espírito*, como momento "para a consciência". O saber é o "ser de algo para uma consciência", o "para si" das figuras da consciência.

Neste momento ocorre a intervenção explícita do "nós", apontando para uma distinção feita pelo filósofo.[149] Mas Hegel não pretende dizer que o em si seja uma distinção introduzida "de fora", mas uma "diferenciação" encontrada na própria consciência: diz que "o lado desse em si se chama verdade", ou seja, que aquilo a que a consciência *visa* quando pretende falar do em si é denominado (também por ela) de "verdade". Essa ressalva não é suficiente, entretanto, para afastar a objeção de uma pressuposição da ciência como padrão de medida do saber fenomênico, como ficará claro no próximo parágrafo. É preciso examinar com cuidado esse ato de distinção que "nós" realizamos.

Antes disso, entretanto, é preciso marcar o lugar que ocupa na estrutura do texto da Introdução a afirmação de que "o *saber* é o lado determinado desse *conectar* ou do *ser* de algo *para uma consciência*". Quando do início da análise do § 5 e também do § 9, insistiu-se aqui nas marcas textuais de uma mudança de vocabulário que indica um avanço na argumentação. Amplamente dominante no primeiro bloco de parágrafos, o vocabulário do "conhecer", típico da representação natural, deu lugar ao vocabulário do "saber". Essa passagem exprime o resultado da crítica da representação natural, que levou à diretriz da "apresentação do saber fenomênico".

Se o segundo bloco de parágrafos se dedicou a mostrar como se dá tal apresentação, este terceiro bloco tem de se ocupar do "método da execução" próprio de tal "apresentação do saber fenomênico". Se a ocorrência solitária do "conhecer" no § 9 recordou o ponto de partida e anunciou a necessidade de examinar o problema já do ponto de vista transformado da "apresentação do saber fenomênico", este § 10 tem também como um de seus objetivos esclarecer no que consiste, afinal, o "saber". Esse esclarecimento envolve mostrar o sentido determinado em que o saber pertence à consciência, ao contrário do sentido abstrato em que se apresenta na "representação natural" sob o rótulo do "conhecer". Em lugar de uma relação de tipo "sujeito-objeto", uma consciência que *"diferencia* de si algo com que, ao mesmo tempo, se *conecta"*. Dito de outra maneira ainda, o resultado é que uma distinção como aquela entre sujeito e objeto é realizada pela própria consciência e a ela pertence.

Estabelecido que, na consciência, o movimento determinado em direção ao objeto é o saber e o momento de independência do objeto relativamente à consciência é a verdade, há que notar a ênfase dada por Hegel aos *lados*. Tal ênfase indica que tomar a consciência tal qual ela se apresenta imediatamente significa tomá-la em sua unilateralidade, a já sublinhada unilateralidade da crítica da *representação natural* no primeiro bloco de parágrafos.

A apresentação se distingue por seu caráter *receptivo*.[150] As determinações da consciência "serão tomadas primeiramente tais como se oferecem; e como foram apreendidas é bem como se oferecem". A única via para evitar o dogmatismo é não introduzir nenhum elemento factício na relação de conhecer tal como estabelecida pela representação natural, mas unicamente buscar os elementos factícios já presentes na própria relação imediata tal como se apresenta.

Dito de outra maneira, trata-se de receber o imediato tal como se oferece, mas sem se fixar apenas no que ele tem de imediato, ou seja, sem fazer da imediatez a essência do que se oferece como imediato. Há, portanto, uma importante diferença entre "imediatez" e "receptividade": o que a apresentação fenomenológica recebe é o imediato em sua inteireza e não apenas em sua imediatez, quer dizer, recebe de maneira imediata o que se oferece como imediato juntamente com tudo o que ele traz com ele: com todas as determinações que permitem reconstruir a sua gênese, vale dizer, com todas as determinações que permitem reconstruí-lo como, de fato, mediado.

Se o ponto de vista da ciência fosse colocado como instrumento de aferição da exatidão ou não do saber fenomenal, a própria apresentação se tornaria dogmática, pois que deixaria de ser processo de produção, de realização do conceito. Com isso, a própria ideia de uma experiência da consciência perderia seu sentido. Mais grave ainda: Hegel teria de enfrentar objeções muito semelhantes às que dirigiu ao conhecer como instrumento; encontraríamos na filosofia hegeliana os pressupostos que uma filosofia que se pretende sem pressupostos não pode admitir.

É por essa razão que Hegel exorta, neste § 10, a que se recorde o que já se sabe até aqui. É por essa razão que a recordação incide sobre a apresentação. E a recordação se faz sob a forma mesma da primeira característica da apresentação: se a apresentação é apresentação do saber fenomênico, o exame principia pelas "determinações abstratas do saber e da verdade tais como se encontram na consciência".

§ 11
se investigamos o saber quanto à sua verdade, parece que investigamos o que ele é em si

mas, nesse caso, o padrão com que o medimos seria dado por nós

de modo que o objeto a ser medido não teria necessariamente de reconhecer o resultado

A posição mesma do problema no início deste parágrafo indica uma supressão da unilateralidade da consciência, que foi o ponto de partida: a intervenção do "nós" ("investigamos") se dá sob a forma da união dos termos da investigação na expressão "verdade do saber", em que a supressão do caráter unilateral de "verdade" e de "saber" é feita em direção ao em si do saber. A expressão utilizada não é "saber verdadeiro", mas "verdade do saber". Ao demonstrar a impossibilidade de que o "nós" possa se colocar como medida, Hegel diz também que só restou um elemento ao qual pode legitimamente caber esse papel: a própria consciência.

Heidegger[151] dá o seguinte resumo do argumento do § 11:

> Se investigamos [*untersuchen*] a verdade do saber, buscamos [*suchen*] o que é o saber em si. Só que, por meio de nossa investigação, o saber se tornaria nosso objeto. Se o colocamos diante de nós em seu ser em si, ele se tornaria um ser para nós. Não apreenderíamos a verdade do saber, mas apenas nosso saber dele. O ser para nós permaneceria o padrão de medida com que medimos o ser em si do saber. Mas como o saber pode se fiar em um padrão de medida que altera aquilo que deve ser medido?

Em outras palavras, seria possível dizer, nesse caso, que se voltariam agora contra a apresentação todos os argumentos dirigidos contra a representação do conhecer como instrumento ou meio. Os termos fundamentais que expressam a impossibilidade de que "nós" nos coloquemos como medida são dois artigos possessivos no meio do parágrafo: "sua essência", "sua verdade". Os possessivos estão referidos ao saber, de maneira que seria possível ler: "o que afirmássemos como essência do saber não seria a verdade do saber, mas apenas o nosso saber a seu respeito". A verdade não pode ser exterior ao seu objeto, o que quer dizer: não há verdade fora da apresentação. O que "nós" reconhecêssemos como verdade não seria a verdade *do saber*, e este, portanto, não teria nenhuma razão para aceitá-lo, não teria nenhuma razão para reconhecê-lo como verdade sua. Estaria, assim, cristalizada uma cisão insuperável entre o "para nós" e o "para a consciência", cisão que é tarefa da apresentação dissolver.

Do ponto de vista linguístico, Hegel leva ao limite essa impossibilidade do "nós" ser colocado como padrão de medida: "aquilo com que se o comparasse e sobre o qual, mediante essa comparação, se deveria decidir, não teria necessariamente de reconhecê-lo". Hegel faz de um "aquilo" o sujeito do verbo "reconhecer". O que é uma consequência de ter feito da consciência um *objeto* do "nós", de tal maneira que ela é quase reduzida a uma coisa – mais exatamente a um "aquilo". O que será explicitado pelo início do § 12, que diz: "a natureza do objeto que investigamos".

Ocorre que esse mesmo "aquilo" retorna ao final deste § 11 não mais como uma "coisa", como um objeto a ser manipulado por quem lhe impõe a medida segundo seu próprio padrão, mas como sujeito dotado do poder e da capacidade de "reconhecer". O que o início do § 12 irá marcar com a adversativa de abertura: "Entretanto". A consciência não é caracterizada apenas por deter os momentos abstratos do "saber" e da "verdade", como estabeleceu o § 10: ela se caracteriza também e igualmente pelo poder último e inalienável de não ser obrigada a "reconhecer" o que não é demonstrado de maneira necessária e segundo os termos e objetivos colocados por ela própria, de não ser obrigada a aceitar como *necessário* um "seco asseverar", como se leu no § 4. O recurso estilístico leva o texto ao limite da inteligibilidade, o que se coaduna perfeitamente com o pretendido neste § 11.

## § 12

I. entretanto, a natureza da consciência é tal que:

1. a isenta dessa aparência de separação e de pressuposição;
2. dá sua medida nela mesma, de modo que
   a) a investigação é uma comparação da consciência consigo própria, pois
   i) a diferenciação feita anteriormente recai na própria consciência

II. o padrão de medida instituído pela consciência para o seu próprio saber é aquele que ela declara ser o em si ou o verdadeiro de modo que

1. tanto faz se damos ao saber o nome de conceito e ao objeto o nome de verdadeiro, ou vice-versa, pois
   i) o que importa é o exame da correspondência entre os dois termos

A separação de que fala o início do parágrafo é justamente a que se coloca entre o "para nós" e o "para a consciência". E a pressuposição seria a de uma cisão insuperável entre esses dois pontos de vista, o que levaria a *pressupor* que o saber do filósofo é a medida da adequação ou inadequação da consciência a esse mesmo saber filosófico. Isso implicaria dogmatismo em pelo menos três sentidos.

Em primeiro lugar, no sentido de um pressuposto fundante (a pressuposição é a marca por excelência do dogmatismo), algo *anterior* ao próprio processo em que deveria primeiramente nascer. Em segundo lugar, uma pressuposição como essa surgiria *ao lado* de todas as outras pressuposições possíveis, ou seja, a ciência pretenderia afirmar seu ser pela sua força, quando, na verdade, ela surge tal como o saber não verdadeiro, de modo que a sua asseveração vale tanto quanto outra qualquer (cf. § 4). Em terceiro lugar, se investigássemos a verdade do saber, ele se tornaria nosso objeto, de maneira que não apreenderíamos a verdade do saber, mas apenas o nosso saber dele. Com isso, o ser para nós seria a medida com que medimos o ser em si do saber. Ora, por que razão o saber deveria ver como legítima uma medida que altera o que deve ser medido? E como não deixar de buscar uma medida para a medida anterior e assim sucessivamente até o infinito (cf. § 11)?

Entretanto, em vista mesmo de tais objeções, o parágrafo anterior já afastou a possibilidade de uma investigação "para nós", em que o saber filosófico se colocaria como padrão de medida. E, ao afastar tal possibilidade, Hegel diz implicitamente que só resta o outro elemento da alternativa colocada: a própria consciência. E é importante insistir neste ponto: trata-se da "consciência" e não simplesmente do "para a consciência". Hegel diz: "o objeto que investigamos", ou seja, a consciência enquanto tal. E chegar à "consciência" foi resultado do exame aprofundado da representação natural, cuja limitação, cuja lógica representativa é, ao mesmo tempo, uma lógica "de consciência". Se a rejeição da solução do "para nós" como padrão de medida nos levasse a colocar simplesmente o "para a consciência" como saída, a dualidade se recolocaria com igual força. Ocorre que a consciência, em sua *natureza*, não é nem "consciência comum" nem "consciência filosófica", mas contém em si mesma esses dois momentos (cf. § 7), "saber verdadeiro" e "saber não verdadeiro", "saber real" e "saber não real".

Daí que Hegel diga em seguida que "a diferenciação que acaba de ser feita recai" na consciência. Hegel fala aqui da "diferenciação" (*Unterscheidung*) e não mais da "separação e pressuposição" da abertura do parágrafo. Além disso, "diferenciação" deve ser confrontada com o termo "diferença" (*Unterschied*), utilizado por Hegel no primeiro bloco de parágrafos ("*entre nós mesmos e esse conhecer*", § 2; "entre um conhecer que não conhece o absoluto, como quer a ciência, e é, no entanto, verdadeiro" e "entre um verdadeiro absoluto e um verdadeiro de outra espécie", § 3). A "diferenciação" traz com ela uma marca factícia, de uma "diferença" que não é mais "externa", "natural", mas *produzida* pela própria consciência, como um seu ato. De modo que, neste § 12, realiza-se a passagem da "diferença" para a "diferenciação", de uma distinção dada, pressuposta como necessária, para uma distinção produzida.[152]

"Diferenciação" remete ainda ao § 10, em que se viu que ela está presente na própria consciência, na diferenciação entre o momento do saber e o momento da verdade. Por certo, foi o "nós" que denominou esses dois momentos como sendo o do "para a consciência" e o do "em si", mas esse ato de nomear os momentos não altera a diferenciação ela mesma, presente na consciência. Eles são inicialmente as "determinações abstratas do saber e da verdade, tais como se encontram na consciência". Isso indica, portanto, que essas duas determinações marcam a essência da consciência, a sua *natureza*.

E aqui se encontra justamente a solução para o problema da medida. As "determinações abstratas" da consciência, porque constituintes da sua natureza, deixam de ser totalmente excludentes e mostram sua solidariedade. O "ser para uma consciência", o momento do saber, enquanto "objeto" a ser medido, encontra a sua medida no "ser em si", momento da verdade.

Daí que Hegel escreva: "A consciência dá sua medida nela mesma e, mediante isso, a investigação virá a ser uma comparação da consciência consigo mesma". Como adverte Heidegger, é importante notar que Hegel diz "*an ihm selbst*" e não "*an sich selbst*".[153] Pois, caso encontrássemos aqui o "em si" (mesmo na forma do "*an sich*" e não do "*in sich*"), ruiria toda a preparação para a solução do problema da medida. O "em si" marca o momento "para nós" da investigação. Desse modo, se a consciência tivesse "em si mesma" a medida, ela já conteria também o para si em sua formulação autêntica, ou seja, o para si se apresentaria como é verdadeiramente, como para si. Se fosse assim, encontraríamos já a consciência tal como emerge ao final do processo: como em si e para si.

Na passagem em questão, é a própria consciência que contém os elementos do "em si" e do "para si". Tais momentos são os momentos da verdade e do saber. Ocorre que eles surgem como *lados*, como *aspectos* da consciência – ainda que, e isso é decisivo, de uma *mesma* consciência.[154] Por um lado, a consciência diferencia algo de si mesma e estabelece uma relação de conhecimento (em sentido amplo) com esse algo. Tal é o momento do saber. Por outro lado, a consciência se representa um momento que se coloca fora dessa relação, algo que é independente da relação de saber. Tal é o momento da verdade. E é justamente na busca do verdadeiro, na busca daquilo que independe da relação de saber, que encontramos a medida que a consciência dá a si mesma para medir o seu saber. Ou seja, a consciência está obrigada a confrontar o seu saber, a sua própria regra de apreensão do objeto, com o exercício concreto de aplicar essa regra à apreensão do objeto tal como se dá para ela, de maneira a testar, a medir, o seu próprio saber.

Tal é a *essência* da consciência: colocar-se a si mesma como padrão de medida e ter por objeto a ser medido nada além dela mesma, nada além de seu próprio saber. Isso só é possível, por sua vez, porque, como vimos no § 8, a "consciência é para si mesma o seu conceito", ou seja: o momento da verdade não é exterior à consciência, ela não vai buscá-lo alhures, mas o encontra nela mesma. A consciência dá-se a si mesma a medida, no duplo e simultâneo sentido de medir e de ser objeto da medição.[155]

A apresentação permanece, no entanto, ainda muito abstrata e geral. Os momentos do saber e da verdade, diz Hegel, são *determinidades*, determinações potenciais, capacidades de determinação. E mesmo a abstração própria da "determininidade" tem ainda um nível ainda mais abstrato, ressaltado pela contraposição entre "dentro" da consciência e "na" consciência: "Há dentro dela algum *para um* outro, ou: ela tem nela de maneira geral a determinidade do momento do saber". Ou seja, a alteridade é um momento íntimo, interior, interno à consciência, que *se encontra* "dentro dela". Uma vez tematizado, esse elemento de alteridade que se encontra dentro dela passa a ser entendido como um movimento em direção à alteridade; e é esse movimento, em sua generalidade, que constitui uma determinidade, e, mais especificamente, a determinidade do momento do saber.

A importância de reconhecer as diferenciações presentes na consciência e seus respectivos estágios de determinação leva Hegel a lançar mão de um recurso estilístico que pode passar por simples pleonasmo, senão por confusão. Diz a sequência imediata do texto: "simultaneamente, esse outro não lhe é apenas *para ela*, mas também é fora dessa conexão ou *em si*, o momento da verdade". A superposição de "lhe" e de "para ela" marca a diferenciação entre os dois momentos da maneira mais precisa possível: o "lhe" indica que ambos ("para ela" e "em si") pertencem à consciência e que não se deve limitar esse pertencimento apenas ao momento "para ela".

Entende-se, entretanto, que essa distinção entre o "lhe" e o "para ela" provoque escândalo: afinal, como é possível uma relação com a consciência que não esteja na forma do "para ela" e que, portanto, não se reduza simplesmente ao momento do "saber"? Toda a demonstração de Hegel neste ponto – e, na verdade, em relação a todo o texto da Introdução e mesmo de toda a *Fenomenologia* e do Sistema que projeta – depende de desligar a sinonímia "natural" entre "para a consciência" e "saber". Mostrar que também o momento da "verdade" é imanente à consciência é o ponto central deste bloco de parágrafos.[156]

Cabem duas observações. Em primeiro lugar, o preenchimento ou o desenvolvimento das determinações próprias a esses dois momentos ainda abstratos (como "determinidades") cabe ao próprio caminhar da consciência, vale dizer, a cada uma das figuras da consciência. Em segundo lugar, o que está em jogo aqui é tão somente a necessária ênfase sobre o fato de que o momento do medir e o objeto da medida pertencem à própria consciência. Jean Hyppolite sintetiza os termos do problema da seguinte maneira:

> Se definimos a verdade como o acordo do sujeito e do objeto, perguntamo-nos como esse acordo é constatável, já que a representação não pode sair dela mesma para justificar sua conformidade a seu objeto.

Entretanto, se o objeto não é posto para além da representação, a verdade perde sua significação transcendente para a consciência e, se esta transcendência é mantida absolutamente, a representação é radicalmente separada de seu objeto. Imanência do objeto em relação à consciência comum e transcendência radical tornam igualmente impossível a própria posição do problema da verdade. Mas, para Kant, o que constituía a objetividade do objeto era imanente, não, por certo, em relação à consciência comum, mas em relação à consciência transcendental. Deste modo, o objeto era transcendente em relação à consciência comum ou finita, mas imanente em relação à consciência transcendental. Ora, toda consciência comum é também consciência transcendental, toda consciência transcendental é também necessariamente consciência comum; a primeira só se realiza na segunda. O que quer dizer que a consciência comum se ultrapassa a ela mesma; ela se transcende e se torna consciência transcendental.[157]

Essa é uma maneira possível de esboçar os contornos do domínio hegeliano da *imanência*, único no qual é possível a *crítica* – e isso desde Kant, aliás. Nos limites da *Fenomenologia do espírito*, todo o processo tem de ser imanente à consciência, de tal maneira que "crítica" significa aqui desbloqueio do pensamento relativamente às amarras autoimpostas pela consciência, segundo o padrão da representação natural. Essa perspectiva fenomenológica nada tem que ver como uma análise *psicológica*, seja qual for a sua versão: o problema do "conhecer" perde sua formulação rigorosa quando é confundido com um inventário dos conhecimentos e das operações intelectuais próprias de "pelo menos para nós, seres humanos".

Note-se, por fim, que o verbo usado por Hegel para explicitar no que consiste o "exame" em cada um dos possíveis "lados" do problema é *"zusehen"*, traduzido aqui simplesmente como "ver".[158] O sentido aqui é quase o de um "verificar", com certo tom de "cuidar para que". Mesmo que a tradução não sirva para distingui-lo do "ver" (*sehen*) que vem em seguida ("Vê-se bem que ambos são o mesmo"), pareceu preferível manter a raiz comum (já que também em português "ver" pode ter os dois sentidos). A mesma tradução por "ver" foi utilizada na ocorrência subsequente de *"zusehen"* (como substantivo, *"das Zusehen"*), no § 13. Só que, neste caso, "o puro ver" ganha já outra nuance: é um "assistir a", quase um "contemplar".

§ 13
I. o exame é realizado pela própria consciência, de modo que
1. também por isso qualquer intervenção nossa é supérflua, restando-nos o puro ver, pois
a) ambos os momentos são para a consciência, de modo que
II. a consciência é ela própria a comparação entre os dois momentos, de tal modo que
1. se, na comparação, não há correspondência entre esses momentos
a) altera-se o saber
b) altera-se o objeto ao qual esse saber estava ligado
2. o que era em si se torna em si somente para ela de modo que
a) no exame, o padrão de medida não subsiste, o que significa que
i) o exame não é apenas um exame do saber, mas também de seu padrão de medida

Estabelecido que a consciência contém nela mesma as condições do exame, é preciso mostrar agora *como* a consciência realiza o exame, qual o motor desse processo e quais os seus resultados. Uma formulação como essa não exime Hegel de ter de responder à pergunta pela articulação do "para a consciência" e do "para nós"; mas esse é um problema cuja solução depende de maneira mais ampla da própria solução do problema da medida. O exame é uma comparação da consciência consigo mesma. Os termos do problema são os seguintes: "Pois a consciência é, de um lado, consciência do objeto, e, de outro lado, consciência de si mesma; consciência do que é para ela o verdadeiro e consciência de seu saber dele".

Com isso, o exame parece trazer novamente o círculo característico do problema da medida em uma nova formulação. Se a consciência examina a correspondência entre o seu saber do objeto e o objeto tal como é para ela, não há nada que possa fazê-la ir além de si mesma. Para ela, o objeto parece ser tal como ela o sabe. Ir além dessa aparência (o que quer dizer: ir além de si mesma) significaria para a consciência pôr à prova o seu saber do objeto não mais como objeto *para ela*, mas tal como o objeto é *em si*. Tal coisa parece aqui impossível. E, no entanto, é um movimento imprescindível: a consciência precisa ir além de si mesma para compreender a si mesma, precisa ir além dos limites que a prendem a uma concepção de conhecer que defronta um sujeito e um objeto, que isola esse ato de conhecer do todo do mundo e da história no qual esse ato se dá e ganha seu sentido.

"Mas exatamente porque a consciência sabe em geral de um objeto, já está presente a diferença entre algo que é, *para ela*, o *em si* e um outro momento, entretanto, o saber, ou o ser do objeto *para* a consciência." A crítica hegeliana à distinção kantiana entre númeno e fenômeno não trata simplesmente de descartar o arsenal crítico, mas de mostrar como se articulam momento fenomênico e momento numênico em sua verdadeira articulação não dogmática, isto é, na forma da apresentação que leva ao ponto de vista do espírito. Quando da análise do § 1, já se viu que a distinção entre númeno e fenômeno só pode ser realizada do ponto de vista do númeno; do contrário, seria impossível traçar a fronteira. Nesse sentido, também a diferenciação entre o "em si" e o "para a consciência" está presente na própria consciência. Mais ainda: é essa diferenciação que empurra, que impulsiona a consciência para além dela mesma, sem que, com isso, ela perca a si mesma.

Se a consciência é saber de um objeto, ela tem nela mesma tanto o momento da consciência do objeto como o momento da consciência de si. Mas, sendo assim, o momento do em si, o momento da verdade, surge como um momento *para a consciência*. Ocorre que a consciência não se representa o em si simplesmente como para ela: se tal se desse, o em si deixaria de ser em si para ser *em si somente para a consciência*.

Encontra-se aqui, entretanto, o motor mesmo do processo, a negatividade presente no interior da própria consciência: o seu saber do objeto não corresponde ao objeto porque tanto o saber do objeto quanto o próprio em si do objeto são tais *para a consciência*, de forma que o momento do em si permanece inalcançado. Ele só poderá ser alcançado quando o ponto de vista de consciência for ele próprio superado, quando for alcançado o ponto de vista do espírito. Do contrário, os termos do problema continuarão amarrados à prisão consciencial, que reduz sempre o objeto a seu saber dele.

O em si é, portanto, o momento que empurra a consciência para além dela mesma. Mas é também o inalcançável, na medida em que se revela a cada vez apenas "em si para a consciência". Só deixará de ser inalcançável quando a consciência for capaz de suprimir a distância e a diferença entre esses dois momentos no seu interior, quando ela se reconhecer a si mesma como a unidade do em si e do para si. Vale dizer, quando deixar o ponto de vista limitado da consciência e alcançar o ponto de vista do espírito, único que confere sentido pleno à consciência e à experiência que ela realiza.

Mas não se trata de mostrar apenas que o motor do processo se encontra na própria consciência – e não em "nós", na consciência filosófica.

É preciso acrescentar que não cabe à consciência filosófica *agir* de qualquer maneira que seja, pois, não por último, seria uma ação supérflua. A marca da ação está no substantivo "*Zutat*", traduzido aqui por "aporte", que reaparecerá ainda uma vez no § 15.[159] O "*Zutat*" contém o "*Tat*", o "feito", evocado no § 6 sob forma da unilateralidade opiniática de uma consciência que se põe como diretriz "somente tomar pelo verdadeiro o próprio feito". Não apenas não cabe à consciência filosófica *fazer* algo; mais que supérfluo, esse fazer é indesejável. Por isso, em lugar de fazer, cabe-lhe o "ver" (*Zusehen*). Ou, mais precisamente, cabe-lhe o "puro" ver, pois até mesmo o "ver", desprovido de qualquer qualificação, poderia ser entendido como uma forma de ação, de fazer, de produzir, o que Hegel insiste em afastar.

Trata-se de uma passagem conceitual estratégica quando se pensa na ambiguidade da expressão clássica que abre o § 16 da "Dedução transcendental" da *Crítica da razão pura* de Kant, o "*Das*: Ich denke, *muß alle meine Vorstellungen begleiten können*", o "eu penso que tem de poder acompanhar todas as minhas representações".[160] Para tentar apresentar essa ambiguidade de um dos ângulos possíveis:

> No mais das vezes, essa afirmação é entendida de tal maneira que pensamentos só são meus pensamentos quando eu posso atribuí-los a mim explicitamente como meus pensamentos. Enfatiza-se, portanto, o "poder" na sentença de Kant, porque este parece apontar para o fato de que tem de se estar na posição de atribuir-se um pensamento como seu próprio. Com isso, parece que a consciência de si quer dizer a capacidade de poder atribuir-se pensamentos como seus. Isso não é, entretanto, o que Kant diz com essa sentença. Com a sentença, não é dito que eu, quando penso, *posso* acompanhar esses pensamentos com o "Eu penso". É dito que todas as *minhas* representações têm de poder ser acompanhadas do "Eu penso" porque somente eu posso ligar as representações umas com as outras, as quais podem ser acompanhadas pelo "Eu penso" de maneira que sejam ligáveis umas com as outras – pois, se não o forem, então, como diz Kant, não são nada para mim.[161]

Não é o caso aqui de entrar na discussão sobre a natureza da consciência de si em Kant, nem de lembrar o quanto a situação se complica quando se trata de comentar passagens da *Crítica da razão pura* em que parece estar dito que há representações "minhas" das quais "não sou consciente".[162] O que importa é indicar que uma tal oscilação entre a ênfase no "poder" ou nas "minhas" representações talvez possa ser deslocada se a ênfase recair sobre a curiosa expressão "acompanhar". Seria possível, assim, interpretar a *Crítica da razão pura* – e sua dedução transcendental, em especial – a partir da perspectiva da *Fenomenologia* de Hegel, tomada aqui como ápice do pós-kantismo.[163] Uma "fenomenologização" da *Crítica da razão pura* permite ler o *"Ich denke"* kantiano segundo a dupla perspectiva da consciência que realiza a experiência e da consciência filosófica que é "puro ver" – ou que, nessa expressão um tanto surpreendente de Kant, "acompanha" a consciência natural.

Na versão dada por Adorno, "Kant encontrou o passivo na atividade do pensar tão fielmente quanto sua imponente probidade sempre respeita o que se oferece nos fenômenos, mesmo nas proposições em que se expõe em mais alto grau; a *Crítica da razão pura* é já uma fenomenologia do espírito, tal como se intitulava então a análise hegeliana da consciência".[164] Essa leitura fenomenológica da *Crítica da razão pura* (e, com isso, dos próprios caminhos do idealismo alemão) já estava presente no comentário de Jean Hyppolite citado há pouco, quando da análise do § 12, e que vale a pena reproduzir parcialmente aqui:

> Para Kant, o que constituía a objetividade do objeto era imanente, não, por certo, em relação à consciência comum, mas em relação à consciência transcendental. Deste modo, o objeto era transcendente em relação à consciência comum ou finita, mas imanente em relação à consciência transcendental. Ora, toda consciência comum é também consciência transcendental, toda consciência transcendental é também necessariamente consciência comum; a primeira só se realiza na segunda. O que quer dizer que a consciência comum se ultrapassa a ela mesma; ela se transcende e se torna consciência transcendental.[165]

Retomando, então, uma vez mais, os termos do problema: "Pois a consciência é, de um lado, consciência do objeto, e, de outro lado, consciência de si mesma; consciência do que é para ela o verdadeiro e consciência de seu saber dele". Como nota muito bem Amelia Podetti, Hegel não escreve *"Selbstbewußtsein"* e sim *"Bewußtsein seiner selbst"*: "não se trata da volta da consciência sobre si, da autocerteza da consciência, momento que aparecerá a determinada altura do caminho, mas do saber de si não tematizado, por assim dizer, que é próprio da consciência, por definição, e que é o fundamento da reflexão. Ou seja, sabe o objeto em si e sabe seu saber do objeto. O que Hegel quer sublinhar é que o saber e o objeto são ambos para a *mesma* consciência".[166]

Esse processo-resultado é também aquele que constrói o campo da "imanência" próprio da filosofia hegeliana. Como já ressaltado algumas vezes, trata-se de um campo teórico cujo grau de concretude é o do seu ponto de partida: a representação natural. É dela que se parte e é a ela que se volta. O campo da imanência está longe, entretanto, de um "círculo hermenêutico": não se constrói com esse movimento uma "tradição" (mesmo que moderna), mas um campo teórico e prático em que a modernidade mostra tanto seus potenciais não realizados quanto os bloqueios a sua efetivação.

Como desenvolvido na Apresentação, esse campo de imanência da filosofia hegeliana não deve ser entendido aqui no sentido de uma "modernidade normalizada", como se pode dizer da obra de maturidade de Hegel, escrita no ambiente da Restauração, posterior ao Congresso de Viena, em 1815. Ao contrário, a modernidade projetada pela reconstrução da *Fenomenologia* é ainda em grande medida aquela em processo de instauração, sob a forma das guerras napoleônicas. Trata-se de uma imanência em que a etapa *espiritual* de desenvolvimento, que deve se seguir àquela própria da *Fenomenologia*, a *de consciência*, é caracterizada como aquela em que os bloqueios à realização da modernidade se tornaram visíveis, tanto em sentido teórico-intelectual como prático-histórico.[167] Dispõe apenas da negação determinada e do impulso em direção ao espírito, ainda não sistematizado sob a forma da *Enciclopédia*. O que significa, ao mesmo tempo, que, na *Fenomenologia*, os potenciais embutidos na modernidade e os bloqueios que os acompanham são, ao contrário da obra posterior, muito mais salientes, ocupando antes o primeiro plano das análises.

O resultado desse movimento de ultrapassagem é a inadequação entre os momentos do saber e do objeto tais como se apresentam no interior da própria consciência. Com isso, entretanto, a consciência se vê diante do problema de ter de reformular a cada vez e sucessivamente o seu saber do objeto para permanecer fiel a si mesma. A inadequação entre o saber e o objeto está ancorada no fato de que a consciência se dá conta da inadequação entre os momentos do em si e do para ela: o que ela se representava como sendo em si, independente da relação de saber, mostra-se como "em si somente para ela". Com isso, abandonar o saber que ela tem em direção a uma nova formulação significa abandonar também o objeto com que se relaciona o saber. Pois a descoberta da inadequação está justamente no fato de que não apenas o saber, mas também o objeto são apenas para ela.

Sendo assim, a reformulação do saber da consciência põe também um novo objeto a que se conecta esse saber. De modo que a própria noção de fenômeno tal como concebida por Kant é ultrapassada. O fenômeno não é um aspecto, o aspecto propriamente humano, limitado à experiência possível, que pode ser decomposto, analisado em seus vários momentos, desde que mantida, entretanto, a referência a um objeto fixo de que ele seria a aparição. Pelo contrário, o saber fenomênico surge a cada vez como um novo saber e como um novo objeto, e por isso põe a cada vez a necessidade de um novo padrão de medida do saber e de seu objeto.

A consciência dá a si mesma a medida porque ela contém os momentos do para si e do em si, daquilo a ser medido e do padrão de medida. Mas se a consciência se coloca como *relação* entre os dois termos, ela torna os dois momentos *para ela*, ela se examina a si mesma ao modo do para ela. Ora, com isso, é a própria medida que se torna inadequada: ela deixa de ser medida para se transformar em pressuposto. Da mesma maneira como a consciência se vê impelida a caminhar porque o "em si" se revela "em si somente para ela", também a medida tem de ser reformulada, de maneira a não se transformar em medida *somente para ela*. Também a medida não pode ser algo fixo, à maneira de uma régua, mas tem de ser formulada e reformulada ao longo do percurso, percurso que não é outro senão a apresentação do saber fenomênico, a própria *Fenomenologia do espírito*.

Uma das intuições mais fundamentais e mais duradouras do pensamento de Hegel se encontra no resultado obtido ao final desse bloco de parágrafos: não é possível separar rigidamente o "descritivo" do "normativo" – procedimento que se tornou moeda corrente na Teoria Tradicional filosófica e social a partir do século XIX, por exemplo. Ou melhor, só é possível fazê-lo ao preço da autoimposição de bloqueios cognitivos e práticos que levam ao "contrassenso" e à "contradição" da representação natural, de uma teoria da modernidade normalizada, bloqueada em seu potencial de transformação.

Na obra de Hegel posterior à *Fenomenologia*, esse tema aparece já sob a forma da "dialética da medida" da *Ciência da lógica*, um momento especialmente caro à apropriação que realizou Marx do pensamento hegeliano. Como mostrou bem J. A. Giannotti:

> No peso ou na representação em geral, uma medida pressuposta garante a referência do universal, que no fundo se resolve numa antecipação de operações concretas de medida. No valor, o universal anteposto, o tempo de trabalho abstrato, sem qualquer outra determinação, configura uma *condição de existência social* deste ou daquele trabalho individual: somente valem os trabalhos que obedecem aos padrões socialmente vigentes. A abstração serve de medida para a existência social do concreto, ao invés de constituir uma antecipação social de operações sobre concretos existentes. Isto porque, no fundo, a abstração padrão se reporta a uma produtividade média do trabalho, a uma conjuminação peculiar das forças produtivas, cuja efetividade é sempre social, pondo e se repondo pela reiteração das trocas.[168]

Giannotti aponta tanto para a teoria hegeliana da medida como para a sua peculiar apropriação por Marx, em que a dialética da medida é ressignificada para revelar a lógica própria da ideologia capitalista. No Hegel da *Lógica* lido a partir da *Enciclopédia*, a dialética da medida se fecha sem deixar resto. Também o capitalista pensa a produção nesses termos, mesmo se o que não falta no processo de produção de mercadorias são buracos, falhas e excessos, como mostra Marx. Mas, em sua versão original hegeliana bem como em sua transformação em ideologia por Marx, fica a ideia de um processo de medida em que mudam tanto o objeto como o seu padrão de medida, em que ambos têm de ser a cada vez produzidos. Na *Fenomenologia*, isso ainda ocorre sem a obrigação de carregar o pesado fardo de uma teoria sistemática do espírito e de sua contrapartida em termos de filosofia da história, que lhe serão acrescentadas pelo sistema posterior da *Enciclopédia*.

## Breve recapitulação (§§ 9-13)

O § 9 estabeleceu primeiramente os termos do problema a ser enfrentado: se examinar o saber da consciência quanto à sua verdade ou não verdade for tarefa da ciência, tudo já terá sido decidido externa e previamente à própria apresentação. Isso está em contradição manifesta com o resultado do § 4, no qual se estabeleceu que, ao surgir, a ciência se coloca ao lado de outros saberes e não de saída como o saber verdadeiro. Nesse sentido, a ciência seria o padrão de medida pressuposto do exame da verdade do saber da consciência e, enquanto tal, um pressuposto tão problemático e não problematizado quanto os pressupostos já criticados da representação natural.

O § 10 pretendeu determinar de maneira mais precisa os termos em questão, ou seja, determinar qual é o objeto a ser medido e qual o padrão de medida do exame. Da mesma maneira que o parágrafo anterior, também o § 10 se inicia por um esforço de recordação que incide primeiramente sobre o resultado do § 4, isto é, sobre a natureza da apresentação do saber fenomênico. Reformulados os termos do problema, tem-se que se encontram na própria consciência os dois momentos em causa: o do objeto a ser examinado (o saber) e o do padrão de medida do exame (a verdade). O desenvolvimento cabe à própria apresentação, o que é inteiramente compatível com o resultado alcançado ao final do § 4.

Com essa reformulação, a questão da exterioridade do padrão de medida em relação ao objeto mensurado fica afastada, já que ambos são momentos da mesma consciência. No entanto, o § 11 enfatiza um aspecto do parágrafo anterior que é o cerne da questão, agora reformulada: se o § 10 diz que somos *nós* quem diferenciamos o momento da verdade ou do em si, parece que somos *nós* quem investigamos o saber da consciência quanto à sua verdade. Nesse sentido, a questão se recoloca em outro nível: mesmo se os dois momentos se encontram na consciência, se apenas *nós* pudermos diferenciá-los com clareza, apenas *nós* poderemos de fato realizar o exame, já que apenas *nós* teremos a perspectiva do em si, da verdade.

Se assim for, entretanto, a consciência não tem por que reconhecer o resultado desse exame, cujo padrão de medida lhe é externo. A hipótese levantada no § 11 (a de que "nós" seríamos o padrão de medida do exame do saber da consciência) está em contradição com o princípio de desenvolvimento da apresentação (que não admite nenhum padrão de medida externo à própria apresentação do saber fenomênico). Mais que isso, essa hipótese traz consigo ainda um problema suplementar, correlato ao anterior: se assim fosse, haveria uma separação insuperável e de princípio entre os dois momentos (o do saber e o da verdade), de tal maneira que o próprio conhecer seria impossível, o que levaria, na melhor das hipóteses, à defesa de uma posição cética.

É por isso que o § 12 afirma, em sentido contrário, que "a natureza do objeto que investigamos dispensa essa separação ou essa aparência de separação e de pressuposição. A consciência dá sua medida nela mesma e, mediante isso, a investigação vem a ser uma comparação da consciência consigo mesma; pois a diferenciação que acaba de ser feita recai nela". Ao longo do parágrafo, Hegel mostra que os dois momentos (tanto o do conceito como o do objeto) pertencem à natureza da própria consciência, são por ela mesma diferenciados e por ela mesma reconhecidos como diferenciados, de modo que o exame não necessita nem deve necessitar do "para nós" como padrão de medida. Pouco importa como se *denominam* esses momentos, se somos *nós* que assim os denominamos ou não: o essencial é que ambos os momentos se encontrem devidamente caracterizados, caracterização para a qual a consciência não necessita de qualquer padrão de medida que lhe seja externo.

Mais que isso, como afirma o § 13, não é apenas por estarem *presentes* na consciência que esses momentos dispensam a *nossa* intervenção, mas também porque a tarefa de confrontá-los (o exame propriamente dito) é realizada pela própria consciência, sem que o "para nós" seja necessário em nada nesse processo de medida. Cabe a *nós* unicamente a contemplação, o puro ver de um movimento que a consciência realiza ela mesma e por ela mesma. Se, ao comparar os dois momentos, a consciência descobre que eles não coincidem (coincidência, como se viu no § 8, que é o *alvo* do percurso fenomenológico), será obrigada a alterar seu saber. Com isso, estará obrigada a alterar também o seu objeto e, mais ainda, o próprio padrão de medida, razão pela qual Hegel afirma que "o exame não é somente um exame do saber, mas também de seu padrão de medida", ou seja, um exame do próprio método de examinar.[169] Não há, portanto, separação insuperável entre os dois momentos (hipótese levantada no § 11), mas sim um processo em que a comparação de um com o outro resulta em alterações tanto de um como de outro, assim como do próprio padrão de comparação. É esse processo de alterações sucessivas dos termos que Hegel irá chamar no § 14 de "movimento *dialético*", cujo exercício "é propriamente aquilo que se denomina *experiência*".

## §§ 14-7: o "movimento dialético" da consciência como "ciência da experiência da consciência"

### § 14

1. esse movimento em que se alteram saber, objeto e padrão de medida é um movimento dialético

2. e, tanto quanto dele desponta o novo objeto, denomina-se experiência

3. reconstruído de um ponto de vista científico, esse transcurso mostra que a experiência consiste em que o novo objeto contém o anterior na medida em que é a negação dele, pois

a) o objeto verdadeiro é ambíguo, na medida em que é para a consciência e também é independentemente dela

b) essa ambiguidade se resolve na alteração do objeto verdadeiro, que vem a ser verdadeiro somente para a consciência

c) esse ser para ela do em si é, no entanto, o verdadeiro, vale dizer, o novo objeto, que contém a nadidade do primeiro

O "movimento dialético" a que se refere Hegel é aquele realizado ao longo dos dois blocos de parágrafos anteriores, e, mais especialmente, no bloco de parágrafos precedente (§§ 9-13), e, mais precisamente ainda, no § 13. Mas o "movimento" alcança ainda mais longe no texto. Basta para isso lembrar uma vez mais o vínculo interno entre "movimento" (*Bewegung*) e "caminho" (*Weg*), cujo roteiro de desenvolvimento foi esboçado no início do exame do § 5 e retomado quando do exame dos parágrafos §§ 6 e 7. Foi também naquele momento que se indicou que, depois das determinações deste § 14 e do § 15, o movimento irá se fazer novamente caminho na abertura do § 16.

O movimento constitui o caminho. A forma do mover-se estabelece a forma do caminhar. E, no entanto, o caminho assim instituído parece como que se destacar do movimento que o engendrou, fixando-se, cristalizando em posições, polos ou estações o que é essencialmente movimento e devir. Por isso, como escreve Marx, "pode parecer que se está às voltas com uma construção *a priori*".[170]

É necessário, portanto, mostrar a cada vez o vínculo interno entre "movimento" e "caminho", de maneira a não fixar conteúdos, sempre necessariamente moventes. Mas, ao mesmo tempo, não se pode perder de vista igualmente que o movimento tem ele mesmo "pontos de parada", "estações" que formam um "caminho", de tal maneira que o mero apreender de um movimento contínuo e incessante também não alcança a "necessidade da progressão e da concatenação" em toda a sua amplitude. Também por isso o movimento é necessariamente *dialético*.

Este último bloco de parágrafos está às voltas, portanto, com o conjunto do texto da Introdução. E essa referência é importante porque neste último bloco há uma retomada de temas e problemas dos dois blocos anteriores e não apenas do terceiro. Também o § 7, por exemplo, será invocado no § 15 sob a fórmula: "Essa é de fato, entretanto, também a mesma circunstância de que já se falou acima em vista da relação dessa apresentação com o ceticismo". Ou seja, a partir do momento em que a consciência acede à estrutura da representação natural e a seu "contrassenso" fundamental, inicia-se um processo de reformulação imanente de suas pretensões que mostra agora, no último bloco de parágrafos, o seu caráter dialético.

Falando apenas em termos da conexão com o parágrafo precedente: a consciência passa no momento do objeto e descobre que seu saber é inadequado para exprimi-lo porque o em si é somente em si para ela. Esse movimento Hegel denomina "dialético", termo que só aparece nessa passagem da Introdução. A dialética está no cerne mesmo da consciência e de seu movimento. E, no entanto, como a propósito de todas as demais expressões introduzidas por Hegel anteriormente, também "dialética" surge inicialmente apenas como um "nome" ("é propriamente aquilo que se denomina *experiência*"). Só o conjunto dos parágrafos deste último bloco argumentativo permitirá determinar melhor a significação desse "nome".

De saída, pode-se lembrar que o § 13 mostrou a origem da mudança: o caráter necessário da *progressão*. Ora, segundo a fórmula do § 7, a necessidade não é apenas necessidade da progressão, mas também da *concatenação*. Donde o problema: de que maneira a experiência da perda do saber e do objeto desse saber se concatena com o novo saber e com o novo objeto desse saber? Como garantir que o resultado da negação não é um puro nada indeterminado, mas um nada determinado, resultado da negação determinada (como o exige o próprio § 7)?

Hegel afirma que o movimento dialético realizado só se torna *experiência* "tanto quanto *daí surge para ela o novo objeto verdadeiro*".[171] Por outras palavras: só se pode falar de experiência quando o movimento é compreendido pela consciência em sua concatenação necessária, quando o novo saber e o novo objeto *contêm* a verdade da figura anterior. A experiência exige primeiramente a "novidade" do "objeto". Não se trata aqui de um "outro" objeto simplesmente, que surgiria como que exteriormente, sendo então visto como um "objeto *novo*" (tal como se pode ler, por exemplo, na seguinte passagem do § 15: "parece que fazemos a experiência da não verdade de nosso primeiro conceito *em um outro* objeto que encontramos de uma maneira por assim dizer acidental e extrínseca"); trata-se de um "*novo* objeto", reconhecido como a *renovação* do objeto anteriormente posto. É também, nesse sentido, o objeto "verdadeiro", já que contém nele a história de sua renovação, a verdade do objeto anterior.

O contrário, portanto, daquele "se e o que de novo" do § 7, surgido a propósito do ceticismo, em que o novo que "se lhe venha a oferecer" tem a marca da casualidade e da eventualidade, do "*etwa*": "O ceticismo, que termina com a abstração do nada ou da vacuidade não pode prosseguir além dela, mas ao contrário tem de aguardar se e o que de novo se lhe venha a oferecer para lançá-lo no mesmo abismo vazio". Ao que Hegel contrapõe, na sequência imediata do texto do § 7, a "nova forma" e anuncia o movimento que apenas aqui, neste § 14, será desenvolvido em toda a sua extensão: "Sendo o resultado, ao inverso, apreendido como negação *determinada*, como na verdade é, despontou então imediatamente uma nova forma e a passagem se fez na negação, por intermédio do que a progressão se dá por si mesma mediante a série completa das figuras". Não se trata aqui de um "novo" indeterminado, mas de um novo objeto e de um objeto novo: um objeto corroído e transformado internamente pela negação, um objeto que resulta do processo de negação.

E, no entanto, a consciência se organiza em uma nova figura, com um novo saber e um novo objeto, da mesma maneira como na figura anterior, diferenciando os momentos do para ela e do em si, e afirmando a realidade do seu saber frente ao objeto. Como é possível ler na primeira figura, no primeiro capítulo da *Fenomenologia do espírito* (W. 3, p. 90; FE, p. 92): "Torna-se claro que a dialética da certeza sensível não é outra coisa senão a simples história do seu movimento ou da sua experiência, e a própria certeza sensível não é outra coisa senão apenas essa história. Por essa razão, a consciência natural chega sempre também a esse resultado que é nela o verdadeiro, e sobre isso faz a experiência. Mas sempre o esquece de novo e recomeça o movimento desde o início".

Somente quem já tenha percorrido o conjunto das estações da *Fenomenologia* pode afirmar com inteiro conhecimento de causa que uma experiência foi realizada porque é quem está em condições de compreender por inteiro a necessidade da progressão e da concatenação. É isso exatamente o que diz Hegel: salientar a experiência realizada em sentido próprio é lançar uma nova luz sobre o aspecto *científico* da apresentação, ou seja, é mostrar o papel que cabe à Ciência nesse processo, é apontar o lugar que ocupam os textos "para nós" na arquitetônica da *Fenomenologia*. Hegel diz, portanto, que a consciência se presta a um tratamento científico, ou seja, que se pode constituir uma *ciência da experiência da consciência*, que não é outra coisa senão a própria *Fenomenologia do espírito*. Além disso, a insistência no caráter científico prepara já a discussão do § 15, em que estará em causa não apenas o confronto desse conceito científico de experiência com seu sentido comum, mas também uma maior determinação do que seja o "propriamente científico" da experiência.

Nesse "transcurso" cabe destacar um momento "em maior detalhe" segundo Hegel, o momento que é decisivo para a compreensão da experiência realizada. Voltando brevemente ao parágrafo anterior, vê-se que já tinha aparecido uma expressão semelhante ("o que era em si apenas *para ela*") à empregada por Hegel nesta passagem do § 14 ("*o ser-para-ela desse em si*"): "o que anteriormente era para a consciência o *em si* vem a ser para ela o que não é em si ou o que era em si apenas *para ela*". E, no entanto, no § 13 ainda não se tratava explicitamente (como se trata agora) de *dois objetos*: "A consciência sabe *algo*, sendo esse objeto a essência ou o *em si*; também para a consciência ele é, no entanto, o *em si*, com o que se introduz a ambiguidade desse verdadeiro. Vemos que a consciência tem agora dois objetos, sendo um o primeiro *em si*, o segundo *o ser-para-ela desse em si*".

Ou seja, somente "agora", como diz o texto, é possível tratar propriamente da "ambiguidade" do verdadeiro. Porque já ficou para trás a ambiguidade abstrata do verdadeiro na representação natural, que surgiu, no primeiro bloco (§§ 1-4), sob a forma "turva" da "diferença entre um conhecer que não conhece o absoluto, como quer a ciência, e é, no entanto, verdadeiro; e o conhecer em geral, que, mesmo incapaz de apreender o absoluto, seria, no entanto, capaz de outra verdade" (§ 3), que, na sequência do texto, assumiu a forma de uma oposição entre "saber não verdadeiro" e "ciência" (§ 4). Porque também já não mais se trata das "determinações abstratas do saber e da verdade tais como se encontram na consciência" (§ 10), ponto de partida para a reformulação em novo patamar da "ambiguidade" do verdadeiro em termos científico-fenomenológicos, em que se tornou possível afastar, no bloco anterior (§§ 9-13), o "nós" como padrão de medida, de maneira a responder a uma possível objeção de dogmatismo da perspectiva da representação natural. Isso trouxe para o primeiro plano o aspecto "para a consciência" do processo de medida, relegando a plano secundário o problema da *relação* entre os "dois lados" da consciência, entre o "para ela" e o "em si".

É essa relação que é tematizada neste último bloco de parágrafos do texto e que revela a "ambiguidade" do verdadeiro, a "duplicidade" da verdade que, como já se viu, é o motor mesmo da progressão, já que a consciência busca a *unidade* da verdade. Exatamente como enuncia a passagem final deste § 14: "com isso, no entanto: *o ser-para-ela desse em si* é o verdadeiro, o que quer dizer, entretanto, que é a *essência ou seu objeto*. Esse novo objeto contém a nadidade do primeiro, ele é a experiência sobre ele feita". Ou, como escreve Paulo Meneses: "A consciência *sabe alguma coisa*: este objeto é a essência ou o em si. Porém, a consciência reflete sobre si mesma, e então o saber se torna um objeto para ela. Temos agora dois objetos: o em si e o ser-para-ela deste em si. O primeiro objeto muda então: deixa de ser em si e passa a ser algo que é para-a-consciência. Assim, o objeto da consciência fica sendo o seu saber, ou seja, a experiência que a consciência faz do objeto".[172]

No processo de confrontação do saber e do objeto, a consciência se vê diante do problema de que o momento do em si se mostra como em si somente para ela, e, portanto, diverso do em si a que ela própria visava. Se o resultado do processo fosse um puro nada, teríamos então de admitir que nada resultou desse confronto. Entretanto, segundo o § 13, desse confronto surgem um novo saber e um novo objeto. Não é suficiente, todavia, invocar a autoridade da afirmação. Por que deveriam estar as duas figuras vinculadas à maneira da negação determinada? Por que não pode ser que nada haja que ligue os dois momentos do processo, de maneira que o cético, por exemplo, poderia dizer que a primeira figura se dissolveu sem deixar traços e que a consciência dogmática, em sua teimosia, encontrou uma nova maneira de afirmar seu dogmatismo (por meio da tese da concatenação)?

Se fosse assim, o surgir do "em si" como "em si somente para a consciência" reduziria a consciência a uma reflexão solitária sobre si mesma, obrigaria a consciência a se restringir aos estreitos limites de sua interioridade – em termos hegelianos: não seria capaz de atingir o patamar do espírito. Nesse sentido, o novo saber e o novo objeto proclamados por Hegel não passariam de uma nova maneira de a consciência agir sobre si mesma, estando condenada a não conseguir fugir ao encarceramento da autorreflexão.

Tal não se dá porque o resultado da negação não é um puro nada indeterminado: o novo saber e o novo objeto contêm a verdade da figura anterior. Dito de outra maneira, o ser-para-a-consciência do em si, o resultado do processo de negação, não é outra coisa do que o novo objeto da consciência. Com ele, instaura-se um novo saber e a passagem se deu na negação. Como diz o final do parágrafo, o "novo objeto contém a nadidade do primeiro, ele é a experiência sobre ele feita". Em outros termos: é a experiência que permite à consciência ascender ao patamar do espírito.

Entretanto, temos com isso um novo problema: como a experiência, em sentido estrito, científico, distingue-se da experiência em sentido ordinário, comum? Formulado de outra maneira: como a consciência e o filósofo entendem o processo, ou seja, como estão articulados – uma vez mais – os momentos "para a consciência" e "para nós"? Esse problema surge no texto com respeito ao próprio verbo "despontar" (*entspringen*). Afinal, trata-se de um movimento que afeta a consciência, do qual ela seria objeto, uma consciência que passivamente receberia um novo objeto, ou, ao contrário, esse despontar é resultado da ação da consciência, de tal maneira que o movimento dialético é efetuado pela própria consciência? De acordo com as perspectivas do "para nós" e do "para a consciência", as duas coisas simultaneamente. Mas somente o próximo parágrafo responderá a essas perguntas em profundidade.[173]

Antes de chegar ao § 15, entretanto, cabem ainda algumas breves considerações sobre a noção de "transcurso" (*Verlauf*), presente na passagem "no transcurso que acaba de ser mencionado". Já se assinalou, quando da análise do § 5 e do § 7, a proximidade dessa expressão com a metáfora do "caminho". Mas, no § 7, "transcurso" ainda não aparecia como termo independente, mas na expressão "transcurso do caminho". Agora já é possível dizer que é a própria metáfora do caminho que mostra por inteiro as suas limitações: é por vezes uma metáfora por demais concreta para expressar em toda a sua amplitude um *movimento dialético* cujos elementos *não podem ser fixados*; um exame no qual mudam o sujeito da medição, o objeto a ser medido e o próprio padrão de medida dificilmente pode ser capturado por uma imagem na qual as estações parecem externas a quem segue o caminho. Nesse momento da argumentação, a ideia de "transcurso" surge não para substituir a metáfora do "caminho", mas antes para pontuar e ressaltar o fluxo mesmo do movimento, cujo sentido é dado pelo conceito de experiência. Por essa razão, o próximo parágrafo irá se iniciar pelo "transcurso da experiência".

## § 15

1. uma tal noção de experiência parece não concordar com o sentido comum de experiência
    a) nomeadamente a passagem em que o para-a-consciência do primeiro em si vem a ser o novo objeto
    b) pois, para o sentido comum, o novo objeto parece ser acidental
2. mas tal resulta de uma reversão da própria consciência que
    a) é acessível para nós, mas não para a consciência que consideramos
        i) tal como no caso já mencionado do ceticismo, que não apreende o resultado como negação determinada
    b) instaura uma nova figura de uma série, que
        i) para nós, nasce de maneira necessária, necessidade apreendida formalmente como movimento e devir
        ii) para a consciência, é apenas como objeto, como conteúdo que se lhe oferece sem que ela saiba como isso ocorre

Hegel não diz aqui que o sentido usual de experiência não concorda inteiramente com o seu sentido científico, tal como apresentado no § 14. Ele diz que há *um momento* em que os dois sentidos de experiência *parecem* não concordar. Esse "momento" é "para nós", momento que, segundo o parágrafo anterior, pode ser denominado "propriamente" experiência, assinalado como sendo o do despontar do "novo objeto verdadeiro". Para afirmar o novo conceito de experiência não basta, portanto, distingui-lo do sentido comum: é igualmente necessário determinar melhor o seu caráter *propriamente* científico, mostrar, afinal, no que consiste esse *momento* científico que lhe é próprio.

É preciso determinar melhor qual é esse momento em que experiência ordinária e experiência científica parecem não concordar. Não se trata do "para nós" pura e simplesmente, tal como apresentado até aqui. É possível entender o "para nós" por meio da contraposição entre "passagem" ("a passagem do primeiro objeto e do saber do mesmo para o outro objeto *em que* se diz que a experiência teria sido feita") e "fazemos" ("parece que fazemos a experiência da não verdade de nosso primeiro conceito *em um outro* objeto que encontramos de uma maneira por assim dizer acidental e extrínseca"). No primeiro caso, temos uma atividade sem sujeito correspondente, ou seja, não se sabe quem faz a passagem nem se há alguém que a faça, caso em que podemos entendê-la como um simples processo a ser constatado. No segundo caso, o sujeito é explícito: "nós".

Curiosamente, entretanto, não se trata aqui da perspectiva da consciência filosófica, mas sim da perspectiva da consciência comum. Esse "nós" tem aqui o mesmo sentido daquele do bloco §§ 1-4, próximo do "pelo menos para nós, seres humanos" de Kant (ver Quadro sinótico 1). O que indica também que o conceito usual de experiência construído aqui remete de alguma maneira à noção de experiência própria da representação natural. Não porque esta se coloque no nível teórico do início da *Fenomenologia*, no nível da "certeza sensível" – como já ressaltado –, mas porque suas "diferenças", cisões e distinções, por um lado, não lhe permitem compreender a experiência como *resultado da ação do negativo* (e exigem, portanto, por outro lado, que ela "retorne" à figura da "certeza sensível" como primeira etapa de sua autorreconstrução); estabelecem antes a experiência em termos de positividades conceituais que se referem a positividades de objetos. É essa fixidez ontológica, por assim dizer (e que não por último se mostrou em ação no bloco de parágrafos do "padrão de medida", §§ 9-13), que impede a consciência representativa de pensar a experiência como resultado de um processo de negação. E é ela que faz parecer "que fazemos a experiência da não verdade de nosso primeiro conceito *em um outro* objeto que encontramos de uma maneira por assim dizer acidental e extrínseca".

Tem-se, primeiramente, um conceito científico de experiência, legado pelo parágrafo anterior (o "para-a-consciência do primeiro em si", que vem a ser o segundo objeto), para o qual temos de buscar um sujeito. Para o conceito usual de experiência, esse sujeito tem de ser simplesmente aquele que faz a experiência. Mas o que Hegel está se perguntando é: O que significa "fazer a experiência"? Se se pretende atribuir esse fazer à consciência pura e simplesmente, perder-se-á totalmente o conceito científico de experiência recém-conquistado. Mais ainda, seria necessário simplesmente retornar à concepção do conhecer como instrumento. Por outro lado, se se pretende atribuir esse fazer ao filósofo, a ideia mesma de experiência se esvai, pois o "para nós" voltaria a ser padrão de medida e não haveria mais caminho a ser percorrido: seríamos dogmáticos no sentido kantiano da expressão.

De fato, o sentido usual de experiência não concorda com seu sentido científico. Mas por que então Hegel introduz a reticência do "não parece concordar", se, de fato, eles não podem concordar? O verbo aqui é "*übereinstimmen*", ou seja, "entrar em consonância", como quando um instrumentista entra no momento certo na execução de uma peça sinfônica. A questão é, então: parece não haver consonância possível entre a noção comum de experiência e sua caracterização científica. Mas isso não equivale a dizer que a consciência natural não pode se elevar a consciência filosófica, que as duas não podem coincidir? Ou que, uma vez mais, a ciência terminaria por se colocar como medida do exame do saber da consciência? Em vista dessas objeções, é preciso resguardar, portanto, a possibilidade da consonância, muito embora experiência comum e experiência em sentido estrito não sejam de saída consonantes.

É o que afirma a sequência do texto. A "primeira perspectiva", a da experiência em sentido propriamente científico, é aquela que diz que "o saber do primeiro objeto – ou o *para*-a-consciência do primeiro em si – deva vir a ser ele mesmo o segundo objeto". Em total acordo com o tratado de não intervenção assinado a partir do § 12, Hegel diz que esse movimento foi realizado pela própria consciência, visto que ela contém nela mesma aquilo que deve ser medido e o próprio padrão de medida para fazê-lo. Também não se pode esquecer de que, assim como o "para nós" foi afastado como padrão de medida, tampouco o "para a consciência" pode alimentar tal pretensão, sob pena de recolocarmos a dualidade com igual força. Quando, no § 12, Hegel fala do "objeto que investigamos", ou seja, da consciência enquanto tal, ele diz que a consciência, em sua natureza, não é nem "consciência natural" nem "consciência filosófica": trata-se de uma consciência que é capaz tanto de um saber natural quanto de um saber real, de uma consciência que se vê insatisfeita com a presença em seu interior de dois saberes distintos que pretendem primazia. Análise já realizada, aliás, quando do cotejo de duas afirmações: a da abertura do § 6, em que a consciência *natural* se mostra "apenas conceito do saber", e aquela do § 8, que diz que "a consciência é para si mesma o seu *conceito*".

Tal como se coloca neste § 15, o problema é o de compreender como é possível que a consciência ao mesmo tempo faça a experiência e não a compreenda como realizada. É isso o que Hegel pretende explicar com a ideia de uma *"reversão da* própria *consciência"*.[174] Os elementos envolvidos nessa reversão surgiram em vários momentos anteriores do texto, mas, em especial, em duas passagens que envolvem o "despontar". Primeiro, no § 7: "Sendo o resultado, ao inverso, apreendido como negação *determinada*, como na verdade é, despontou então imediatamente uma nova forma e a passagem se fez na negação, por intermédio do que a progressão se dá por si mesma mediante a série completa das figuras". E, em um segundo momento, no § 14: "Esse movimento *dialético* que a consciência pratica nela mesma, no seu saber como no seu objeto, tanto quanto daí *desponta para ela o novo objeto verdadeiro* é propriamente aquilo que se denomina *experiência*".[175] A antecipação feita no § 7 só ganha concretude após a argumentação em torno do "método da execução" no segundo bloco de parágrafos. E o resultado desse desenvolvimento nos §§ 9-13 é resumido no início do § 14 de tal maneira a abrir uma nova ordem de considerações, centradas agora na prática efetiva da consciência em sua busca pela verdade. Um dos requisitos básicos desse processo foi enunciado aqui: não há experiência sem reversão da consciência.

A expressão indica, primeiramente, que é a própria consciência quem faz a experiência. Na interpretação defendida aqui, a situação é a de uma consciência moderna que julga ter plena consciência de si mesma e de seu saber e que, de certa forma, torna esse movimento autorreflexivo sinônimo da verdade. Para Hegel, esse é o sinal de uma consciência moderna que ainda não se libertou do dogmatismo que lhe é próprio, um dogmatismo propriamente moderno, limitado à autorreflexão, incapaz de ascender ao patamar dialógico do espírito.[176] Ou seja, de uma consciência que ainda não realizou por inteiro a sua própria crítica e de seu saber. E, ao mesmo tempo, como já enfatizado em vários momentos deste livro, uma consciência que se vê confrontada de maneira inevitável – já que se trata de uma guerra real – com a divisão entre o mundo da modernidade aparente e meramente filosófica do Antigo Regime e o mundo da modernidade napoleônica.

É por isso também que a distância entre o ponto de vista do "para nós" e o do "para a consciência" é, ao mesmo tempo, ínfima e abissal. Ínfima, porque basta à consciência marcada pela representação natural desbloquear o fluxo de sua própria lógica profunda de pensamento, basta afastar a fixidez de uma imagem prévia e estática de si mesma e de seu próprio tempo. E abissal, porque súmula de um bloqueio real, tanto histórico como teórico. Essa distância simultaneamente ínfima e abissal é a que impõe o longo percurso da *Fenomenologia*. E é ela que explica, igualmente, por que a primeira figura do percurso, a "certeza sensível", é ao mesmo tempo a mais pobre e a mais rica de todo o processo, por que contém nela tanto o conjunto de potencialidades desbloqueado pelo mundo moderno como a pobreza da ausência do desenvolvimento pleno dessas potencialidades.

É essa dificuldade que se encontra no cerne da articulação dos textos "para nós" e "para a consciência" que reencontramos na sequência do texto em exame, que trata da "consideração" dessa experiência feita pela consciência. A ênfase aqui não recai sobre o ato de reversão da consciência ele mesmo, mas sobre a *consideração* desse ato de reversão.[177] "Consideração"[178] é primeiramente o ato de colocar algo em perspectiva, nesse caso, perspectiva do objeto como *geworden*, como "tendo vindo a ser". Significa também um relativo distanciamento em relação ao movimento realizado, de maneira que ele possa ser pensado em sua necessidade. Por fim, é atenção para com o objeto, de modo que o resultado do exercício da negação não resulte em um puro nada indeterminado, mas em um novo objeto que tenha vindo a ser da negação. Mas é disso justamente que a consciência não tem consciência, embora ela seja *capaz* de tê-la, no sentido de que contém nela mesma os meios para realizar tal consideração. O ponto de vista filosófico, de sua parte, nada mais pode fazer senão se manter na *Betrachtung*, na *contemplatio* do processo, na consideração científica do processo de reversão da consciência efetivamente realizado, ainda que não apropriado pela própria consciência que o realizou. Apenas essa consideração lhe é permitido "acrescentar", nada mais.

Quem faz a experiência, portanto? A consciência se reverte, condição para que haja a experiência. O filósofo considera a reversão de modo a ressaltar o que há de propriamente científico na experiência (i.e., experiência em sentido próprio, pertencente ao elemento do espírito). O que levará à conclusão necessária de que a consciência (*Bewusstsein*) faz a experiência, mas não o sabe (*weisst*). Sabê-lo exige realizar o percurso fenomenológico em sua inteireza.

Mas, segundo Gadamer – retomando nisso o cerne da crítica de Heidegger –, o "que Hegel assim descreve como sendo a experiência é a experiência que a consciência faz consigo mesma". Ou seja, Hegel não consegue sair da mesma armadilha da representação natural que denunciou. Pois ainda que tenha trazido à luz o aspecto da historicidade da experiência, ainda que tenha visto que a experiência feita muda o saber de quem a realiza, ele não a teria interpretado dialeticamente – escreve Gadamer, ainda seguindo Heidegger –, "mas, ao contrário, pensa o que é dialético a partir da essência da experiência".[179] Sintomaticamente, entretanto, Gadamer abandona na sequência a Introdução à *Fenomenologia* que estava comentando para encontrar o sentido dessa passagem do texto no *Zusatz* do § 7 da *Enciclopédia*, o que faz com que a mencionada "reversão" na noção de experiência que teria sido realizada por Hegel passe a ser lida de tal maneira que "o caminho da experiência da consciência conduz a um saber-de-si que não tem mais de maneira alguma um outro, um estranho, fora de si. Para ele a consumação da experiência é 'ciência', a certeza de si mesmo no saber. O padrão de medida em que pensa a experiência é, portanto, o do saber-de-si".[180]

À parte os problemas concernentes unicamente a essa passagem da *Enciclopédia*, mostram-se aqui com clareza as distorções resultantes da interpretação do texto da *Fenomenologia* a partir da obra de maturidade e do padrão da *Enciclopédia*. Tais distorções atingem a noção mesma de experiência, sem a qual o projeto fenomenológico perde seu sentido. A experiência, entendida aqui como movimento dialético, não é imposta de fora (pela "ciência") ao seu objeto (a "consciência"). O que significa, por sua vez, que, na *Fenomenologia*, o Sistema da ciência é o ponto de fuga de um movimento em que a consciência deve encontrar e deixar para trás os bloqueios autoimpostos que a impedem de se reencontrar consigo mesma. Proceder por negação determinada da representação natural faz com que "espírito" e "saber absoluto" se tornem emblemas de um *procedimento* da consciência moderna, afetada pela desigualdade e pela insatisfação que carrega em si.

A exemplo de Gadamer, também Robert Pippin vê essa leitura como impossível – ou, mais precisamente, como não fazendo parte das opções da filosofia contemporânea. Não se trata apenas de mais um autor que impõe a perspectiva de leitura a partir da obra de maturidade como inescapável,[181] mas de um autor que leva à caricatura qualquer tentativa de atualizar a *Fenomenologia* à maneira jovem-hegeliana. Depois de analisar a passagem para o capítulo "O espírito", com a consequente necessidade de pensar a novidade das "figuras do mundo",[182] Pippin escreve:

A ideia de que, para Hegel, a subjetividade humana deve ser entendida como autoproduzida ao longo do tempo e que no cerne de tal produção e reprodução se encontram formas sociais de autocompreensão comumente sustentadas, ciclos em curso de perdas e ganhos de autoridade social, contém aspectos familiares às assim chamadas interpretações hegelianas de esquerda. Mas dois aspectos da posição de Hegel evitaram que essa ideia básica alcançasse muita ressonância contemporânea: a ideia (que agora parece ingênua) de que essa autoprodução tenha uma direção teleológica fixada de maneira subjacente e que é esse alvo ou télos que, em um sentido ou outro, começa a ser atingido na modernidade ocidental. Essa é uma outra maneira de dizer novamente que, quando Hegel introduz seu apelo à experiência como manifestando a fluidez e a vida espiritual dos conceitos, ele está introduzindo o que quase todo mundo agora vê como totalmente a-logos, meramente a contingência selvagem e casual da vida histórica de uma cultura particular e suas várias disputas internas sobre normas de autoridade. A ideia de que a filosofia poderia ser – de fato, tenha de ser – *sobre isso tudo* não é vista como uma opção contemporânea.[183]

A perspectiva de leitura jovem-hegeliana de esquerda tem de ser caricaturada por Pippin exatamente pelo fato de que, para ele, a noção de "experiência" da *Fenomenologia* é afetada pela dificuldade de articular "experiência da consciência" e "experiência do ponto de vista do espírito", um problema que o leva a se afastar da obra de 1807 como um livro confuso, complicado e, por que não dizer, francamente perigoso. Uma perspectiva jovem-hegeliana de esquerda que tome o ponto de vista da *Fenomenologia* como central para uma atualização da filosofia de Hegel pode, como se tentou demonstrar aqui, tomar essa "bidimensionalidade da experiência" como fio condutor, sem ser obrigada a aceitar nem uma teleologia canhestra nem um logo--euro-centrismo caricatural.

Hegel retoma, na sequência do texto, o § 7, articulando o tema da negação determinada com o da "série total das figuras da consciência em sua necessidade". Talvez seja aqui o lugar e o momento de enfrentar um tópico insuficientemente analisado quando do exame do § 7. Trata-se exatamente da *"completude* das formas da consciência não real". Para isso, acredito ser necessário voltar ao início da primeira divisão da Lógica transcendental da *Crítica da razão pura* (cf. KrV, p. 83, B p. 89; Crp, p. 104), à abertura da

Analítica transcendental. Kant formula nessa passagem quatro requisitos para a "decomposição de todo o nosso conhecimento *a priori* nos elementos do conhecimento puro do entendimento", dos quais o último é: que a tábua dos conceitos seja completa e que abranja todo o campo do entendimento puro. Na sequência do texto, temos o seguinte comentário de Kant a essa exigência: "Mas esta completude de uma ciência não pode ser assumida com confiança tendo por base o cálculo grosseiro de um agregado obtido por tentativas; ela só é possível, assim, por meio de uma *ideia do todo* do conhecimento *a priori* do entendimento e da divisão, a partir dela determinada, dos conceitos que constituem tal conhecimento; ela só é possível, portanto, por meio da *concatenação* desses conceitos *em um sistema*".

Se a razão não for capaz de resolver um único dos problemas por ela colocados, ou seja, problemas provenientes da sua própria natureza, então é a própria metafísica que tem de ser abandonada. Para saber se somos capazes de metafísica – não como disposição natural simplesmente (cf. KrV, p. 15, B XXII-XXIII; Crp, p. 33), mas como ciência – precisamos previamente de uma crítica de nossas capacidades. Se analisamos um conceito *empírico*, não há razão para que haja limite na análise: podemos prosseguir com ela até o infinito. Mas se o assunto é, por exemplo, a faculdade de conhecer, a "limitação" da completude se impõe, já que aquilo que é produzido pela razão não pode permanecer obscuro para ela mesma. É claro que isso depende da descoberta do princípio geral de funcionamento da faculdade de conhecer, mas tal descoberta se impõe por si mesma, da mesma maneira como, em dado momento, a lógica, a matemática e a física encontraram o caminho seguro de uma ciência.

Vou me valer aqui de uma passagem de Gérard Lebrun[184] para tentar avançar na exposição:

> No fundamento da "completude" da *Crítica* está a asseveração de que a razão isolada não é como um objeto técnico suscetível de crescimentos imprevistos, mas como um ser vivo, cujas potencialidades são em número finito e cujo crescimento não se dará por acréscimo de novos membros. Em última instância, a *Crítica* é "completa" na medida em que o organismo é o melhor modelo da razão – em que os conceitos da ontologia são como o estoque, dado de uma vez por todas, das células nervosas.

Quais as consequências disso para o sistema kantiano? Para responder, recorro ao seguinte trecho do Prefácio à Segunda Edição da *Crítica da razão pura* (KrV, p. 15 [B XXII-XXIII]; Crp, p. 33): "Ela é um tratado do método, não um sistema da própria ciência; mas ela circunscreve ao mesmo tempo o seu inteiro contorno, tanto com relação aos seus limites quanto com relação a toda a sua estrutura interna". Sabe-se que a Crítica é preparatória para o Sistema da ciência. Mas Kant nunca o escreveu. Mais ainda: quando Fichte se propôs a fazê-lo, Kant lhe respondeu que nada mais havia por fazer. Porque, no fundo, o que ele havia radicalmente modificado tinha sido o conceito mesmo de metafísica. Não mais *theoría*, discurso científico sobre um determinado domínio de coisas e objetos, mas, essencialmente, *crítica*.

Nesse momento, pode-se então retomar em todas as suas consequências a crítica de Hegel ao conhecer como instrumento, tomado aqui em sua versão kantiana. Quando a questão é a da completude, Hegel acompanha Kant até o exato ponto em que este separa "tratado do método" e "Sistema da ciência". O que Hegel está dizendo, no fundo, é que Kant reduziu o "Sistema da ciência" ao "tratado do método": o temor de errar já é o próprio erro. Não seria o caso aqui de perseguir todas as consequências desse divisor de águas entre os dois filósofos. Mas é importante dizer que, para Hegel, se a metafísica se tornou essencialmente crítica, é a distinção mesma entre "Sistema da ciência" e "tratado do método" que não tem sentido.[185]

Para Hegel, toda a questão a partir de agora tem de ser posta em termos de esclarecer a lógica do processo crítico, a maneira pela qual a crítica efetivamente opera. Apresentar essa lógica subjacente significa, ao mesmo tempo, apresentar o sujeito que se constitui nesse processo, um sujeito que se apropria progressivamente da crítica que realiza cotidianamente. Mas, se não há mais sentido em distinguir "Sistema da ciência" e "tratado do método", também não há por que manter o privilégio próprio dado à palavra "crítica"; seu lugar de destaque caberá a partir de agora à *experiência*.

O caminho da experiência não pode ser outro senão o caminho da autonomia e da autodeterminação. O que significa, de saída, afirmar duas coisas bem diferentes. Em primeiro lugar, que o ponto de partida é sempre o da consciência heterônoma (e, no entanto, capaz de autonomia), a consciência moderna que ainda não conseguiu efetivamente apreender seu próprio tempo histórico. Em segundo lugar, que a estrutura da experiência como desdobramento autônomo e autodeterminante é uma estrutura sistemática.

A afirmação simultânea dessas duas perspectivas só é possível porque o tempo presente, a época moderna, é tanto o ponto de partida como o ponto de chegada da *Fenomenologia*. A série é "completa" porque o seu alvo é a correta conceituação do tempo presente de que se partiu. E, simultaneamente, o ponto de chegada não é o ponto de partida. Porque a "completude" do final do percurso abrange agora o que havia sido excluído pela conceituação parcial do tempo presente de que se partiu (a representação natural): as potencialidades da época moderna, cujo desenvolvimento é bloqueado por amarras autoimpostas por uma autocompreensão limitante e limitadora.[186] Não basta trocar um "modo de pensar" por outro, passar da "representação natural" à "apresentação do saber fenomênico" como se passa de uma moda a outra: o novo "modo de pensar" tem de ser ele mesmo produzido em sua completude, em sua gênese e configuração históricas.

Daí que essa necessária completude não seja "para a consciência compreendida na própria experiência", escreve Hegel neste § 15. Pois o *Gegen-stand*, o ob-jeto, é sim um *Ent-standenes*, algo que nasceu, o objeto em sua gênese. Mas o é somente *para nós*. A gênese do objeto, o objeto como *geworden*, não é nada menos do que a perspectiva do processo em sua necessidade. Hegel chama essa necessidade pelo nome de "formal". O formal não está contraposto imediatamente ao conteúdo, mas é o que há de propriamente científico no percurso fenomenológico.[187] Nesse sentido, não é a produção do conteúdo, mas a pura consideração científica dessa produção. Ou seja, "formal" representa aqui a perspectiva da compreensão da "negação determinada" na sua integridade e integralidade, vale dizer uma vez mais, como *experiência*.

Essa necessidade, contudo, não é necessidade *para a consciência*. A consciência está *compreendida* (*begriffen*), imersa, na experiência, mas a compreensão do processo em sua necessidade ocorre como que às suas costas. O *Entstanden* é, *para a consciência*, apenas *Gegenstand*; *para nós*, ele é, além disso, também movimento e devir. Ou, como diz a nota de Henrique Claudio de Lima Vaz à sua tradução da passagem, o "*para nós* será, pois, o *em-si* das figuras da consciência que, para ela, é apenas um *dado*".[188]

## § 16
essa necessidade que confere cientificidade ao caminho rumo à ciência faz dele já ciência que, segundo seu conteúdo, é ciência da experiência da consciência

O § 15 terminou pela afirmação de que a consciência tem diante de si o objeto nascido que, para ela, todavia, "é apenas como objeto". Nesse sentido, "o *conteúdo*, entretanto, do que para nós nasce é *para ela*, e somente compreendemos o que há de formal no mesmo ou seu puro nascer". A "nós" cabe somente compreender o que há de "formal": o filósofo não faz senão acompanhar um percurso que ele não realiza em sentido estrito. Além disso, o formal é o que diz respeito ao "puro nascer" do objeto. Esse "puro nascer", por sua vez, é o que caracteriza a "necessidade" do "caminho rumo à ciência" com que se inicia este § 16. Mas por que o "caminho rumo à ciência é já ele mesmo *ciência*"? Uma resposta a essa pergunta exige estender a análise para o restante do § 16, alcançando o "conteúdo" da ciência.

Mas, antes, cumpre ressaltar que a frase "o caminho rumo à ciência é já ele mesmo *ciência*" é um emblema de toda a crítica à representação natural, é o ponto culminante do longo desenvolvimento da crítica a uma noção de conhecer representada como "instrumento" ou "meio". O mais complicado não foi mostrar que não é possível sustentar que a necessidade seja marca característica da cientificidade e, ao mesmo tempo, pretender que exista algo de necessário que, no entanto, viria *antes* ou estaria *fora* da ciência. A apresentação do "contrassenso" da representação natural é relativamente simples quando comparada à longa e intrincada cadeia argumentativa que pretendeu *reformular* os termos do problema. Este § 16 é um emblema do conjunto do texto da Introdução porque resultado do processo completo de negação determinada da representação natural, em que crítica e apresentação fazem uma unidade.

Quando da análise da abertura do § 5, ressaltou-se o caráter decisivo dos pronomes anafóricos no texto da Introdução, como aqui em "Mediante *essa* necessidade". O recurso a essas marcas estruturantes, que remetem a resultados argumentativos alcançados anteriormente, culmina com seu uso na abertura deste § 16. Seria possível reconstruir toda a cadeia argumentativa dos últimos doze parágrafos utilizando esses marcadores por referência. Para reforçar o convite a esse exercício de recapitulação, é possível começar pela lembrança de que "Mediante essa necessidade" remete à necessidade obtida no § 15, a do "*nascimento* do novo objeto": "Mediante *isso*", "*essa* necessidade". Que, por sua vez, remete a "*Essa* circunstância" de que, no caminhar fenomenológico, o "em si" se torna "um *ser*-para-a-*consciência do em si*". Uma visão unilateral dessa "circunstância" é aquela de que, ali pelo meio do § 15, "já se falou acima em vista da relação *dessa* apresentação com o ceticismo", remetendo tanto à abertura do mesmo parágrafo (que enuncia essa unilateralidade: "*Essa* é de fato") como diretamente ao segundo bloco de §§ 5-8, onde surgiu a figura do ceticismo. O início do § 15 ("*Nessa* apresentação do transcurso da experiência"), por sua vez, permite continuar esse percurso reconstrutivo com base nos marcadores anafóricos da argumentação até pelo menos a abertura do § 5. E a abertura do § 5 ela mesma ("Porque *essa* apresentação") é um emblema do resultado alcançado com a crítica da representação natural realizada nos primeiros quatro parágrafos do texto.

O texto do § 16 é dividido em duas partes. A primeira parte conclui algo ("Mediante essa necessidade") de um longo desenvolvimento que culminou no parágrafo precedente. E a segunda parte é uma consequência ("com isso") da conclusão anterior sob o aspecto do seu conteúdo. A primeira coisa a recordar é que o "conteúdo" não se opõe à "forma", pois, neste caso, todo o penoso esforço de explicação da noção de "negação determinada" estaria perdido, já que essa noção perde inteiramente o seu sentido quando pensada, à maneira da "representação natural", em termos de pares de opostos abstratos e estanques como "forma" e "conteúdo".

São antes os grifos utilizados por Hegel o melhor guia para compreender essa divisão em duas partes. O primeiro deles ("*ciência*") vem como resultado da presença da marca característica do conhecimento científico, a *necessidade*. O segundo grifo ("*experiência da consciência*") vem mostrar justamente que a marca da necessidade, da ciência, não pode ser jamais separada do objeto de conhecimento científico em causa, da *necessidade própria* de cada objeto científico. Nesse sentido, como primeira aproximação do "com isso" que marca a cesura inaugural da segunda parte do parágrafo, pode-se dizer que há apenas um objeto cujo exame científico tem a peculiaridade de se dar como "caminho": a *consciência*. Mas esse caminho, por sua vez, só adquire esse caráter científico se tomado não como um movimento geral e abstrato da consciência, mas sob o único aspecto (ver § 14) mediante o qual pode ser objeto de consideração científica: sob o aspecto da *experiência*.

Dito de outra maneira, a consciência só pode ser objeto de tratamento científico se sua peculiar forma de se dar também o for, ou seja, se sua escansão como caminho puder ser objeto de tratamento científico; o que é o mesmo que dizer: se o caminho ele mesmo for necessário, se a apresentação sob a forma do caminho contiver ela mesma a necessidade. Pode-se dizer, portanto, que um dos objetivos centrais do texto da Introdução é o de demonstrar o caráter necessário do caminho da consciência. E, ao fazê-lo, Hegel mostra que a necessidade do caminho só pode estar no caráter necessário da *experiência* da consciência.

Vê-se claramente, então, o caráter decisivo do último bloco de parágrafos do texto (§§ 14-7), no qual a noção de experiência é devidamente apresentada. A exigência de uma crítica exaustiva da representação natural e de todos os seus possíveis desdobramentos é de tal ordem no projeto da *Fenomenologia* que teve de tomar todos os três primeiros blocos da Introdução. Pois, assim como o anúncio ainda inteiramente abstrato do § 5, também no § 7 (e, em grau menor, no § 10), como já indicado, encontramos inúmeros desenvolvimentos que se utilizam do mesmo vocabulário – e, por vezes, de idênticas formas de expressão – que aparece nos §§ 14-16. E, no entanto, é somente com o surgimento da "experiência" em sua força conceitual peculiar que todos esses momentos anteriores adquirem pleno sentido.

Apenas para dar um exemplo: é notável a presença simultânea nos mesmos parágrafos (7, 10, 15) de duas expressões bastante próximas: "*sich ergeben*" ("dar-se") e "*sich darbieten*" ("oferecer-se"). Já se ressaltou aqui muitas vezes a importância da "receptividade" própria do comportamento fenomenológico, em que não se trata de impor ao objeto o seu conceito, mas de recebê-lo tal como se oferece e, a partir desse recebimento, procurar encontrar a conceituação que o objeto ele mesmo traz em si. Essa receptividade, entretanto, não se opõe ao fato de que o desdobramento conceitual realizado no próprio objeto e a partir dele não é, igualmente, um resultado.

Esses dois momentos, receptividade e operosidade, encontram-se abreviados nesse "dar-se" (que é um "resultar em", mas que também guarda seu momento de passividade, como em um "ocorrer") e nesse "oferecer-se" (que guarda igualmente a mescla da atividade de um "mostrar-se" com a passividade de um "estar disponível"). Essa unidade de receptividade e operosidade é decisiva para a caracterização científica de toda a *Fenomenologia*, como se viu, já que seu objeto é a consciência. Essa é uma das muitas maneiras de dizer os elementos que estão envolvidos no genitivo de "experiência da consciência".

Como já ressaltado há pouco, o formal é o que há de propriamente científico no percurso fenomenológico, é a articulação entre o objeto tal como se dá e o vir a ser que apresenta seu nascimento, sua gênese. É essa articulação que não é "para a consciência compreendida na própria experiência", pois ela apreende o objeto apenas como ele se dá, ela o apreende "apenas como objeto". O "formal" é, portanto, o objeto em sua gênese, é o nascimento do novo segundo sua consideração científica.

Mas a gênese do objeto não pode dar o conteúdo enquanto tal, ainda que seja o que há de propriamente científico, ainda que seja a unidade de forma e de conteúdo tal como compreendida pela ciência. Como já se viu, a consciência imersa no processo não é capaz de apreender o conteúdo senão como objeto, ou seja, senão de maneira parcial. A questão seguinte é, portanto: se o "formal" diz respeito ao que há de científico na apresentação, qual é então o "conteúdo" – em sentido estritamente científico – que lhe corresponde necessariamente? Ou, para retomar o § 15 uma vez mais: a consciência tem acesso ao conteúdo "do que para nós nasce", mas "apenas como objeto"; para ela, "conteúdo" é apenas "objeto", ou seja, é apenas uma visão parcial do horizonte sistemático em que consiste o conteúdo; nesse sentido, qual é o conteúdo em sua completude, em sua integralidade, conteúdo em sentido propriamente científico, capaz de corresponder ao que há de científico, ao "formal"?

De um ponto de vista científico, o conteúdo da apresentação do saber fenomênico que é a *Fenomenologia* não pode ser, portanto, aquele representado unicamente pelos objetos que se dão sucessivamente à consciência. Se assim fosse, teríamos uma mera sucessão de figuras e não a apreensão dessa sucessão em sua necessária progressão e concatenação, tal como o exige a ciência. Mas também a "consciência" enquanto tal não pode se constituir no conteúdo da ciência em seu momento fenomenológico. É certamente a consciência quem faz o percurso; é ela igualmente o objeto das ações que realiza, na medida em que o surgimento do novo objeto significa para ela um passar além de si mesma sem sair de si mesma, "uma vez que esse limitado lhe pertence" (§ 8).

Isso não significa, entretanto, que todo o variado material presente na consciência seja, em seu conjunto, conteúdo em sentido científico. Cabe distinguir, no interior da consciência, naquilo que ela *contém*, o conteúdo que corresponde à necessidade, ao "formal", ou seja, o que pode ser dito propriamente conteúdo. E o que a consciência contém de propriamente científico é a sua "experiência".

Se é assim, o caminho rumo à ciência já é ele mesmo ciência porque, em cada etapa do percurso, o que a consciência realiza é experiência. Porque o caminho é desse modo constantemente referido ao movimento que o constitui. Esse vínculo interno entre "caminho" e "movimento" é determinado agora em termos de um conteúdo experiencial, cuja necessidade está no que há nele de formal. Não há por que fazer uma crítica prévia da capacidade de conhecer antes de conhecer, antes do "conhecer efetivo do que em verdade é" (§ 1). A necessidade opera em cada momento do percurso, o caráter científico da experiência se mostra em cada uma das estações fenomenológicas, ainda que a consciência não o saiba.

No entanto, há uma consequência dessa solução hegeliana que parece pelo menos perturbadora. Como ressaltado por inúmeros comentários ao texto – o de Heidegger à frente – a experiência é, sim, o conceito central desta Introdução. Mas o é antes como *conteúdo* do Sistema da ciência em sua "primeira parte" (a *Fenomenologia*) e não como expressão integral do "movimento e devir" que caracterizam por inteiro o percurso em sua cientificidade. Essa expressão integral da cientificidade está na necessidade da compreensão somente do que há de formal no nascimento do objeto.

Interpretado dessa maneira, esse resultado mostraria que o alargamento do conceito de experiência (inédito na história da filosofia, e, em especial, em comparação com a filosofia moderna) por Hegel teria sido realizado graças a uma concepção segundo a qual a ciência (ou o ponto de vista científico, em geral) ganha primazia sobre a experiência ela mesma. Ou seja, é um alargamento do conceito de experiência que serviria apenas de "escada" para seu posterior estreitamento, no caminho estreito (porque seguro) de uma ciência. Nesse sentido, se se iguala "experiência" a "conteúdo", a compreensão da expressão "ciência da experiência da consciência" obriga a subordinar a experiência à ciência mediante um genitivo ("da").

Essa subordinação tem importantes consequências para todo o debate posterior sobre o conceito mesmo de experiência. E para a compreensão de conjunto da própria filosofia hegeliana. O ponto aqui justamente é: se se toma – como se faz neste trabalho – a *Fenomenologia* como uma obra que, em sentido bastante preciso, se sustenta por si mesma, esse passo subordinante ao rumo que tomou a obra posterior de Hegel não é necessário nem vinculante. Como já se disse, essa é a ideia que sustenta a escolha da Introdução à *Fenomenologia* como objeto exclusivo deste trabalho. E é o que será desenvolvido a seguir em maior detalhe.

## § 17

1. a experiência que a consciência faz sobre si mesma não pode compreender nada menos do que todo o sistema da experiência, de modo que

   a) seus momentos não são abstratos, mas sim para a consciência

   b) e, como tais, momentos do todo, figuras da consciência

2. a consciência

   a) impulsionando-se rumo a sua existência verdadeira, atingirá o ponto em que

      i) depõe sua aparência de ser afetada por algo de estranho ou

      ii) o fenômeno se iguala à essência

   b) apreendendo ela mesma sua essência, designará a natureza do próprio saber absoluto

O parágrafo final do texto é dividido em duas partes. A primeira aponta para o caráter *sistemático* da experiência, para "todo o sistema" da ciência "ou todo o reino da verdade do espírito".[189] Esse "alvo" (§ 8) sistemático é abreviado pela noção de "*figuras da consciência*" que são, enquanto tais, "momentos do todo". Sendo esse horizonte sistemático, por sua vez, o horizonte do conjunto do texto da Introdução e da própria *Fenomenologia*, o exame dessa primeira parte do parágrafo não só tem de ter absoluta prioridade como tem de se concentrar na exegese dessa ideia central de "figuras da consciência". A segunda parte do parágrafo, por sua vez, apresenta uma subdivisão também em duas partes, cujo sentido é o de explicitar os dois elementos fundamentais presentes na sistematicidade da experiência afirmada na primeira parte.

Começo pela consideração desses dois elementos, ou seja, pela segunda parte do parágrafo, que se divide ela mesma, por sua vez, em duas outras partes, separadas por ponto e vírgula e organizadas pelos dois gerúndios ("impulsionando-se", "apreendendo") e pela repetição dos verbos no futuro do indicativo ("atingirá", "designará"). A primeira subdivisão conta também com duas partes, separadas por "ou", em que Hegel apresenta como equivalentes os movimentos de afastar a exterioridade ("depõe sua aparência de ser afetada por algo de estranho") e de alcançar o "alvo" (cf. § 8) da igualdade de aparência e essência ("onde o fenômeno se iguala à essência"). É por meio desses dois movimentos simultâneos e equivalentes que se alcança o "ponto" em que a "apresentação" da consciência coincide com a apresentação "da ciência do espírito em sentido próprio". Ou seja, o ponto em que, para falar nos termos então ainda prematuros do § 5, a ciência se move "em sua figura própria".

Como já indicado desde o exame do § 8, o papel fundamental dos dois últimos blocos de parágrafos é o de mostrar que pertencem à consciência tanto a *desigualdade* entre os momentos do saber e da verdade quanto o *impulso* que também lhe é próprio de eliminar essa desigualdade. Neste momento final do texto, Hegel recapitula o vínculo entre os dois movimentos de uma maneira já determinada. A "autoimpulsão" da consciência não é mais apenas "desespero" (§ 6), ou mesmo "inquietude" (§ 8), é antes um movimento de pôr de lado "sua aparência de ser afetada por algo de estranho", ou, o que é o mesmo, o ponto "onde o fenômeno se iguala à essência". O final do texto da Introdução, que corresponde então à segunda subdivisão dessa segunda parte do parágrafo, apresenta tanto a síntese desses movimentos simultâneos e equivalentes ("apreendendo ela mesma essa sua essência") como seu significado mais amplo e sistemático ("designará a natureza do próprio saber absoluto").

A primeira parte deste último parágrafo, como já mencionado, diz respeito ao caráter sistemático da experiência que se consubstancia no grifo da expressão *"figuras da consciência"* e que se impõe, portanto, como elemento central a ser analisado. A experiência como conteúdo da ciência se alarga em um sistema, na medida em que esse conteúdo tem agora uma "garantia formal" de unidade na ciência, unidade sistemática em meio às múltiplas figuras do saber fenomênico, já que cada momento contém aquele "formal" que confere à experiência seu caráter científico, já que cada momento é momento do todo. Esse caráter sistemático talvez se mostre de maneira mais determinada se se comentar mais detidamente a própria expressão "figuras da consciência", ocasião que permite igualmente uma retomada de alguns pontos importantes dos três últimos blocos argumentativos do texto da Introdução.

Para resolver o problema da medida, o ponto de partida necessário foi o das "determinações abstratas do saber e da verdade tais como se encontram na consciência" (§ 10). Somente assim foi possível formular o problema "de maneira mais determinada". Tais determinações revelaram que tanto o objeto a ser medido quanto a unidade e o padrão de medida são dados na e pela consciência. Desse modo, a consciência "dá sua medida nela mesma" (§ 12). Mas essa medida não é fixa, ao modo de uma régua: é antes a relação determinada, o vínculo interno, que o saber da consciência estabelece com seu objeto, relação que perde sua substância e vitalidade quando pensada em termos da subsunção de um conteúdo à forma, de um caso ao conceito, onde os termos são exteriores um ao outro.

Em uma relação em que o objeto determinado se vincula ao saber determinado a que pertence, quando este se altera, ou outro não pode permanecer inalterado. Se o saber se mostra inadequado ao objeto a que pertence, ambos se alteram. É o que ocorre no momento em que o em si do objeto venha a se mostrar ser em si somente para a consciência (§ 13). Se é assim, as determinações abstratas do saber e da verdade deixam de ser abstrações e generalidades para se tornarem determinações *do* objeto que a consciência diferencia de si mesma. No momento em que a consciência põe um objeto diante de si, ela estabelece com ele uma relação determinada que tem dois lados: um lado que é para ela e outro que é em si. A essa posição de um objeto determinado Hegel dá o nome de *figura*. E, já que esse movimento é de e da consciência, Hegel vai chamar essa figura de *figura da consciência*.

Tal caracterização da consciência e de seus momentos como "figuras" é suficiente para formular de maneira mais precisa o movimento que a impele à existência verdadeira: "Descobrindo a consciência, portanto, no seu objeto, que seu saber não lhe corresponde" (§ 13), ela é levada sempre adiante, é levada a abandonar as relações determinadas de uma figura em direção a novas relações determinadas de uma nova figura. E o final da série de figuras, a existência verdadeira, é o momento em que "o saber não carece de passar além de si mesmo, onde se encontra a si mesmo e onde o conceito corresponde ao objeto e o objeto ao conceito" (§ 8). Ou seja: trata-se daquele ponto em que desaparece a progressão, em que acabam as figuras, quer dizer, o momento em que fenômeno e essência coincidem (no sentido fenomenológico, pelo menos), e surge a "ciência livre, movendo-se em sua figura própria" (§ 5).

Trata-se, então, do momento em que, como afirma o final do texto, o espírito se apresenta *como espírito*. Podemos então retomar a história e compreender *completamente* não só a necessidade do caminho como a necessidade de cada uma das estações percorridas em sua concatenação significativa. Nos termos de uma passagem do Prefácio (cuja primeira oração foi citada quando do exame do § 10):

> O ser-aí imediato do espírito, a *consciência*, tem os dois momentos, o do saber e o da objetividade negativa frente ao saber. Desenvolvendo-se e expondo o espírito seus momentos nesse elemento, essa oposição lhes sobrevém e eles surgem como figuras da consciência. A ciência desse caminho é ciência da *experiência* que a consciência faz; a substância será considerada tal como é e tal como se move enquanto objeto da consciência. A consciência nada sabe e nada compreende a não ser o que está em sua experiência; pois o que está na sua experiência é unicamente a substância espiritual e, mais exatamente, como *objeto* de seu si [*Selbst*]. O espírito, entretanto, vem a ser objeto, pois ele é esse movimento de vir a ser um outro, i.e., objeto de si, e de suprimir/conservar [*aufheben*] esse ser outro (W. 3, p. 38; FE, p. 46).

Surgem aqui duas questões decisivas para a interpretação não apenas do texto da Introdução, mas do conjunto da *Fenomenologia*. A primeira diz respeito à relação entre os termos "consciência" e "espírito". Como consequência das dificuldades de exegese relativas a essa primeira questão, surge o problema de segunda ordem de saber se Hegel abandonou ou não a meio caminho o que ele próprio apresentou na Introdução. E o ponto de ligação entre essas duas ordens de questões está justamente na noção de "experiência", que ganha aqui toda a amplitude e alcance que lhe são próprios.

Do ponto de vista do modelo filosófico legado pela *Fenomenologia*, a passagem ao elemento do espírito é um resultado, é "a história exaustiva da *formação* da própria consciência em ciência" (§ 6). Essa passagem ao espírito significa atingir o ponto em que a consciência adquire a *disposição* de *recusar* qualquer *fixação arbitrária* do que é "movimento e devir" (§ 15). Com isso, a negatividade que a habita adquire o estatuto de *disposição crítica*, que se exercerá sobre toda figura redutora da modernidade, sobre toda figura que pretenda bloquear o movimento da consciência "rumo a sua existência verdadeira" (§ 15). A consciência tornada espírito é a consciência moderna tornada plenamente consciente de seu tempo e da normatividade nele embutida, de tal maneira que deixa para trás a lógica das amarras finitas autoimpostas e se examina em toda a sua extensão. Esse exame, sob seu aspecto crítico, é negação determinada de formas de consciência redutoras; sob seu aspecto construtivo, é persecução de um projeto moderno que tem como "alvo" a correta compreensão do presente histórico.

São variadas e variáveis as caracterizações dadas por Hegel à sua *Fenomenologia do espírito* no momento mesmo da publicação do livro, sendo a primeira uma "ciência da experiência da consciência", depois "ciência da fenomenologia do espírito", além de "preparação" e "primeira ciência da filosofia". Como também ressaltado na Apresentação, é sabido que, depois da publicação da *Fenomenologia*, Hegel veio a produzir uma filosofia do espírito que tem por marco inaugural a primeira edição da sua *Enciclopédia*, em 1817. No contexto dessa filosofia do espírito posterior, a ideia de "experiência" já não desempenha o papel central que tem na *Fenomenologia*.

A resposta mais simples e imediata para isso é simplesmente a de que a *Fenomenologia* diria respeito unicamente à elevação ao nível do conceito, nível em que a filosofia pode ser desenvolvida como ciência, no qual, portanto, a experiência no sentido fenomenológico não tem lugar. Essa leitura parte do pressuposto de que a experiência no sentido fenomenológico se restringe ao momento da "consciência", não se aplicando ao momento do "espírito". Ocorre que o texto da Introdução à *Fenomenologia* não se presta, a meu ver, a essa leitura restritiva.[190]

Vittorio Hösle[191] talvez seja um dos comentadores que formulou o problema da maneira mais aguda, não só não escamoteando as dificuldades como, pelo contrário, ressaltando-as. Apesar de não aceitar como válidas interpretações que afirmam uma "independência" da *Fenomenologia* relativamente à obra posterior e de tomar posição em favor do sistema pensado a partir da *Enciclopédia*, Hösle procura elaborar as razões pelas quais a *Fenomenologia* é, "em muitos aspectos, a obra mais fascinante de Hegel".[192] Ao expor uma dessas razões, Hösle toca em um ponto que diz respeito diretamente ao problema que se enfrenta aqui:

> princípios de ordenação sistemáticos parecem se misturar a princípios de ordenação históricos nesse romance de formação filosófico do

espírito humano, mesmo se certa ordenação nessa obra – cuja concepção supostamente se modificou durante a redação – talvez possa ser alcançada por meio da interpretação dos capítulos I-IV, VI e ainda VII-VIII, como três partes, que corresponderiam ao espírito subjetivo, objetivo e absoluto da obra posterior.[193]

Mesmo enunciada com todo o cuidado e com todas as ressalvas próprias da posição de Hösle, trata-se de uma hipótese que se mostra particularmente produtiva no caso do texto da Introdução. Porque, mesmo admitindo que a referência ao "saber absoluto" neste momento final não é devidamente explicada,[194] a construção de Hösle pode ser combinada à tese mais geral de leitura de Fulda já mencionada na Apresentação,[195] de tal maneira que o *projeto* da *Fenomenologia* adquire um caráter inteiramente novo, distinto do destino que recebeu na obra de maturidade. Trata-se de uma "introdução" ou de uma "primeira parte" do Sistema da ciência em que a consciência percorre *o conjunto do sistema* e não apenas a parte que corresponderia à sua ascensão ao "espírito". Trata-se do *conjunto do sistema* visto da perspectiva da consciência, essa a verdadeira "introdução" ao sistema. Com isso, o próximo passo nesse *projeto* interrompido seria o de apresentar o conjunto do Sistema da ciência *do ponto de vista do espírito*.

Esse traço foi ressaltado de maneira interessante, a meu ver, por Gilles Marmasse:

> A introdução da *Fenomenologia do espírito* diz respeito à consciência unicamente ou ao espírito em seu conjunto, vale dizer, para utilizar uma distinção realizada em textos ulteriores, em seus aspectos não apenas subjetivo, mas igualmente objetivo e absoluto? As noções de espírito e de "saber fenomênico" são regularmente postas em destaque na introdução, mas é verdade que a noção de consciência é privilegiada. – Nesse fato pode-se ver, aliás, o traço de uma concepção primitiva da *Fenomenologia* segundo a qual a obra não deveria alcançar senão o ciclo consciência-consciência de si-razão (esta restrição se encontra nas *Lições* de Nuremberg sobre a *Fenomenologia do espírito*). – Na medida em que, entretanto, nenhuma afirmação explícita se opõe, é razoável admitir que a análise proposta aqui por Hegel vale para o conjunto da obra de 1807 e que, então, a "consciência" não é senão uma sinédoque do espírito.[196]

Não parece haver muita dúvida de que a interpretação de Marmasse se orienta em grande medida pela obra posterior de Hegel. E, como já se disse na Apresentação, não é certo que a restrição adotada posteriormente na *Enciclopédia* possa ser encontrada já na *Propedêutica filosófica* de Nuremberg, muito menos que ela já estivesse presente em uma possível "concepção primitiva da *Fenomenologia*". Da mesma maneira, também não é certo que a relação entre "consciência" e "espírito" seja bem qualificada segundo a figura de linguagem da sinédoque, mesmo deixando de lado toda a controvérsia envolvida na distinção entre sinédoque e metonímia. Mas a ideia de que a Introdução à *Fenomenologia* diz respeito não apenas à consciência, mas ao espírito em seu conjunto é essencial para fazer com que a experiência possa adentrar a seção "Espírito" do livro e chegar até seu último capítulo, até "O saber absoluto". É esse o primeiro passo do *programa e do projeto* que chegaram a se realizar na *Fenomenologia*. É a compreensão desse programa e desse projeto que envolve a determinação da experiência em sua dupla dimensão, de "consciência" e de "espírito".[197]

Por outros caminhos, entendo que essa maneira de ver as coisas já tinha sido enunciada por Wolfgang Bonsiepen, segundo quem o "programa de uma dialética da experiência desenvolvido na 'Introdução' permanece válido também para o capítulo do espírito".[198] Bonsiepen, no entanto, entende que já no Prefácio (escrito por último) Hegel teria modificado o programa apresentado na Introdução. Para tentar solucionar o problema sem evitar a questão controversa, Ludwig Siep construiu a seguinte argumentação:

> A Introdução, que foi concebida no início, esclarece o método da "experiência da consciência". Se Hegel mudou ou abandonou esse método ao longo da obra é até hoje um ponto de disputa na literatura. No Prefácio, escrito por último, Hegel designa a *Fenomenologia* sempre como "ciência da experiência que a consciência realiza". História da experiência [*Erfahrungsgeschichte*] e Fenomenologia são antes dois aspectos da mesma coisa, como dois métodos que caracterizam as diferentes partes do livro. De maneira simplificada, pode-se dizer que "experiência" é o caminho "desde baixo" [*von unten*], das formas e pontos de vista mais imediatos da "consciência natural" até o saber absoluto, enquanto "Fenomenologia", ao invés, caracteriza esse caminho "desde cima" [*von oben*], a saber, na medida em que nele já "aparecem" [*erscheinen*] ou vêm à consciência todas as categorias, todos os modos de conhecimento e de ser do espírito.[199]

Não por acaso, portanto, Siep considera que, no capítulo final da *Fenomenologia*, "O saber absoluto", não se apresenta mais o aspecto que ele denominou "história da experiência" (*Erfahrungsgeschichte*).[200] Ocorre que, como desenvolvido na Apresentação, Hans Friedrich Fulda[201] mostrou que não se entende a *Fenomenologia* em sua lógica e especificidade próprias se o capítulo "O saber absoluto" não for entendido como pertencendo legitimamente e por muito boas razões à "apresentação do saber fenomênico". Não por último porque, segundo o texto de Hegel, trata-se ainda ali, no final do livro, de reafirmar que "nada é *sabido* que não esteja na *experiência*" (w. 3, p. 585).

Foi igualmente para tentar resolver essa dificuldade central que Robert Pippin formulou a tese, também mencionada na Apresentação, de que a *Fenomenologia* "de certa maneira" começaria "de fato e verdadeiramente" no capítulo VI (o primeiro da "segunda parte" do livro).[202] Ou seja, a tese é uma estratégia para tentar resolver o que se poderia chamar de "bidimensionalidade da experiência" no âmbito da *Fenomenologia*, ou, por outra, a relação entre a "experiência da consciência" e a "experiência do ponto de vista do espírito". A análise de Pippin parece apenas, entretanto, uma maneira engenhosa de tentar contornar o problema sem realmente resolvê-lo – talvez porque o autor, no fundo, o considere de fato insolúvel. Pois dizer que a *Fenomenologia* começaria de fato no capítulo VI parece simplesmente criar uma nova dificuldade em lugar de afastar alguma das já existentes. A ironia desse procedimento está, não por último, em que Pippin tem por objetivo correlato tornar as expressões de Hegel "menos metafóricas e mais prosaicas".[203]

Vejamos isso mais de perto. Hegel estabelece as relações entre "consciência" e "ciência" segundo pelo menos duas expressões diferentes: "figura do espírito" (prospecto de 1807)[204] e "figura da consciência" (último parágrafo desta Introdução).[205] A esse respeito, Labarrière diz o seguinte: "é que a figura (*Gestalt*) se define como uma relação determinada entre o conceito e a realidade concreta imediata: pode-se, portanto, abordá-la sob um ou outro desses aspectos e lê-la (frente ao termo do processo) como uma realização imperfeita do espírito absoluto, ou então (frente ao ponto de partida), como um progresso da consciência em direção à Verdade total e em direção à sua própria verdade".[206]

Terry Pinkard vai bem mais longe em sua caracterização dessas duas expressões, em especial de "figura do espírito". Para compreender por que o Hegel da *Fenomenologia* localiza na Grécia antiga o "verdadeiro espírito" (título da primeira parte do capítulo VI), Pinkard relembra duas marcas características mais gerais de uma "figura do espírito". A primeira: "uma figura do espírito, ou forma de vida, não deve ser pensada como um esquema conceitual, intelectual imposto sobre algum conteúdo neutro; como 'figura do mundo' é composta de sintonizações comuns em nossas práticas e em nosso uso da linguagem, que, embora às vezes explícitas, mais frequentemente funcionam como conhecimento tácito".[207] A segunda: "toda figura do espírito tem incrustada em si uma concepção conjunta tanto do que são as *normas* no âmbito daquela forma de vida como do *mundo* que torna tais normas *realizáveis*, o que no mundo *resiste* à realização delas ou tende a tornar *rara* sua realização e o que, com isso, deve-se *esperar* no mundo".[208]

Tanto a "figura do mundo" como a "figura do espírito" são superiores às "figuras da consciência" típicas da modernidade na medida em que já estão livres dos bloqueios autoimpostos pela representação natural e podem vislumbrar, *pela primeira vez*, não apenas esses mesmos bloqueios autoimpostos em termos de representações de consciência, mas igualmente os bloqueios mundanos às figuras do próprio mundo. Essa ampliação do campo de visão e de ação da consciência – a passagem de uma "figura da consciência" para uma "figura do espírito" – também significa uma passagem da figura do *indivíduo que reflete*, que se encontra preso em um quadro teórico marcado por cisões como sujeito-objeto, teoria-prática, para um *indivíduo como unidade prático-teórica*, vale dizer, imerso de saída em uma forma de vida em que se mostram tanto os potenciais como os bloqueios teóricos e práticos da sociedade moderna.

O espírito da Grécia antiga pode ser dito "espírito verdadeiro" na medida em que "no âmbito de tal forma de vida, a diferença entre uma figura do espírito e uma figura da consciência é invisível aos participantes".[209] E, no entanto, essa invisibilidade também é uma cegueira que irá se mostrar no próprio desenvolvimento da pólis grega:

> a grande contradição no coração da Antiguidade grega, ou seja, a maneira pela qual necessariamente causou [*provoked*] o desenvolvimento do indivíduo reflexionante enquanto, ao mesmo tempo, não tinha lugar para um tal indivíduo, chegando mesmo a ser levada a condená-lo. Essa dúplice causação e condenação faz a distinção entre uma "figura da consciência" e uma "figura do espírito" *visível* para tais agentes, e, uma vez visível, o fato de sua própria cegueira se torna visível, mesmo se não se traduz em nenhuma melhor visão da parte dos agentes envolvidos.[210]

Ou, como diz o chamado Prefácio à *Fenomenologia*:

> O estudo dos tempos antigos tem essa diferença com o dos novos tempos que aquele era propriamente a formação de par em par [*Durchbildung*] da consciência natural. Investigando-se com denodo em cada parte de seu ser-aí e filosofando sobre tudo o que se apresentava, engendrava-se em uma universalidade ativa de par em par. Nos novos tempos, ao contrário, o indivíduo encontra preparada a forma abstrata; o esforço para apreendê-la e para se apropriar dela é mais o impulsionar para fora não mediatizado do interior e o engendrar seccionado do universal do que um produzir do mesmo a partir do concreto e da multiplicidade do ser-aí. Por isso, o trabalho agora não consiste tanto em purificar o indivíduo do modo sensível imediato e fazer dele substância pensada e pensante, quanto antes, em sentido oposto, em espiritualizar e efetivar o universal mediante a supressão [*das Aufheben*] dos pensamentos determinados, fixos (W. 3, pp. 36-7; FE, p. 45).

Traduzido em termos *modernos*, portanto, o problema é agora o de uma época que tem "no seu coração" o "indivíduo reflexionante", cuja "representação natural", entretanto, torna invisível sua posição na forma de vida que não apenas o torna possível, mas que abre possibilidades não esgotadas para seu desenvolvimento e realização. É essa nova forma de invisibilidade (e de cegueira) que é o objeto por excelência de Hegel na *Fenomenologia*. E a crítica dessa invisibilidade é o que faz desse livro um modelo filosófico ainda hoje um ponto de partida talvez incontornável para uma Teoria Crítica da sociedade que tenha por objetivo não apenas investigar a cunhagem da subjetividade pelas estruturas de dominação, mas igualmente os processos de subjetivação em que surgem os potenciais não só de resistência, mas também de superação da própria dominação.[211]

Pois, não por último, todo esse movimento de amplo alcance e espectro aparece sintetizado na caracterização do "absoluto" que surge ao final do texto da Introdução, como determinação do "saber". Ao contrário de apontar para a revivescência de modelos platônicos, neoplatônicos ou mesmo platônico-cristãos, "absoluto" é aqui emblema da "autocertificação da modernidade": "a modernidade não pode e não quer tomar dos modelos de outra época os seus critérios de orientação, ela tem de extrair de si mesma a sua normatividade".[212] Ao determinar-se como "absoluto", o "espírito", éter da modernidade, exige a cada vez uma apresentação da "história exaustiva da *formação* da própria consciência em ciência" que se constitui, por sua vez, na reconstrução detalhada das estruturas geradoras de normas que permitem a autoprodução característica dos "novos tempos". É a produção dessa autocompreensão exaustiva da consciência, que se eleva a "espírito", a "ciência", o que permite a efetivação do projeto político-teórico da modernidade, um elemento largamente negligenciado na produção posterior de Hegel. Só assim podemos encontrar a "ciência livre, movendo-se em sua figura própria", capaz de apreender o seu próprio tempo em categorias. Uma diretriz crítica que, de uma maneira ainda por reconstruir e por atualizar, deve orientar até hoje o pensamento e a ação transformadora.

# Divisão esquemática detalhada do texto

§1
I) a representação natural e seus pressupostos
1) necessidade de uma investigação prévia sobre a faculdade de conhecer, que é entendida como "instrumento" ou "meio"
2) justificação dessa necessidade (a "preocupação")
3) um contrassenso como consequência: não é possível conhecer o absoluto (a "preocupação" se transforma em "convicção")
a) a aplicação de um instrumento altera a coisa;
b) o meio não dá a verdade como é em si, mas apenas como é nele e mediante ele
II) o contrassenso da representação natural
1) o contrassenso está em se servir de um meio
2) o contrassenso não desaparece com uma possível correção do desvio
a) dos efeitos da ação do instrumento
i) parece possível a correção
ii) mas ela não faz senão levar de volta ao ponto de partida
iii) de modo que o esforço é supérfluo
iv) e faz do conhecer um mero ardil
b) da lei de refração do meio

§2
há que desconfiar da desconfiança introduzida na ciência
porque pressupõe algo não demonstrado
nomeadamente: uma separação absoluta entre o conhecer e o absoluto que acaba por resultar no contrário do que é pressuposto

## §3

1. introduzir uma desconfiança na desconfiança tem por pressuposição que a verdade se funda na identidade entre verdadeiro e absoluto

2. a representação natural poderia rejeitar essa pressuposição mediante uma diferença entre duas espécies de verdade

3. mas é manifesto que:

   a) essa seria uma diferença turva (o falar "daqui" da representação natural)

   b) a significação de expressões como "absoluto", "conhecer" etc. ainda está por ser alcançada (o falar "de lá" da introdução de uma desconfiança na desconfiança)

## §4

I. seria possível rejeitar tais representações

1. como contingentes e arbitrárias e ver como embuste o vocabulário de que se utilizam, deixando de lado assim

   a) por inservíveis, as representações do conhecer como instrumento ou meio

   b) por ser subterfúgio, a pretensa incapacidade da ciência

2. pois

   a) pressupor que as significações são conhecidas apenas poupa o mais importante, a necessária produção do conceito

   b) são um vazio fenômeno do saber

II. mas, ao surgir, a ciência é fenômeno

1. que, por isso, ainda não é ela mesma, de modo que:

   a) não há como afirmar uma condição especial para ela no campo fenomênico

   b) muito embora tenha de se livrar dessa aparência, só pode fazê-lo se virando contra essa mesma aparência

2. pois, no campo fenomênico, a ciência não pode

   a) rejeitar um saber que não é verdadeiro, porque isso significaria um mero ato de força

   b) reivindicar que seria pressentida no conhecer não verdadeiro, porque isso significaria se reivindicar de uma sua forma fenomênica

III. de maneira que a ciência da experiência da consciência deve ser a apresentação do saber fenomênico

## §5
Tendo por objeto somente o saber fenomênico, a apresentação

a) não parece ser a ciência em sua figura própria

b) mas, na sua qualidade fenomênica, pode ser tomada

i) como o caminho da consciência natural rumo à verdade

ii) ou ainda como o caminho da alma que se depura em espírito

## §6
1. a consciência natural mostrar-se-á ser saber não real

2. esse caminho tem para ela uma significação negativa, vale para ela como perda

a) pode, por isso, ser visto como o caminho da dúvida – que é caminho do desespero e não o daquela dúvida comum, mero artifício para reafirmar o saber anterior como verdadeiro

b) mas é, ao contrário, descoberta da não verdade do saber fenomênico

3. trata-se, portanto:

a) de um ceticismo que se consuma e não do ceticismo superficial de um pretenso zelo sério pela ciência e pela verdade que, de fato, se aferra:

i) seja ao propósito de testar tudo por si mesmo e seguir apenas a própria convicção

ii) seja a produzir tudo por si mesmo e a declarar verdadeiro somente o próprio feito

b) da série de figurações percorrida pela consciência como história detalhada da formação da consciência em ciência, como o caminho da execução efetiva, e não da forma do propósito apresentado acima – que toma a formação como imediata, como já realizada e acontecida –, pois

i) seguir a própria convicção não altera necessariamente o conteúdo da própria crença nem faz surgir a verdade em lugar do erro; o que diferencia o entregar-se à autoridade de outrem e seguir a própria convicção é apenas a vaidade desta última maneira

ii) o ceticismo que abrange todo o âmbito da consciência torna primeiramente possível examinar o que é a verdade, capaz que é de criar um desespero em representações, pensamentos e opiniões naturais, independentemente de serem próprios ou alheios

## §7

A série completa das figuras da consciência se dá por meio da necessidade da progressão e da concatenação, concebível mediante a observação antecipada de que o movimento não é meramente negativo, em duas etapas

a) a consciência natural tem uma visão unilateral da negação; como o ceticismo, que faz da sua essência uma negatividade meramente negativa, que vê sempre no resultado um puro nada, abstraindo do processo que produziu esse nada

b) mas o nada é ele mesmo resultado e, com isso, é algo determinado e tem conteúdo

i) esse ceticismo não pode ir além da abstração do nada ou da vacuidade;

ii) se, ao contrário, o resultado for apreendido como negação determinada, uma nova forma desponta e a progressão se realiza mediante a série completa das figuras

## §8

I. não é apenas a série da progressão que é necessária, entretanto; também o é o *alvo*, a correspondência de conceito e objeto; de modo que não pode haver parada antes que seja atingido, não pode haver satisfação em nenhuma estação anterior

II. a satisfação limitada de fixar-se em uma estação anterior é objeto de uma violência que,

a) no caso do que está limitado a uma vida natural, significa passar além de sua existência imediata, morrer;

b) no caso da consciência, significa passar além de uma limitação que lhe pertence, de modo que a consciência sofre a violência que ela mesma realiza

III. o sentimento dessa violência pode fazer com que

1. a consciência, por medo, recue diante da verdade

a) mas o medo não permite alcançar a tranquilidade, a menos que se fique:

i) em uma inércia sem pensamento (o que o próprio pensamento não permite, entretanto);

ii) em uma positividade sensível em que tudo é por si mesmo bom (o que a razão não tolera, entretanto)

2. o temor da verdade se esconda sob um zelo extremado pela verdade que resulte apenas na vaidade

a) cuja satisfação tem de ser deixada a si mesma porque foge da verdade

i) já que torna vã toda verdade e coloca em seu lugar apenas o eu seco

§9
1. dado o caráter de antecipação do que foi dito até aqui sobre a necessidade da progressão e da concatenação, pode ser proveitoso recordar algo sobre a natureza da apresentação, vale dizer, sobre seu método de execução
2. parece que há na apresentação uma pressuposição necessária: a da posição de um padrão de medida do saber fenomênico
   a) esse padrão de medida – seja ele a ciência ou outra coisa – seria a essência ou o em si
   b) mas, neste momento, em que surge primeiramente a ciência, nem ela nem o quer que seja pode se arrogar legitimidade para tal, de modo que é o próprio exame que parece impossível

§10
1. tanto essa contradição como seu afastamento dar-se-ão de maneira mais precisa com a recordação dos momentos do saber e da verdade tais como se dão na própria consciência
   a) a consciência diferencia algo de si e a ele se conecta: o saber é o lado determinado dessa conexão
   b) diferenciamos, no entanto, desse ser para a consciência o ser em si: o lado desse em si se chama verdade
2. não nos cabe ir além dessas determinações iniciais abstratas, pois
   a) sendo nosso objeto o saber fenomênico, as determinações serão tomadas como se oferecem
   b) e como foram apreendidas é bem como se oferecem

§11
se investigamos o saber quanto à sua verdade, parece que investigamos o que ele é em si
mas, nesse caso, o padrão com que o medimos seria dado por nós
de modo que o objeto a ser medido não teria necessariamente de reconhecer o resultado

§12
I. entretanto, a natureza da consciência é tal que:
1. a isenta dessa aparência de separação e de pressuposição;
2. dá sua medida nela mesma, de modo que
   a) a investigação é uma comparação da consciência consigo própria, pois

i) a diferenciação feita anteriormente recai na própria consciência
II. o padrão de medida instituído pela consciência para o seu próprio saber é aquele que ela declara ser o em si ou o verdadeiro de modo que
1. tanto faz se damos ao saber o nome de conceito e ao objeto o nome de verdadeiro, ou vice-versa, pois
i) o que importa é o exame da correspondência entre os dois termos

## §13
I. o exame é realizado pela própria consciência, de modo que
1. também por isso qualquer intervenção nossa é supérflua, restando-nos o puro ver, pois
a) ambos os momentos são para a consciência, de modo que
II. a consciência é ela própria a comparação entre os dois momentos, de tal modo que
1. se, na comparação, não há correspondência entre esses momentos
a) altera-se o saber
b) altera-se o objeto ao qual esse saber estava ligado
2. o que era em si se torna em si somente para ela de modo que
a) no exame, o padrão de medida não subsiste, o que significa que
i) o exame não é apenas um exame do saber, mas também de seu padrão de medida

## §14
1. esse movimento em que se alteram saber, objeto e padrão de medida é um movimento dialético
2. e, tanto quanto dele desponta o novo objeto, denomina-se experiência
3. reconstruído de um ponto de vista científico, esse transcurso mostra que a experiência consiste em que o novo objeto contém o anterior na medida em que é a negação dele, pois
a) o objeto verdadeiro é ambíguo, na medida em que é para a consciência e também é independentemente dela
b) essa ambiguidade se resolve na alteração do objeto verdadeiro, que vem a ser verdadeiro somente para a consciência
c) esse ser para ela do em si é, no entanto, o verdadeiro, vale dizer, o novo objeto, que contém a nadidade do primeiro

§ 15

1. uma tal noção de experiência parece não concordar com o sentido comum de experiência

a) nomeadamente a passagem em que o para-a-consciência do primeiro em si vem a ser o novo objeto

b) pois, para o sentido comum, o novo objeto parece ser acidental

2. mas tal resulta de uma reversão da própria consciência que

a) é acessível para nós, mas não para a consciência que consideramos

i) tal como no caso já mencionado do ceticismo, que não apreende o resultado como negação determinada

b) instaura uma nova figura de uma série, que

i) para nós, nasce de maneira necessária, necessidade apreendida formalmente como movimento e devir

ii) para a consciência, é apenas como objeto, como conteúdo que se lhe oferece sem que ela saiba como isso ocorre

§ 16

essa necessidade que confere cientificidade ao caminho rumo à ciência faz dele já ciência que, segundo seu conteúdo, é ciência da experiência da consciência

§ 17

1. a experiência que a consciência faz sobre si mesma não pode compreender nada menos do que todo o sistema da experiência, de modo que

a) seus momentos não são abstratos, mas sim para a consciência

b) e, como tais, momentos do todo, figuras da consciência

2. a consciência

a) impulsionando-se rumo a sua existência verdadeira, atingirá o ponto em que

i) depõe sua aparência de ser afetada por algo de estranho ou

ii) o fenômeno se iguala à essência

b) apreendendo ela mesma sua essência, designará a natureza do próprio saber absoluto

# Quadros sinóticos da divisão de texto

I. Da perspectiva do duplo sentido do "nós" (como sujeito da "representação natural" e como "consciência filosófica")

| | |
|---|---|
| §§ 1-4 | "nós" no sentido da representação natural; o "pelo menos para nós, seres humanos" de Kant |
| §§ 5-8 | ausência da primeira pessoa do plural e predomínio de fórmulas impessoais e apassivadoras do sujeito |
| §§ 9-13 | presença de fórmulas impessoais e apassivadoras do sujeito e predomínio do "nós" no sentido de "consciência filosófica" |
| §§ 14-7 | com exceção de uma ocorrência no § 15, "nós" no sentido de "consciência filosófica" |

II. Da perspectiva das pressuposições da representação natural

| | |
|---|---|
| §§ 1-4 | a necessidade de afastar as pressuposições da representação natural sem incorrer em dogmatismo |
| §§ 5-8 | o afastamento dos contrassensos da representação natural leva a um novo ponto de partida: a "consciência" |
| §§ 9-13 | a ciência, o saber verdadeiro, dá o padrão de medida do desenvolvimento da consciência; e esse padrão de medida da não verdade do saber natural não é externo à consciência, mas lhe pertence essencialmente: a consciência se examina a si mesma |
| §§ 14-7 | o exame a que a consciência procede é o mesmo que a experiência que ela realiza em si mesma e no seu objeto |

III. Da perspectiva da passagem da "representação" (*Vorstellung*) para a "apresentação" (*Darstellung*)

| §§ 1-4 | as dificuldades da representação natural se mostram dificuldades da própria "representação", razão pela qual essas só podem ser superadas pela "apresentação" |
|---|---|
| §§ 5-8 | a "apresentação" do saber fenomênico se põe sob a forma de um caminho rumo ao saber verdadeiro, tanto negativo como positivo: a "apresentação" é completa e tem um ponto de chegada, que é a ciência, o saber verdadeiro |
| §§ 9-13 | a "apresentação" tem na ciência o padrão de medida de seu desenvolvimento: ela é o exame da não verdade do saber da consciência realizado nela mesma e por ela mesma |
| §§ 14-7 | o caráter dialético da "apresentação" está em que ela é apresentação da experiência realizada pela própria consciência |

IV. Da perspectiva da "consciência"

| §§ 1-4 | uma única ocorrência, em que Hegel escreve "consciência", sem ulterior adjetivação. É a consciência que corresponde à representação natural |
|---|---|
| §§ 5-8 | a consciência é agora consciência natural. A reflexão sobre consciência natural faz desta objeto (e a desnaturaliza, portanto), introduzindo uma outra perspectiva: a da consciência filosófica, que aparece primeiramente abreviada como "consciência" sem mais. Ao final do bloco argumentativo, a aparente cisão entre consciência natural e consciência filosófica mostra-se unida no interior da "consciência", termo que, sem adjetivação, será assim empregado até o final do texto |
| §§ 9-13 | é a consciência como unidade que se cinde a si mesma nos dois momentos antes explicitados, determinados agora como "saber" e "verdade". Essa negatividade própria da consciência que se cinde a si mesma permite que ela compare esses dois momentos como momentos que lhe são próprios, dando a si mesma, assim, a medida do exame da verdade |
| §§ 14-7 | ao realizar o exame, a consciência pratica nela mesma um movimento dialético em que a negação de seu saber resulta em um novo saber. Isso só é possível porque a consciência realiza a cada vez uma reversão de si própria na qual se dá a experiência que a consciência faz sobre si |

# Tábua de termos, ocorrências e traduções adotadas

| termo em alemão | ocorrências | tradução |
|---|---|---|
| absehen (ver ansehen, Ansehen, Ansehung, Ansicht, sehen, zusehen, Zusehen) | § 2 | deixar de ver |
| annehmen (angenommen) | § 9 (duas ocorrências) | aceito |
| ansehen (angesehen werden als) (ver absehen, Ansehen, Ansehung, Ansicht, sehen, zusehen, Zusehen) | §§ 4 e 6 | ver como; visto como |
| Ansehen (sich das Ansehen von etwas geben) (ver absehen, ansehen, Ansehung, Ansicht, sehen, zusehen, Zusehen) | § 4 | dar-se a ver em |
| Ansehung (in Ansehung von etwas) (ver absehen, ansehen, Ansehen, Ansicht, sehen, zusehen, Zusehen) | § 15 | em vista de |
| Ansicht (ver absehen, ansehen, Ansehen, Ansehung, sehen, zusehen, Zusehen) | §§ 4, 7, 15 | visão |
| Auftreten | §§ 4, 15, 17 | surgir |
| ausführen (ausgeführt) | § 4 | levado a cabo |
| Ausführung | §§ 6, 9 | execução |
| aushalten | § 13 | manter-se |

251

| | | |
|---|---|---|
| Bedenklichkeiten | § 2 | reservas |
| Befriedigung | § 8 | satisfação |
| Bemühen, Bemühung (ver Mühe e mühelos) | §§ 1, 4 | esforço |
| beschränkt (ver Schranke) | § 8 (duas ocorrências) | limitado |
| das Beschränkte (ver Schranke) | § 8 (três ocorrências) | o limitado |
| besorgen (besorgt werden) | § 2 | ser providenciado |
| Besorgnis | § 2 | preocupação |
| bestehen (in etwas bestehen) | §§ 9, 12 (duas ocorrências) | consistir em |
| bestehen | § 13 | subsistir |
| beziehen (sich auf etwas) | § 10 | conectar(-se a) |
| beziehen | § 10 | conectar |
| Beziehung | §§ 1, 10, 12, 14 | conexão |
| darbieten (sich) | §§ 7 (duas ocorrências), 10 (duas ocorrências), 15 (duas ocorrências) | oferecer-se |
| Ding (ver Sache) | §§ 1 (duas ocorrências), 4 | coisa |
| dringen | § 5 | impelir |
| durch (dadurch; dadurch, dass) (ver ainda wodurch) | §§ 1 (nove ocorrências), 3, 4 (duas ocorrências), 5 (duas ocorrências), 6 (duas ocorrências), 7 (duas ocorrências), 8, 11, 12, 15, 16 | mediante |
| durch welches hindurch, durch das hindurch (ver ainda wodurch) | §§ 1 (duas ocorrências), 4 | mediante cujo intermédio |
| durchlaufen, durchwandern | §§ 6, 5 | percorrer |
| Eifer, eifrig | §§ 4, 6, 8 | zelo, zeloso |
| Einsicht | § 6 | vista penetrante |

| | | |
|---|---|---|
| eintreten | § 14 | introduzir-se |
| entspringen | §§ 7, 14 | despontar |
| ergeben (sich daraus) | § 3 | resultar |
| ergeben (sich etwas) | § 6 (duas ocorrências) | entregar-se a |
| ergeben (sich) | §§ 7, 10, 11, 15 | dar-se |
| ergebend | § 9 | resultante |
| Erkennen (ver ainda kennen, Kenntnis) | § 1 (onze ocorrências), §2 (quatro ocorrências), § 3 (três ocorrências), § 4 (cinco ocorrências), § 9 | o conhecer |
| erkennen (ver ainda kennen, Kenntnis) | § 2 (duas ocorrências), 3 | conhecer |
| Erkenntis (ver ainda kennen, Kenntnis) | § 4 | conhecimento |
| Erscheinen (ver Schein, scheinen) | § 4 | fenômeno |
| erscheinend (ver Schein, scheinen) | §§ 4, 5, 6 (duas ocorrências), 9 (duas ocorrências) e 10 | fenomênico |
| Erscheinung (ver Schein, scheinen) | §§ 4 (quatro ocorrências), 17 | fenômeno |
| faßen; erfaßen; auffaßen | §§ 1, 7, 10, 15, 17 | apreender |
| Fortgang | § 7 (duas ocorrências); § 8 (duas ocorrências); § 9 | progressão |
| forttreiben (sich) | § 17 | impulsionar(-se) |
| Gang | § 15 | via |
| Gestalt | §§ 5, 7 (duas ocorrências),15 (duas ocorrências), 17 | figura |
| Gestaltung | §§ 5, 6 | figuração |
| indem | §§ 1, 2, 5, 6 (duas ocorrências), 7, 10, 13 (três ocorrências), 15, 17 (duas ocorrências) | [oração subordinada reduzida de gerúndio] |

| | | |
|---|---|---|
| insofern | §§ 8, 14 | tanto quanto |
| kennen (ver ainda Erkennen, erkennen, Erkenntnis) | § 1 | conhecer |
| Kenntis (ver ainda Erkennen, erkennen, Erkenntnis) | § 4 | conhecimento |
| Mißtrauen | § 2 | desconfiança |
| Mühe (ver Bemühen, Bemühung) | §§ 4 (duas ocorrências), 13 | faina |
| mühelos (ver Bemühen, Bemühung) | § 1 | sem esforço |
| nämlich | §§ 4, 6 e 10 | a saber |
| nämlich | §§ 6, 10 | com efeito |
| nämlich | §§ 2, 7; 15 (duas ocorrências) | nomeadamente |
| nämlich | §§ 1, 12 | ou seja |
| nun | §§ 5, 11 | ora |
| prüfen | §§ 2, 6 (duas ocorrências), 9, 13 (duas ocorrências) | examinar |
| Prüfen | § 6 | o examinar |
| Prüfend (das zu Prüfende) | § 13 | o que há por examinar |
| Prüfung | §§ 1, 9 (três ocorrências), 12 (duas ocorrências), 13 (seis ocorrências) | exame |
| Sache (ver Ding) | §§ 1 (duas ocorrências), 6, 12, 15 | coisa |
| Schein (ver Erscheinung) | §§ 4, 8, 11 | aparência |
| scheinen (ver Erscheinung) | §§ 1 (duas ocorrências), 4, 5, 9, 12, 13 (três ocorrências), 14, 15 (duas ocorrências), 17 | parecer |

| | | |
|---|---|---|
| Sehen (ver absehen, ansehen, Ansehen, Ansehung, Ansicht, zusehen, Zusehen) | §§ 3, 14 | ver |
| Schranke | § 1 | limite |
| treiben | § 1 | fazer |
| Übergang | §§ 7, 15 | passagem |
| Überzeugung | § 1 | convicção |
| Umkehrung | § 15 | reversão |
| (sich) unterscheiden | § 6 | diferenciar(-se) |
| Unterscheiden | § 10 (duas ocorrências) | o diferenciar |
| Unterscheidung | §§ 12, 13 | diferenciação |
| Unterschied | §§ 2, 3 (duas ocorrências), 13 | diferença |
| unterschieden (werden) | § 10 | diferenciado (ser) |
| Verhalten | § 9 | comportamento |
| Verhältnis | §§ 4 (duas ocorrências), 15 | relação |
| Verkehrung | § 6 | inversão |
| Verlauf | §§ 7, 14, 15 | transcurso |
| verschieden | § 1 | diverso |
| versichern | §§ 4 (duas ocorrências), 8 | asseverar |
| Versichern | § 4 | o asseverar |
| Versicherung | §§ 4, 8 | asseveração |
| wahr/unwahr (duas ocorrências no §4) | §§ 3 (duas ocorrências), 4 (duas ocorrências), 5, 14, 17 | verdadeiro/não verdadeiro |
| Wahre | §§ 1, 3 (três ocorrências), 6, 12, 13, 14 (duas ocorrências), 15 | o verdadeiro |

| | | |
|---|---|---|
| wahrhaft/nicht wahrhaft (duas ocorrências no § 7) | §§ 2, 4 (três ocorrências), 7 (três ocorrências), 15 | verdadeiro/não verdadeiro |
| Wahrheit/Unwahrheit (duas ocorrências no § 6 e uma ocorrência nos §§ 7 e 15) | §§ 1 (cinco ocorrências), 2 (quatro ocorrências), 3, 4 (duas ocorrências), 6 (nove ocorrências), 7 (duas ocorrências), 8 (cinco ocorrências), 10 (duas ocorrências), 11 (duas ocorrências), 12, 15, 17 | a verdade/o não verdadeiro |
| Weg | §§ 5 (duas ocorrências), 6 (seis ocorrências), 7, 16 | caminho |
| weglassen | § 12 | deixar de lado |
| wegnehmen | § 1 | retirar |
| Wegräumung | § 10 | afastamento |
| wodurch | §§ 1 (duas ocorrências), 2, 4, 7, 14, 15 (duas ocorrências), 17 | por intermédio de |
| zusehen, Zusehen (ver absehen, ansehen, Ansehen, Ansehung, Ansicht, sehen) | §§ 12 (duas ocorrências), 13 | ver, o ver |

# Bibliografia

Bibliografia primária

HEGEL, G.W.F. *Werke. Auf der Grundlage der Werke von 1832-1845 neu edierte Ausgabe*. Frankfurt/Main: Suhrkamp, 1986, redação Eva Moldenhauer e Karl Markus Michel, abreviada como W., seguida de indicação de volume.
\_\_\_\_. *Sämtliche Werke*, vol. 2: *Phänomenologie des Geistes*. 4ª ed. Stuttgart: Friedrich Fromann, 1964, edição de H. Glockner, abreviada GL.
\_\_\_\_. *Gesammelte Werke*, vol. 9: *Phänomenologie des Geistes*. editada por Wolfgang Bonsiepen e Reihard Heede. Hamburgo: Felix Meiner, 1980, abreviada como GW 9.
\_\_\_\_. *Gesammelte Werke*. Rheinisch-Westfälischen Akademie der Wissenschaften. Hamburgo: Felix Meiner, abreviada como GW.
\_\_\_\_. *Jenaer Systementwürfe II* e *Jenaer Systementwürfe III: Naturphilosophie und Philosophie des Geistes*, editados por Rolf-Peter Horstmann. Hamburgo: Felix Meiner, 1987.
\_\_\_\_. *Wissenschaft der Logik*, 2 volumes, edição Georg Lasson. Hamburgo: Felix Meiner, 1987.
\_\_\_\_. *Vorlesungen über die Geschichte der Philosophie. Teil 1: Einleitung in die Geschichte der Philosophie; Orientalische Philosophie* (1994); *Teil 2: Griechische Philosophie; I. Thales bis Kyniker* (1989); e *Teil 4: Philosophie des Mittelalters und der neueren Zeit* (1986), editados por Pierre Garniron e Walter Jaeschke. Hamburgo: Felix Meiner.
\_\_\_\_. *Vorlesungen über die Philosophie der Weltgeschichte*, editado por Karl Heinz Ilting, Karl Brehmer e Hoo Nam Seelmann. Hamburgo: Felix Meiner, 1996.
\_\_\_\_. *Briefe von und an Hegel*, vol. I, edição Hoffmeister. Hamburgo: Felix Meiner, 1954.
\_\_\_\_. *Fenomenologia do espírito* (trecho), coleção Os Pensadores, vol. XXX. São Paulo: Abril Cultural, 1974 (tradução e notas de Henrique Cláudio de Lima Vaz).
\_\_\_\_. *Fenomenologia do espírito*. Petrópolis/Bragança Paulista: Vozes/Editora Universitária São Francisco, 2005 (tradução de Paulo Meneses, com colaboração de Karl Heinz Efken e José Nogueira Machado), abreviada como FE.
\_\_\_\_. *Phénomenologie de l'Esprit*. Paris: Gallimard, 1993 (tradução e notas de Gwendoline Jarczyk e Pierre-Jean Labarrière).
\_\_\_\_. *Phénomenologie de l'Esprit*. Paris: Vrin, 2006 (tradução e notas de Bernard Bourgeois).
\_\_\_\_. *Phénomenologie de l'Esprit*. Paris: Aubier, 1991 (tradução e notas de Jean-Pierre Lefebvre).
\_\_\_\_. *Phénomenologie de l'Esprit*. Paris: Aubier, 1977 (tradução e notas de Jean Hypolite).
\_\_\_\_. *Phenomenology of Spirit*. Disponível em: http://terrypinkard.weebly.com/phenomenology-of-spirit-page.html> (tradução e notas de Terry Pinkard, última atualização consultada 30/10/2013).
\_\_\_\_. *Introdução à Filosofia do direito*. Campinas: IFCH/Unicamp, 2005. (tradução, notas e apresentação de Marcos Lutz-Müller).

Demais itens bibliográficos citados

ABROMEIT, John. *Max Horkheimer and the Foundations of the Frankfurt School*. Cambridge: Cambridge University Press, 2011.
ADORNO, Theodor W. "Kulturkritik und Gesellschaft". In: *Prismen. Kulturkritik und Gesellschaft, Gesammelte Schriften*, vol. 10.1. Frankfurt/Main: Suhrkamp, 1977.
\_\_\_\_\_. "Freizeit". In: *Stichworte. Kritische Modelle 2, Gesammelte Schriften*, vol. 10.2. Frankfurt/Main: Suhrkamp, 1977.
\_\_\_\_\_. "Anmerkungen zum philosophischen Denken". In: *Stichworte. Kritische Modelle 2*. Gesammelte Schriften, vol. 10.2. Frankfurt/Main: Suhrkamp, 1977.
\_\_\_\_\_. *Theodor W. Adorno*. Coleção Grandes Cientistas Sociais. São Paulo: Ática, 1986.
\_\_\_\_\_. "Spätkapitalismus oder Industriegesellschaft?". In: *Gesammelte Schriften*, vol. 8. Frankfurt/Main: Suhrkamp, 1986.
\_\_\_\_\_. *Drei Studien zu Hegel, Gesammelte Schriften*, vol. 5. Suhrkamp: Frankfurt/Main, 1986.
\_\_\_\_\_. *Negative Dialektik, Gesammelte Schriften*, vol. 6. Suhrkamp: Frankfurt/Main, 1986.
\_\_\_\_\_. "Anotações ao pensar filosófico". *Cadernos de Filosofia Alemã*, vol. 19, n. 2, jul.-dez. 2014 (tradução de Adriano Januário e Marcos Nobre).
ALEGRÍA, Ciro. "Geschichte und Sittlichkeit in den postkolonialen Ländern". In: *Deutsche Zeitschrift für Philosophie*, vol. 56, n. 2, 2008.
ALLEN, Amy. *The End of Progress: Decolonizing the Normative Foundations of Critical Theory*. Nova York: Columbia University Press, 2016.
ALLISON, Henry. *Kant's Transcendental Idealism*. New Haven: Yale University Press, 2004 (edição revista e ampliada).
AMERIKS, Karl. "Hegel's Critique of Kant's Theoretical Philosophy". In: *Philosophy and Phenomenological Research*, vol. 46, n. 1, set. 1985.
AQUINO, Marcelo F. de. "Metafísica da subjetividade e remodelação do conceito de espírito em Hegel". In: Eduardo Ferreira Chagas, Konrad Utz e James Wilson J. de Oliveira (orgs.). *Comemoração aos 200 anos da* Fenomenologia do Espírito *de Hegel*. Fortaleza: UFC Edições, 2007.
ARANTES, Paulo Eduardo. "O partido da inteligência: notas sobre a ideologia alemã". In: *Almanaque*, n. 9. São Paulo: Brasiliense, 1979.
\_\_\_\_\_. *Hegel – A ordem do tempo*. São Paulo: Polis, 1981.
\_\_\_\_\_. *Ressentimento da dialética: dialética e experiência intelectual em Hegel* (antigos estudos sobre o ABC da miséria alemã). São Paulo: Paz e Terra, 1996.
BECKENKAMP, Joãosinho. *Entre Kant e Hegel*. Porto Alegre: EDIPUCRS, 2004.
BEDESCHI, Giuseppe. *Politica e storia in Hegel*. Roma/Bari: Laterza, 1973.
BENHABIB, Seyla. *Critique, Norm and Utopia. A Study of the Foundations of Critical Theory*. Nova York: Columbia University Press, 1986.
BERTRAM, Georg. *Hegels* Phänomenologie des Geistes. *Ein systematischer Kommentar*. Stuttgart: Philipp Reclam, jun., 2017.
BEUTHAN, Ralf. "Hegels phänomenologischer Erfahrungsbegriff". In: Klaus Vieweg e Wolfgang Welsch (orgs.). *Hegels Phänomenologie des Geistes. Ein kooperativer Kommentar zu einem Schlüsselwerk der Moderne*. Frankfurt/Main: Suhrkamp, 2008.
BOLTANSKI, Luc. *De la Critique. Précis de Sociologie de l'émancipation*. Paris: Gallimard, 2009.
\_\_\_\_\_ e CHIAPELLO, Ève. *Le Nouvel Esprit du capitalisme*. Paris: Gallimard, 1999.
\_\_\_\_\_. *O novo espírito do capitalismo*. São Paulo: Martins Fontes, 2009.

BOLTANSKI, Luc. e THÉVENOT, Laurent. *De la Justification. Les Économies de la grandeur.* Paris: Gallimard, 1991.
BONSIEPEN, Wolfgang. "Phänomenologie des Geistes". In: Otto Pöggeler (org.). *Hegel. Einführung in seine Philosophie.* Munique/Freiburg: Karl Alber, 1977.
BOURGEOIS, Bernard. "Présentation". In: G.W.F. Hegel, *L'Encyclopédie des sciences philosophiques*, vol. I, *La Science de la logique.* Paris: Vrin, 1970.
_____. *Études hégéliennes. Raison et décision.* Paris: Vrin, 1992.
_____. Comentário, notas e introdução a G.W.F. Hegel, *Préface et Introduction de la* Phénoménologie de l'Esprit. Paris: Vrin, 1997.
_____. "Présentation" a *Phénomenologie de l'Esprit.* Paris: Vrin, 2006 (tradução e notas de Bernard Bourgeois).
BOUTON, Christophe. "Hegel Penseur de 'la fin de l'histoire'?". In: Joselyn Benoist e Fabio Merlini (orgs.). *Après la Fin de l'histoire. Temps, monde historicité.* Paris: Vrin, 1998.
BRANDOM, Robert. *Making it Explicit.* Cambridge: Cambridge University Press, 1994.
_____. "Sketch of a Program for a Critical Reading of Hegel. Comparing Empirical and Logical Concepts". In: *Internationales Jahrbuch des Deutschen Idealismus*, vol. 3, 2005.
_____. *A Spirit of Trust: A Semantic Reading of Hegel's Phenomenology*, manuscrito, 2014. Disponível em: <www.pitt.edu/~brandom/spirit_of_trust_2014.html>.
BRISTOW, William F. *Hegel and the Transformation of Philosophical Critique.* Oxford: Clarendon Press, 1992.
CARNAÚBA, Maria Erbia Cassia. *Teoria Crítica e utopia.* Campinas: IFCH/Unicamp, 2017. Tese de doutorado.
CASTEL, Robert. *As metamorfoses da questão social. Uma crônica do salário.* Petrópolis: Vozes, 1998.
CELIKATES, Robin. *Kritik als soziale Praxis. Gesellschaftliche Selbstverständigung und kritische Theorie.* Frankfurt/Main: Institut für Sozialforschung/Campus, 2009.
CHAGAS, Eduardo Ferreira Chagas et al. (orgs.). *Comemoração aos 200 anos da* Fenomenologia do espírito *de Hegel.* Fortaleza: UFC Edições, 2007.
COBBEN, Paul (org.). *Hegel-Lexikon.* Darmstadt: WBG, 2006.
CONCLI, Raphael. *Integração social e adaptação no diagnóstico do mundo administrado de Max Horkheimer e Theodor Adorno.* Campinas: IFCH/Unicamp, 2016. Dissertação de mestrado.
CRISSIUMA, Ricardo. *A formação do jovem Hegel (1770-1800): Do esclarecimento do homem comum ao carecimento da filosofia.* Campinas: IFCH/Unicamp, 2017. Tese de doutorado.
DENKER, Alfred e VATER, Michael (orgs.). *Hegel's Phenomenology of Spirit: New Critical Essays.* Nova York: Humanity Books, 2003.
DERANTY, Jean-Pierre. *Beyond Communication: A Critical Study of Axel Honneth's Social Philosophy.* Leiden/Boston: Brill, 2009.
DOVE, Kenley Royce. "Hegel's Phenomenological Method". In: Robert Stern (org.). *G.W.F. Hegel: Critical Assessments*, vol. III. Londres/Nova York: Routledge, 1993.
DUBIEL, Helmut. *Wissenschaftsorganisation und politische Erfahrung. Studien zur frühen Kritischen Theorie.* Frankfurt/Main: Suhrkamp, 1978.
DURCHHARDT, Heinz. *Der Wiener Kongress. Die Neugestaltung Europas, 1814/15.* Munique: Beck, 2015.
EMUNDTS, Dina. "Kant über Selbstbewusstsein". In: Dina Emundts (org.). *Self, World, and Art: Methaphysical Topics in Kant and Hegel.* Göttingen: De Gruyter, 2013.
ESDAILE, Charles. *Napoleon's Wars. An International History, 1803-1815.* Londres: Allen Lane/Penguin, 2007.

FALKE, Gustav-Hans H. *Begriffene Geschichte: das historische Substrat und die systematische Anordnung der Bewusstseinsgestalten in Hegels* Phänomenologie des Geistes. *Interpretation und Kommentar*. Berlim: Lukas Verlag, 1996.

FAUSTO, Ruy. *Marx: lógica e política. Investigações para uma reconstitutição do sentido da dialética*, tomo I. São Paulo: Brasiliense, 1983.

\_\_\_\_. "Notas do entrevistado". In: Marcos Nobre e José Marcio Rego (orgs.). *Conversas com filósofos brasileiros*. São Paulo: Editora 34, 2000.

FEENBERG, Andrew. *The Philosophy of Praxis: Marx, Lukács and the Frankfurt School*. Londres: Verso, 2014.

FISCHBACH, Franck. *Du Commencement em philosophie. Étude sur Hegel et Schelling*. Paris: Vrin, 1999.

\_\_\_\_. "Présentation". In: Karl Marx. *Manuscrits économico-philosophiques de 1844*. Paris: Vrin, 2007.

\_\_\_\_. *Manifeste pour une philosophie sociale*. Paris: La Découverte, 2009.

FORST, Rainer. *Normativität und Macht – Zur Analyse sozialer Rechtfertigungsordnungen*. Berlim: Suhrkamp, 2015.

FORSTER, Michael. *Hegel and Skepticism*. Cambridge: Harvard University Press, 1989.

\_\_\_\_. *Hegel's Idea of a Phenomenology of Spirit*. Chicago: The University of Chicago Press, 1998.

FÖRSTER, Eckart. "Entstehung und Aufbau der *Phänomenologie des Geistes*". In: Klaus Vieweg e Wolfgang Welsch (orgs.). *Hegels* Phänomenologie des Geistes. *Ein kooperativer Kommentar zu einem Schlüsselwerk der Moderne*. Frankfurt/Main: Suhrkamp, 2008.

\_\_\_\_. *Die 25 Jahre Philosophie. Eine systematische Rekonstruktion*. 2ª edição revista. Frankfurt/Main: Vittorio Klostermann, 2012.

FOUCAULT, Michel. *Dits et écrits*, vol. IV (1980-1988). Paris: Gallimard, 1994.

FRANK, Manfred. *Der unendliche Mangel an Sein. Schellings Hegelkritik und die Anfänge der Marxschen Dialektik*. Frankfurt/Main: Suhrkamp, 1994.

FRASER, Nancy. "Contradictions of Capital and Care". *New Left Review*, n. 100, jul./ago. 2016.

\_\_\_\_ e HONNETH, Axel. *Redistribution or Recognition? A Political-Philosophical Exchange*. Londres / Nova York: Verso, 2003.

FULDA, Hans Friedrich. *Das Problem einer Einleitung in Hegels Wissenschaft der Logik*. Frankfurt/Main: Vittorio Klostermann, 1965.

\_\_\_\_. "Zur Logik der *Phänomenologie*". In: Hans Friedrich Fulda e Dieter Henrich (orgs.). *Materialien zu Hegels* Phänomenologie des Geistes. Frankfurt/Main: Suhrkamp, 1973.

\_\_\_\_. "Das erscheinende absolute Wissen". In: Klaus Vieweg e Wolfgang Welsch (orgs.). *Hegels* Phänomenologie des Geistes. *Ein kooperativer Kommentar zu einem Schlüsselwerk der Moderne*. Frankfurt/Main: Suhrkamp, 2008.

\_\_\_\_. "*Science of the Phenomenology of the Spirit:* Hegel's program and its implementation". In: Dean Moyar e Michael Quante (orgs.). *Hegel's* Phenomenology of Spirit. *A Critical Guide*. Cambridge: Cambridge University Press, 2008.

\_\_\_\_. "Hegels 'Wissenschaft der *Phänomenologie des Geistes*'. Programm und Ausführung". In: Michael Gerten (org.). *Hegel und die* Phänomenologie des Geistes. *Neue Perspektiven und Interpretationsansätze*. Wurtzburgo: Königshausen & Neumann, 2012.

FULDA, Hans Friedrich e HORSTMANN, Rolf-Peter (orgs.). *Skeptizismus und Spekulatives Denken in der Philosophie Hegels*. Stuttgart: Klett-Cotta, 1996.

GADAMER, Hans-Georg. *Wahrheit und Methode. Grundzüge einer philosophischen Hermeneutik*. Tübingen: J. C. B. Mohr (Paul Siebeck), 1990.

GADAMER, Hans-Georg. *Hegels Dialektik. Fünf hermeneutische Studien*. Tübingen: J. C. B. Mohr (Paul Siebeck), 1971.
GAUVIN, Joseph. "Le 'Für uns' dans la *Phénoménologie de l'Esprit*". In: *Archives de Philosophie*, vol. 33, n. 4, 1970.
\_\_\_\_. "Gestaltungen dans la *Phénomenologie de l'Esprit*". In: *L'Héritage de Kant. Mélanges philosophiques offerts au P. Marcel Régnier*. Paris: Beauchesne, 1982.
GENEL, Katia. *Autorité et émancipation. Horkheimer et la Théorie Critique*. Paris: Payot, 2013.
GIANNOTTI, José Arthur. *Trabalho e reflexão. Ensaios para uma dialética da sociabilidade*. São Paulo: Brasiliense, 1984.
\_\_\_\_. *Origens da dialética do trabalho. Sobre a lógica do jovem Marx*. Porto Alegre: L&PM, 1985.
\_\_\_\_. "Dialética futurista e outras demãos". *Novos Estudos*. São Paulo: n. 57, jul. 2000.
GLOCKNER, Hermann. *Hegel*, Cebrap, 2 vols. Stuttgart: Friedrich Fromann, 1968 (volumes 21 e 22 dos *Sämtliche Werke*).
GRAESER, Andreas. Comentário a G.W.F. Hegel, *Einleitung zur* Phänomenologie des Geistes. Stuttgart: Phillip Reclam, jun., 1993.
HABERMAS, Jürgen. *Der philosophische Diskurs der Moderne*. Frankfurt/Main: Suhrkamp, 1985.
\_\_\_\_. *O discurso filosófico da modernidade*. São Paulo: Martins Fontes, 2000. (tradução de Luiz Sérgio Repa e Ródnei Nascimento).
\_\_\_\_. *Theorie des kommunikativen Handelns*, 2 vols. Frankfurt/Main: Suhrkamp, 1984.
\_\_\_\_. "Arbeit und Interaktion". In: *Technik und Wissenschaft als 'Ideologie'*. Frankfurt/Main: Suhrkamp, 1990.
\_\_\_\_. "Trabalho e interação". In: *Técnica e ciência como "ideologia"*. São Paulo: Editora da Unesp, 2014. (tradução de Felipe Gonçalves Silva).
\_\_\_\_. *Erkenntnis und Interesse*. Frankfurt/Main: Suhrkamp, 1973.
HALBIG, Christoph et al. (orgs.). *Hegels Erbe*. Frankfurt/Main: Suhrkamp, 2004.
HARRIS, H. S. *Hegel's Development. Volume II: Night Thoughts. Jena 1801-1806*, Oxford: Clarendon Press, 1983.
\_\_\_\_. "Hegel's Intellectual Development to 1807". In: Frederick C. Beiser (org.). *The Cambridge Companion to Hegel*. Cambridge: Cambridge University Press, 1993.
\_\_\_\_. *Hegel: Phenomenology and System*. Indianápolis: Hackett, 1995.
\_\_\_\_. *Hegel's Ladder*, 2 vols. Indianápolis: Hackett, 1997.
HARTMANN, Nicolai. "Hegel und das Problem der Realdialektik". In: *Kleinere Schriften*. Berlim: Walter de Gruyter, 1957.
HEIDEGGER, Martin. *Holzwege*. Frankfurt/Main: Vittorio Klostermann, 1992.
\_\_\_\_. "O conceito de experiência em Hegel". In: *Caminhos de floresta*. Lisboa: Calouste Gulbenkian, 2002.
\_\_\_\_. *Erläuterungen der 'Einleitung' zu Hegels* Phänomenologie des Geistes, *Gesamtausgabe*, vol. 68. Frankfurt/Main: Vittorio Klostermann, 1993.
\_\_\_\_. *Hegels* Phänomenologie des Geistes, *Gesamtausgabe*, vol. 32. Frankfurt/Main: Vittorio Klostermann, 1988.
HEIDEMANN, Dietmar. *Der Begriff des Skeptizismus. Seine systematischen Formen, die pirronische Skepsis und Hegels Herausforderung*. Munique: De Gruyter, 2007.
HENRICH, Dieter. *Hegel im Kontext*. Frankfurt/Main: Suhrkamp, 1988.
\_\_\_\_. *Grundlegung aus dem Ich. Untersuchungen zur Vorgeschichte des Idealismus: Tübingen - Jena (1790-1794)*, 2 vols. Suhrkamp: Frankfurt/Main, 2004.
HEINRICHS, Johannes. *Die Logik der* Phänomenologie des Geistes. Bonn: Bouvier, 1974.

HONNETH, Axel. "Critical Theory". In: Anthony Giddens e Jonathan H. Turner (orgs.). *Social Theory Today*. Stanford: Stanford Univesity Press, 1987.
\_\_\_\_\_. *Kritik der Macht*. Frankfurt/Main: Suhrkamp, 1988.
\_\_\_\_\_. *Kampf um Anerkennung: zur moralischen Gramatik sozialer Konflikte*. Frankfurt/Main: Suhrkamp, 1994.
\_\_\_\_\_. *Luta por reconhecimento. A gramática moral dos conflitos sociais*. São Paulo: Editora 34, 2003. (tradução de Luiz Sérgio Repa).
\_\_\_\_\_. *Leiden an Unbestimmtheit. Eine Reaktualisierung der Hegelschen Rechtsphilosophie*. Stuttgart: Phillip Reclam, 2001.
\_\_\_\_\_. *Sofrimento de indeterminação. Uma reatualização da* Filosofia do direito de Hegel. São Paulo: Singular, 2007. (tradução de Rúrion Melo).
\_\_\_\_\_. "Eine soziale Pathologie der Vernunft: zur intellektuellen Erbschaft der Kritischen Theorie". In: *Pathologien der Vernunft. Geschichte und Gegenwart der Kritischen Theorie*. Frankfurt/Main: Suhrkamp, 2007.
\_\_\_\_\_. *Das Recht der Freiheit. Grundriss einer demokratischen Sittlichkeit*. Berlim: Suhrkamp, 2011.
\_\_\_\_\_. *Die Idee des Sozialismus – Versuch einer Aktualisierung*. Berlim: Suhrkamp, 2015.
\_\_\_\_\_. *Verdinglichung – eine annerkennungstheoretische Studie*. Frankfurt/Main: Suhrkamp, 2005; nova edição: Berlim: Suhrkamp, 2015, com comentários de Judith Butler, Raymond Geuss e Jonathan Lear e uma resposta de Axel Honneth.
HORKHEIMER, Max. *Gesammelte Schriften*, vol. XII. *Nachgelassene Schriften*, Frankfurt/Main: Fischer, 1985.
\_\_\_\_\_ e ADORNO, Theodor W. *Dialektik der Aufklärung, Gesammelte Schriften*, vol. 5. Frankfurt/Main: Fischer, 1985.
\_\_\_\_\_. *Dialética do esclarecimento*. Rio de Janeiro: Zahar, 1985.
HÖSLE, Vittorio. *Hegels System. Der Idealismus der Subjektivität und das Problem der Intersubjektivität*. Hamburgo: Felix Meiner, 1998.
\_\_\_\_\_. "Nach dem absoluten Wissen. Welche Erfahrungen des nachhegelschen Bewusstseins muss die Philosophie begreifen, bevor sie wieder absolutes Wissen einfordern kann?". In: Klaus Vieweg e Wolfgang Welsch (orgs.). *Hegels* Phänomenologie des Geistes. *Ein kooperativer Kommentar zu einem Schlüsselwerk der Moderne*. Frankfurt/Main: Suhrkamp, 2008.
HYPPOLITE, Jean. *Génèse et structure de la* Phénoménologie de l'Esprit *de Hegel*. Paris: Aubier/Montaigne, 1975.
IBER, Christian. "Mudança de paradigma da consciência para o espírito de Hegel". In: Eduardo Ferreira Chagas et al. (orgs.). *Comemoração aos 200 anos da* Fenomenologia do Espírito *de Hegel*. Fortaleza: UFC Edições, 2007.
\_\_\_\_\_. "Hegels Paradigmenwechsel vom Bewusstsein zum Geist". In: Jindřich Karásek, Jan Kuneš e Ivan Landa (orgs.). *Hegels Einleitung in die* Phänomenologie des Geistes. Wurztburgo: Königshausen & Neumann, 2006.
JAEGGI, Rahel. *Kritik von Lebensformen*. Berlim: Suhrkamp, 2014.
\_\_\_\_\_ e CELIKATES, Robin. *Sozialphilosophie. Eine Einführung*. Munique: C.H. Beck, 2017.
JANUÁRIO, Adriano Márcio. *Experiência de não-identidade como resistência: T. W. Adorno e o diagnóstico de tempo presente na década de 1960*. Campinas: IFCH/Unicamp, 2016. Tese de doutorado.
JAY, Martin. "The Virtues of Mendacity". In: *Index*, vol. 33, n. 2, abr., 2004.
KANG, Jaeho. *Walter Benjamin and the Media. The Spectacle of Modernity*. Cambridge: Polity Press, 2014.

KANT, Immanuel. *Kritik der reinen Vernunft*, 2ª ed., vol. III. *Kritik der reinen Vernunft* (1ª ed.) e *Prolegomena zu einer jeden künftigen Metaphysik, die als Wissenschaft wird auftreten können*, vol. III, *Kritik der praktischen Vernunft*, vol. V, Akademie-Ausgabe, Berlim: Georg Reimer, 1973 (reimpressão).

\_\_\_\_. *Crítica da razão pura*. Petrópolis/Bragança Paulista: Vozes/Editora Universitária São Francisco, 2012 (tradução, notas e apresentação de Fernando Costa Mattos).

\_\_\_\_. "Prolegômenos". In: *Kant*. Coleção Os Pensadores, vol. XXV. São Paulo: Abril Cultural, 1987 (tradução de Tania Maria Bernkopf).

KERN, Andrea e KIETZMANN, Christian (orgs.). *Selbstbewusstes Leben. Texte zur transformativen Theorie der menschlichen Subjektivität*. Berlim: Suhrkamp, 2017.

KERNER, Ina. *Postkoloniale Theorien – Zur Einführung*. Hamburgo: Junius, 2012.

KERVÉGAN, Jean-François. "L'Effectif et le Rationnel. Observations sur un topos hégélien et anti-hégélien". In: François Dagognet e Pierre Cosmo (orgs.). *Autour de Hegel. Hommage à Bernard Bourgeois*. Paris: Vrin, 2000.

\_\_\_\_. *L'Effectif et le rationel. Hegel et l'esprit objectif*. Paris: Vrin, 2008.

KERVÉGAN, Jean-François "La *Phénoménologie de l'esprit* est-elle la fondation ultime du 'système de la science' hégélien?". In: Gilles Marmasse e Alexander Schnell (orgs.). *Comment fonder la Philosophie? L'Idéalisme allemand et la question du principe premier*. Paris: CNRS, 2014.

KESSELRING, Thomas. *Die Produktivität der Antinomie. Hegels Dialektik im Lichte der genetischen Erkenntnistheorie und der formalen Logik*. Frankfurt/Main: Suhrkamp, 1984.

KLOTZ, Christian. "A crítica e transformação da 'Filosofia da Subjetividade' na *Fenomenologia do Espírito*". *Revista Estudos Hegelianos*, ano 5, n. 8, jun. 2008.

KOJÈVE, Alexandre. *Introduction à la lecture de Hegel. Leçons sur la* Phénoménologie de l'Esprit *professées de 1933 à 1939 à l'École des Hautes Études*, reunidas e publicadas por Raymond Queneau. Paris: Gallimard, 1985.

LABARRIÈRE, Pierre-Jean. *Structures et mouvement dialectique dans la* Phénoménologie de l'esprit *de Hegel*. Paris: Aubier, 1968.

\_\_\_\_. *La* Phénoménologie de l'esprit *de Hegel. Introduction à une lecture*. Paris: Aubier, 1968.

LEBRUN, Gérard. *La patience du concept. Essai sur le discours hégélien*. Paris: Gallimard, 1973.

\_\_\_\_. *A paciência do conceito. Ensaio sobre o discurso hegeliano*. São Paulo: Unesp, 2006. (tradução de Silvio Rosa Filho).

\_\_\_\_. *Kant et la Fin de la métaphysique*. Paris: Armand Collin, 1970.

LENTZ, Thierry. *Le Congrès de Vienne. Une refondation de l'Europe, 1814-1815*. Paris : Perrin, 2013.

LIMA VAZ, Henrique C. de. *Antropologia filosófica*, São Paulo: Loyola, 1991, 2 vols. e 1992.

\_\_\_\_. *Escritos de filosofia III. Filosofia e cultura*. São Paulo: Loyola, 1997.

\_\_\_\_. *Escritos de filosofia VII. Raízes da modernidade*. São Paulo: Loyola, 2002.

LOCKE, John. *An Essay Concerning Human Understanding*. Edição crítica de Peter H. Nidditch. Oxford: Oxford University Press, 1987.

LÖWY, Michel. *La Théorie de la révolution chez le jeune Marx*. Maspero, 1970.

LUKÁCS, Georg. *Der junge Hegel. Über die Beziehung von Dialektik und Ökonomie. Werke*, vol. 8. Neuwied / Berlim: Luchterhand, 1967.

\_\_\_\_. *Geschichte und Klassenbewusstein. Studien über marxistische Dialektik*. Darmstadt: Luchterhand, 1988.

\_\_\_\_. *História e consciência de classe. Estudos sobre a dialética marxista*. São Paulo: Martins Fontes, 2003. (tradução de Rodnei Nascimento).

\_\_\_\_. *Der junge Marx: seine philosophihsce Entwicklung von 1840-1844*. Pfullingen: Neske, 1965.

LUKÁCS, Georg. *Zur Ontologie des gesellschaftlichen Seins. Werke.* vols. 13 e 14. Darmstadt: Luchterhand, 1984 e 1986.

\_\_\_\_\_. *Para uma ontologia do ser social*, 2 vols. São Paulo: Boitempo, 2012 e 2013 (vol I: tradução de Carlos Nelson Coutinho, Mario Duayer e Nélio Schneider. vol. II. tradução de Nélio Schneider, com colaboração de Ivo Tonet e Ronaldo Vielmi Fortes).

LUMSDEN, Simon. "The Rise of the Non-Metaphysical Hegel". *Philosophy Compass*, n. 3, vol. 1, 2008.

LUTZ-MÜLLER, Marcos. "A experiência, caminho para a verdade? Sobre o conceito de experiência na *Fenomenologia do Espírito* de Hegel". *Revista Brasileira de Filosofia*, v. XVII, n. 66, 1967.

\_\_\_\_\_. *G.W. F. Hegel – Introdução à filosofia do direito*. Campinas: IFCH/Unicamp, 2005. (tradução, notas e apresentação de Marcos Lutz-Müller).

\_\_\_\_\_. "A negatividade do começo absoluto". In: Márcia Gonçalves (org.). *O pensamento puro ainda vive: 200 anos da* Ciência da lógica *de Hegel*. São Paulo: Barcarolla, 2013.

\_\_\_\_\_. "A liberdade absoluta e o terror". In: Leonardo Alves Vieira e Manuel Moreira da Silva (orgs.). *Interpretações da* Fenomenologia do Espírito *de Hegel*. São Paulo: Loyola, 2014.

MABILLE, Bernard. *Hegel, Heidegger et la Métaphysique. Recherches pour une constitution*. Paris: Vrin, 2004.

MACDOWELL, John. *Mind and World*. Cambridge: Harvard University Press, 1994.

\_\_\_\_\_. *Having the World in View. Essays on Kant, Hegel and Sellars*. Cambridge: Harvard University Press, 2009.

MACHADO, Maíra Rocha e RODRIGUEZ, José Rodrigo. "Otto Kirchheimer: Uma contribuição à crítica do direito penal (levando o direito penal a sério)". In: Marcos Nobre (org.). *Curso livre de Teoria Crítica*. Campinas: Papirus, 2008.

MAGALHÃES, Fernando Augusto Bee. *Crítica da cultura e fantasmagoria. Benjamin na década de 30*. Campinas: IFCH/Unicamp, 2016. Dissertação de mestrado.

MAKER, William. "Beginning". In: George di Giovanni (org.). *Essays on Hegel's Logic*. Albany, State University of New York Press, 1990.

MARCUSE, Herbert. *Razão e revolução: Hegel e o advento da teoria social*. São Paulo: Paz e Terra, 1978. (tradução de Marília Barroso).

\_\_\_\_\_. *Reason and Revolution: Hegel and the Rise of Social Theory*. Boston: Beacon, 1960.

MARIN, Inara Luisa. "Psicanálise e emancipação na Teoria Crítica". In: Marcos Nobre (org.). *Curso livre de Teoria Crítica*. Papirus: Campinas, 2008.

\_\_\_\_\_. *Narcissisme et reconnaissance: les aléas de la psychanalyse dans la théorie critique*. Paris: Université Paris-Diderot (Paris 7), 2009. Tese de doutorado.

MARMASSE, Gilles. "Le Chemin phénoménologique comme libre auto-critique du savoir". In: Czeslaw Michalewski (org.). Hegel. La Phénoménologie de l'esprit *à plusieurs voix*. Paris: Ellipses, 2008.

\_\_\_\_\_. *Force et fragilité des normes. Príncipes de la* Philosophie du droit *de Hegel*. Paris: PUF, 2011.

MARX, Karl. *Das Kapital. Kritik der politischen Ökonomie*, vol. 1. *Marx-Engels Werke*, vol. 23. Berlim: Dietz, 1986.

\_\_\_\_\_. "Crítica da *Filosofia do direito* de Hegel – Introdução". In: *Crítica da* Filosofia do direito *de Hegel*. 2ª ed. revista. São Paulo: Boitempo, 2010. (tradução de Rubens Enderle e Leonardo de Deus).

\_\_\_\_\_. "Zur Kritik der Hegelschen Philosophie – Einleitung". In: *Marx-Engels Werke*, vol. 1. Berlim: Dietz, 1981.

MARX, Karl. "Ökonomisch-philosophische Manuskripte aus dem Jahre 1844". In: *Marx-Engels Werke*, vol. 40, Berlim: Dietz, 1990.

MARX, Werner. *Hegels* Phänomenologie des Geistes. *Die Bestimmung ihrer Idee in "Vorrede" und Einleitung*. Frankfurt/Main: Vittorio Klostermann, 1971.

MELO, Rúrion. *Marx e Habermas: Teoria Crítica e os sentidos da emancipação*. São Paulo: Saraiva, 2013.

MENESES, Paulo. *Para ler a* Fenomenologia do Espírito. *Roteiro*. São Paulo: Loyola, 1992.

MÜNCH, Richard. "Parsonian Theory Today: In Search of a New Synthesis". In: Anthony Giddens e Jonathan H. Turner (orgs.). *Social Theory Today*. Stanford: Stanford University Press, 1987.

NEUHOUSER, Frederick. *Foundations of Hegel's Social Theory. Actualizing Freedom.* Cambridge: Harvard University Press, 2000.

NICOLIN, Friedhelm. "Zum Titelproblem der *Phänomenologie des Geistes*". *Hegel-Studien*, vol. 4, 1967.

NICOLIN, Günther (org.). *Hegel in Berichten seiner Zeitgenossen*. Hamburgo: Felix Meiner, 1970.

NOBRE, Marcos. *A dialética negativa de Theodor W. Adorno*. São Paulo: Iluminuras/Fapesp, 1998.

\_\_\_\_\_. "'Permanecemos contemporâneos dos jovens hegelianos': Jürgen Habermas e situação de consciência atual". *Olhar – Revista de Artes e Humanidades do CECH/UFSCar*, vol. 4, dez. 2000.

\_\_\_\_\_. *Lukács e os limites da reificação. Um estudo sobre* História e consciência de classe. São Paulo: Editora 34, 2001.

\_\_\_\_\_. "Participação e deliberação na teoria democrática: uma introdução". In: Vera Schattan P. Coelho e Marcos Nobre (orgs.). *Participação e deliberação: teoria democrática e experiências institucionais no Brasil contemporâneo*. São Paulo: Editora 34, 2004.

\_\_\_\_\_. *A Teoria Crítica*. Rio de Janeiro: Zahar, 2004.

\_\_\_\_\_. "Introdução" e "Max Horkheimer: A Teoria Crítica entre o nazismo e o capitalismo tardio". In: Marcos Nobre (org.). *Curso livre de Teoria Crítica*. Campinas: Papirus, 2008.

\_\_\_\_\_. "Teoria Crítica hoje". In: Daniel Tourinho Peres et al. (orgs.). *Tensões e passagens: Crítica e modernidade – uma homenagem a Ricardo Terra*. São Paulo: Singular, 2008.

\_\_\_\_\_. "O filósofo municipal, a Setzung e uma nova coalizão lógico-ontológica". In: André Penteado e Vinicius de Figueiredo (orgs.). *Estante*. Curitiba: Editora UFPR, 2012.

\_\_\_\_\_. "Apresentação" ao Dossiê "Teoria Crítica: uma nova geração". *Novos Estudos*. São Paulo: Cebrap, n. 93, jul. 2012.

\_\_\_\_\_. "Reconstrução em dois níveis. Um aspecto do modelo crítico de Axel Honneth". In: Rúrion Melo (org.). *A Teoria Crítica de Axel Honneth. Reconhecimento, liberdade e justiça*. São Paulo: Saraiva, 2013.

\_\_\_\_\_. "La Controverse sur le langage commun de la collaboration interdisciplinaire: le modèle durable de la *Dialectique de la Raison*". In: Katia Genel (org.). *La Dialectique de la Raison: sous bénéfice d'inventaire*. Paris: Éditions de la Maison des Sciences de l'Homme, 2017.

\_\_\_\_\_e REPA, Luiz (orgs.). "Introdução. Reconstruindo Habermas – etapas e sentido de um percurso". *Habermas e a reconstrução. Sobre a categoria central da Teoria Crítica habermasiana*. Campinas: Papirus, 2012.

\_\_\_\_\_e RODRIGUEZ, José Rodrigo. "'Judicialização' da política: déficits explicativos e bloqueios normativistas". *Novos Estudos*. São Paulo: Cebrap, n. 91, nov. 2011.

OLIVEIRA, Manfredo. "Hegel, síntese entre racionalidade antiga e moderna". In: Eduardo Ferreira Chagas et al. (orgs.). *Comemoração aos 200 anos da* Fenomenologia do Espírito *de Hegel*. Fortaleza: UFC Edições, 2007.

PEREIRA, Oswaldo Porchat. *Rumo ao ceticismo*. São Paulo: Editora Unesp, 2006.

PHILONENKO, Alexis. *Lecture de la* Phénoménologie *de Hegel. Preface – Introduction*. Paris: Vrin, 2004.

PIGEARD, Alain. *L'Allemagne de Napoléon. La Confédération du Rhin (1806-1813)*. Paris: Editions de la Bisquine, 2013.

PINKARD, Terry. *Hegel's Phenomenology: The Sociality of Reason*. Cambridge: Cambridge University Press, 1994.

_____. *Hegel: A Biography*. Cambridge: Cambridge University Press, 2000.

_____. "What is a 'Shape of Spirit'?". In: Dean Moyar e Michael Quante (orgs.). *Hegel's* Phenomenology of Spirit. *A Critical Guide*. Cambridge: Cambridge University Press, 2008.

_____. *Does History Make Sense? Hegel on the Historical Shapes of Justice*. University Press. Cambridge: Harvard, 2017.

PIPPIN, Robert. *Hegel's Idealism. The Satisfactions of Self-Consciousness*. Cambridge: Cambridge University Press, 1989.

_____. "The 'Logic of Experience' as 'Absolute Knowledge' in Hegel's *Phenomenology of Spirit*". In: Dean Moyar e Michael Quante (orgs.). *Hegel's* Phenomenology of Spirit. *A Critical Guide*. Cambridge: Cambridge University Press, 2008.

_____. *Hegel's Practical Philosophy: Rational Agency as Ethical Life*. Cambridge: Cambridge University Press, 2009.

_____. "Hegel's Political Argument and the Problem of Verwirklichung". *Political Theory*, vol. 9, n. 4, nov. 1981.

PLANTY-BONJOUR, Guy. *Le Projet hégélien*. Paris: Vrin, 1993.

PODETTI, Amelia. *Comentario a la Introducción a la* Fenomenología del Espíritu. Buenos Aires: Biblos, 2007.

PÖGGELER, Otto. "Die Komposition der *Phänomenologie des Geistes*". In: Hans Friedrich Fulda e Dieter Henrich (orgs.). *Materialien zu Hegels* Phänomenologie des Geistes. Frankfurt/Main: Suhrkamp, 1973.

_____. *Hegels Idee einer* Phänomenologie des Geistes. Munique/Freiburg: Karl Alber, 1977.

POPKIN, Richard. *The History of Scepticism from Erasmus to Spinoza*. Berkeley/Los Angeles: University of California Press, 1979.

POSTONE, Moishe. *Time, Labour and Social Domination. A reinterpretation of Marx's Critical Theory*. Cambridge: Cambridge University Press, 2003 (reimpressão com correções).

PRADO JR., Bento. "Por que rir da filosofia?". In: Bento Prado Júnior, Oswaldo Porchat Pereira e Tércio de Sampaio Ferraz Júnior. *A filosofia e a visão comum do mundo*. São Paulo: Brasiliense, 1981.

PRIEST, Stephen (org.). *Hegel's Critique of Kant*. Oxford: Oxford University Press, 1987.

RAMEIL, Udo. "Die *Phänomenologie des Geistes* in Hegels Nürnberger Propädeutik". In: Lothar Eley (org.). *Hegels Theorie des subjektiven Geistes in der Enzyklopädie der philosophischen Wissenschaften im Grundrisse*. Stuttgart: Frommann-Holzboog, 1990.

REDDING, Paul. *Analytic Philosophy and the Return of Hegelian Thought*. Cambridge: Cambridge University Press, 2007.

RENAULT, Emmanuel. *Reconnaissance, conflit, domination*. Paris: Éditions CNRS, 2017.

REPA, Luiz. *A transformação da filosofia em Jürgen Habermas: os papéis de reconstrução, interpretação e crítica*. São Paulo: Singular, 2008.

RODRIGUEZ, José Rodrigo. "Franz Neumann: O direito liberal para além de si mesmo". In: Marcos Nobre (org.). *Curso livre de Teoria Crítica*. Campinas: Papirus, 2008.

\_\_\_\_\_. *Fuga do direito: um estudo sobre o direito contemporâneo a partir de Franz Neumann*. São Paulo: Saraiva, 2009.

ROSA, Hartmut. *Resonanz. Eine Soziologie der Weltbeziehung*. Berlim: Suhrkamp, 2016.

ROSENFIELD, Denis. *Política e liberdade em Hegel*. São Paulo: Brasiliense, 1983.

ROUSSET, Bernard. "Introduction et commentaires". In: G.W.F. Hegel. *Le Savoir absolu*. Paris: Aubier, 1977.

RUSSON, John. "The Project of Hegel's *Phenomenology of Spirit*". In: Stephen Houlgate e Michael Baur (orgs.). *A Companion to Hegel*. Oxford: Blackwell, 2011.

SAAR, Martin. *Genealogie als Kritik. Geschichte und Theorie des Subjekts nach Nietzsche und Foucault*. Frankfurt/Main/Nova York: Campus, 2007.

SANTOS, José Henrique. *O trabalho do negativo. Ensaios sobre a* Fenomenologia do Espírito. São Paulo: Loyola, 2007.

SCHMITZ, Hermann. *Hegel als Denker der Individualität*. Meisenheim/Glan: Anton Hain, 1957.

SEDGWICK, Sally. "Erkennen als ein Mittel. Hegels Kantkritik in der Einleitung der *Phänomenologie*". In: Klaus Vieweg e Wolfgang Welsch (orgs.). *Hegels* Phänomenologie des Geistes. *Ein kooperativer Kommentar zu einem Schlüsselwerk der Moderne*. Frankfurt/Main: Suhrkamp, 2008.

SELLARS, Wilfrid. *Empiricism and the Philosophy of Mind*. Cambridge: Cambridge University Press, 1996.

SIEP, Ludwig. *Anerkennung als Prinzip der praktischen Philosophie: Untersuchungen zu Hegels Jenaer Philosophie des Geistes*. Hamburgo: Meiner, 1979.

\_\_\_\_\_. *Der Weg der* Phänomenologie des Geistes. *Ein einführender Kommentar zu Hegels* Differenzschrift *und zur* Phänomenologie des Geistes. Frankfurt/Main: Suhrkamp, 2000.

STERN, Robert. "Introduction". In: Robert Stern (org.). *G.W.F. Hegel: Critical Assessments*, 5 vols. Londres/Nova York: Routledge, 1993.

STEWART, Jon. "*The Architectonic of* Hegel's Phenomenology of Spirit". In: Jon Stewart (org.). *The Phenomenology of Spirit Reader: Critical and Interpretative Essays*. Albany: SUNY Press, 1998.

TEIXEIRA, Mariana Oliveira do Nascimento. *Patologias sociais, sofrimento e resistência: reconstrução da negatividade latente na teoria crítica de Axel Honneth*. Campinas: IFCH/Unicamp, 2016. Tese de doutorado.

TERRA, Ricardo. "Algumas questões sobre a filosofia da história em Kant". In: Immanuel Kant. *Ideia de uma história universal de um ponto de vista cosmopolita*. São Paulo: Brasiliense, 1986.

\_\_\_\_\_. *A política tensa. Ideia e realidade na filosofia da história de Kant*. São Paulo: Iluminuras/Fapesp, 1995.

\_\_\_\_\_. *Passagens. Estudos sobre a filosofia de Kant*. Rio de Janeiro: Editora UFRJ, 2003.

THEUNISSEN, Brendan. *Hegels Phänomenologie als Metaphilosophische Theorie. Hegel und das Problem der Vielfalt philosophischer Theorien. Eine Studie zur systemexternen Rechtfertigungsfunktion der* Phänomenologie des Geistes. Hamburgo: Meiner, 2014.

THEUNISSEN, Michael. "Begriff und Realität. Hegels Aufhebung des metaphysischen Wahrheitsbegriffs". In: Rolf-Peter Horstmann (org.). *Seminar: Dialektik in der Philosophie Hegels*. Frankfurt/Main: Suhrkamp, 1978.

THOMPSON, E. P. *A miséria da teoria ou um planetário de erros: uma crítica ao pensamento de Althusser*. Rio de Janeiro: Zahar, 1981.

\_\_\_\_\_. *A formação da classe operária inglesa*, 3 vols. São Paulo: Paz e Terra, 1987.

TUGENDHAT, Ernst. *Selbstbewusstsein und Selbstbestimmung. Sprachanalytische Interpretationen.* Frankfurt/Main: Suhrkamp, 1979.
VEYNE, Paul. *Como se escreve a história. Foucault revoluciona a história.* Brasília: Editora UnB, 1982.
VICK, Brian E. *The Congress of Vienna: Power and Politics after Napoleon.* Cambridge: Harvard University Press, 2014.
VIEIRA, Leonardo Alves e SILVA, Manuel Moreira da (orgs.). *Interpretações da* Fenomenologia do Espírito *de Hegel.* São Paulo: Loyola, 2014.
VOIROL, Olivier. "Teoria Crítica e pesquisa social: da dialética à reconstrução". *Novos Estudos.* São Paulo, Cebrap, n. 93, jul. 2012.
VUILLEMIN, Jules. *L'Héritage kantien et la révolution copernicienne.* Paris: PUF, 1954.
WESTPHAL, Kenneth R. *Hegel's Epistemological Realism: A Study of the Aim and Method of Hegel's Phenomenology of Spirit.* Dordrecht e Boston: Kluwer, 1989.
\_\_\_\_. "Hegel's Phenomenological Method and Analysis of Consciousness". In: Kenneth R. Westphal (org.). *The Blackwell Guide to Hegel's* Phenomenology of Spirit. Oxford: Wiley-Blackwell, 2009.
WESTPHAL, Merold R. "Hegel's Solution to the Dilemma of the Criterion". In: Jon Stewart (org). The Phenomenology of Spirit *Reader: Critical and Interpretative Essays.* Albany: SUNY Press, 1998.
WILDT, Andreas. *Autonomie und Anerkennung: Hegels Moralitätskritik im Lichte seiner Fichte-Rezeption.* Munique: Klett-Cotta, 1982.
WÜLFLING, Wulf et al. *Historische Mythologie der Deutschen: 1798-1918.* Munique: Wilhelm Fink Verlag, 1991.
XIMENES, Olavo Antunes de Aguiar. *Aproximação à categoria de modo de produção nos* Grundrisse *(1857-58) de Karl Marx.* Campinas: IFCH/Unicamp, 2017. Dissertação de mestrado.
YAMAWAKE, Paulo. *Caráter e antropologia em Max Horkheimer.* Campinas: IFCH/Unicamp, 2015. Dissertação de mestrado.

# Agradecimentos

A dificuldade de saber onde começa e onde termina um trabalho de tantos anos é também a dificuldade de nomear todas as pessoas e instituições sem as quais o caminho não teria sido o que foi. Mais que isso, não teria sido mesmo possível. A exemplo do livro que escrevi, a rememoração agradecida que faço aqui é falível. E, certamente, falha. As desculpas que peço desde já pelas omissões involuntárias seguem com a firme declaração de isenção de responsabilidade da parte de quem quer que venha nomeado aqui.

Foi em um estágio de três meses de afastamento sabático em Chicago, em 2007, que comecei a esboçar o que seria a tese de livre-docência que apresentei em 2012 à Unicamp e que foi a primeira versão deste livro. Agradeço aqui à Universidade de Chicago e a Moishe Postone. E digo pouco quando lembro que John Abromeit foi ali e continua sendo até hoje um parceiro intelectual de exceção. Sem o estímulo e a ajuda de Sônia Cardoso a candidatura à função de livre-docente não teria se materializado. Aos membros de minha banca de concurso agradeço o debate livre e aberto que foi muito além do que eu próprio tinha escrito. Meu agradecimento a Marcos Lutz-Müller, João Carlos Brum Torres, Fátima Évora, João Carlos Salles, Moacyr Novaes.

Na Unicamp, contei sempre com o apoio inestimável de Maria Rita Gandara, Gilvani Pereira e da equipe da Secretaria de Pós-Graduação. A cada quatro ou cinco anos ao longo dos últimos vinte e cinco anos, turmas de graduação suportaram com paciência minha tentativa gaguejante de explicar o texto de Hegel, colocando-me questões a que continuo tentando responder neste livro. Nas sessões de discussão do Grupo de Teoria Crítica pude aprender tanto sobre meus próprios objetos de estudo que não saberia distinguir precisamente quais os ensinamentos que ali recebi nem identificar cada pessoa que me fez ver cada novidade em específico. Uma tentativa limitada de registrar esse reconhecimento está nas referências que fiz ao longo do livro a teses e dissertações de integrantes do grupo.

Na Universidade de Paris I-Sorbonne e no laboratório NoSoPhi, realizei sucessivos estágios de dois meses entre 2008 e 2017, com o apoio sempre firme e amigo de Jean-François Kervégan. Em um estágio mais longo, no primeiro semestre de 2012, contei com o apoio de Laurent Jaffro. A oportunidade de conviver e de debater ideias com Gilles Marmasse e Katia Genel foi e continua a ser um privilégio. Catherine Colliot-Thélène dispôs-se gentilmente a discutir um breve resumo do trabalho em um seminário no ano de 2012. O estágio final de redação foi realizado junto à Universidade Livre de Berlim, com o gentil apoio de Georg Bertram. Agradeço a todas essas pessoas e ainda, em específico, a Ricardo Crissiuma e a Marcos Lutz-Müller por sugestões de modificação que fizeram à versão de 2012 da tradução do texto da Introdução que apresentei aqui.

No Cebrap encontrei e encontro o ambiente de discussão e encorajamento propícios ao trabalho intelectual. Pude contar sempre com Mariza Cabrera Nunes, com Paula Zucaratto e, mais recentemente, com Sandra Matos. O Núcleo de Direito e Democracia é um polo de reflexão e de debate sem o qual eu não saberia me orientar no pensamento e na ação. A Fapesp, com sua linha de financiamento a Projetos Temáticos e com a concessão de uma bolsa de dois meses para realizar o estágio em Berlim, foi um suporte inestimável. Como o foi o CNPq com seu programa de Bolsa Produtividade.

A ousadia do grupo que resolveu fundar a Todavia se estendeu para a publicação deste livro. O agradecimento específico é aqui a Flávio Moura, como emblema desse grupo. Livros são apenas dados por terminados. Agradeço a Ana Cecilia Agua de Melo por ter me lembrado disso da maneira a mais detalhista e interessante possível, por ocasião daquela última chance que se tem de ainda modificar o texto antes que as impressoras e as versões eletrônicas façam seu trabalho.

Há pessoas a quem só posso agradecer de longe, como a meu pai e a minha mãe. Posso agradecer de perto a meu irmão, Marcelo. E gostaria que a profundidade do tanto que devo a todas estas pessoas não se perdesse na simples enumeração: Inara Luisa Marin, Bianca Tavolari, Adriano Januário, Sérgio Costa, Maria Cristina Fernandes, Vinicius Torres Freire, Carolina Pulici, Roberta Bechara, José Rodrigo Rodriguez, Marcio Sattin, Fernando Rugitsky, Dandara Ferreira, Flávio Moura, Robin Celikates, Lena Lavinas, Klaus-Gerd Giesen, Laura Carvalho, Rúrion Melo, Heloísa Baldin, Ricardo

Teperman, Liliane Benetti, Felipe Gonçalves Silva, Heloisa Jahn, Ana Luísa Machado Nobre, Samuel Barbosa, Daniela Capelato, Isabelle Aubert, Olivier Voirol, Fran Cabrera, Dagmar Wilhelm, João Pedro Machado Nobre, Jonas Medeiros, Fernanda Pitta, Andreas Stöhr, Roberta Saraiva Coutinho, Ricardo Kobashi, Mônica Machado Nobre, Karin Stoegner, Fabio Severino, Milton Bolívar de Camargo Osório, Marília Chaves, Ester Rizzi, José Roberto Zan. E, por último e por primeiro, Ricardo Terra.

# Notas

Apresentação [pp. 13-82]

1. Uma classificação condensada das correntes interpretativas que buscam realizar a compatibilização (ou não) da *Fenomenologia* com a obra posterior de Hegel pode ser encontrada, por exemplo, na Introdução escrita por Robert Stern para o volume III de *G.W.F. Hegel: Critical Assessments*, especialmente pp. 2ss. Para uma apresentação condensada de alguns problemas centrais dessa passagem entre a *Fenomenologia* e a obra posterior pode-se consultar com proveito o capítulo 8 ("From the *Phenomenology* to the 'System': Hegel's *Logic*") de *Hegel: A Biography*, de Terry Pinkard.
2. As principais coordenadas do problema foram sintetizadas por Ludwig Siep em seu *Der Weg der* Phänomenologie des Geistes. *Ein einführender Kommentar zu Hegels* Differenzschrift *und zur* Phänomenologie des Geistes, p. 63. Também as observações dos editores em *Gesammelte Werke* (doravante abreviado GW), vol. 9, pp. 453ss, são muito úteis. A exposição pormenorizada desse problema pode ser encontrada adiante na seção II desta Apresentação, com destaque, no item II.4.2, para a discussão da interpretação que se tornou referência sobre esse tópico na bibliografia: Eckart Förster, "Entstehung und Aufbau der *Phänomenologie des Geistes*". In: Klaus Vieweg e Wolfgang Welsch (orgs.). *Hegels* Phänomenologie des Geistes. *Ein kooperativer Kommentar zu einem Schlüsselwerk der Moderne*. Em 2011, Förster publicou um livro em que os argumentos presentes nesse artigo são desenvolvidos em dois capítulos, com ainda maior riqueza de detalhes, *Die 25 Jahre Philosophie. Eine systematische Rekonstruktion*. Uma passagem de Jean-François Kervégan pode bem servir aqui de síntese representativa dessa posição esmagadoramente majoritária nos estudos hegelianos. Tendo provavelmente em vista a Anotação ao § 415 à edição de 1830 da *Enciclopédia* ("A filosofia kantiana pode ser considerada da maneira a mais determinada em que apreendeu o espírito como consciência e em que contém por inteiro apenas determinações da *Fenomenologia*, não da filosofia do espírito", W. 10, p. 202), Kervégan escreveu: "é precisamente no curso da redação do que devia inicialmente ser apenas uma 'ciência da experiência da consciência' e que se tornou finalmente uma 'fenomenologia do espírito' que Hegel tomou consciência da necessidade de superar uma concepção 'finita', porque somente 'consciencial' do espírito" ("La *Phénomenologie de l'esprit* est-elle la fondation ultime du 'système de la science' hégélien?". In: Gilles Marmasse e Alexander Schnell (orgs.). *Comment fonder la Philosophie? L'Idéalisme allemand et la question du principe premier*, p. 249).

3. *Geschichte der letzten Systeme der Philosophie in Deutschland Von Kant bis Hegel*. Parte II. Berlim, 1838, p. 616, apud Günther Nicolin (org.). *Hegel in Berichten seiner Zeitgenossen*, p. 76.
4. Essa anotação esquemática deixada por Hegel, que quando morreu mal tinha começado a revisar o livro para a nova edição, pode ser encontrada em GW 9, p. 448.
5. É o caso, por exemplo, de Thomas Kesselring, *Die Produktivität der Antinomie. Hegels Dialektik im Lichte der genetischen Erkenntnistheorie und der formalen Logik*, que vincula a *Fenomenologia* (e toda a obra posterior, aliás) ao projeto de uma "filosofia do absoluto" de inícios dos anos 1800 em que seria marcante a influência de Schelling.
6. Como é o caso da interpretação de Jürgen Habermas em "Trabalho e interação", publicado originalmente em 1964 (In: *Técnica e ciência como "ideologia"*, livro originalmente publicado em 1968), e de Axel Honneth em *Luta por reconhecimento. A gramática moral dos conflitos sociais*, de 1992, para não falar do primeiro Ludwig Siep, *Anerkennung als Prinzip der praktischen Philosophie: Untersuchungen zu Hegels Jenaer Philosophie des Geistes*, de 1979, e de Andreas Wildt, *Autonomie und Anerkennung: Hegels Moralitätskritik im Lichte seiner Fichte-Rezeption*, de 1982. O surgimento – nos anos 1960, ao que tudo indica – dessa corrente interpretativa se dá em oposição à ideia de que uma atualização da noção de "espírito absoluto" seria ainda possível. Por essa razão, essa leitura valorizou por si mesmos os trabalhos de juventude anteriores à publicação da *Fenomenologia* – em especial os escritos de Jena –, independentemente das soluções que tenham encontrado seja na própria *Fenomenologia*, seja na obra posterior. O caráter relativamente fragmentário dos manuscritos do período de Jena permite que cada leitura dessa corrente busque seus próprios princípios de sistematicidade para dar unidade aos textos, o que em grande medida deixa na sombra o tema da dialética hegeliana, tão central em toda a obra seguinte. É difícil saber se, no momento atual, tais autores mantêm as posições que defenderam explicitamente até a década de 1980 (no caso de Habermas e de Siep), ou até o início dos anos 2000 (no caso de Honneth). Para limitar a ilustração ao caso exemplar de Habermas, bastaria lembrar que, já em *O discurso filosófico da modernidade*, de 1985, o Hegel de Jena não aparece como contraponto da exposição do conceito de modernidade, lastreado na obra tomada como um conjunto. Desse modo, Habermas estabelece uma continuidade entre o assim chamado *Differenzschrift* (1802) e o restante da obra, de tal maneira que não se sabe se, nesse esquema, os escritos do período de Jena seriam uma exceção, um momento anômalo e atípico em uma continuidade que começa com a postulação de um "poder da unificação" já em 1802, ou se foi de fato abandonada a leitura anterior de uma descontinuidade representada pela produção não publicada do período de Jena. A mesma dúvida se aplica a Honneth, em especial após a publicação de *O direito da liberdade*, em 2011. Sobre possíveis consequências da interpretação defendida aqui para a Teoria Crítica, ver adiante a seção IV desta Apresentação.
7. Esta valorização do livro de 1807 em sua independência e autonomia de maneira alguma deve ser entendida, entretanto, como um endosso da interpretação de Hermann Glockner, por exemplo, para quem os manuscritos de Jena levam "não à *Fenomenologia*, mas à *Lógica* e à *Enciclopédia* posteriores" (Hegel, vol. 2, p. 348; vol. 22 dos Sämtliche Werke). Embora possa ser citada como mais uma interpretação sintomática do "ressurgimento" da *Fenomenologia* nos anos 1930 do século XX, o relativo privilégio que Glockner concede à *Fenomenologia* em relação ao Sistema em nada se aproxima da

interpretação proposta aqui. Ainda assim, algo desse movimento em sentido mais amplo fica preservado, na medida em que compartilha a diretriz de tentar ler a *Fenomenologia* segundo a sua própria lógica interna, como conjunto, sem achar que lhe falta algo de essencial. No século XX, essa corrente também contou com nomes como os de Alexandre Kojève ou Jean Hyppolite. Note-se ainda a coincidência entre o ressurgimento e a revalorização da *Fenomenologia* entre a segunda metade da década de 1920 e o início da década de 1940 (em duas frentes independentes uma da outra e antípodas entre si: Heidegger, na Alemanha, e Alexandre Kojève, na França) e a vigorosa retomada de uma noção alargada de *experiência* ocorrida nesse mesmo período, visível em trabalhos tão diferentes entre si quanto os de John Dewey, Edmund Husserl ou mesmo Georges Bataille, por exemplo. Um caso especialíssimo desse movimento é o de Georg Lukács em *História e consciência de classe*, em que a *Fenomenologia* aparece unida à *Ciência da lógica* (sob o predomínio da primeira, entretanto, caso raro entre as interpretações marxistas de Hegel) para construir um modelo de ascensão do proletariado à consciência de classe.

8. Mesmo se sua interpretação está orientada por objetivos em geral bastante diferentes, Gustav-Hans H. Falke ("Begriffne Geschichte: das historische Substrat und die systematische Anordnung der Bewusstseinsgestalten". In: *Hegels* Phänomenologie des Geistes. *Interpretation und Kommentar*) partilha do ponto de partida defendido aqui: "A pergunta pelo sistema por trás da *Fenomenologia* seria colocada de maneira canhestra se tivesse por visada o sistema que Hegel tinha ou teria de ter tido. O sistema por trás da *Fenomenologia* não foi escrito" (p. 8). Uma avaliação de conjunto do livro de Falke pode ser encontrada adiante.

9. *Briefe von und an Hegel*, vol. I, p. 161 (carta n. 95, de 1º de maio de 1807).

10. Pode ser útil lembrar algumas balizas das guerras napoleônicas em solo alemão que coincidem com o período em que Hegel se encontra em Jena. A primeira batalha da França revolucionária em solo do que seria futuramente a Alemanha ocorreu em Hohenlinden, Baviera, em dezembro de 1800. Nessa batalha, o Exército francês derrotou a aliança de forças austríacas e bávaras, levando ao fim da chamada Segunda Coalizão. A Baviera, já como aliada da França, volta a ser cenário de batalhas importantes (Elchingen, Ulm) em outubro de 1805, vencidas pelo Exército francês contra a Terceira Coalizão. Com a vitória em Austerlitz e com a assinatura do tratado de Pressburg, em dezembro de 1805, Napoleão ganha controle da parte ocidental do território alemão, o que lhe permitirá criar, em julho de 1806, da Confederação do Reno e, em seguida, impor a dissolução oficial do Sacro Império Romano-Germânico. Em reação, a Prússia passará a integrar a Quarta Coalizão contra os exércitos franceses. Será derrotada em seu território em Jena e Auerstedt, em outubro de 1806. Com a derrota do Exército russo, seu principal aliado, em Friedland, em junho do ano seguinte, a Prússia será obrigada a assinar o Tratado de Tilsitt, em julho de 1807, em que perdeu metade de seu território e foi obrigada a pagar uma pesada indenização de guerra, além de aceitar que a Confederação do Reno passasse a incluir todo o território alemão, com exceção da própria Prússia e da Áustria. Uma visão geral das campanhas napoleônicas pode ser encontrada em Charles Esdaile, *Napoleon's Wars. An International History, 1803-1815*. Uma síntese da história da Confederação do Reno foi realizada por Alain Pigeard, *L'Allemagne de Napoléon. La Confédération du Rhin (1806-1813)*.

11. O bicentenário do Congresso de Viena foi marcado por uma quantidade quase inabarcável de publicações sobre o tema. Dentre elas, seria possível destacar pelo menos três bastante úteis, que dão uma boa noção do estado da arte dos estudos no campo.

Primeiro, o livro de Brian E. Vick, que busca apreender o evento não apenas segundo o conceito chave de "cultura política", mas igualmente no quadro da história global (e não apenas europeia), *The Congress of Vienna: Power and Politics after Napoleon*. E também, breve e direto ao ponto, fazendo um apanhado dos elementos fundamentais do evento em linha com os estudos mais recentes, o livro de Heinz Duchhardt, *Der Wiener Kongress. Die Neugestaltung Europas, 1814/15*. Outra revisão importante foi realizada pelo diretor da Fundação Napoleão, Thierry Lentz em *Le Congrès de Vienne*. O horizonte que se pretende abrir aqui nessa relação de Hegel com o momento histórico crucial da derrota de Napoleão e da vitória da Restauração pode ser expresso, por exemplo, em uma formulação de Max Horkheimer: "As contradições da história mostram a oposição do singular e do universal sob a tendência de sua superação, superação esta que Hegel, até a *Fenomenologia*, esperava que iria acontecer por meio da política. Em vista da história que lhe foi contemporânea, ele abandonou essa esperança e se contentou da humanidade relativa do Estado de bem-estar social como base de realização. Esta foi colocada por ele no pensamento, que se consumaria no reino do espírito, da cultura, com base na reconciliação historicamente alcançada. Sua filosofia se tornou assim resignação, estoicismo, como toda filosofia burguesa" (manuscrito "Vertrauen auf Geschichte", 1946, In: *Gesammelte Schriften*, vol. XII, pp. 124-5).

12. "Algumas questões sobre a filosofia da história em Kant". In: Immanuel Kant, *Ideia de uma história universal de um ponto de vista cosmopolita*, e *A política tensa. Ideia e realidade na filosofia da história de Kant*. Trata-se de um padrão de leitura que, no Brasil, tem sua fonte de inspiração primeira nos escritos de Paulo Eduardo Arantes sobre o idealismo alemão e sua posteridade: "a mesma ordem burguesa retardatária, que faz do Estado o principal protagonista do processo social, institui a 'importação' (para mantermos a expressão de Marx) de ideias (omitidos seus pressupostos sociais) como prática ideológica da 'revolução sem revolução'" (Paulo Eduardo Arantes, "O partido da inteligência: notas sobre a ideologia alemã", p. 94). Os anais desse projeto intelectual se encontram reunidos no volume *Ressentimento da dialética: dialética e experiência intelectual em Hegel (antigos estudos sobre o ABC da miséria alemã)*, do mesmo autor.

13. Uma exposição detalhada da complexidade desse momento sob a forma da batalha de narrativas míticas em torno de Napoleão e da princesa Luísa pode ser encontrada em Wulf Wülfling, Karin Bruns e Rolf Parr, *Historische Mythologie der Deutschen: 1798-1918*, esp. capítulos 2 e 3.

14. Há ainda outros dois dados da organização do texto da *Fenomenologia* que desempenham papel de destaque na interpretação oferecida aqui e que não são considerados – salvo raríssimas exceções – como centrais ou mesmo relevantes pela bibliografia sobre Hegel de maneira geral. Primeiramente, a *Fenomenologia* não começa por seu primeiro capítulo, "A certeza sensível", mas pela Introdução. Em segundo lugar, a noção de "experiência" – característica de um livro que tinha por título inicial *Ciência da experiência da consciência* – não desaparece no momento em que a consciência acede ao elemento do "espírito" (no capítulo VI do livro), mas prossegue até o final, até o capítulo "O saber absoluto". Também esses dois elementos factuais adicionais serão desenvolvidos ao longo desta Apresentação e também na análise e no comentário do texto da Introdução à *Fenomenologia* adiante.

15. Todas as vezes em que se faz recurso aqui a outras obras para esclarecer passagens da *Fenomenologia*, pressupõe-se, portanto, que há algum tipo de continuidade na posição

de Hegel, ainda que exclusivamente no que diz respeito ao específico tópico em causa. Isso se aplica particularmente aos textos publicados do período de Jena relativos à reconstrução crítica da filosofia moderna desenvolvida na Introdução, particularmente no que diz respeito à "representação natural".

16. Sob esse aspecto, a interpretação de Vittorio Hösle se constitui em um caso bastante peculiar. Para ele, não se trata de defender a *Fenomenologia* em sua pretensa independência, ou de abdicar da posição de que a obra de maturidade é o padrão a partir do qual se deve interpretar *sistematicamente* todo o desenvolvimento intelectual de Hegel. Ao mesmo tempo, no entanto, Hösle é obrigado a questionar "por que o projeto hegeliano é hoje partilhado, para não dizer levado a sério, apenas por uma relativamente pequena minoria de filósofos" ("Nach dem absoluten Wissen. Welche Erfahrungen des nachhegelschen Bewusstseins muss die Philosophie begreifen, bevor sie wieder absolutes Wissen einfordern kann?". In: Klaus Vieweg e Wolfgang Welsch [orgs.]. *Hegels* Phänomenologie des Geistes. *Ein kooperativer Kommentar zu einem Schlüsselwerk der Moderne*, p. 631). E o remédio que propõe é o seguinte: "É plausível a suposição de que o interesse no projeto de Hegel pode crescer se, no sentido dele, for bem-sucedida a ascensão ao conceito das formas de consciência que, depois de Hegel, se opõem à possibilidade de um saber absoluto. Com certeza, a real tarefa é a de esclarecer em termos de fundamentação teórica a natureza do saber absoluto" (p. 632). Em outras palavras, Hösle defende a ideia de que apenas uma atualização da *Fenomenologia* que dê conta das configurações do espírito objetivo posteriores à morte de Hegel poderia talvez criar as condições para a reivindicação de uma nova posição de "saber absoluto" e, com isso, também conquistar novos adeptos para o partido hegeliano. Essa tática o leva mesmo a aceitar uma caracterização da *Fenomenologia* segundo a qual esta reproduz as três partes do "Sistema" posterior. Ver adiante nesta Apresentação.

17. Tem posição de absoluto destaque nesse contexto a interpretação de Heidegger em seu comentário do conjunto da Introdução à *Fenomenologia* ("O conceito de experiência de Hegel". In: *Holzwege*; tradução portuguesa: *Caminhos de floresta*). Também de Heidegger, veja-se a esse respeito o manuscrito de 1942, *Erläuterungen der 'Einleitung' zu Hegels* Phänomenologie des Geistes, publicado no volume 68 da *Gesamtausgabe*, e ainda o curso do inverno de 1930-1, *Hegels* Phänomenologie des Geistes, publicado como volume 32 da mesma *Gesamtausgabe*, sendo a primeira edição datada de 1980. Um importante contraponto da interpretação heideggeriana foi realizado por Theodor W. Adorno em seu texto "Teor de experiência", presente no volume *Drei Studien zu Hegel*. Adorno inspira o presente trabalho por, em contraste com a posição de Heidegger, caracterizar a filosofia contemporânea como exploração pós-marxista do campo teórico que vai de Kant a Hegel (e de volta a Kant). Não obstante, é preciso ressaltar que Adorno tem da *Fenomenologia* (e de sua Introdução, especialmente) uma leitura no mais das vezes tradicional, aproximando-a sempre da obra madura posterior, que lhe conferiria sentido e propósito. Ainda assim, mesmo julgando que o livro acaba por recair na "identidade absoluta" que deveria a todo custo evitar, Adorno concede à *Fenomenologia* uma posição diferenciada, como se pode ver em uma passagem da *Dialética negativa*, que, à parte o juízo que a encerra, é bastante próxima do sentido geral da interpretação proposta aqui: "O Hegel da *Fenomenologia* teria dificilmente hesitado em designar o conceito de espírito como algo mediado, como espírito tanto quanto como não espírito; não tirou disso a consequência de afastar de si a cadeia da identidade absoluta" (*Negative Dialektik*, p. 199).

18. Não deixa de ser curioso notar que a vertente do "renascimento hegeliano" que concede centralidade à *Fenomenologia do espírito* não seja a da tradição do jovem-hegelianismo de esquerda, mas a de estudos que se inspiram na filosofia analítica. Robert Brandom e John McDowell, por exemplo, conferem grande destaque à *Fenomenologia* em relação ao conjunto do sistema de maturidade de Hegel. Como exemplo disso pode-se tomar a afirmação de McDowell de que compreende seu livro, *Mind and World*, tanto quanto Brandom compreenderia o dele (*Making it Explicit*), em termos de um "prolegômeno a uma leitura da *Fenomenologia*" (cf. p. IX). Em seu breve panorama do chamado "renascimento hegeliano" no mundo anglófono, do que ele denomina como o "surgimento do Hegel não metafísico", Simon Lumsden descreve as linhas gerais desse projeto nos seguintes termos: "A *Fenomenologia* de Hegel pode ser entendida como uma luta para tornar nosso engajamento pré-conceitual com o mundo em algo conceitual e esta não é uma relação ganha de saída [*straightforwardly*] por nossa discursividade, que converte um domínio pré-/não conceitual estático em conceitos que nada deixam para trás" (Simon Lumsden, "The Rise of the Non-Metaphysical Hegel", p. 61). Também Georg Bertram, seguindo Paul Redding (*Analytic Philosophy and the Return of Hegelian Thought*), atribui muito dessa renovação da filosofia analítica a partir do pensamento de Hegel à peculiaridade e à especificidade da *Fenomenologia* no conjunto da obra de Hegel (*Hegels* Phänomenologie des Geistes. *Ein systematischer Kommentar*, op. cit., p. 7). Versão bastante diferente desse projeto dá Robert Pippin. Se também partilha da diretriz fundamental da busca do "Hegel não metafísico" e se também procura aproximar seu trabalho daquele de Brandom, Pippin já o faz em termos muito distintos, em que a *Fenomenologia* não ganha destaque especial, pelo contrário. Na versão de Pippin, o que esse agrupamento mais amplo dos estudos hegelianos no mundo anglo-saxão teria como "plataforma teórica" seria antes uma concepção renovada de normatividade: "Um comentador recente (Brandom) tem razão em que, para Hegel, o 'reino de *das Geistige*' é 'a ordem normativa', e agora é bem conhecido e bastante estimado que conceber o dualismo moderno central não como uma questão metafísica sobre natureza e liberdade, ou sobre materialismo ou imaterialismo, mas como uma questão 'lógica' ou categórica sobre o natural e o normativo, ou sobre o espaço de causas e o espaço de razões, catapultou Hegel de volta à cena contemporânea mundial de uma maneira excitante, especialmente no mundo anglófono" (Robert Pippin, "The 'Logic of Experience' as 'Absolute Knowledge' in Hegel's *Phenomenology of Spirit*", p. 224). Divergências de relevo podem ser encontradas em debates por vezes bastantes duros, principalmente entre Pippin e McDowell, mas também entre Pippin e Terry Pinkard, entre o final dos anos 1980 e meados dos anos 1990. A única figura que parece estar acima de divergências no quartero citado é mesmo a de Robert Brandom, que prepara há vários anos um comentário à *Fenomenologia* de dimensões monumentais. Cf. *A Spirit of Trust: A Semantic Reading of Hegel's* Phenomenology, manuscrito, 2014, acessível em: <www.pitt.edu/~brandom/spirit_of_trust_2014.html>. Precursor de Brandom como figura de referência que, de uma maneira ou de outra, está na origem da formação de todos os mencionados, é Wilfrid Sellars (cf. esp. *Empiricism and the Philosophy of Mind*. O artigo original que dá título ao volume é de 1956 e a publicação em livro se deu pela primeira vez em 1967). O já mencionado livro de Paul Redding refaz de maneira exaustiva esse percurso de Sellars a Brandom, passando por McDowell, tendo como objetivo mostrar que "com sua descrição [*account*] de 'substância' como igualmente 'sujeito',

*devidamente interpretada*, pode-se entender que Hegel tenta ir além da oposição abstrata entre as abordagens opostas aristotélica e kantiana à relação da lógica com a ontologia" (p. 229). Em orientação igualmente não metafísica, mas oposta a essa renovação analítica da leitura de Hegel, veja-se as indicações para uma possível renovação do hegelianismo de esquerda e de sua posteridade a partir da *Fenomenologia* na seção IV desta Apresentação.

19. Ainda que a figura de Napoleão desempenhe um papel de grande importância na interpretação de Alexandre Kojève (*Introduction à la lecture de Hegel*, pp. 145-8, por exemplo), é difícil dizer, dado o caráter fragmentário das anotações, se sua visada seria próxima daquela que se defende aqui. Já a interpretação de Georg Lukács (*Der Junge Hegel. Über die Beziehung von Dialektik und Ökonomie*) é, sob esse aspecto, fonte de inspiração para a tese de leitura deste trabalho. Sob outros aspectos, parece difícil encontrar pontos de contato com a interpretação de Lukács própria dessa fase de sua obra. Sobre Lukács, veja-se também a mencionada seção IV adiante.

20. "Não é difícil, aliás, ver que nosso tempo é um tempo do nascimento e da passagem a um novo período. O espírito rompeu com o que tinha sido até hoje o mundo de seu ser-aí e de seu representar e está prestes a [*im Begriffe*] precipitá-los no passado e no trabalho de sua reconfiguração" (W. 3, p. 18; FE, p. 31). Mas a sequência desse mesmo trecho do Prefácio sublinha ainda um elemento "essencial", a não ser "deixado sem considerar": "Falta, porém, a esse mundo novo – como falta a uma criança recém-nascida – uma efetividade acabada; e é essencial que isso não seja deixado sem considerar. O surgir [*Auftreten*] primeiro é primeiramente sua imediatidade ou seu conceito. Tão pouco quanto um edifício está pronto quando colocado seu fundamento, também o conceito alcançado do todo não é o todo mesmo" (W. 3, p. 19; FE, p. 31).

21. GW 7 (texto idêntico ao da edição da "Philosophische Bibliothek", adotado aqui como referência).

22. W. 5, especialmente p. 18. Essa conexão entre a *Fenomenologia* e a *Lógica* será examinada em maior detalhe adiante. O fato de o Prefácio da *Lógica* reafirmar a continuidade do projeto iniciado com a *Fenomenologia*, ainda que com reservas, serve também como contraprova adicional da tentativa que se faz aqui de caracterizar a especificidade do modelo filósofico de 1807. Não apenas porque, em termos de diagnóstico de época, Hegel permanece identificado, em 1812, com a expansão napoleônica. É bastante plausível conjecturar que as reservas expressas no Prefácio da primeira edição da *Lógica* estejam ligadas ao próprio processo de redação da nova obra, bem como ao fato de que Hegel tinha alcançado naquele momento uma nova versão de seu Sistema, a chamada "Propedêutica filosófica", que, no entanto, também ela não pareceu suficientemente acabada para publicação. Ao mesmo tempo, o vínculo entre os dois textos significa que a primeira edição da *Lógica* prolonga ainda o princípio construtivo da *Fenomenologia*: seguir publicando, na ordem projetada, as partes do Sistema mesmo sem ter alcançado uma exposição do conjunto considerada acabada para publicação. A real mudança se dá quando Hegel decide estabelecer o objetivo de *publicar* a apresentação integral do Sistema "*im Grundrisse*", "em compêndio", a *Enciclopédia das ciências filosóficas em compêndio*. Essa decisão – assim diz a tese defendida aqui – está ligada tanto à mudança de diagnóstico de época (não estava mais em questão a expansão napoleônica, mas a Restauração) como a uma mudança em relação à própria forma de produção teórica (do horizonte sistemático ao Sistema).

23. Ver Ruy Fausto, *Marx: Lógica e Política. Investigações para uma reconstitutição do sentido da dialética*. Tomo I. Um debate já clássico na bibliografia brasileira sobre a natureza da dialética em Hegel e Marx se deu entre Ruy Fausto e José Arthur Giannotti justamente em torno das noções de "posição" e "pressuposição". Algumas balizas desse debate são: de Giannotti, *Origens da dialética do trabalho. Sobre a lógica do jovem Marx* e "Dialética futurista e outras demãos"; de Fausto, op. cit., especialmente o "Apêndice 2", além das "Notas do entrevistado" às *Conversas com filósofos brasileiros*.
24. Um modelo filosófico que, transformado pelos jovens hegelianos de esquerda, se mantém até hoje vivo na tradição da Teoria Crítica. Nas palavras de Habermas: "Persistimos até hoje na situação de consciência introduzida pelos jovens hegelianos quando tomaram distância de Hegel e da filosofia em geral. Desde então, estão em curso também aqueles gestos triunfantes de mútua superação com os quais descuidamos de bom grado do fato de que *permanecemos* [*geblieben sind*] contemporâneos dos jovens hegelianos. Hegel inaugurou o discurso da modernidade; só os jovens hegelianos o estabeleceram de maneira duradoura. A saber: eles liberaram a figura de pensamento de uma crítica criadora da modernidade a partir do espírito da modernidade do fardo do conceito hegeliano de razão" (*Der philosophische Diskurs der Moderne*, op. cit., p. 67; *O discurso filosófico da modernidade*, op. cit.). Ver, a esse respeito, Marcos Nobre, "'Permanecemos contemporâneos dos jovens hegelianos': Jürgen Habermas e a situação de consciência atual". Reparos à leitura de Habermas serão feitos adiante, o que não conflita, entretanto, com o fato de a exposição se basear amplamente na sua caracterização da filosofia hegeliana como a filosofia por excelência da modernidade. No texto de Habermas citado nesta nota está também a formulação-chave: na tradição jovem-hegeliana que se prolonga na Teoria Crítica todo o problema está em *como* liberar "a figura de pensamento de uma crítica criadora da modernidade a partir do espírito da modernidade do fardo do conceito hegeliano de razão". O que se propõe aqui é partir do modelo filosófico da *Fenomenologia* para realizar esse projeto. Outras tentativas de leitura não metafísicas de Hegel serão igualmente consideradas no que se segue.
25. G. W. F. Hegel, *Grundlinien der Philosophie des Rechts*, p. 26. A edição Suhrkamp será abreviada como "w.", seguida da indicação de volume e de página. Quando não houver indicação explícita em contrário, será utilizada também para citar outras obras de Hegel além da *Fenomenologia*.
26. *Vorlesungen über die Geschichte der Philosophie. Teil 1: Einleitung in die Geschichte der Philosophie; Orientalische Philosophie*, p. 48 (A 897-900). Trata-se aqui do manuscrito preparado por Hegel em vista do curso de inverno de 1820-1, bem próximo no espírito e na cronologia do texto da *Filosofia do direito*.
27. Cf. Jürgen Habermas, *Der philosophische Diskurs der Moderne*; *O discurso filosófico da modernidade*. Daqui por diante, será referido como *Discurso*, com indicação de página do original alemão e da tradução brasileira. Todas as traduções a que se recorre neste livro podem vir modificadas, sem que se registre explicitamente as alterações.
28. Razão pela qual parece relevante distinguir, como se faz aqui, "diagnóstico de época" de "diagnóstico do tempo presente". "Diagnóstico" não é um conceito que se aplica apenas a mudanças estruturais, de grande magnitude, epocais. Do ponto de vista da teoria e da prática, o decisivo é ter sempre em vista a mais complexa compreensão possível do momento presente. E não poucas vezes há mudanças que são de grande relevância desse ponto de vista, embora não se comparem em magnitude a transformações

de ordem epocal. Um diagnóstico do tempo presente tem sempre no horizonte, de alguma maneira, um diagnóstico de época. Correspondentemente, mudanças de relevância no diagnóstico do tempo presente podem indicar a necessidade de alterações importantes no diagnóstico de época que está no seu horizonte. No caso de Hegel, um diagnóstico da época moderna, da modernidade. No caso da posteridade jovem-hegeliana, um diagnóstico do capitalismo.

29. *Discurso*, p. 34; trad., p. 33.
30. Este ponto crucial da análise de Habermas (e de muitas interpretações de conjunto da filosofia hegeliana) deve ser tributado à originalidade da interpretação de Lukács em seu livro *O jovem Hegel (Der junge Hegel)*, op. cit. Ricardo Terra, em *Passagens: estudos sobre a filosofia de Kant*, não vê razão para que Habermas conceda essa precedência a Hegel como iniciador do discurso filosófico da modernidade, já que não apenas é manifesta a preeminência de Kant nas formulações habermasianas, mas são aí também numerosos os desenvolvimentos em que o conceito kantiano de modernidade estrutura a argumentação. Não por último, segundo Ricardo Terra, porque, com a precedência hegeliana, perder-se-ia justamente a "dialética das distinções dos usos da razão" (p. 21), o que resultaria em uma "indistinção" prejudicial aos próprios objetivos de Habermas. Deixando de lado a curiosa defesa por Ricardo Terra de uma "*dialética* das distinções" (grifo meu), bastante inusitada para um defensor do kantismo, pelo menos duas observações sobre o tema parecem ser de interesse. Em primeiro lugar, a tese da precedência e do caráter único do modelo filosófico da *Fenomenologia*, tal como defendida neste trabalho, não tem de se ocupar dessas objeções ao Hegel da maturidade, mas antes pode concordar com elas, a depender das consequências teóricas que pode embutir. Em segundo lugar, é preciso lembrar que a argumentação de Ricardo Terra não leva em conta o fato decisivo de que, no fundo, para Habermas, Hegel só se mostra iniciador do discurso filosófico da modernidade porque os *jovens hegelianos* o tornaram duradouro. Ou, como diz o texto citado anteriormente: "Persistimos até hoje na situação de consciência introduzida pelos jovens hegelianos quando tomaram distância de Hegel e da filosofia em geral. Desde então, estão em curso também aqueles gestos triunfantes de mútua superação com os quais descuidamos de bom grado do fato de que *permanecemos* [*geblieben sind*] contemporâneos dos jovens hegelianos. Hegel inaugurou o discurso da modernidade; só os jovens hegelianos o estabeleceram de maneira duradoura. A saber: eles liberaram a figura de pensamento de uma crítica criadora da modernidade a partir do espírito da modernidade do fardo do conceito hegeliano de razão" (*Discurso*, p. 67). Dito de modo brusco: para Habermas, foi a posteridade hegeliana que o tornou inaugurador do discurso filosófico da modernidade. E, de outro lado, é difícil ver como Ricardo Terra poderia suprir o déficit de "jovens kantianos" que pudessem ter realizado movimento semelhante no caso da filosofia crítica.
31. *Discurso*, p. 31; trad., p. 30.
32. Cf. *Theorie des kommunikativen Handelns*, vol. 1, pp. 476-7.
33. Essa nova atitude hegeliana, interpretada na vertente dos jovens hegelianos de esquerda, é a que vai inaugurar, com a virada materialista de Marx, a tradição intelectual da Teoria Crítica, para a qual noções como "diagnóstico de época" e "diagnóstico do tempo presente" são centrais. Ver Marcos Nobre, *A Teoria Crítica* e "Introdução" e "Max Horkheimer: A Teoria Crítica entre o nazismo e o capitalismo tardio". In: Marcos Nobre (org.). *Curso livre de Teoria Crítica*. A fórmula original dessa mudança teórica

pode ser encontrada no Lukács de *História e consciência de classe*: o método marxista tem por "seu objetivo mais eminente" justamente "o conhecimento do presente". *Geshichte und Klassenbewusstein. Studien über marxistische Dialektik*, p. 30. *História e consciência de classe*, p. 54.

34. A "*Revolution der Denkart*" aparece em *Kritik der reinen Vernunft* (abreviado KrV), p. 9 (e ainda passim nesse mesmo Prefácio à Segunda Edição); *Crítica da razão pura* (abreviado Crp), p. 27. Ver, no mesmo sentido, "Respondendo à pergunta: o que é o Esclarecimento?", um escrito que é manifestamente um "diagnóstico de época", um diagnóstico da modernidade, tal como assinalado por Ricardo Terra em *Passagens. Estudos sobre a filosofia de Kant*. O que, aliás, sobressai na proposta do último Foucault de uma "ontologia do presente", inaugurada por Kant e que teria tido continuidade na forma de filosofia praticada "de Hegel à escola de Frankfurt, passando por Nietzsche e Max Weber" (*Dits et écrits*, vol. IV [1980-1988], p. 688). Na versão de Foucault, a modernidade caracterizaria muito mais uma "atitude" do que propriamente uma época: "Referindo-me ao texto de Kant, pergunto-me se não podemos encarar a modernidade mais como uma atitude do que como um período da história. Por atitude, quero dizer um modo de relação que concerne à atualidade; uma escolha voluntária que é feita por alguns; enfim, uma maneira de pensar e de sentir, uma maneira também de agir e de se conduzir que, tudo ao mesmo tempo, marca uma pertinência e se apresenta como uma tarefa. Um pouco, sem dúvida, como aquilo que os gregos chamavam de éthos. Consequentemente, mais do que querer distinguir o 'período moderno' das épocas 'pré-' ou 'pós-modernas', creio que seria melhor procurar entender como a atitude da modernidade, desde que se formou, pôs-se em luta com as atitudes de 'contramodernidade'" (ibid., p. 689). No chamado Prefácio à *Fenomenologia do Espírito* (cf. W. 3, p. 41; FE, 49), Hegel utiliza expressão muito semelhante (*Denkungsart*) e, no Prefácio à primeira edição da *Ciência da lógica* (1812), não apenas abre o texto com outra variante bastante próxima (*Denkweise*, só que acompanhada da qualificação "filosófica"), como a refere implicitamente ao próprio Kant: "A completa transformação por que passou entre nós a maneira de pensar filosófica nos últimos 25 anos, aproximadamente, o ponto de vista elevado que atingiu sobre si mesma a consciência de si nesse período, não teve até hoje senão pouca influência sobre a figura da *Lógica*". Ver a seguir a análise e o comentário do primeiro bloco de parágrafos do texto da Introdução à *Fenomenologia do Espírito*. Sobre a leitura de Foucault e um possível contraponto de inspiração kantiana, ver uma vez mais Ricardo Terra, "Foucault, leitor de Kant: da antropologia à ontologia do presente". In: *Passagens. Estudos sobre a filosofia de Kant*.

35. A exposição que se segue dos diferentes estágios do desenvolvimento intelectual de Hegel até Jena irá se apoiar fundamentalmente em textos de Habermas, Bernard Bourgeois e Gérard Lebrun. Uma exposição sumária da biografia intelectual de Hegel nesse período também pode ser encontrada em H. S. Harris, "Hegel's Intellectual Development to 1807". In: Frederick C. Beiser (org.). *The Cambridge Companion to Hegel*. A versão por extenso do mesmo autor tem dois volumes. O relativo ao período de Jena é: *Hegel's Development. Volume II: Night Thoughts. Jena 1801-1806*. Uma reconstrução sumária alternativa até o período de Frankfurt pode ser encontrada no capítulo "Historische Voraussetzungen von Hegels System" do livro de Dieter Henrich, *Hegel im Kontext*. A perspectiva a partir da qual Harris, assim como Bourgeois, Henrich, Lebrun ou o próprio Habermas, reconstrói esse período é, de uma maneira ou de outra, a da

obra de maturidade de Hegel, em uma leitura centrada no Sistema da *Enciclopédia*. Outra ressalva ainda mais decisiva está em que a utilização dessa literatura não se faz aqui com qualquer pretensão de alcançar uma exposição precisa ou exata das sucessivas posições de Hegel entre 1770 e 1807. O que importa é antes mostrar a necessidade de referir os diferentes modelos filosóficos a diferentes diagnósticos de época, de maneira a tornar plausível a tentativa, ao final desta Apresentação, de introduzir um novo corte na sequência de diagnósticos tradicional retomada aqui. Esse novo corte, solidário de um específico diagnóstico de época, é aquele que está na base do modelo filosófico próprio da *Fenomenologia*. Um exercício contrastante em relação à bibliografia utilizada aqui, com objetivo teórico diverso e que incorpora a literatura mais recente dos estudos hegelianos, pode ser encontrado, por exemplo, na reconstrução do período 1770-1800 realizada por Ricardo Crissiuma em *A formação do jovem Hegel (1770-1800): Do esclarecimento do homem comum ao carecimento da filosofia*.

36. "Présentation". In: *L'Encyclopédie des sciences philosophiques*, vol. I, *La Science de la logique*, p. 14. Sobre as consequências e limitações dessa perspectiva de leitura, ver adiante nesta Apresentação. Apenas para fixar textualmente esse privilégio concedido à obra de maturidade em toda a sua extensão, assinale-se que Bourgeois afirma (pp. 13-4) não poder, nos limites de uma Apresentação, "fazer o histórico do desenvolvimento do hegelianismo, ou, *o que é a mesma coisa*, fazer a história da gênese da *Enciclopédia das ciências filosóficas*" (grifos meus).

37. Lembre-se aqui a aguda formulação de Schelling em carta a Hegel, de 6 de janeiro de 1795, uma formulação que, de diferentes maneiras, pode ser encontrada em todos os momentos da trajetória de Hegel: "A filosofia ainda não chegou ao fim. Kant deu os resultados; faltam as premissas. E quem pode entender resultados sem premissas?". Cf. *Briefe von und an Hegel*. vol. I. Edição Hoffmeister. Hamburgo: Felix Meiner, 1954, p. 14, apud: Eckart Förster, *Die 25 Jahre Philosophie. Eine systematische Rekonstruktion*, p. 162.

38. *Discurso*, p. 36; trad., p. 35.

39. "Présentation", op. cit., p. 15.

40. *La Patience du concept. Essai sur le discours hégélien*, p. 71; *A paciência do conceito. Ensaio sobre o discurso hegeliano*, pp. 69-70.

41. Traduzido para o português em uma coletânea de textos que registra o nascimento do "idealismo alemão", *Entre Kant e Hegel*, organizada por Joãosinho Beckenkamp, que também é responsável pela apresentação, tradução e notas.

42. *Discurso*, p. 38; trad., p. 36-7.

43. *Discurso*, p. 27; trad., p. 27.

44. *Discurso*, p. 27; trad., p. 27-8. Mesmo sem citá-las expressamente, Habermas segue aqui o esquema das antigas edições do final das *Lições sobre filosofia da história* de Hegel, que, com variações, terminavam sempre com esses três grandes eventos histórico-mundiais. Ver, por exemplo, W. 12, pp. 491ss. A nova edição, realizada por Karl Heinz Ilting, Karl Brehmer e Hoo Nam Seelmann (*Vorlesungen über die Philosophie der Weltgeschichte*, pp. 506ss), muda bastante a configuração do texto. Entretanto, a menção é feita aqui apenas em homenagem à praxe acadêmica e não implica que a reconstrução de Habermas perca por isso o seu interesse e agudeza. No Brasil, a interpretação mais sistemática dessa novidade hegeliana foi realizada em termos "clássico-teleológicos" por Henrique Cláudio de Lima Vaz em sua *Antropologia filosófica*. Para uma caracterização precisa dessa posição e de suas consequências para o debate contemporâneo da

subjetividade – em que, segundo seu autor, desempenham papel importante as "concepções filosóficas clássico-teleológica e moderno-subjetivística" – consulte-se Marcelo F. de Aquino, "Metafísica da subjetividade e remodelação do conceito de espírito em Hegel". In: Eduardo Ferreira Chagas, Konrad Utz e James Wilson J. de Oliveira (orgs.). *Comemoração aos 200 anos da* Fenomenologia do Espírito *de Hegel*, p. 15.

45. *Discurso*, p. 39; trad., p. 37.
46. *Discurso*, p. 39; trad., p. 37.
47. *Discurso*, p. 41; trad., p. 39.
48. *Discurso*, p. 40; trad., p. 38.
49. *Discurso*, p. 43; trad., p. 40. Sobre os elementos de "razão comunicativa" nos escritos de juventude de Hegel, consulte-se sobretudo o já mencionado artigo "Trabalho e interação". In: *Technik und Wissenschaft als "Ideologie"*.
50. W. 2, p. 12: "Quando o poder de unificação desaparece da vida dos homens e os opostos perderam sua relação viva e de ação recíproca, ganhando independência [*Selbständigkeit*], surge o carecimento [*Bedürfnis*] da filosofia".
51. *Discurso*, p. 35; trad., p. 34. Do período de Jena datam os primeiros escritos publicados, entre os quais se destacam o já mencionado *Differenzschrift*, além de "Fé e saber" (*Glauben und Wissen*), o livro sobre o tratamento científico do direito natural e o artigo sobre a essência da crítica filosófica. Desse período datam também os primeiros esboços de um Sistema da ciência e as anotações referentes aos cursos proferidos por Hegel entre 1802 e 1806, publicados postumamente.
52. A crítica de Habermas parece desnecessariamente unilateral, já que enfatiza unicamente o aspecto *conservador* da filosofia de Hegel a partir da publicação da *Fenomenologia*, o que resulta, por exemplo, em uma leitura da ideia de "fim da história" que não está à altura da complexidade que o próprio Habermas confere à filosofia da modernidade hegeliana – da qual ele próprio parte, inclusive. Um reparo preciso e conciso a esse tipo de crítica unilateral pode ser encontrado em Jean-François Kervégan, "L'Effectif et le Rationnel. Observations sur un topos hégélien et anti-hégélien". In: François Dagognet e Pierre Cosmo (orgs.). *Autour de Hegel. Hommage à Bernard Bourgeois*, especialmente, pp. 241-3. Ainda assim, apesar do exagero e da unilateralidade da crítica de Habermas, considera-se aqui como fundamentalmente correta a caracterização da filosofia hegeliana da maturidade como uma filosofia conservadora. A diferença está tanto na acepção do adjetivo "conservador" quanto no parâmetro para o estabelecimento dessa noção – que Habermas não explicita em nenhum momento, diga-se. Na interpretação defendida aqui, "conservador" é sinônimo de "reformista", segundo o que se lê na *Fenomenologia*, considerada como uma obra inextricavelmente ligada ao expansionismo bélico napoleônico, portador, para Hegel, de uma modernidade livre das amarras do Antigo Regime e instauradora da institucionalidade propriamente moderna. Como consequência, à diferença de Habermas, para quem a virada conformista na trajetória intelectual de Hegel se dá na *Fenomenologia do espírito*, este trabalho compreende que o *momento* da passagem para o posicionamento reformista é concomitante ao declínio e à posterior derrota definitiva de Napoleão.
53. Ver a seção III desta Apresentação.
54. *Begriffne Geschichte*, pp. 14-5. Para matizar a posição um tanto extremada de Falke a esse respeito, veja-se a seguir o destaque conferido a alguns elementos na primeira edição da *Ciência da lógica* que podem indicar algum grau de modificação em relação às posições

da *Fenomenologia*, ainda que não configurem uma efetiva ruptura, como se pode afirmar a partir da publicação da primeira edição da *Enciclopédia*.

55. Vittorio Hösle, "Nach dem absoluten Wissen. Welche Erfahrungen des nachhegelschen Bewusstseins muss die Philosophie begreifen, bevor sie wieder absolutes Wissen einfordern kann?". In: Klaus Vieweg e Wolfgang Welsch (orgs.). *Hegels* Phänomenologie des Geistes, p. 628. Será ainda necessário examinar essa ruptura do ponto de vista de uma mudança no diagnóstico de tempo do próprio Hegel após a publicação da *Fenomenologia*, uma ruptura teórica que se consolidou em algum momento da segunda metade da década de 1810, o que será realizado na seção III adiante. Um excelente apanhado das "quatro vias de acesso à Ciência" tais como pensadas por Hegel em sua obra de maturidade pode ser encontrado no livro de Pierre-Jean Labarrière, *La* Phénoménologie de l'esprit *de Hegel. Introduction à une lecture*, pp. 47-52. O argumento central de Labarrière, entretanto, se opõe às leituras que veem uma ruptura da obra posterior de Hegel em relação à *Fenomenologia*. Para tanto, Labarrière pressupõe uma "anterioridade lógica do Sistema em relação à primeira obra sistemática de Hegel [ou seja, a *Fenomenologia*]" (p. 51). Sintomaticamente, entretanto, Labarrière não tira nenhuma consequência em termos de *condicionamento formal* de produção do livro do fato de a introdução ao Sistema ter sido escrita antes do próprio Sistema. Ao contrário, Labarrière pretende mostrar que esse fato, "contrariamente a interpretações por demais correntes, não a anula, mas antes bem funda a validade *permanente* da obra de 1807" (p. 51). Ainda assim, a interpretação defendida aqui pode encontrar uma importante convergência com a posição de Labarrière a depender de como se entende sua tese de que "a *Fenomenologia do espírito* não podia 'introduzir' de maneira válida no Sistema senão na medida em que ela dispõe da mesma amplitude e do mesmo peso deste; com efeito, é necessária toda a força do Espírito – tal como será exposta por ela mesma no Sistema – para arrancar a consciência de seu dualismo primeiro" (p. 51). À sua maneira, também a argumentação de Michael N. Forster (*Hegel's Idea of a* Phenomenology of Spirit), exemplar sob esse aspecto na bibliografia sobre a *Fenomenologia*, considera suficiente para compatibilizar o livro de 1807 com a obra posterior o fato de ter sido mantida a posição de "introdução" (e, ainda assim, sem nenhum privilégio relativamente a outras vias possíveis, como já referido). A "compatibilização" proposta aqui, segundo a diferenciação de dois modelos filosóficos distintos, considera necessário, consequentemente, manter as duas marcas características da *Fenomenologia*: sua posição de "primeira parte" e de "introdução" privilegiada ao Sistema.

56. Bernard Bourgeois, "Présentation" a sua tradução da *Fenomenologia do espírito*, p. 42. Ver ainda a sequência das considerações de Bourgeois nesse texto, de repercussão decisiva para o conjunto de sua interpretação da *Fenomenologia*. Posição semelhante foi expressa por Jean-François Kervégan, como mencionado no início desta Apresentação.

57. Cf. W. 8, p. 92. Em sua tradução dessa passagem da *Enciclopédia*, Bourgeois faz ainda o seguinte comentário: "A dificuldade da exposição fenomenológica (de 1807) vem de que, na ciência da experiência da consciência, a dialética interior do conteúdo do ser como espírito se entrecruza com a dialética da exterioridade sujeito-objeto, em lugar de se desenvolver em sua pureza, como na *Enciclopédia*" (p. 292, nota 10). A esse respeito, ver a seguir a aproximação entre esse suposto "avanço indevido" da *Fenomenologia* no domínio próprio do "Sistema" e a possibilidade de interpretar o livro de 1807 como contendo de fato já as três partes do mesmo "Sistema" (espírito subjetivo, objetivo e absoluto).

58. O que se coaduna, aliás, com a correção feita por Hegel nesse mesmo ano de 1831 para a reedição da *Fenomenologia* (W. 3, p. 31): no trecho "Este devir da ciência em geral ou do saber que esta *Fenomenologia do espírito*, como primeira parte do Sistema da ciência, apresenta", ele suprimiu "como primeira parte do Sistema da ciência".
59. Na tradução de Paulo Meneses: "A ciência, por seu lado, exige da consciência-de-si que se tenha chegado a esse éter [a pura espiritualidade como o *universal*], para que possa viver nela e por ela; e para que viva. Em contrapartida, o indivíduo tem o direito de exigir que a ciência lhe forneça pelo menos a escada para atingir esse ponto de vista, e que o mostre dentro dele mesmo" (FE, p. 40). No original de 1807: "*Die Wissenschaft von ihrer Seite verlangt vom Selbstbewusstsein, dass es in diesen Äther sich erhoben habe, um mit ihr und in ihr leben zu können und zu leben. Umgekehrt hat das Individuum das Recht zu fordern, dass die Wissenschaft ihm die Leiter wenigstens zu diesem Standpunkte reiche*" (W. 3, p. 29). Em 1831, no trabalho de revisão que conseguiu realizar para uma nova edição, Hegel corrigiu o texto em dois pontos. No início: "*Die Wissenschaft verlangt von ihrer Seite an das Selbstbewusstsein*" ("A ciência, por seu lado, chama a consciência de si a que"). E, ao final do trecho, acrescentou o "*ihm in ihm selbst denselben aufzeigte*", traduzido por Paulo Meneses na passagem citada.
60. Um percurso textual sumário, mas exemplar, começaria pelo artigo de Theodor Haering, "Entstehungsgeschichte der *Phänomenologie des Geistes*" (1934) e o já mencionado trabalho de Glockner, na primeira metade da década de 1950 (Hegel, vol. 2), indo até o livro de Eckart Förster, *Die 25 Jahre Philosophie. Eine systematische Rekonstruktion*, passando então por: Hermann Schmitz (*Hegel als Denker der Individualität*), Otto Pöggeler ("Die Komposition der *Phänomenologie des Geistes*". In: Hans Friedrich Fulda e Dieter Henrich [orgs.], *Materialien zu Hegels* Phänomenologie des Geistes, publicado originalmente em 1966), Hans Friedrich Fulda ("Zur Logik der *Phänomenologie*". In: Hans Friedrich Fulda e Dieter Henrich (orgs.), *Materialien zu Hegels* Phänomenologie des Geistes, de 1966), Johannes Heinrichs (*Die Logik der* Phänomenologie des Geistes), Gustav-H. H. Falke (*Begriffne Geschichte*) e Michael N. Forster (*Hegel's Idea of a Phenomenology of Spirit*, esp. capítulo 13). Tudo isso sem esquecer, naturalmente, as observações dos editores das obras completas de Hegel, empreendimento realizado por encomenda da Rheinisch-Westfälischen Akademie der Wissenschaften, os *Gesammelte Werke*, especialmente os *Jenaer Systementwürfe II* (GW 7, 1971), os *Jenaer Systementwürfe III* (GW 8, 1976), editados por Rolf-Peter Horstmann, e a própria *Fenomenologia do espírito* (GW 9, 1980), editada por Wolfgang Bonsiepen e Reinhard Heede.
61. *Der Weg der* Phänomenologie des Geistes. *Ein einführender Kommentar zu Hegels* Differenzschrift *und zur* Phänomenologie *des Geistes*, p. 63.
62. Cf. *Briefe von und an Hegel*, pp. 161ss.
63. Segundo o título da obra impressa: "Sistema da ciência. Primeira parte, a fenomenologia do espírito", cf. GW, 9, p. 3.
64. "Primeira parte. Ciência da experiência da consciência", cf. GW, 9, p. 444. Na versão impressa final, a folha de rosto diz "Ciência da fenomenologia do espírito" (cf. GW, 9, p. 51). No "Prospecto" de divulgação do livro distribuído pela editora e escrito pelo próprio Hegel, surgem ainda as expressões "preparação" e "primeira ciência da filosofia". Cf. W, 3, p. 593 (tradução e apresentação de Manuel Moreira da Silva, "Autoanúncio de Hegel sobre a *Fenomenologia do espírito* [1807]". In: Leonardo Alves Vieira e Manuel Moreira da Silva [orgs.]. *Interpretações da* Fenomenologia do espírito *de Hegel*, pp. 491-4).

O resumo do imbróglio é apresentado por Terry Pinkard da seguinte maneira: "O título original finalmente saiu como 'Sistema da ciência: Primeira parte: A fenomenologia do espírito', com outro título encartado entre o 'Prefácio' e a 'Introdução', que, em algumas edições, veio como 'Ciência da experiência da consciência' e, em outras edições, como 'Ciência da fenomenologia do espírito'" (*Hegel: A Biography*, p. 203). Sobre o enredo completo das peripécias relativas ao título do livro e sua exegese, consulte-se o clássico artigo de Friedhelm Nicolin, "Zum Titelproblem der *Phänomenologie des Geistes*". In: *Hegel-Studien*, vol. 4, 1967.

65. Uma apresentação clara do problema pode ser encontrada em Jon Stewart, "The Architectonic of Hegel's *Phenomenology of Spirit*". In: Jon Stewart (org.). *The* Phenomenology of Spirit *Reader: Critical and Interpretive Essays*, pp. 447ss. Dentre todas as tentativas de solução, destaque-se a peculiar e original apresentada por Eckart Förster, *Die 25 Jahre Philosophie. Eine systematische Rekonstruktion*, especialmente pp. 359ss.

66. Para uma apresentação desse problema, ver o livro clássico de Hans Friedrich Fulda, *Das Problem einer Einleitung in Hegels Wissenschaft der Logik*. Ver ainda, de Franck Fischbach, *Du Commencement en philosophie. Étude sur Hegel et Schelling*. Para um tratamento um pouco mais detalhado do problema, remeto aqui uma vez mais à seção II.4 adiante.

67. *Hegel's Ladder*. vol. I, p. 9. Friedrich Immanuel Niethammer foi veterano de Hegel em Tübingen, tendo se tornado seu amigo próximo. Como se verá, foi figura decisiva em todos os momentos da carreira de Hegel até 1816, quando da obtenção da cátedra em Heidelberg. Sobre desenvolvimento, temas e fases do pensamento de Niethammer até 1804, veja-se o monumental estudo de Dieter Henrich, *Grundlegung aus dem Ich. Untersuchungen zur Vorgeschichte des Idealismus: Tübingen – Jena (1790-1794)*, esp., no primeiro volume, as pp. 698-712, e, no segundo volume, todo o capítulo XI, pp. 945-1060. Também Manuel Moreira da Silva ("O saber absoluto". In: Leonardo Alves Vieira e Manuel Moreira da Silva [orgs.]. *Interpretações da* Fenomenologia do espírito *de Hegel*) parece concordar com a ideia de um "estado de inacabamento" (p. 468) da *Fenomenologia*, especialmente em vista de seu capítulo final, sobre o qual escreve: "Falta aqui uma proposição especulativa, razão pela qual o conteúdo efetivo da FE não é mais que um prostrar-se do sujeito filosofante em relação ao conceito absoluto, que desse modo tem que estar tanto em sua extensão quanto em sua profundeza, tendo o saber absoluto como meta, mas não necessariamente como ponto de partida, o que, ao fim e ao cabo, no caso de a FE permanecer como a primeira parte do Sistema da ciência e como estabelecimento do próprio conceito de Ciência, contradiria não só a FE, mas também o Sistema. Mas isso Hegel só perceberia mais tarde, quando de seu enfrentamento com o especulativo puro propriamente dito e os desacertos que a concepção fenomenológica deste acarretaria para o seu projeto de Sistema" (p. 467).

68. Em pontos importantes, Eckart Förster corrige os próprios editores dos *Gesammelte Werke* em sua reconstrução do processo de redação da *Fenomenologia*. Förster é ainda mais crítico da reconstrução até então mais influente e que orientou a própria edição dos *Gesammelte Werke*, aquela realizada por Otto Pöggeler em seus textos "Die Komposition der *Phänomenologie des Geistes*" (In: Hans Friedrich Fulda e Dieter Henrich [orgs.]. *Materialien zu Hegels* Phänomenologie des Geistes) e *Hegels Idee einer* Phänomenologie des Geistes. Cf. Eckart Förster, *Die 25 Jahre Philosophie. Eine systematische Rekonstruktion*, esp. pp. 348-9. Otto Pöggeler apresenta uma tese de leitura em tudo contrária à defendida aqui: "Para exprimir de maneira extremada, Hegel talvez não devesse

ter cortado apenas o título *Ciência da experiência da consciência*, mas toda a Introdução – pois a 'ideia', a concepção da obra tinha se modificado ao longo da redação e a obra, tal qual finalmente se apresentou, já não seguia mais o plano que a Introdução desenvolve" (*Hegels Idee einer* Phänomenologie des Geistes, p. 188). Não se vê como se poderia sustentar a tese de que Hegel deveria ter feito algo que não fez (excluir a Introdução da versão final do livro, no caso). Ainda mais porque, até onde sei, não se encontra nenhum documento – na correspondência ou em qualquer outra fonte – em que Hegel tenha de fato sugerido a "inadequação" do texto da Introdução à *Fenomenologia*. Em sentido contrário, aliás, basta consultar a passagem do chamado Prefácio – escrito por último, justamente – em que Hegel justifica o caráter de "primeira parte da ciência" para a *Fenomenologia* (cf. W. 3, pp. 37-9; FE, pp. 45-7) para constatar repetições quase literais da argumentação do texto da Introdução. Ver também adiante.

69. Um exemplo entre muitos possíveis desse caráter retrospectivo da justificação da interpretação é a citação que faz Förster da *Enciclopédia* (em sua edição de 1830, acrescente-se) em um momento central de sua argumentação. Cf. Eckart Förster, op. cit., p. 362.

70. "Entstehungsgeschichte der *Phänomenologie des Geistes*" (1934) e *Hegel. Sein Wollen und sein Werk* (1929 e 1938). Brendan Theunissen, em seu *Hegels Phänomenologie als Metaphilosophische Theorie. Hegel und das Problem der Vielfalt philosophischer Theorien. Eine Studie zur systemexternen Rechtfertigungsfunktion der* Phänomenologie des Geistes (capítulo 8, esp. pp. 289ss), retoma a bibliografia sobre o tema para afirmar que a interpretação de Förster confirma pelo menos uma das teses originais de Haering, criticada posteriormente por Pöggeler. O objetivo dessa reconstrução de Theunissen é também o de criticar parcialmente a nova interpretação de Förster.

71. Eckart Förster, op. cit., p. 352.

72. Ibid., p. 353.

73. Ibid., cf. esp. pp. 356-60.

74. Ibid., p. 303.

75. Hans Friedrich Fulda, "Das erscheinende absolute Wissen". E, do mesmo autor, "'Science of the *Phenomenology of the Spirit*': Hegel's program and its implementation". In: Dean Moyar e Michael Quante (orgs.). *Hegel's* Phenomenology of Spirit. *A Critical Guide*. Para Fulda, os enormes obstáculos da fase final de redação do livro e as dificuldades de estabelecer no detalhe o "programa" da *Fenomenologia* não impedem constatar que os traços fundamentais desse programa ficaram gravados no texto da Introdução e, em especial, no fio condutor da "apresentação do saber fenomênico", sendo possível mostrar que esse programa é realizado até mesmo no capítulo "O saber absoluto", que, segundo Fulda, "é de todo modo muito melhor do que sua fama" (p. 605). Fulda pretende pelo menos estabelecer as balizas para um projeto de interpretação da *Fenomenologia* como um todo nesses moldes, concentrando sua análise, nesse texto, no último capítulo do livro. Uma das consequências diretas da interpretação de Fulda, pelo menos para a leitura defendida aqui, é justamente a de colocar em novos termos o problema do alcance e das múltiplas dimensões da experiência no projeto e no programa próprios da *Fenomenologia*. Um pressuposto fundamental desse posicionamento é atribuir centralidade ao texto da Introdução, justificando uma vez mais a necessidade de uma sua análise detalhada.

76. GW 8, de texto idêntico ao da edição Felix Meiner de 1987, adotado aqui como referência. Como já mencionado, a interpretação de Gustav-Hans H. Falke, em *Begriffne Geschichte*, compartilha, em alguma medida, o ponto de partida adotado aqui. Cabe,

portanto, mesmo que rapidamente, indicar afinidades e diferenças. O que se chama aqui de ponto de partida de Falke é o seguinte: "A pergunta pelo sistema por trás da *Fenomenologia* seria colocada de maneira canhestra se tivesse por visada o sistema que Hegel tinha ou teria de ter tido. O sistema por trás da *Fenomenologia* não foi escrito. Esta se relaciona com os esboços de sistema de Jena, mas os interpreta de uma maneira que só foi explicitada pelo sistema enciclopédico – já, por sua vez, sob pressuposições modificadas" (p. 8). Já a compreensão da tese que se segue, de que a *Fenomenologia* se relacionaria "com os esboços de sistema de Jena", mas os interpretaria "de uma maneira que só foi explicitada pelo sistema enciclopédico – já, por sua vez, sob pressuposições modificadas" – esbarra na obscuridade dessa ideia de "explicitação" pela *Enciclopédia*. A tese pode simplesmente apontar para uma posição privilegiada da obra de maturidade em relação à perspectiva *própria* da *Fenomenologia*, o que parece ser a posição de Falke. Mas também pode ser lida em um sentido mais próximo da interpretação que se defende aqui, a depender de como se entende afirmações como: a "*Fenomenologia* não tem de caducar porque diz algo de diferente do sistema acabado, mas antes pode caducar porque diz a mesma coisa" (p. 46). Ou seja, pode-se fazer a interpretação – como se fará adiante em maior detalhe – de que a *Fenomenologia* percorre o conjunto da filosofia do espírito. O livro de Falke traz ainda algumas teses auxiliares bastante discutíveis (e mesmo obscuras), por exemplo, a de que haveria uma peculiar "divisão de tarefas" entre a *Fenomenologia* e a *Ciência da lógica*, explicitada "em termos paradoxais": "Formulado em termos paradoxais, a *Fenomenologia* é lida como análise sistemática do mundo da vida, a *Ciência da lógica* como análise linguística" (p. 9). Por fim, é preciso registrar que Falke interpreta o texto da Introdução à *Fenomenologia* quase que exclusivamente em termos de método, aproximando-o assim diretamente da *Enciclopédia* (cf., por exemplo, p. 24). Por essas razões, em suma, o livro de Falke será usado aqui com proveito, mas sempre acompanhado das devidas ressalvas e cautelas.

77. Lacuna que costuma ser suprida pelo recurso à versão anterior, à *Lógica* do *Jenaer Systementwürfe II*, de 1804-5 (GW 7, de texto idêntico ao da edição Felix Meiner de 1987, adotado aqui como referência).

78. Terry Pinkard, *Hegel: A Biography*, daqui por diante referido como *Biografia*.

79. Cf. *Biografia*, p. 227. O primeiro a utilizar a expressão recorrente da "perda de controle" para defender a ideia de que Hegel teria mudado sua concepção geral da *Fenomenologia* a meio caminho, no processo mesmo de redação, parece ter sido o já mencionado Theodor Haering, em sua conferência "Entstehungsgeschichte der *Phänomenologie des Geistes*", de 1933, retomada e criticada por Otto Pöggeler na década de 1960. Uma lista dos principais textos que tratam da questão foi apresentada na seção II.1. Também interpretações jovem-hegelianas de esquerda costumam adotar esse pressuposto: "Hegel concebeu a *Fenomenologia do espírito* como uma introdução ao seu sistema filosófico. Durante a execução do trabalho, entretanto, ele alterou o plano original. Sabendo que não conseguiria publicar o restante de seu sistema em futuro próximo, incorporou partes substanciais dele na sua introdução. As extremas dificuldades que o livro oferece se devem, em grande parte, a esse procedimento" (Herbert Marcuse, *Razão e revolução: Hegel e o advento da teoria social*, p. 97; tradução modificada com base em *Reason and Revolution: Hegel and the Rise of Social Theory*, p. 93).

80. Amelia Podetti, *Comentario a la Introducción a la* Fenomenología del Espíritu, p. 117. Um projeto como o de John McDowell, por exemplo, mencionado anteriormente, parte

de premissa diversa, em que a pretendida lacuna do pré-conceitual ao conceitual é antes uma lacuna das pressuposições das interpretações de Hegel e não do próprio texto da *Fenomenologia*. O que remete, por sua vez, à distinção fundamental visada pelo comentário de Podetti, aquela entre a fenomenologia hegeliana e a husserliana, diferença irredutível que irá se estender, por exemplo, à leitura que Heidegger ou Gadamer fazem de Hegel. O comentário de Podetti reconhece um elemento capital na estruturação da *Fenomenologia*, habitualmente desconsiderado: a obra parte "de um determinado nível de consciência, já muito avançado". Ao mesmo tempo, Podetti não entende esse ponto de partida como estruturante, mas antes como uma espécie de "lacuna" do livro de 1807. Como se verá adiante nesta Apresentação, uma maneira de "suprir" essa suposta "lacuna", esse "salto do pré-conceitual ao conceitual", é acrescentar à *Fenomenologia* uma teoria da "decisão" livre de filosofar.

81. Ver a esse respeito "Análise e comentário" adiante, especialmente no que se refere ao § 1.
82. Segundo a formulação de Lukács em *História e consciência de classe*: "há que não esquecer que imediatidade e mediação são já momentos de um processo dialético em que cada etapa do ser (e da atitude de compreensão frente a ela) tem a sua imediatidade, no sentido da *Fenomenologia*; em relação ao objeto imediatamente dado temos de 'nos comportar de modo igualmente *imediato* ou *receptivo*, sem nada alterar, portanto, na maneira como se oferece'. A única maneira de sair desta imediatidade é a gênese, a 'produção' do objeto. No entanto, isso já pressupõe que *se mostram* as formas de mediação nas e pelas quais se sai da imediatidade da existência dos objetos dados *como princípios estruturais de construção e como tendências reais dos próprios objetos*, que, portanto, gênese em pensamento e gênese histórica coincidem segundo o seu princípio" (*Geschichte und Klassenbewusstein. Studien über marxistische Dialektik*, p. 276). Não por último, essa atitude receptiva caracteriza mais amplamente a Teoria Crítica desde os escritos inaugurais de Max Horkheimer na década de 1930. Uma interessante reconstrução do projeto da *Fenomenologia* que procura qualificar essa atitude passiva (a aparente incongruência dessa expressão diz muito sobre o pensamento de Hegel) em sua relação tanto com a imediatidade quanto com a necessidade de tomar parte do processo (e não apenas observar) pode ser encontrada em John Russon, "The Project of Hegel's *Phenomenology of Spirit*". In: Stephen Houlgate e Michael Baur (orgs.). *A Companion to Hegel*. Independentemente do fato de Russon interpretar a *Fenomenologia* em unidade com a obra posterior, é possível encontrar fórmulas de grande agudeza, como: "é preciso se fazer apropriadamente receptivo, e isso não é o mesmo que remover a perspectiva. Em outras palavras, o objeto requer de nós que sejamos ativos de determinadas maneiras para poder recebê-lo, para podermos ser passivos. Tal passividade, entretanto, não é o abandono da inteligência, do esforço, ou do aprendizado, mas é antes uma passividade tornada possível pelo mais rigoroso engajamento" (p. 50).
83. Razão pela qual parece altamente parcial, para dizer o mínimo, tanto a formulação do problema quanto a resposta que lhe dá Andreas Graeser em seu Comentário ao texto da Introdução: "permanece questionável se a exposição de Hegel da chamada representação natural oferece uma compreensão inteiramente adequada da teoria do conhecimento. Pelo menos em relação a Kant dúvidas podem surgir" (Andreas Graeser, Comentário a G.W.F. Hegel, *Einleitung zur* Phänomenologie des Geistes, p. 32).
84. "Sobretudo a *Fenomenologia do espírito* se deixa naturalmente compreender como uma crítica motivada por um diagnóstico de tempo a tais figuras modernas de consciência,

a modelos de liberdade limitados, com suas consequências patológicas" (Axel Honneth, *Sofrimento de indeterminação. Uma reatualização da* Filosofia do direito *de Hegel*, esp. p. 82 (*Leiden an Unbestimmtheit. Eine Reaktualisierung der* Hegelschen Rechtsphilosophie, esp. p. 50).

85. Como se verá adiante, essa caracterização se aplica *a fortiori* ao texto da Introdução à *Fenomenologia*, pois ele não apenas fez parte do primeiro lote concluído como foi também *impresso* um ano antes do restante. Esse reposicionamento dos textos em vista de uma nova interpretação atinge, por sua vez, a pretensão de certas afirmações bastante famosas do chamado Prefácio à *Fenomenologia*, habitualmente pensadas a partir da obra de maturidade. Refiro-me a passagens como: "A verdadeira figura em que a verdade existe só pode ser o seu sistema científico" (W. 3, p. 14; FE, p. 27); ou: "O verdadeiro é o todo" (W. 3, p. 24; FE, p. 36); ou ainda: "o verdadeiro só é efetivo como sistema" (W. 3, p. 28; FE, p. 39). Na perspectiva interpretativa proposta aqui, a pretensão sistemática se apresenta como "negação *determinada*" (como diz o § 7 do texto da Introdução) da "representação natural" (segundo o § 1 do mesmo texto) que tem por horizonte a construção do Sistema, ou seja, que tem por objetivo desbloquear as limitações autoimpostas pelo diagnóstico de tempo mais avançado da filosofia moderna e, com isso, liberar os potenciais cognitivos e práticos próprios do projeto moderno. Mas, segundo as condições intelectuais de produção da *Fenomenologia*, nem a *Lógica* muito menos o Sistema estavam dados, mas se punham antes como horizonte sistemático. Não é por acaso, portanto, que o velho Hegel, dedicado nos últimos meses de sua vida a revisar o texto de 1807, tenha feito a seguinte anotação (marcada como item "b"): "determinar ulteriormente objeto por si, Lógica, *por detrás* da consciência" (GW. 9, p. 448).

86. "Spätkapitalismus oder Industriegesellschaft?". In: *Gesammelte Schriften*. vol. 8, p. 359 (trad.: *Theodor W. Adorno*. Coleção Grandes Cientistas Sociais, p. 66). Na medida em que as mudanças estruturais do capitalismo apontadas por ele seguiriam impedindo a utilização de um diagnóstico de tempo e de um modelo teórico em moldes semelhantes àquele de Marx, Adorno buscará um novo modelo, capaz de substituir esse de uma "teoria semelhante a um sistema", a ser apresentado sob forma de uma dialética negativa. Isso vai de par com a demonstração de que Marx teria concedido a Hegel muito mais do que a Teoria Crítica deveria conceder, argumento que concerne essencialmente ao decalque da *Lógica* hegeliana em *O Capital* (sobre esses temas, ver o meu *A dialética negativa de Theodor W. Adorno. A ontologia do estado falso*). Não parece haver registro, entretanto, de que Adorno aproxime esse modelo que atribui a Marx daquele da *Fenomenologia*, como se faz aqui. Outro caminho ainda foi o seguido pelo paradigma pós--habermasiano, que pode ser caracterizado como "reconstrutivo". Consulte-se a esse respeito o conjunto de contribuições ao volume de Marcos Nobre e Luiz Repa (orgs.). *Habermas e a reconstrução. Sobre a categoria central da Teoria Crítica habermasiana*, e Marcos Nobre, "Reconstrução em dois níveis. Um aspecto do modelo crítico de Axel Honneth". In: Rúrion Melo (org.). *A Teoria Crítica de Axel Honneth. Reconhecimento, liberdade e justiça*. Ver também a seção IV desta Apresentação.

87. Entendo que a caracterização da *Fenomenologia* por Georg Bertram, segundo ele aplicada especialmente ao texto da Introdução, também aponta para esse sentido: "Ela [a *Fenomenologia*] não desenvolve sistematicamente uma posição própria, mas antes ordena outras posições de uma maneira [*Art und Weise*] sistemática. No entanto, essas posições enquanto tais frequentemente não são claras em termos de poderem ser

atribuídas a filósofos específicos; levam em conta também em sentido mais amplo teorias de ciência natural, como a teoria da gravitação newtoniana, e eventos históricos como a Revolução Francesa" (Hegels Phänomenologie des Geistes. *Ein systematischer Kommentar*, p. 16).

88. É uma hipótese esboçada por Vittorio Hösle ao afirmar que certa ordenação "talvez possa ser alcançada por meio da interpretação do conjunto de capítulos I-V, VI, e VII-VIII, como três partes, que corresponderiam respectivamente ao espírito subjetivo, objetivo e absoluto da obra posterior". Cf. Vittorio Hösle, op. cit., p. 630. Esquema idêntico se encontra em Lukács, *Der Junge Hegel. Über die Beziehung von Dialektik und Ökonomie*, esp. pp. 579ss. Como já mencionado, Hegel fez referência a essa "superposição" (em chave negativa) entre a *Fenomenologia* e o "Sistema" na "Anotação" ao § 25 das edições de 1827 e 1930 da *Enciclopédia* (W. 8, pp. 91-2).

89. Adorno sustenta que a absolutização do Estado na *Filosofia do direito* – "como se a dialética tivesse ficado aterrorizada consigo mesma" – se deve ao fato de que "certamente sua [de Hegel] experiência se assegurou do limite da sociedade burguesa, presente em sua tendência própria, mas, no entanto, como idealista burguês, ele se manteve aquém do limite porque não viu diante de si nenhuma força histórica real além desse limite. Não pôde dominar a contradição entre sua dialética e sua experiência: foi apenas isso que fez do crítico alguém afirmativo" (*Drei Studien zu Hegel, Gesammelte Schriften*, vol. 6, pp. 317-8). Essa "contradição entre sua dialética e sua experiência" está presente em todas as fases da obra de Hegel, mas se mostra de maneira peculiar e particularmente aguda na *Fenomenologia*, quando estava em questão a expansão napoleônica, e não ainda a Restauração, sob a égide da qual foi escrita a obra posterior.

90. Como já mencionado, Gustav-H H. Falke estudou em detalhe a relação da *Fenomenologia* tanto com os *Jenaer Systementwürfe II* e *III* quanto com as primeiras edições da *Ciência da lógica* e da *Enciclopédia*, estabelecendo a cada momento paralelismos entre as obras e buscando captar as proximidades e as diferenças. E é ele mesmo que, ao realizar essa tarefa, não avalia ser possível chegar a uma caracterização exata do que seria esse projeto de "metafísica" da *Fenomenologia*: "Com que deveria se parecer essa metafísica permanece, contudo, totalmente obscuro. Ela não se deixa recobrir nem pela metafísica pertencente aos *Jenaer Systementwürfe II* nem pelo fecho da primeira edição da *Ciência da lógica*" (*Begriffne Geschichte*, p. 50). A esse respeito, ver especialmente a análise e o comentário do último bloco de parágrafos do texto (14-17). Apesar de não organizar a trajetória de Hegel segundo diferentes modelos filosóficos, como se faz aqui, também Brendan Theunissen (*Hegels Phänomenologie als Metaphilosophische Theorie. Hegel und das Problem der Vielfalt philosophischer Theorien. Eine Studie zur systemexternen Rechtfertigungsfunktion der* Phänomenologie des Geistes) tem como objetivo não soterrar a *Fenomenologia* em uma conciliação sistemática forçada com a obra posterior. Para isso, no entanto, volta-se para a ideia de que o livro de 1807 teria "função de fundamentação específica" (p. 82): "A teoria fenomenológica e o *Sistema* teriam antes, nesse caso, de ser explicitados como tipos diferentes de fundamentação" (p. 83). Essa explicitação leva Brendam Theunissen a caracterizar a especificidade da fundamentação da *Fenomenologia* como de tipo "metafilosófico", segundo dois aspectos: tem por objeto teorias filosóficas como tais e, do ponto de vista da especificidade de seu método, é um tipo de teoria talhada pelo exame de pretensões de verdade próprias de teorias filosóficas. Como resultado, Brendam Theunissen defende a tese de que, na *Fenomenologia*,

"uma demonstração [*Beweisen*] metafilosófica se liga a uma não demonstração [*Nichtbeweisen*] filosófica". Segundo sua argumentação, "tal interpretação pode de fato tornar compreensível a relação dos desempenhos de fundamentação da *Fenomenologia* e do *Sistema* de maneira tal que não se sobreponham em termos de funções de fundamentação: como teoria metafilosófica, a *Fenomenologia* não levanta nenhuma pretensão de verdade relativamente aos estados de coisa tematizados no *Sistema*, e sim examina [*prüft*], em nível metateórico, as pretensões de validade das teorias filosóficas relativamente a tais estados de coisa" (p. 84). Isso terá como consequência pensar a argumentação de Hegel como "desempenho de fundamentação sem pressupostos" (p. 214). Ainda que se trate de uma leitura que parece partilhar de preocupações semelhantes àquelas que orientam a interpretação apresentada aqui, os resultados a que chega vão em sentido bastante diferente, para não dizer oposto. Não por último por rechaçar qualquer posição jovem-hegeliana de esquerda (p. 289) e, com isso, suprimir da *Fenomenologia* o seu elemento constitutivo de diagnóstico de época, por exemplo.

91. Terry Pinkard, op. cit., p. 269.
92. Ibid., p. 331. Os grifos são meus e procuram apenas indicar (e, assim, tentar neutralizar ao menos) a parte de "projeção" da obra posterior presente nessa avaliação de Pinkard que me parece, no essencial, correta.
93. Ibid., p. 339. Além disso, insista-se aqui uma vez mais que essa maneira de entender a *Fenomenologia* permite também utilizá-la como um "critério de seleção" daqueles elementos da obra de maturidade que permaneceriam "compatíveis" com o *programa* nela esboçado (ou, pelo menos, que poderiam ser "adequados" a esse programa), como seria o caso, por exemplo, de elementos da *Filosofia do direito*, mencionada por Pinkard na passagem citada como uma das "realizações" do programa da *Fenomenologia*.
94. A esse respeito, ver igualmente o capítulo "Análise e comentário" adiante, especialmente no que se refere ao § 4 do texto da Introdução à *Fenomenologia*.
95. "Das erscheinende absolute Wissen" e "*Science of the Phenomenology of the Spirit:* Hegel's Program and its Implementation". Não se trata de subscrever todas as teses de leitura de Fulda, mas somente de considerar aqueles aspectos de sua interpretação que permitem uma leitura da *Fenomenologia* segundo as suas "condições intelectuais de produção", nos termos em que se procurou circunscrever essa expressão aqui. Nos textos mencionados, Fulda interpreta a *Fenomenologia* como um *work in progress*, tomando em larga medida a Introdução como *programa* e o restante do livro como sua *implementação* (mesmo se o autor insiste em que esses momentos estão "profundamente entrelaçados" e não podem ser rigidamente separados). A distinção entre "programa" e "implementação" é um dos aspectos relevantes da proposta de ler a *Fenomenologia* segundo suas condições intelectuais de produção e, nessa medida, as análises de Fulda são tomadas aqui também como demonstrações da viabilidade de compatibilizar esses dois momentos. Mesmo se o próprio Fulda não realizou detalhadamente esse cotejo entre "programa" e "implementação" – nesse texto de 2008, ele passou essa tarefa às novas gerações –, ele não deixou de assinalar os seus momentos mais essenciais, sem descurar de apontar dificuldades ainda por resolver, inclusive. (Outra versão dessa exposição pode ser encontrada em Hans Friedrich Fulda, "Hegels 'Wissenschaft der *Phänomenologie des Geistes*'. Programm und Ausführung". In: Michael Gerten (org.). *Hegel und die* Phänomenologie des Geistes. *Neue Perspektiven und Interpretationsansätze*). Note-se que, em sua análise de "O saber absoluto", Fulda faz questão de utilizar em sua

literalidade os termos empregados por Hegel na Introdução, de modo a marcar a todo momento o paralelismo entre o "programa" e sua "implementação", o que, por vezes, pode tornar a tradução das citações de seu texto feitas aqui de leitura ainda mais árdua do que o habitual. Até onde sei, a proposta de Fulda, adotada aqui como princípio interpretativo fundamental, não foi objeto de grande debate. Um dos poucos posicionamentos explícitos – contrário a essa proposta interpretativa, no caso – pode ser encontrado em Georg Bertram, op. cit. (ver esp. a p. 283, nota).

96. "Das erscheinende absolute Wissen", pp. 601-3. Ainda assim, merece lembrança aqui o fato já mencionado de que talvez seja possível interpretar pelo menos parcialmente a posição de Labarrière como sendo convergente com a de Fulda e, portanto, convergente sob esse aspecto com a defendida aqui: "a *Fenomenologia do espírito* não podia 'introduzir' de maneira válida no Sistema senão na medida em que ela dispõe da mesma amplitude e do mesmo peso deste; com efeito, é necessária toda a força do Espírito – tal como será exposta por ela mesma no Sistema – para arrancar a consciência de seu dualismo primeiro" (Pierre-Jean Labarrière, op. cit., p. 51).

97. "Esta figura última do espírito, o espírito, que dá seu conteúdo completo e verdadeiro, ao mesmo tempo a forma do si, e, mediante isso, realiza da mesma maneira seu conceito ao permanecer em seu conceito nessa realização [*dadurch seinen Begriff ebenso realisiert, als er in dieser Realisierung in seinem Begriff bleibt*], é o saber absoluto; este é o espírito que se sabe na figura do espírito, ou o *saber conceituante*" (W. 3, p. 582).

98. G.W.F. Hegel, *Le Savoir absolu*, p. 152.

99. Fulda, "Das erscheinende absolute Wissen", p. 603.

100. Ibid., p. 606.

101. W. 3, p. 585; FE, p. 539. Em seu ensaio "Teor de experiência" também Adorno cita essa passagem decisiva do final da *Fenomenologia* para se contrapor à leitura que Heidegger faz de Hegel (*Drei Studien zu Hegel*, p. 295). E, no entanto, Adorno não tira nenhuma consequência do fato de que essa afirmação se encontra já no capítulo "O saber absoluto", elemento de grande importância para a leitura que se propõe aqui.

102. O já mencionado *Das Problem einer Einleitung in Hegels Wissenschaft der Logik*. Michael N. Forster (op. cit., esp. pp. 273-4) criticou com bastante vigor a posição de Fulda anterior a essa que se toma aqui como fecunda. No que diz respeito à interpretação que se propõe aqui, a posição de Forster é peculiar, já que (em consonância com Kenneth Dove) procura defender a independência da *Fenomenologia* em relação à "Ciência hegeliana" (cap. 6, p. 274, em especial), ao mesmo tempo que procura mostrar que o livro de 1807 não foi fundamentalmente reinterpretado ou desvalorizado pelo Hegel posterior. Forster também produz, dessa maneira, uma particular compatibilização com a obra enciclopédica (ver esp. o cap. 18).

103. Fulda, op. cit., p. 603, nota.

104. Ibid., p. 606.

105. "*Science of the Phenomenology of the Spirit:* Hegel's Program and its Implementation", pp. 27-8.

106. Para os propósitos de uma exposição limitada do problema, tomaremos como exemplar a apresentação e a solução que lhe foram dadas por Bernard Bourgeois. Isso não significa de maneira alguma ignorar a extensa bibliografia sobre a questão, muito menos marcos interpretativos como, por exemplo, o livro de Hans Friedrich Fulda, *Das Problem einer Einleitung in Hegels Wissenschaft der Logik*, ou o artigo de Dieter Henrich "Anfang

und Methode der Logik" (in: Dieter Henrich, *Hegel im Kontext*). Um bom apanhado das dificuldades envolvidas pode ser encontrado em William Maker, "Beginning" (in: George di Giovanni. [org.]. *Essays on Hegel's Logic*), que dedica boa parte da argumentação à posição que ocupa a *Fenomenologia* na passagem para a *Lógica*.

107. Frank Fischbach, *Du Commencement en philosophie. Étude sur Hegel et Schelling*, p. 207.
108. In: *Études hégéliennes. Raison et décision*. O cerne da interpretação de Bourgeois da filosofia hegeliana em termos de uma "decisão livre" (e que dá a solução também ao problema do "começo") pode ser encontrado no § 17 da *Enciclopédia*: "No que diz respeito ao *começo*, que a filosofia tem de fazer, ela parece em geral começar com uma pressuposição subjetiva, tal qual as outras ciências, a saber, parece ter de fazer de um objeto determinado – como é o caso, aliás, do espaço, do número e assim por diante, sendo neste caso o *pensamento* – o objeto do pensamento. No entanto, este é o livre ato do pensamento, o de se colocar no ponto de vista em que é para si mesmo e, com isso, *dá-se e engendra por si próprio o seu objeto*" (W. 8, pp. 62-3). Esse texto contrasta asperamente, por sua vez, com a passagem do chamado Prefácio à *Fenomenologia* em que a qualidade de "primeira parte do Sistema da ciência" que é conferida a esta vem justificada nos seguintes termos, essenciais para toda a interpretação desenvolvida aqui: "o ser-aí do espírito como primeiro não é outro senão o imediato ou o começo, começo, entretanto, que não é ainda sua volta [*Rückkehr*] em si. *O elemento do ser-aí imediato* é, portanto, a determinidade por intermédio da qual essa parte da ciência se diferencia das demais" (W. 3, p. 38; FE, p. 46). Não por acaso, Bourgeois oscila consideravelmente em sua avaliação da posição ocupada pela *Fenomenologia* na trajetória de Hegel. Em uma passagem da Apresentação de sua tradução da *Ciência da lógica* da *Enciclopédia*, Bourgeois recusa em termos cabais a ideia de que a *Enciclopédia* seja "mais hegeliana que os trabalhos de juventude, a *Fenomenologia do espírito*, ou os textos que tratam de esferas particulares da cultura (política, arte, religião...); é tão anti-hegeliano privilegiar, como mais hegeliana, a *Enciclopédia das ciências filosóficas* em relação à *Fenomenologia do espírito* quanto privilegiar esta em relação àquela" (p. 10). E, no entanto, poucas páginas adiante, o mesmo Bourgeois, em sentido oposto, diz ser impossível, nos limites de uma Apresentação, "fazer o histórico do desenvolvimento do hegelianismo, ou, *o que é a mesma coisa*, fazer a história da gênese da *Enciclopédia das ciências filosóficas*" (pp. 13-4; grifos meus). Parece-me que o espírito desta última passagem é o que indica claramente o posicionamento de Bourgeois.
109. "Ao final deste exame, que conclui nosso estudo, dos pontos nevrálgicos do sistema hegeliano submetido à crítica por Schelling, surge que este último, não querendo ver em Hegel senão seu logicismo, não se apercebeu de que ele se acompanhava – para se realizar – da exigência de um 'hiper-empirismo' [expressão de Bernard Bourgeois], ou seja, daquilo que ele mesmo chamava de um 'empirismo superior'. Hegel não 'confundiu' nem amalgamou a razão e a existência, o negativo e o positivo: ele realizou a razão até o ponto onde esta se decide a deixar fora dela o que não é ela, mas que é seu *outro*, a existência, pura, simples e absolutamente dada enquanto precede o conceito" (Frank Fischbach, op. cit., p. 381).
110. Um bom exemplo das formulações engenhosas de Heidegger pode ser encontrado no já mencionado curso de inverno de 1930-1, *Hegels* Phänomenologie des Geistes, publicado como volume 32 da *Gesamtausgabe*, p. 104: "Na entrada da *Fenomenologia do espírito* se encontra também uma suposição cuja magnitude cresce tanto mais por não

ser tratada de maneira alguma por si mesma e demoradamente. O que é dito concretamente no começo efetivo é: exatamente onde se trata de apreender o saber imediato, é necessário realizar uma construção e, mais precisamente, em vista do saber absoluto. Ao mesmo tempo, entretanto, não devemos nos deter nessa construção, na medida em que tomamos o seu resultado unilateralmente para si, mas a construção deve antes tomar o lugar da reconstrução do saber imediato. Assim, com a estranheza dessa construção reconstrutora vem o desconcertante do movimento que lhe acompanha necessariamente do para lá e para cá do processo que se chama abreviadamente 'dialética'". Essa crítica foi o ponto de partida de Gadamer em *Wahrheit und Methode. Grundzüge einer philosophischen Hermeneutik*, especialmente pp. 359ss, cuja argumentação será retomada quando do exame do § 15 do texto da Introdução, em "Análise e comentário" adiante.

111. Bourgeois, op. cit., p. 19. Essa a versão de Bourgeois para a circularidade (muitas vezes entendida como uma objeção) da filosofia hegeliana. Reconstrução diferente realizou Dieter Henrich ("Anfang und Methode der Logik"), que não tem por objetivo encontrar uma saída para o problema, mas antes ressalta em nova chave a circularidade do Sistema. Uma apresentação sumária do argumento de Henrich pode ser encontrada em um comentário de Marcos Lutz-Müller, "A negatividade do começo absoluto" (in: Márcia C. F. Gonçalves [org.]. *O pensamento puro ainda vive: 200 anos da Ciência da lógica de Hegel*). As passagens a *Lógica* citadas e traduzidas por Müller provêm da edição Lasson (Felix Meiner): "Henrich assinala que é somente ao termo do percurso dialético-especulativo que se justifica e se compreende adequadamente a necessidade do começo lógico com a simples imediatidade; é o desenvolvimento ulterior que a concebe mediante as determinações da reflexão, da identidade e da diversidade, mas aqui, no começo, elas só valem como antecipações. O fato de que a imediatidade indeterminada enquanto 'único conteúdo do começo lógico' seja precisamente a determinidade desse começo, e de que esta 'consiste na sua negatividade [da determinidade] enquanto mediação suspensa' (II, 501) também não se manifesta para o puro pensar do ser e do nada. Assim, o puro pensamento do ser não sabe que a imediatidade indeterminada é sua determinidade; ela é a determinidade que convém ao começo tal como ele é em si mesmo somente para nós, pois é unicamente a ideia absoluta que põe a imediatidade indeterminada do ser na sua passagem imediata ao nada como a determinidade do começo. É a ideia absoluta, enquanto método, que 'engendra no seu resultado' (II, 501) essa determinidade própria do começo (a sua imediatidade indeterminada), e nela se mediatiza consigo, através dessa mediação consigo nessa determinidade, a ideia absoluta enquanto método 'se enlaça num círculo' (II, 503) e retorna ao seu começo, de tal sorte que o método não só converte o começo imediato num começo mediado, mas suspende a própria determinidade do começo, restabelecendo a sua imediatidade primeira" (p. 87).

112. Ibid., p. 22.

113. Ibid., p. 23. O que, por sua vez, distancia e distingue claramente a *Fenomenologia* da perspectiva da *Enciclopédia*. Nesta, a ausência de pressuposições é agora "consumada propriamente na decisão de *querer pensar de maneira pura* por meio da liberdade que de tudo abstrai e apreende sua pura abstração, a simplicidade do pensar" (GW 13, p. 35, § 36; nas edições posteriores – já sem a referência explícita à *Fenomenologia* – o parágrafo é o 78, cf. W. 8, p. 168). No mesmo sentido de distanciamento da posição ocupada pela *Fenomenologia* em 1807, consulte-se ainda a segunda edição da *Enciclopédia*, de 1827, a "Nota" ao § 25 (W. 8, p. 92). Sobre esse ponto, veja-se ainda a análise do § 17 a seguir.

Como já mencionado, essa perspectiva de uma "decisão livre" (e, portanto, necessária) é desenvolvida e posta no centro da interpretação de Hegel por Bernard Bourgeois, para quem, de maneira consequente, e contrária ao que se defende aqui, a *Enciclopédia* é o texto central da filosofia hegeliana. Cf. *Études hégéliennes. Raison et décision*, especialmente a segunda parte, e, ainda mais especificamente, o artigo "Dialectique et structure dans la philosophie de Hegel" (publicado originalmente em 1982), onde se pode ler que a razão hegeliana é *"fundamentalmente 'decisão'"* (p. 132). Além do sentido anti-nietzscheano e anti-heideggeriano dessa conjunção de "razão" e de "vontade livre/decisão", essa perspectiva interpretativa defendida por Bourgeois pode ser vista ainda como um prolongamento repleto de consequências da solução dada por Hans Friedrich Fulda (no livro clássico *Das Problem einer Einleitung in Hegels Wissenschaft der Logik*, já citado) para o problema mais amplo de uma "introdução" à filosofia hegeliana. No Brasil, a tese interpretativa de Bourgeois foi exemplarmente aplicada à *Filosofia do direito* por Denis Rosenfield em seu *Política e liberdade em Hegel*. A tradução e o comentário exemplares da *Filosofia do direito* no país estão sendo realizados por Marcos Lutz-Müller. Dos trechos já publicados nas séries Textos Didáticos e Clássicos da Filosofia – Cadernos de Tradução do Instituto de Filosofia e Ciências Humanas da Unicamp, destaque-se aqui apenas o impecável *G.W. F. Hegel – Introdução à Filosofia do direito*. Quanto à *Fenomenologia*, especificamente, parece que o único trabalho no país a ter realizado um comentário de conjunto do livro, com abrangência e detalhamento, é de José Henrique Santos, *O trabalho do negativo. Ensaios sobre a* Fenomenologia do espírito. As coletâneas brasileiras de referência sobre o livro são: Eduardo Ferreira Chagas, Konrad Utz e James Wilson J. de Oliveira (orgs.). *Comemoração aos 200 anos da* Fenomenologia do espírito *de Hegel*; e Leonardo Alves Vieira e Manuel Moreira da Silva (orgs.). *Interpretações da* Fenomenologia do espírito *de Hegel*.

114. *"Es kommt nach meiner Einsicht, welche sich nur durch die Darstellung des Systems selbst rechtfertigen muss, alles darauf an, das Wahre nicht als* Substanz, *sondern ebensosehr als* Subjekt *aufzufassen und auszudrücken"*, W. 3, pp. 22-3 (a tradução de Paulo Meneses diz: "Segundo minha concepção – que só deve ser justificada pela apresentação do próprio sistema –, tudo decorre de entender e exprimir o verdadeiro não como *substância*, mas também, precisamente, como *sujeito*"; FE, p. 34). O "*nur*" ("apenas" na tradução dada no corpo do texto) foi acrescentado por Hegel na revisão que chegou a fazer do Prefácio da *Fenomenologia* pouco antes de sua morte. Note-se, entretanto, que ele não acrescenta um outro "apenas" ou "somente" à parte final da passagem. Trata-se de uma interpretação das traduções, para as quais o trecho deveria dizer: não "*somente* como *substância*, mas, da mesma forma, como *sujeito*" (grifo adicional meu no "somente" acrescentado por Hegel). Guy Planty-Bonjour faz considerações muito interessantes sobre essa passagem difícil no livro *Le Projet hégélien* (pp. 46ss), no que é acompanhado por Franck Fischbach, op. cit., pp. 142-3. Também no livro de Fischbach se encontra a reconstrução da polêmica com Schelling, um dos importantes componentes desse "não como *substância*". O levantamento sistemático das menções a Schelling implícitas no texto do Prefácio foi realizado por Manfred Frank em seu *Der unendliche Mangel an Sein. Schellings Hegelkritik und die Anfänge der Marxschen Dialektik*. Uma coletânea dedicada à *Fenomenologia* com grande ênfase no lugar de Schelling no livro é a de Alfred Denker e Michael Vater (orgs.), *Hegel's* Phenomenology of Spirit: *New Critical Essays*.

115. Gilles Marmasse, *Force et fragilité des normes. Principes de la* Philosophie du droit *de Hegel*, pp. 11-2.
116. Id., "Le Chemin phénoménologique comme libre auto-critique du savoir". In: Czeslaw Michalewski (org.). *Hegel. La* Phénoménologie de l'esprit *à plusieurs voix*, p. 44.
117. Não serão examinadas em detalhe as notas dos cursos do "Gymnasium" de Nuremberg, conhecidas como "Lições de Nuremberg" ou ainda como "Propedêutica filosófica" (cf. GW 10,1 e 10,2). Apesar de publicado antes do estabelecimento definitivo desses textos, na edição mencionada de Klaus Grotsch, de 2006, o artigo de referência aqui permanece o de Udo Rameil, "Die *Phänomenologie des Geistes* in Hegels Nürnberger Propädeutik". In: Lothar Eley (org.). *Hegels Theorie des subjektiven Geistes in der "Enzyklopädie der philosophischen Wissenschaften im Grundrisse"*. Rameil pretende mostrar em seu texto que, desde 1808, Hegel já daria sinais de estar modificando o projeto da *Fenomenologia*, publicada no ano anterior. Mas é difícil separar aí o que poderiam ser mudanças sistemáticas do que eram preocupações de ordem didática (ver Terry Pinkard, op. cit., esp. pp. 278ss). Em acréscimo, é preciso se perguntar, afinal, por que o próprio Hegel não considerou essa nova versão do Sistema como suficientemente madura para publicação, ao mesmo tempo em que prosseguiu publicando suas "partes" segundo o horizonte sistemático de que dispunha então, como foi o caso, em 1812, do primeiro livro da *Ciência da lógica* em 1812. Além disso, é preciso lembrar, uma vez mais, que o Prefácio a esta obra reafirma a continuidade do projeto da *Fenomenologia do espírito*, mesmo que com algumas reservas.
118. *Biografia*, p. 334.
119. No que se segue, acompanho as informações de Terry Pinkard (*Biografia*, esp. capítulos 5 a 9). Sobre o entusiasmo de Hegel com o projeto expansionista napoleônico, ver ainda o capítulo 12 (esp. pp. 478-84) do livro de Michael N. Forster, *Hegel's Idea of a* Phenomenology of Spirit. Forster critica duramente a referência que é tomada como marco inaugural neste ponto, o livro de Lukács *Der junge Hegel. Über die Beziehung von Dialektik und Ökonomie*, já citado, especialmente a parte II do capítulo 4 (pp. 552ss). Um pouco antes, na última parte do terceiro capítulo, em que Lukács analisa a célebre e obscura fórmula da "*Tragödie im Sittlichen*", encontra-se a síntese de sua posição, apresentada sob forma de análise de uma passagem de carta de Hegel a Niethammer de 29 de agosto de 1807. Escreve Lukács em seu comentário: "As ilusões napoleônicas se amalgamam aqui com a dialética idealista em uma unidade orgânica peculiar" (p. 501). Importa aqui registrar como Lukács vincula à queda de Napoleão uma radical mudança de posição de Hegel na caracterização da relação entre filosofia e tempo presente (cf. esp. pp. 561-4), o que alcança o cerne da interpretação oferecida aqui para a ruptura entre o modelo filosófico da *Fenomenologia* e aquele que se estabelece a partir da segunda metade da década de 1810. Não por acaso, tal diagnóstico também poderia servir para caracterizar a diferença entre *História e consciência de classe* e a obra posterior de Lukács. Ver a seguir a seção IV desta Apresentação.
120. *Biografia*, p. 252.
121. Comentando uma carta de 19 de abril de 1817 em que Hegel fala sobre o filho de Niethammer, Julius, Terry Pinkard sintetiza esse novo momento nos seguintes termos: "Hegel claramente pensou que tinha chegado a um divisor de águas; sua juventude no antigo regime de Württemberg era agora algo pertencente a uma história distante; o entusiasmo juvenil pela Revolução, a decisão crítica de se tornar professor na nova

universidade com a qual ele tinha apenas sonhado em Jena, o tumulto do período napoleônico, todas essas coisas eram agora relíquias históricas; o novo mundo, do qual Hegel tinha decidido se tornar o teórico, estava se desenvolvendo em todos os lados e, em 1817, aparentemente na direção correta. A Revolução era agora o passado dele; a vida moderna pós-revolucionária era o mundo em que ele estava vivendo e era o único mundo real que pessoas como Julius Niethammer ou os seus próprios filhos viriam a conhecer. Nesse momento sentiu que, como o mundo à sua volta, também ele poderia realmente se estabilizar" (*Biografia*, p. 372).

122. *Biografia*, pp. 302-3.
123. Ibid., pp. 313-4.
124. *Briefe von und an Hegel*. vol. II, p. 22 (carta n. 229).
125. Ibid., pp. 28-9 (carta n. 233). Johannes Heinrichs (*Die Logik der* Phänomenologie des Geistes. p. 350, nota 208) menciona esta carta, mas sem tirar dela outra consequência que não a aceitação, pelo seu valor de face, da afirmação de que, na seção do capítulo "Espírito" dedicada à "Moralidade" ("O espírito certo de si mesmo. A moralidade"), passa-se ao mundo do pensamento alemão moderno mais avançado. Também Pinkard (*Hegel's Phenomenology: The Sociality of Reason*, p. 398) segue a pista da carta citada por Heinrichs, mas a utiliza em outro sentido (o da avaliação de Hegel do "pietismo"), além de fazer uma interessante referência ao fato de ser relativamente corrente à época o diagnóstico de que a cultura alemã teria produzido "uma alma sem corpo", expressão que utilizo em seguida, em conjunção com o conhecido mote do jovem Marx.
126. Ibid., cf. W. 3, p. 441.
127. Marcos Lutz-Müller, "A liberdade absoluta e o terror". In: Leonardo Alves Vieira e Manuel Moreira da Silva, op. cit., pp. 329-30.
128. Ibid., p. 339.
129. "Na Alemanha, *nenhum* tipo de servidão é destruído sem que se destrua *todo* tipo de servidão. A *profunda* Alemanha não pode revolucionar sem revolucionar *desde os fundamentos*. A *emancipação do alemão* é a *emancipação do homem*. A *cabeça* dessa emancipação é a *filosofia*, o *proletariado* é seu coração. A filosofia não pode se efetivar sem a suprassunção [*Aufhebung*] do proletariado, o proletariado nao pode se suprassumir sem a efetivação da filosofia. Quando estiverem realizadas todas as condições internas, o *dia da ressurreição alemã* será anunciado pelo *canto do galo gaulês*" ("Crítica da filosofia do direito de Hegel – Introdução". In: *Crítica da filosofia do direito de Hegel*, p. 157).
130. *Biografia*, pp. 374-5.
131. Cf. *Discurso*, p. 27; trad., pp. 27-8.
132. É particularmente relevante lembrar aqui a distinção entre "diagnóstico de época" e "diagnóstico do tempo presente" feita anteriormente (ver nota 28).
133. Esse elemento será chave para enfrentar a questão da atualização da *Fenomenologia* e sua relação com a Teoria Crítica na seção IV desta Apresentação.
134. Que, ademais, também as novas aspirações de Hegel, ajustadas já ao novo diagnóstico, tenham sido em grande medida frustradas pelo desenrolar efetivo dos acontecimentos, diz muito sobre possíveis diferenças de diagnóstico entre a publicação da *Filosofia do direito* (impressa em fins de 1820, mas com data de publicação de 1821) e sua morte, em 1831. Sobre a configuração desse projeto teórico-político quando da ida a Berlim, consulte-se *Biografia*, especialmente o capítulo 10.

135. Cf. GW 13, p. 238 (§ 448): "O espírito do povo determinado, por ser efetivo e por sua liberdade ser natureza, é por fim também no *tempo* e tem nele um desenvolvimento determinado de sua efetividade mediante seu princípio *particular* – uma *história*. Como espírito limitado, entretanto, ele passa na *história universal do mundo*, cujos acontecimentos a dialética dos espíritos do povo particulares, o *tribunal do mundo*, apresenta" (Cf. W. 10, p. 347, § 548).
136. Cf. *Vorlesungen über die Philosophie der Weltgeschichte*, pp. 438ss. Como argumenta Christophe Bouton, não há como vincular legitimamente o universo da *Fenomenologia* à problemática posterior do "fim da história", já que, no livro de 1807, atingir o saber absoluto, "alvo" e "estágio último da consciência", "não é em nenhum caso sinônimo de acabamento, pois ele marca igualmente, para Hegel, o nascimento de uma nova época, ligada ao desenvolvimento da Ciência" (Christophe Bouton, "Hegel penseur de 'la Fin de l'histoire'?". In: Joselyn Benoist e Fabio Merlini (orgs.). *Après la Fin de l'histoire. Temps, monde historicité*, p. 92). Para uma apresentação concisa e de conjunto do tema do "fim da história" em Hegel, ver a totalidade do artigo de Bouton. Mais que isso, como escreve Terry Pinkard, na *Fenomenologia*, "Hegel tinha dado um relato (*account*) de como nosso senso coletivo do que contava em termos absolutos como 'europeus' exigia uma história filosófica da vida europeia" (*Does History Make Sense?*, pp. 50-1). E acrescenta, marcando a diferença dessa perspectiva com aquela da obra da maturidade: "A *Fenomenologia*, no entanto, tinha apenas dado esse relato para a Europa (mesmo que com referências superficiais e de passagem às religiões persa, egípcia e judaica), e Hegel se deu conta de que, segundo seus próprios princípios, tinha de apresentar seu caso de maneira completa, à luz da história mundial e não apenas da estória de como a península da Eurásia se desenvolveu desde a Atenas helênica até a Europa do século XIX" (p. 51). A restrição e a contenção não são, entretanto, defeito ou falha, mas antes mais uma das marcas do interesse da *Fenomenologia* como modelo filosófico autônomo. Uma característica que pode permitir, por exemplo, decolonizar em novos termos, talvez mais interessantes, a filosofia hegeliana e sua apropriação por uma Teoria Crítica renovada. Sobre a necessidade de decolonizar a Teoria Crítica e os possíveis caminhos para isso, são de grande interesse as indicações de Amy Allen em seu *The End of Progress*.
137. "É em tal *época* que emerge a arte absoluta" (grifo meu), W. 3, p. 514.
138. Essa noção de "período" surge também em outro documento que, na interpretação apresentada aqui, pertence ainda, em alguma medida, ao universo teórico da *Fenomenologia*, o Prefácio à primeira edição da *Ciência da lógica*: "Há um período na formação de um tempo, tanto quanto na formação do indivíduo, em que se trata primordialmente da aquisição e da afirmação do princípio em sua intensidade não desenvolvida. Mas a exigência superior é a de que venha a ser ciência" (W. 5, pp. 15-6). A passagem se refere a uma crítica ao formalismo e, simultaneamente, à sua caracterização como etapa necessária rumo à ciência. Importa aqui a distinção entre "um tempo" (como "uma época") e um seu "período". Outro exemplo em sentido próximo, mas em um livro não mais conexo ao universo da *Fenomenologia*, pode ser encontrado na *Enciclopédia* (W. 10, p. 350).
139. Neste ponto, é decisivo ressaltar que, do ponto de vista da Teoria Crítica, não há como partir diretamente de Hegel (seja qual for o modelo filosófico que se tome desse autor) para produzir uma atualização crítica, embora haja tentativas nesse sentido no campo crítico atualmente. A mais visível talvez seja a de Frederick Neuhouser, em *Foundations of Hegel's Social Theory. Actualizing Freedom*, que será abordada adiante. Sob esse

aspecto, o caso do Honneth de *O direito da liberdade* parece envolver uma grande ambiguidade. Sobre a necessidade de que atualizações críticas sejam realizadas "em dois níveis", ver Marcos Nobre, "Reconstrução em dois níveis. Um aspecto do modelo crítico de Axel Honneth". In: Rúrion Melo (org.). *A Teoria Crítica de Axel Honneth. Reconhecimento, liberdade e justiça*.

140. Frank Fischbach, "Présentation". In: Marx, *Manuscrits économico-philosophiques de 1844*, p. 51. Ressalte-se aqui apenas a diferença desse Marx de 1844 em relação àquele do ano anterior, o da *Introdução à crítica da* Filosofia do direito *de Hegel*, que Michel Löwy (*La Théorie de la révolution chez le jeune Marx*, p. 75) aproxima do Lênin de *Que fazer?* Ruy Fausto realizou um confronto sistemático e rigoroso entre Marx e a *Fenomenologia* no que diz respeito aos "diferentes aspectos da crítica do antropologismo e do humanismo, e do antiantropologismo e do anti-humanismo" (Ruy Fausto, op. cit., p. 34). A referência ao "verdadeiro local de nascimento" vem em um contexto em que a *Fenomenologia* é considerada a obra privilegiada para ter uma visão "do sistema hegeliano", "o verdadeiro local de nascimento e o segredo da filosofia hegeliana" (*Marx-Engels Werke*, vol. 40, p. 571). Entretanto, segundo o mesmo jovem Marx, a *Fenomenologia*, apesar de toda a primazia da negatividade que parece comportar, já conteria "em germe" o "idealismo acrítico" da obra posterior de Hegel: "apesar da sua aparência crítica e atravessada pela negatividade e apesar da crítica efetivamente contida nela, que frequentemente vai mais longe do que o desenvolvimento posterior", já se encontra "de maneira latente, está presente em germe, como potência, como um segredo" na *Fenomenologia* "o positivismo acrítico e, assim, o idealismo igualmente acrítico das obras tardias de Hegel" (ibid., p. 573).

141. Na fórmula de Andrew Feenberg: "No momento em que ele finalmente se dá conta de que a revolução não está prestes a tomar os países avançados da Europa, mas ficará confinada à Rússia por um longo tempo, Lukács raciocina sobre política em termos leninistas" (*The Philosophy of Praxis: Marx, Lukács and the Frankfurt School*, p. 154).

142. *Der junge Hegel. Über die Beziehung von Dialektik und Ökonomie*.

143. *Der junge Marx: seine philosophishce Entwicklung von 1840-1844*.

144. É notável a quantidade de investigações empíricas produzidas no âmbito do Instituto de Pesquisa Social desde a década de 1930. E, no entanto, a imensa riqueza desse conjunto de trabalhos foi até hoje bem pouco explorada. Ver Olivier Voirol, "Teoria Crítica e pesquisa social: da dialética à reconstrução".

145. As referências clássicas aqui sobre o contexto político-teórico e sobre a constituição do programa de trabalho do "materialismo interdisciplinar" seguem sendo Martin Jay, *The Dialectical Imagination. A History of the Frankfurt School and the Institute of Social Research, 1923-1950*; e Helmut Dubiel, *Wissenschaftsorganisation und politische Erfahrung. Studien zur frühen Kritischen Theorie*.

146. Helmut Dubiel, "Domination or Emancipation? The Debate over the Heritage of Critical Theory". In: *Cultural-Political Interventions in the Unfinished Project of Enlightenment*, p. 12.

147. Marcos Nobre, *Limites da reificação*.

148. Ver os trabalhos de Inara Luisa Marin, especialmente "Psicanálise e emancipação na Teoria Crítica". In: Marcos Nobre (org.). *Curso livre de Teoria Crítica*; e *Narcissisme et reconnaissance: les aléas de la psychanalyse dans la théorie critique*. Veja-se também o trabalho de Paulo Yamawake, *Caráter e antropologia em Max Horkheimer*. No que diz respeito a Horkheimer, são trabalhos de referência os livros de John Abromeit, *Max Horkheimer*

*and the Foundations of the Frankfurt School*, e de Katia Genel, *Autorité et émancipation. Horkheimer et la Théorie critique*.

149. Um exemplo entre muitos poderia ser encontrado na seguinte passagem: "O individual se reduz à capacidade do universal de marcar tão integralmente [*ohne Rest*] o contingente que ele possa ser conservado como o mesmo [...]. A pseudoindividualidade é um pressuposto para compreender e tirar da tragédia sua virulência: é só porque os indivíduos não são mais indivíduos, mas sim meras encruzilhadas das tendências do universal, que é possível reintegrá-los sem falha [*bruchlos*] na universalidade". Max Horkheimer, *Gesammelte Schriften*, vol. 5, pp. 181-2; Max Horkheimer e Theodor W. Adorno, *Dialética do esclarecimento*, pp. 144-5.

150. Esse é o aspecto ressaltado, a contrapelo, por Raphael Concli em sua dissertação de mestrado *Integração social e adaptação no diagnóstico do mundo administrado de Max Horkheimer e Theodor Adorno*. De uma perspectiva benjaminiana, também a dissertação de Fernando Augusto Bee Magalhães, *Crítica da cultura e fantasmagoria. Benjamin na década de 30*, tem essa visada fundamental, seguindo em pontos importantes as diretrizes do livro de Jaeho Kang, *Walter Benjamin and the Media. The Spectacle of Modernity*. No que diz respeito a Benjamin, cabe neste contexto lembrar que, nos termos de Axel Honneth, ele se situa à margem do núcleo duro do Instituto de Pesquisa Social, o "círculo interno". No "círculo externo" de Benjamin também estariam Fromm, Kirchheimer e Neumann. Ver Axel Honneth, "Critical Theory". In: Anthony Giddens e Jonathan H. Turner (orgs.). *Social Theory Today*. Sobre Kirchheimer, ver Maíra Rocha Machado e José Rodrigo Rodriguez, "Otto Kirchheimer: Uma contribuição à crítica do direito penal (levando o direito penal a sério)". In: Marcos Nobre (org.). *Curso livre de Teoria Crítica*. Sobre Neumann, ver José Rodrigo Rodriguez, "Franz Neumann: O direito liberal para além de si mesmo". In: ibid., e também *Fuga do direito: um estudo sobre o direito contemporâneo a partir de Franz Neumann*. E também a tese de Maria Erbia Cassia Carnaúba, *Teoria Crítica e utopia*, que ressalta, no caso de Marcuse, a importância da "nova sensibilidade" produzida pelos movimentos de protesto da década de 1960.

151. No caso de Adorno, por exemplo, uma tal diferenciação entre modelos críticos segundo diferentes diagnósticos do tempo presente segundo apresentem ou não "potenciais de resistência" à "integração total" foi apresentada de maneira instigante por Adriano Márcio Januário, *Experiência de não-identidade como resistência: T. W. Adorno e o diagnóstico de tempo presente na década de 1960*.

152. Axel Honneth, op. cit., p. 355.

153. A esse respeito, ver Axel Honneth, *Kritik der Macht*.

154. A referência central é aqui o capítulo 2 da *Teoria da ação comunicativa*.

155. Ibid, capítulo 4. Para a reconstrução da argumentação de Habermas do "marxismo ocidental" segundo a chave da alternativa "reforma ou revolução" e uma síntese de parte significativa do debate marxista brasileiro, ver Rúrion Melo, *Marx e Habermas: Teoria Crítica e os sentidos da emancipação*.

156. A referência central é aqui o conjunto do volume 2 da *Teoria da ação comunicativa*.

157. Richard Münch, "*Parsonian Theory Today: In Search of a New Synthesis*". In: Anthony Giddens e Jonathan H. Turner, p. 117.

158. Ibid., p. 141.

159. Ver aqui de Clodomiro Bannwart Jr., "Teoria Crítica da sociedade e evolução social". In: Marcos Nobre e Luiz Repa, op. cit.

160. Marcos Nobre, "Reconstrução em dois níveis. Um aspecto do modelo crítico de Axel Honneth", p. 19.
161. Os capítulos dedicados a Foucault em *O discurso filosófico da modernidade* são exemplares dessa vedação. Sobre a apropriação foucaultiana de Weber, ver o ensaio de Paul Veyne "Foucault revoluciona a história". In: Paul Veyne, *Como se escreve a história. Foucault revoluciona a história*.
162. *Luta por reconhecimento. A gramática moral dos conflitos sociais*, pp. 104-5.
163. Sobre o conjunto da trajetória de Honneth, ver a exaustiva tese de Mariana Oliveira do Nascimento Teixeira, *Patologias sociais, sofrimento e resistência: reconstrução da negatividade latente na Teoria Crítica de Axel Honneth*. Não deixa de ser curioso que Honneth não tenha encontrado afinidades entre a produção desse conjunto de autores e aquela de Foucault no mesmo período.
164. Ver, por exemplo, E. P. Thompson, *A miséria da teoria ou um planetário de erros: uma crítica ao pensamento de Althusser*.
165. Ver *A formação da classe operária inglesa*.
166. Nancy Fraser; Axel Honneth, *Redistribution or Recognition? A Political-Philosophical Exchange*. Esse debate sobre o alcance da categoria de reconhecimento, especialmente quando confrontada com questões distributivas, coloca, nos termos deste trabalho, o problema ainda mais profundo do alcance de modelos críticos que concedem primazia ao momento chamado aqui de fenomenológico. No debate em questão, o que está em causa é a capacidade da primeira formulação honnethiana - aquela de *Luta por reconhecimento*, entendida aqui como fenomenológica - de preservar a posição materialista que caracteriza a Teoria Crítica desde Marx. A guinada posterior de Honneth em direção ao Hegel da *Filosofia do direito* mostra, em especial, que qualquer tentativa de atualizar o modelo de *Luta por reconhecimento* em termos fenomenológicos deve ser realizada com a preservação da referência lukácsiana de *História e consciência de classe* às lutas distributivas. Os problemas aqui passam a ser, evidentemente, em primeiro lugar, como entender os componentes de reconhecimento e de redistribuição e, em seguida, como se articulam esses componentes tanto em termos analíticos como empíricos.
167. Uma instigante versão da "institucionalização" do "espírito de 1968" foi realizada por Luc Boltanski e Ève Chiapello em *Le Nouvel Esprit du capitalisme*; trad. bras.: *O novo espírito do capitalismo*. Para a crítica dessa posição, ver adiante.
168. *Sofrimento de indeterminação. Uma reatualização da Filosofia do Direito de Hegel*, p. 136.
169. *Das Recht der Freiheit. Grundriss einer demokratischen Sittlichkeit*, p. 106. Parece ainda prematuro avaliar a extensão e o significado dessa estratégia de atualização direta da *Filosofia do direito* quando se pensa na estratégia bem mais claramente indireta que Honneth sustentava ainda em *Sofrimento de indeterminação*. Sobre isso e também sobre a noção mais geral de atualização, ver meu artigo já mencionado, "Reconstrução em dois níveis. Um aspecto do modelo crítico de Axel Honneth".
170. Axel Honneth, op. cit., p. 107.
171. Ver especialmente *Foundations of Hegel's Social Theory. Actualizing Freedom*.
172. Ibid., p. 5.
173. Ibid., p. 8.
174. Jean-François Kervégan, op. cit., p. 9.
175. Ibid., pp. 11-2.
176. *Drei Studien zu Hegel, Gesammelte Schriften*, vol. 5, p. 275.

177. "*Spätkapitalismus oder Industriegesellschaft?*". In: *Gesammelte Schriften*, vol. 8, p. 359 (ed. bras.: *Theodor W. Adorno*, p. 66). O contraste com a realidade da década de 1960 é descrito no mesmo lugar por Adorno nos seguintes termos: "Entrementes, a economia de mercado já está tão vazada [*durchlöchert*] que zomba de qualquer confrontação desse gênero".

178. "Freizeit". In: *Gesammelte Schriften*, vol. 10.2, pp. 654-5. O contraste com o diagnóstico de tempo da *Dialética do esclarecimento* não poderia ser mais evidente: "O individual se reduz à capacidade do universal de marcar tão integralmente [*ohne Rest*] o contingente que ele possa ser conservado como o mesmo [...]. A pseudoindividualidade é um pressuposto para compreender e tirar da tragédia sua virulência: é só porque os indivíduos não são mais indivíduos, mas sim meras encruzilhadas das tendências do universal, que é possível reintegrá-los sem falha [*bruchlos*] na universalidade" (Max Horkheimer e Theodor W. Adorno, *Dialektik der Aufklärung, Gesammelte Schriften*, vol. 5, pp. 181-2; *Dialética do esclarecimento*, pp. 144-5). Sobre o diagnóstico de tempo do último Adorno, veja-se uma vez mais Adriano Márcio Januário, op. cit.

179. Cf. Marcos Nobre, *Lukács e os limites da reificação*, esp. o capítulo 1.

180. Cf. Id., "Teoria Crítica hoje". In: Daniel Tourinho Peres et al. (orgs.). *Tensões e passagens: crítica e modernidade – uma homenagem a Ricardo Terra*.

181. Muito diferentes em seus objetivos e posicionamentos, exemplos dessa atitude poderiam ser: Moishe Postone, *Time, Labour, and Social Domination. A Reinterpretation of Marx's Critical Theory*; Axel Honneth, *Das Recht der Freiheit. Grundriss einer demokratischen Sittlichkeit*; ou Rainer Forst, *Normativität und Macht – Zur Analyse sozialer Rechtfertigungsordnungen*.

182. Ver sobre isso o extraordinário livro de Robert Castel, *As metamorfoses da questão social. Uma crônica do salário*. Petrópolis: Vozes, 1998. Procurei explorar essa ideia em "Participação e deliberação na teoria democrática: uma introdução". In: Vera Schattan P. Coelho e Marcos Nobre (orgs.), *Participação e deliberação: teoria democrática e experiências institucionais no Brasil contemporâneo*.

183. *Luta por reconhecimento*, pp. 227-8.

184. Apontar a existência de tais déficits na posição de Honneth não significa dizer que o autor não buscou as fontes que desencadeariam lutas por reconhecimento, mas que essa busca não tem nem profundidade histórica nem amplitude redistributiva. Sua busca por uma "gramática moral dos conflitos sociais" não se conecta a uma reconstrução dos estágios e das diferentes constelações dos movimentos sociais e de sua configuração presente, por exemplo.

185. *Die Idee des Sozialismus – Versuch einer Aktualisierung*.

186. Em *O direito da liberdade*, Honneth se dedica antes a uma atualização da ideia hegeliana de "eticidade" segundo o modelo da *Filosofia do direito*. Apesar de a última (e muitíssimo breve) seção do livro se dedicar à ideia de "cultura política" – o que se conecta ao projeto anterior de Honneth em *Luta por reconhecimento* –, o conjunto não guarda essa marca fundamental e estruturante da tentativa. Que, aliás, em seu intuito reconstrutivo, não se distingue fundamentalmente daquela de Habermas em *Direito e democracia* senão por sua inspiração neo-hegeliana, calcada em desenvolvimentos da década de 2000 centrados na ideia de "liberdade social", cujo marco inaugural, como já evocado, pode ser posto no livro de Frederick Neuhouser, *Foundations of Hegel's Social Theory. Actualizing Freedom*.

187. *Pathologien der Vernunft. Geschichte und Gegenwart der Kritischen Theorie*, p. 55.

188. Uma abordagem que merece destaque é a de Luc Boltanski e Ève Chiapello em *O novo espírito do capitalismo*. O livro tem como uma de suas teses centrais a ideia de que "crítica" deve ser entendida como motor e princípio explicativo de uma teoria da mudança social, já que presidiria tanto os impulsos de transformação quanto a lógica de institucionalização resultante. Uma tal concepção de crítica, entretanto, não tem como se desvencilhar do papel de *justificação* dos diferentes processos de institucionalização, o que tem por consequência um rebaixamento de horizonte da própria crítica. Não obstante, uma perspectiva jovem-hegeliana que se inspire no modelo de uma atualização inovadora do modelo da *Fenomenologia* tem como uma de suas tarefas primordiais confrontar o quadro apresentado em *O novo espírito do capitalismo*, já que se trata de uma obra que apresenta um diagnóstico do tempo presente que se pretende complexo o suficiente para abarcar os processos de subjetivação da dominação em sua variedade e multidimensionalidade.

189. Do ponto de vista da Teoria Crítica, a noção mesma de consciência em Hegel é desnecessariamente limitada e deve ser repensada em termos que, partindo da virada comunicativa de Habermas, possam ir além dela, para além, portanto, de uma proposta da reconstrução da noção de espírito nas condições de uma sociedade pós-convencional. Tal reconstrução comunicativa da noção de espírito não significa apenas desinflacionar a própria noção hegeliana de razão, especialmente o momento do espírito absoluto (*O discurso filosófico da modernidade*). Significa, principalmente, traduzir a virada habermasiana em termos de uma teoria da *experiência comunicativa* (cf., por exemplo, *Theorie des kommunikativen Handelns*, vol. 1, pp. 165; 167 e 197), algo que o próprio Habermas não realizou nesses termos experienciais. Essa transformação estaria ainda em ligação necessária com a "liberdade comunicativa" (segundo a formulação de Michael Theunissen em *Sein und Schein. Die kritische Funktion der Hegelschen Logik*), ela mesma já pensada de acordo com os desenvolvimentos que deu à noção Axel Honneth em *Sofrimento de indeterminação. Uma reatualização da Filosofia do direito de Hegel*, esp. pp. 61-2 (*Leiden an Unbestimmtheit. Eine Reaktualisierung der Hegelschen* Rechtsphilosophie, esp. pp. 26-30). Como se verá adiante, parece ser exatamente isso o que se pode ver em muitas diferentes tentativas atuais no campo da Teoria Crítica.

190. Ao contrário, o qualificativo que talvez melhor lhe caiba seja hoje "Teoria Pós-Tradicional", dado o alto grau de reflexividade que alcançou em muitos casos, sendo aqui exemplares propostas como as de John Rawls ou Pierre Bourdieu. Sobre isso, ver Marcos Nobre, "Teoria Crítica hoje". In: Daniel Tourinho Peres et. al., op. cit.

191. Para criticar essa leitura da *Fenomenologia* e apresentar uma alternativa de interpretação consonante com o que se defende aqui é particularmente importante a referência à análise e ao comentário do bloco de parágrafos de 14 a 17 do texto da Introdução.

192. "La Controverse sur le langage commun de la collaboration interdisciplinaire: le modèle durable de la *Dialectique de la Raison*", in: Katia Genel (org.), *La Dialectique de la Raison: sous bénéfice d'inventaire*. Paris: Éditions de la Maison des Sciences de l'Homme, 2017.

193. *Geschichte und Klassenbewusstsein*, p. 51. *História e consciência de classe*, p. 54.

194. Ver a esse respeito, por exemplo, Marcos Nobre e José Rodrigo Rodriguez, "'Judicialização' da política: déficits explicativos e bloqueios normativistas".

195. Jean-François Kervégan resume a maneira clássica de considerar a distinção entre "letra" e "espírito" para caracterizar a diferença entre o jovem-hegelianismo e o velho-hegelianismo: "Ou bem, como os 'velhos hegelianos', insiste-se em uma leitura ortodoxa do

sistema e corre-se o risco de contribuir para o seu descrédito; ou, como os 'jovens hegelianos', joga-se o espírito da obra contra a letra e se procura se desvencilhar de suas escórias metafísicas, com o risco de privar a obra daquilo que constitui seu poder e coerência" (*L'Effectif et le rationel. Hegel et l'Esprit objectif*, p. 9).

196. Como é o caso, em abordagens diversas, de Emmanuel Renault (*Reconnaissance, conflit, domination*), Hartmut Rosa (*Resonanz. Eine Soziologie der Weltbeziehung*), Jean-Pierre Deranty (*Beyond Communication: A Critical Study of Axel Honneth's Social Philosophy*) ou de Ciro Alegría ("Geschichte und Sittlichkeit in den postkolonialen Ländern". In: *Deutsche Zeitschrift für Philosophie*, apud Ricardo Crissiuma, op. cit.). É de notar que muitas dessas tentativas de atualização se apresentam em termos de uma retomada de estratégias antropológicas de fundamentação e de justificação. Note-se ainda, no caso de Alegría, a presença da visada "pós-colonial", diversa, portanto, da pretensão "decolonizante" de Amy Allen que será mencionada em seguida. Sobre essa importante diferenciação no debate, veja-se Ina Kerner, *Postkoloniale Theorien – Zur Einführung*.

197. Como no veio aberto por Nancy Fraser com seu artigo "Contradictions of Capital and Care". A tentativa de apropriação crítica da ampla e multidimensional discussão em torno da noção de "*care*" ou "*Sorge*" não é nova, dado que pode ser encontrada já em um livro como *Verdinglichung – eine annerkennungstheoretische Studie*. Mas parecem perspectivas suficientemente diversas para impedir uma compatibilização.

198. Mencione-se aqui, por exemplo: Robin Celikates, *Kritik als soziale Praxis. Gesellschaftliche Selbstverständigung und kritische Theorie*, onde se pode encontrar uma tentativa de apropriação crítica da posição de Luc Boltanski, assim como uma proposta de atualização do modelo presente no livro de Habermas *Conhecimento e interesse* a partir de uma interpretação da noção habermasiana de "reconstrução", o que se desdobrou posteriormente em uma abordagem original da questão clássica da desobediência civil (por exemplo: "Rethinking Civil Disobedience as a Practice of Contestation – Beyond the Liberal Paradigm"). Recusando a ideia motriz habermasiana de "reconstrução", Rahel Jaeggi, em *Kritik von Lebensformen*, coloca como objeto de sua renovação do conceito de crítica imanente a noção de "forma de vida".

199. Tem destaque sob esse aspecto o trabalho de Amy Allen, *The End of Progress: Decolonizing the Normative Foundations of Critical Theory*, que combina Foucault e Adorno. Sua proposta de renovação da Teoria Crítica vai ainda além dessa aliança teórica, já que tem também como visada a "decolonização" do campo crítico. Sob o aspecto da incorporação de Foucault ao campo crítico, uma visada que guarda afinidade com a de Allen parece ser a de Martin Saar desde o seu *Genealogie als Kritik. Geschichte und Theorie des Subjekts nach Nietzsche und Foucault*.

200. Apenas para citar dois exemplos, veja-se Franck Fischbach, *Manifeste pour une philosophie sociale*; e Rahel Jaeggi e Robin Celikates, *Sozialphilosophie. Eine Einführung*. A fonte primeira de inspiração dessas tentativas pode ser encontrada em Axel Honneth, mais especificamente em seu texto "Eine soziale Pathologie der Vernunft: zur intellektuellen Erbschaft der Kritischen Theorie" (in: *Pathologien der Vernunft. Geschichte und Gegenwart der Kritischen Theorie*), o que também deve servir de alerta para que esse possível novo nó temático e teórico não se embrenhe ele também nos riscos do "reconstrutivismo". Sobre o caráter problemático do estabelecimento de fronteiras entre Teoria Tradicional e Teoria Crítica no momento presente, veja-se as indicações em Marcos Nobre, "Teoria Crítica hoje". In: Daniel Tourinho Peres et al., op. cit.

Texto original e tradução [pp. 83-99]

1. G.W.F. Hegel, *Phänomenologie des Geistes*. In: *Werke. Auf der Grundlage der Werke von 1832-1845 neu edierte Ausgabe*, vol. 3. Tradução brasileira: *Fenomenologia do espírito*, realizada por Paulo Meneses, com colaboração de Karl Heinz Efken e José Nogueira Machado (abreviado FE, seguido da indicação de página; as traduções podem vir modificadas sem aviso). Quando não indicado de outra maneira, a edição Suhrkamp ("W.", seguida da indicação de volume e de página) também será a utilizada para citar outras obras de Hegel além da *Fenomenologia*.
2. Republicada na chamada Edição do Jubileu, conhecida igualmente pelo nome de seu editor, H. Glockner, que a realizou entre 1927 e 1930: G.W.F. Hegel, *Sämtliche Werke*, vol. 2: *Phänomenologie des Geistes*. (abreviada "GL").
3. *Gesammelte Werke*, vol. 9: *Phänomenologie des Geistes*, editada por Wolfgang Bonsiepen e Reihard Heede. (abreviada "GW 9", seguida da indicação de página; "GW" será também a abreviatura usada para o conjunto da edição, com indicações, a cada caso, dos responsáveis pela edição).
4. GW: "An-sich"; GL: "Ansich".
5. GW e GL: ",".
6. GL: ";".
7. GW e GL: ",".
8. ",": acréscimo adotado segundo o texto de GW.
9. GW E GL: ",".
10. GW e GL: ",".
11. "," ausente de GW e GL.
12. "," ausente de GW e GL.
13. GW: "*reelles*".
14. GW e GL: ";".
15. GW e GL: ";".
16. ";": acréscimo adotado segundo os textos de GW e GL.
17. GW: ",".
18. ",": acréscimo adotado segundo os textos de GW e GL.
19. GW: ",".
20. GW e GL: ",".
21. GW e GL: ",".
22. GW e GL: ",".
23. GW e GL: "—".
24. GW e GL: ",".
25. GW e GL: "*als*".
26. GW: ";".
27. GW e GL: ",".
28. GW e GL: ";".
29. GW: ",".
30. GW e GL: ",".
31. GW e GL: ",".
32. GW e GL: ",".
33. GW e GL: ",".

34. GW e GL: ";".
35. ";" ausente de GW.
36. GL: ",".
37. ";" ausente de GW.
38. GW E GL: ";".
39. GW: "*reellste*".
40. GW e GL: ", *oder besser noch*,".
41. GW e GL: ";".
42. GW e GL: ";".
43. ";" ausente de GW.
44. GW: ",".
45. GL: "welcher".
46. GW: ",".
47. GW e GL: ",".
48. GW e GL: ",".
49. GW e GL: ",".
50. GW: ",".
51. GW e GL: ",".
52. GW e GL: ",".
53. GW e GL: ",".
54. GW e GL: "*hinaus zu gehen*".
55. "*ist*" ausente de GW.
56. GW E GL: ",".
57. GW e GL: ",".
58. ";": correção adotada segundo os textos de GW e GL.
59. ";" em lugar de "—" em GW e GL.
60. ";" em lugar de "—" em GW e GL.
61. "*Art*" sem grifo em GL.
62. GL: grifo em "*Art*".
63. GW e GL: ",".
64. GW e GL: ",".
65. ";" ausente de GW e GL.
66. Não se considerou aqui necessário o acréscimo (*liegt*) para a compreensão do texto.
67. GW e GL: ",".
68. GW e GL: ",".
69. GW: ",".
70. GW: ",".
71. ";": correção adotada segundo os textos de GW e GL.
72. "*wäre*" ausente do texto de GW.
73. GW E GL: ",".
74. GW e GL: ";".
75. ";" ausente de GW.
76. GW E GL: ",".
77. "*das*" grifado em GW.
78. GL: ",".
79. GW: ";".

80. GW: "*FÜR ES AN SICH*".
81. GW e GL: ",".
82. GW e GL: ";".
83. GW e GL não registram grifos em "*oder sein*".
84. GW e GL: ",".
85. GW: ":".
86. GW e GL: ";".
87. GW e GL: ";".
88. GW e GL não registram grifos em "*sind*".

Análise e comentário [pp. 101-239]

1. A Introdução – e a própria *Fenomenologia*, portanto – não foi escrita para uma "consciência natural" que se encontra no primeiro estágio fenomenológico, na "certeza sensível"; Hegel a pensou e a escreveu tendo em vista uma consciência em linha com a filosofia mais avançada de seu tempo. Para adiantar apenas uma das consequências dessa interpretação: ao abordar o primeiro capítulo da *Fenomenologia*, a "consciência natural" (aquela que realiza pela primeira vez o percurso fenomenológico) não se encontra, portanto, no *nível teórico* da "certeza sensível", do primeiro capítulo do livro. Isso pode ajudar a qualificar devidamente uma afirmação bastante difundida, segundo a qual, a consciência natural representa "o leitor da *Fenomenologia*" (por exemplo, Thomas Kesselring, op. cit., p. 72). Para conseguir superar os bloqueios autoimpostos por sua própria lógica finita, de entendimento – ou seja, para se mover rumo a uma autêntica *autocompreensão* –, mesmo uma consciência treinada na filosofia mais avançada de seu tempo tem de se colocar na posição de consciência natural, tem de refazer toda a história de sua própria constituição como consciência da modernidade até alcançar, "mediante a experiência completa de si mesma, o conhecimento do que ela é em si mesma" (§ 5). Esse percurso é descrito no § 6, como a "história exaustiva da *formação* da própria consciência em ciência".

2. Esse ponto começará a ficar um pouco mais claro adiante, a partir do § 3, com o exame da afirmação: "o absoluto, o conhecer etc. são palavras que pressupõem uma significação que se trata primeiramente de alcançar".

3. "*Nämlich*" foi traduzido nessa passagem como "ou seja", o que voltará a ocorrer ainda uma vez, no § 12. Nos §§ 4, 6 e 10, "*nämlich*" foi traduzido como "a saber". Em outras passagens, foi traduzido como "nomeadamente" (§ 2; § 7; § 15, duas ocorrências) e como "com efeito" (§ 6; § 10). "*Nämlich*" enuncia o sentido de uma expressão por ser explicada. Mas sua ênfase não recai tanto em igualar os elementos que conecta (como se pode dizer de "ou seja", por esse motivo, utilizado apenas duas vezes na tradução do termo), e sim em relacionar os elementos à maneira de um desenvolvimento das determinações neles presentes. Nos casos em que as noções envolvidas tinham um alto grau de abstração, a preferência foi por "a saber". Nos casos em que, comparativamente, havia maior determinação dos termos envolvidos, recorreu-se a "nomeadamente". Neste último caso, trata-se da explicitação de *termos* implícitos. Já nos dois casos em que se trata da explicitação de um *modo* implícito, recorreu-se a "com efeito". Sobre a "essência" (presente na expressão "essência absoluta"), ver o final do comentário ao § 7.

4. O verbo utilizado aqui é "considerar" ("conhecer, que é considerado como"), que traduz "*betrachten*" e que reaparecerá nos §§ 12 e 15, mas já sob o signo do "para nós", da "consciência filosófica", como se verá adiante. Aqui, "considerar" tem apenas o sentido de "apreciar sob certo ponto de vista", ou seja, de "poder ser tomado desta ou daquela maneira".
5. O que parece ser o caso, aliás, da representação do conhecer como "meio", dada a dificuldade dos comentários de encontrar exemplos concretos de filosofias que teriam elementos correspondentes a essa versão da exigência de crítica prévia do conhecer. No caso da representação do conhecer como "instrumento", as indicações de Hegel também estão longe de ser unívocas. Mas encontram pelo menos ilustrações que podem ter sua serventia em termos da apresentação do problema.
6. No mesmo sentido vai, por exemplo, o comentário de Georg Bertram, op. cit., pp. 57-8.
7. Sobre a metáfora do "caminho", ver a análise dos §§ 5 a 7 a seguir.
8. *Kritik der reinen Vernunft, Kants Werke* (abreviado Krv), p. 9 (e ainda passim nesse mesmo Prefácio à Segunda Edição); *Crítica da razão pura* (abreviado Crp), p. 27. A partir de agora, será retomado brevemente um dos dois problemas centrais do Prefácio à Segunda Edição da *Crítica da razão pura* (o do lugar do conhecimento na arquitetônica e na história da razão, sendo o outro o do lugar da moral) para tentar mostrar o sentido decisivo dessa noção de "modo de pensar" na exposição da filosofia transcendental. Note-se, não por último, a analogia estrutural que há na relação entre esse Prefácio e a *Crítica da razão pura*, de um lado, e a Introdução e a *Fenomenologia do espírito*, de outro: em ambos os casos, mesmo que de maneiras muito diferentes, cruzam-se *diagnóstico de época* e *teoria da experiência*. Sobre isso, ver a Apresentação, na p. 13. No caso de Kant (mas também da leitura de Kant por Foucault), lembre-se mais uma vez a referência fundamental que se encontra em Ricardo Terra, *Passagens. Estudos sobre a filosofia de Kant*.
9. Ver, em sentido contrário, por exemplo, as observações de Ludwig Siep em *Der Weg der* Phänomenologie des Geistes. *Ein einführender Kommentar zu Hegels* Differenzschrift *und zur* Phänomenologie des Geistes.
10. Ver a Apresentação, onde se contrapõe esse diagnóstico de época do Hegel da *Fenomenologia* e aquele que será o da sua obra de maturidade, a partir da segunda metade da década de 1810, característico do que se chamou ali de "modernidade normalizada".
11. É assim que se poderia entender de maneira mais interessante a metáfora da "viagem de descoberta" utilizada por Hegel muitos anos depois para caracterizar a *Fenomenologia*. Cf. o testemunho de Karl Ludwig Michelet em *Geschichte der letzten Systeme der Philosophie in Deutschland Von Kant bis Hegel*. Parte II. Berlim, 1838, pp. 615ss, apud Günther Nicolin (org.). *Hegel in Berichten seiner Zeitgenossen*, p. 76. Ver também a Apresentação deste livro.
12. *Kritik der reinen Vernunft, Kants Werke*, p. 9 (A XII); *Crítica da razão pura*, p. 19.
13. *Kritik der reinen Vernunft, Kants Werke*, p. 31 (B 7); *Crítica da razão pura*, p. 49.
14. Diz a passagem: "um meio que produz imediatamente o contrário de *seu* fim" (grifo meu). Ou seja: o "fim" pertence ao "meio" posto pela representação natural.
15. "Devesse o absoluto ser tão só aproximado de nós mediante o instrumento, sem que nada nele se alterasse, tal como o pássaro mediante o visgo, ele bem zombaria dessa astúcia, já não estivesse e não quisesse ele estar em nós tal como é em si mesmo e para si mesmo; pois o conhecer seria nesse caso uma astúcia, já que, mediante seu esforço múltiplo, dá-se ares de fazer coisa inteiramente diversa de apenas produzir uma relação

imediata e, portanto, sem esforço." Essa passagem desempenha papel central na interpretação de Heidegger (cf. *Holzwege*, pp. 130ss). De um lado, Heidegger não vê nela o caráter que lhe é atribuído aqui: o de "possibilidade lógica", levantado por Hegel para iniciar o questionamento do dogmatismo da representação natural. De outro lado, vê muito mais nessa passagem do que a análise de texto realizada aqui permitiu encontrar. Ver também adiante.

16. Consulte-se a esse respeito o livro de Gérard Lebrun, op. cit.
17. E é exatamente esse o sentido do verbo "conhecer", tomado aqui na sua forma substantivada (o conhecer). "Conhecer" (*erkennen*) caracteriza, para Hegel, a atividade do entendimento e, de maneira mais geral, uma filosofia do entendimento. O fato de Hegel utilizar "conhecer" e não "conhecimento" já indica, porém, que o que importa aqui é também a atividade (o conhecer) e não apenas o resultado (o conhecimento), o que mostra que há algo mais nesse conhecer que sua limitação de entendimento. Como diz o texto do chamado Prefácio à *Fenomenologia*: "O bem conhecido em geral [*Das Bekannte überhaupt*] não é, porque bem conhecido [*bekannt*], conhecido [*erkannt*]" (W. 3, p. 35). (Paulo Meneses traduz: "O bem conhecido em geral, justamente por ser *bem conhecido*, não é *reconhecido*"; FE, p. 43).
18. Hegel utiliza "*Mittel*" para caracterizar tanto a mediação em geral (no caso da passagem que vem de ser citada) como também uma das maneiras de mediação (na primeira ocorrência do conhecer como "meio", no caso, na primeira oração do texto; na sequência, para caracterizar essa metáfora do conhecer, utilizou também o termo latino "*Medium*", traduzido aqui igualmente por "meio"). Tem-se, então, dois termos: "*Medium*", que expressa a ideia de um meio físico, ou, de maneira mais geral, de um "meio ambiente" e que é utilizado para a metáfora do conhecer como "meio"; e "*Mittel*", que expressa tanto a ideia genérica de um elemento intermediário (como na expressão "meios e fins") quanto a metáfora do conhecer como "meio". Essa relativa superposição dos termos parece suficiente para justificar a tradução única dos dois por "meio". Este parece ser também um bom momento para justificar a tradução de "*durch*", cuja versão mais corrente e imediata em português seria "por meio de". Ora, esta possibilidade parece vedada justamente para evitar eventuais confusões com as ideias de "*Mittel*" e de "*Medium*", termos traduzidos como "meio". "*Durch*" é uma preposição que pode ter conotação espacial (caso em que pode ser traduzida por "através") ou modal ("por meio de"). Em apenas duas ocasiões "*durch*" tem, no texto da Introdução, caráter espacial. Nos dois casos participa da composição de verbos: "*durchwandern*" (§ 5) e "*durchlaufen*" (§ 6), traduzidos da mesma forma como "percorrer". Todos os demais casos são modais. A tradução padrão adotada foi "mediante". Não se procurou evitar na tradução a pleonástica quase insuportável do estilo de Hegel. Para marcar à exaustão sua posição, Hegel chega a escrever: "*durch welches hindurch*" (§ 1, duas ocorrências) e "*durch das hindurch*" (§ 4), vertidos ambos como "mediante cujo intermédio". O termo "*wodurch*" foi traduzido como "por intermédio de" e "*dadurch*" por "mediante isso". Ver também a análise do § 2.
19. Em termos mais rigorosos: todo sistema filosófico moderno se apresenta como uma peculiar síntese de atividade e passividade, mas cada uma das diferentes sínteses pode ser caracterizada pela primazia de uma das duas; no caso do modelo do conhecer como instrumento predomina a atividade, no caso do modelo do conhecer como meio a passividade tem a primazia.

20. No início do § 4, Hegel utilizará a variação "apossar-se".
21. *Vorlesungen über die Geschichte der Philosophie. Teil 4: Philosophie des Mittelalters und der neueren Zeit*, p. 149. No início de seu comentário, Heidegger cita uma passagem da *História da filosofia* em que Hegel põe Descartes como o inaugurador da filosofia do "novo mundo". E indica que haveria aqui, por assim dizer, uma divisão de tarefas: a Descartes caberia a escolha, dentre os diferentes modos de representação, daquele apto ao conhecer absoluto; a Kant caberia pôr à prova o modo escolhido segundo sua natureza e limites. Cf. *Holzwege*, pp. 124-5. Essa observação vem reforçar a ideia de que a representação natural (mesmo sob o modo do conhecer como instrumento) não pode ser reduzida à filosofia kantiana, mas tem de ser interpretada de modo mais amplo como o conjunto de pressuposições da filosofia moderna. Por outro lado, tem igualmente o sentido de mostrar uma vez mais a legitimidade de tomar a filosofia kantiana ao menos como recurso expositivo para escavar os sentidos da representação natural. Não para concluir que a filosofia de Kant sozinha já representa ambas as posições básicas da filosofia moderna (a do "meio" e a do "instrumento"), tese à qual adere um grande número de comentários. Ver: H. S. Harris, *Hegel's Ladder*, p. 197, nota 10. Seja como for, Harris tem razão em que não há "intenção de caracterizar a visão de ninguém precisamente em seus detalhes" (p. 170). Já Gustav-Hans H. Falke (*Begriffne Geschichte: das historische Substrat und die systematische Anordnung der Bewusstseinsgestalten in Hegels* Phänomenologie des Geistes. *Interpretation und Kommentar*, p. 14, nota), por exemplo, dá como formulação genérica mais adequada a "oposição entre o conhecimento mediado (Kant) e imediato (Jacobi)" e afirma que Kant seria, na visão de Hegel, um "lockeano". De qualquer maneira, o que importa aqui – insista-se ainda uma vez – é mostrar que essas duas posições básicas da filosofia moderna representam dois *aspectos* de um mesmo contrassenso fundamental.
22. *Kants Werke*, pp. 328-9; *Kant*. Coleção Os Pensadores, p. 154.
23. Sem que isso justifique, na visão de Ameriks, a acusação hegeliana subsequente de "uma turva diferença entre um verdadeiro absoluto e um verdadeiro de outra espécie" (§ 3). Karl Ameriks, "*Hegel's Critique of Kant's Theoretical Philosophy*", pp. 20-21. A argumentação de Ameriks não toca no fato de que há aqui uma obscuridade do próprio original hegeliano no trecho "com o que também uma falsa escolha entre elas", o que resulta numa dificuldade de tradução. O sentido implícito, entretanto, aponta claramente para um complemento como "poderia se dar".
24. Hegel cita o Locke do *Ensaio* logo nas primeiras páginas da seção "A filosofia kantiana" de *Fé e saber* (cf. W. 2, pp. 303-4), mostrando a afinidade da *Crítica da razão pura* com o projeto lockeano.
25. *An Essay Concerning Human Understanding*, p. 488 (livro III, capítulo IX, § 21). Lembre-se ainda, nesse contexto, que Hegel confere ao termo "*Medium*" posição de destaque no segundo capítulo da *Fenomenologia do espírito*, intitulado "A percepção, ou: a coisa e a ilusão", além de retomá-lo nos dois capítulos subsequentes.
26. Na literatura hegeliana, essa distinção se faz entre o ponto de vista da "consciência filosófica" e o da "consciência natural", entre os textos "para nós" e aqueles "para a consciência". Um levantamento exaustivo das ocorrências do "para nós" na *Fenomenologia* foi realizado no já clássico artigo de Joseph Gauvin, "Le 'Für uns' dans la Phénoménologie de l'Esprit". Não se pretende aqui propor uma tese geral capaz de compatibilizar o conjunto das ocorrências do "para nós" na *Fenomenologia*, mas sim organizar as

sucessivas posições sistemáticas que ocupa a expressão unicamente no contexto da Introdução. Sobre os problemas envolvidos nessa tarefa, ver Kenley Royce Dove, "Hegel's Phenomenological Method". In: Robert Stern (org.). *G.W.F. Hegel: Critical Assessments*. vol. III. Este é igualmente o ponto central de exegese do artigo de Marcos Lutz-Müller, escrito sob o impacto direto da leitura do texto de Heidegger, "A experiência, caminho para a verdade? Sobre o conceito de experiência na *Fenomenologia do espírito* de Hegel". No momento, cabe apenas antecipar que, como o ponto de partida da *Fenomenologia* não é a figura da "certeza sensível", mas a "representação natural" da filosofia moderna, a "distância" entre o ponto de vista da "consciência natural" e o da "consciência filosófica" é aquela que separa a consciência natural do momento em que se torna apta a afastar os bloqueios autoimpostos por sua própria representação do conhecer. A distância entre o "para nós" e o "para a consciência" é a distância entre uma consciência moderna liberta de seu dogmatismo (um dogmatismo moderno) e, portanto, tornada *espírito* e uma consciência que se mantém no nível da mera autorreflexão, ou seja, que se representa o conhecer como "instrumento" ou "meio", por exemplo. Sobre esse ponto, ver ainda especialmente o exame dos §§ 5, 10 e 15 adiante.

27. *Phénoménologie de l'esprit*, p. 57, nota. Só há mais uma ocorrência de "*Ding*" no texto da Introdução, no § 4, na expressão "visão comum das coisas". Nas demais ocorrências de "coisa", o texto original diz "*Sache*".
28. Ou, como se pode ler em *Diferença dos sistemas de filosofia de Fichte e de Schelling* (o chamado "*Differenzschrift*"), "em nosso tempo se falou muito em pressuposição absoluta", algo que tem de ser entendido em termos do "carecimento da filosofia". E, a propósito de uma das "duas pressuposições" resultantes da posição "na reflexão" do "carecimento da filosofia", a pressuposição do absoluto, prossegue Hegel: "Ele é o alvo buscado; já está presente – de que outro modo poderia ser buscado? A razão só o produz na medida em que libera a consciência das barreiras [*Beschränkungen*]; tal suprimir [*Aufheben*] das barreiras é condicionado pela ausência de barreiras [*Unbeschränkheit*] pressuposta" (W. 2, p. 24). Na interpretação proposta aqui, esse "alvo" (cf. o exame do § 8 adiante) é o mesmo que o "suprimir das barreiras" autoimpostas pela representação natural e que lhe vedam uma correta compreensão de si mesma, ou seja, do seu presente histórico. É nesse sentido potencial do "suprimir das barreiras" que o absoluto é dito "estar e querer estar em nós tal como é em si mesmo e para si mesmo".
29. Mais adiante ficará claro que não apenas o objeto, mas também o sujeito desse conhecer se altera: muda o absoluto e mudamos "nós". Sobre este último, ver a observação anterior sobre a diferença entre o "nós" dos primeiros parágrafos do texto e o "nós" que surge a partir do § 10, bem como o quadro sinótico correspondente na p. 121.
30. Cf. GW 9, p. 448. Na literatura hegeliana, essa referência ao "absoluto abstrato" é interpretada em termos da "filosofia do absoluto" de inícios dos anos 1800 proposta por Schelling.
31. Cf. *Holzwege*, p. 130. A visada do texto de Heidegger preparada já desde essa análise inicial é a de mostrar que esse é, afinal, o grande pressuposto de uma filosofia que se pretende sem pressupostos. Mas, para isso, Heidegger ele mesmo tem de pressupor uma série de identificações dificilmente sustentáveis no texto hegeliano. Tem de identificar "ser" a "espírito" (e a "sujeito absoluto"), "consciência ontológica" a "saber absoluto" (e a "consciência filosófica" ao "nós"), "consciência ôntica" a "consciência natural", de tal

maneira que, ao final, o *"phaínestai*, o se fazer fenômeno [*Sicherscheinen*] do sujeito absoluto, denominado 'espírito', reúne-se à maneira da conversa [*Gespräch*] entre a consciência ôntica e a consciência ontológica" (p. 201). Mas isso quer dizer, de saída, que também Heidegger leu a *Fenomenologia* – e a Introdução em particular – da perspectiva da obra madura, na qual, de fato, a experiência perde amplitude e alcance. Não é casual que o título de seu texto seja "O *conceito* de experiência de Hegel" (grifo meu), sendo "conceito", nesse caso, entendido da perspectiva da obra posterior de Hegel. Entre os inúmeros exemplos desse procedimento, é possível destacar a passagem em que, em seu curso de inverno de 1930-1 (*Hegels* Phänomenologie des Geistes, p. 25), Heidegger caracteriza a *Fenomenologia* como "a primeira apresentação do Sistema", remetendo explicitamente, em seguida, à *Enciclopédia*.

32. Ibid., p. 131. Heidegger rompe o vínculo entre "diagnóstico de época" e "Sistema da ciência" que constitui o pilar por excelência da *Fenomenologia*, como se tentou mostrar com insistência desde a Apresentação. Pois é exatamente esse vínculo que tem de ser ignorado se se pretende fazer do Hegel do livro de 1807 um metafísico sem mais. A sofisticação da interpretação de Heidegger está, entre outras coisas, em construir uma metafísica da modernidade da qual Hegel representaria como que o ápice; mas uma metafísica da modernidade que aparece ela mesma como *etapa* na longa história do "esquecimento do ser". O comentário de Heidegger busca mostrar que Hegel abriu uma porta promissora, a porta da *experiência*, que nomeia "o ser do ente". Mas, de pronto, também a teria fechado no momento mesmo em que a abriu, já que se rendeu à figura moderna da metafísica, já que o "ente veio a ser entrementes sujeito e, com isso, objeto e objetivo [...]. Experiência nomeia a subjetidade do sujeito" (*Holzwege*, p. 180). Heidegger pretende tê-lo mostrado desde o início de sua análise, desde a pressuposição, no primeiro parágrafo do texto, do espírito absoluto como presente. Se a experiência é justamente o que possibilita considerar a existência em sua autêntica dimensão e amplitude, o surgimento do conceito de experiência na Introdução à *Fenomenologia* é tanto indício de abertura para o ente como seu bloqueio sob a forma de uma reafirmação da identidade de razão e existência. Gérard Lebrun, ele mesmo leitor da *Fenomenologia* a partir da obra de maturidade, toma tempo em mostrar que esse procedimento de Heidegger simplesmente retira da filosofia hegeliana sua especificidade, mais precisamente, apaga sua crítica radical da concepção moderna de subjetividade tal como inaugurada por Descartes. A caracterização heideggeriana, escreve Lebrun, chega ao ponto de "às vezes, nos perguntarmos o que Hegel, em termos de princípio, trazia de novo em relação à descoberta cartesiana, se ele não era simplesmente o consolidador dessa fundação. Tudo estaria decidido com as *Meditações*: doravante, a filosofia moderna habita 'o país da consciência de si'. Não é meio-dia em ponto, mas eis finalmente o dia – e isso é o essencial. Ou antes seria o essencial, se a 'consciência de si' não permanecesse para Hegel como uma instância da Finitude, por ser erradicada" (Gérard Lebrun, op. cit., pp. 47-9).

33. Uma perspectiva interpretativa que encontra em Henrique C. de Lima Vaz um representante exemplar: "Com efeito, a *Enciclopédia* é fruto do esforço titânico de Hegel para transcrever no código da Razão ou do Conceito (*Begriff*) a verdade que a Religião anuncia na forma da representação (*Vorstellung*). Hegel entende assim recuperar a revelação cristã do Espírito, mas ele a integra na tradição grega da filosofia de modo muito mais radical do que o fizera a antiga teologia cristã. A *Enciclopédia* pretende assim expor, com a necessidade e o rigor do conceito, a Vida divina (Lógica), a Criação (Filosofia

da Natureza) e a História da salvação (Filosofia do Espírito). Se o *éschaton* da história santa é, na representação religiosa, a *parusia* do Cristo ressuscitado, o *télos* do imenso devir especulativo pensado por Hegel é a *parusia* do Espírito absoluto na Ideia da Filosofia (parágrafos finais da *Enciclopédia*)" (Henrique de Lima Vaz, *Escritos de Filosofia III. Filosofia e Cultura*, p. 70).

34. Para as observações que se seguem, consulte-se a Apresentação.
35. *Holzwege*, p. 132. Lembre-se que é contra essa interpretação "fichteanizante" de Hegel que se bate Alexis Philonenko em *Lecture de la* Phénoménologie *de Hegel. Preface – Introduction*, p. 120.
36. "A verdadeira figura em que a verdade existe só pode ser o seu sistema científico. Colaborar para que a filosofia se aproxime da forma da ciência – o alvo em que deixa de se chamar *amor ao saber* para ser *saber efetivo* – é isto a que me proponho" (W. 3, p. 14; FE, p. 27). Sobre a importância desse "alvo" (*"Ziel"*), ver a análise e comentário do § 8 adiante.
37. Argumento que é peça importante do § 3, em que a noção de "ciência" desempenha papel central.
38. O verbo utilizado para introduzir uma "desconfiança na desconfiança", "*besorgen*" (traduzido aqui como "providenciar"), que está na raiz da "preocupação" (a "*Besorgnis*"), pretende enfatizar o necessário regresso ao infinito resultante das posições fundamentais da representação natural. Mostra que o constante procedimento das filosofias do entendimento de introduzir novas distinções e mudanças terminológicas leva apenas ao adiamento permanente do enfrentamento da limitação arbitrária e supérflua que essas filosofias se impõem a si mesmas.
39. Grifos meus. Isso é tanto mais decisivo quando se vê que o *ceticismo* será uma figura central no próximo bloco de parágrafos (§§ 5-8). Ou seja, mesmo de maneira um tanto brutal e direta, na mera forma da contraposição de teses, Hegel está aqui argumentando "à maneira" cética, estratégia que ele, desde o início do período de Jena, entende ser uma excelente propedêutica filosófica, como um excelente "começo" para o filosofar.
40. "O *dogmatismo* – esse modo de pensar [*Denkungsart*] no saber e no estudo da filosofia – não é outra coisa senão a opinião de que o verdadeiro consiste numa proposição que é um resultado fixo, ou ainda, que é imediatamente conhecida" (W. 3, p. 41, FE, p. 49). Ressalte-se aqui a presença da expressão "modo de pensar", também utilizada por Kant para produzir seu diagnóstico de época. Ver a Apresentação deste livro.
41. Bernard Mabille (*Hegel, Heidegger et la Métaphysique. Recherches pour une constitution*, p. 190) considera que o pronome "*sie*" do texto alemão não se refere apenas a "temor" (*Furcht*) mas igualmente à "preocupação" (*Besorgnis*). Se forem tomadas em conta as transformações sucessivas aqui apontadas (preocupação-desconfiança-temor de errar), a referência à "preocupação" já está contida na referência ao "temor".
42. A expressão "estando fora do absoluto" traduz "*indem es außer dem Absoluten* [*ist*]". Tendo caráter mais comumente instrumental, a tradução de "*indem*" por orações subordinadas reduzidas de gerúndio, como já ressaltado anteriormente, pretendeu evitar tanto qualquer variação de "meio" ("por meio de", "mediante" etc.) como uma possível confusão com o problema da "medida" (em alternativas de tradução como "na medida em que", por exemplo), que é o tema por excelência do bloco de parágrafos de 9 a 13. Outra vantagem da reduzida de gerúndio é de ampliar o espectro possível de interpretações, já que admite também leituras temporais (em que indica simultaneidade).

A conjunção de instrumentalidade e de simultaneidade parece ser a mais adequada, inclusive, para traduzir o objetivo do texto. As ocorrências de *"indem"* na Introdução são as seguintes: §§ 1, 2, 5, 6 (duas ocorrências), 7, 10, 13 (três ocorrências), 15, 17 (duas ocorrências). A expressão afim *"insofern"* foi traduzida, nas duas ocorrências no texto (§§ 8 e 14), como "tanto quanto". Sobre isso, ver adiante.

43. KrV, p. 17 (B XXVI-XXVII); Crp, 35. Gustav-H. H. Falke afirma (op. cit., p. 15) que Hegel cita aqui Spinoza (*Ética*, parte I, proposição VII, escólio II). Seja como for, importa aqui apenas lembrar que esta citação da *Ciência da lógica* é legítima nos termos da interpretação da *Fenomenologia* proposta aqui na medida em que, até 1812, seria possível manter certa continuidade no projeto hegeliano de 1807, como mostra o próprio Falke (pp. 14-8). Ver a Apresentação.

44. Andreas Graeser (op. cit., p. 59), ao contrário, vê aqui a posição do próprio Hegel. A consequência de sua interpretação é a necessidade de simplesmente desconsiderar como "problemáticos" tanto o adjetivo "inservíveis" (que qualifica no texto "representações e jeitos de falar") como a "objeção de embuste", centrais para a explicação desse momento do texto. Heidegger (Cf. *Holzwege*, pp. 135ss) e Ernst Tugendhat (*Selbstbewusstsein und Selbstbestimmung. Sprachanalytische Interpretationen*, p. 300), de maneiras diferentes, também interpretam a passagem como expressão da posição do próprio Hegel. A posição de Heidegger já foi analisada anteriormente e será retomada adiante. No caso de Tugendhat, a coincidência com a interpretação de Heidegger não é casual, já que faz a Hegel as mesmas objeções quanto ao conceito de "verdade" que dirige a Heidegger (cf., por exemplo, p. 295). Ocorre que todas as duras críticas que dirige a Hegel dependem da interpretação do sentido dessa passagem, que deve fornecer a base para a compreensão da noção de "consciência natural" que utilizará, em particular para analisar o § 10 do texto da Introdução à *Fenomenologia*, momento estratégico de sua leitura de Hegel. De maneira convincente, Kesselring argumenta contrariamente a essa leitura (Cf. *Die Produktivität der Antinomie*, p. 74), interpretação da qual, nesse ponto, se aproxima a defendida aqui.

45. Também por essa razão, Hegel utiliza durante todo este primeiro bloco de parágrafos a expressão "diferença" (*Unterschied*), reservando a desinência que indica de fato uma ação, "diferenciação" (*Unterscheidung*), para os §§ 10 e seguintes. Ou seja, para a "representação natural" as "distinções" são meras "diferenças", não têm a marca factícia do seu engendramento.

46. Como se procurou mostrar na Apresentação, a "fonte" (se a expressão ainda puder ser usada) dessa "coerção à distinção" está no bloqueio autoimposto pelo "modo de pensar" da representação natural, que barra o acesso à reconstrução de seu próprio processo de formação.

47. No início do § 4 (e também outra vez no meio do mesmo parágrafo), esse "falar" será retomado na expressão "jeitos de falar", em conjunção com "representações", sendo ambos os termos qualificados como "inservíveis".

48. Problema similar se encontra no próximo parágrafo da Introdução: a própria ciência, ao surgir, surge como *pretensão* de ciência, como pretensão de deter o saber verdadeiro, surge *ao lado de* outros saberes, ela ainda não pode se afirmar *como ciência*, a não ser que o faça de maneira *dogmática*, o que está excluído para Hegel e para qualquer pós-kantiano. Assim, afirmar neste momento que a ciência é, ou afirmar que o absoluto é sujeito vai dar na mesma coisa: não apenas a afirmação contrária é tão legítima

quanto ela, como, diz Hegel, esse tipo de "seco asseverar" (§ 4) *bloqueia* o caminho rumo à ciência. Daí também que, nesse mesmo § 4, seja indiferente a maneira de *representar* a ciência: "dá no mesmo representar-se que *ela* é o fenômeno porque surge *ao lado de outro saber*, ou denominar aquele outro saber não verdadeiro o fenômeno dela". O problema está na própria lógica representativa e não nas teses e antíteses expressas segundo essa lógica.

49. Não se trata de buscar "significações originárias" para as palavras, mas de tomar o seu uso como *expressão* de uma época histórica. No limite, no caso da *Fenomenologia*, a representação natural é expressão da época moderna em sua fase pré-napoleônica, como se procurou mostrar anteriormente na Apresentação. Hegel é um pós-kantiano: como em Kant, não se trata simplesmente de indicar os erros dos metafísicos que o precederam, mas de localizar *a fonte* do erro, de conferir sentido e racionalidade aos erros. Mas, ao se tornar histórico, a peculiar versão hegeliana desse traço marcante da filosofia moderna alcança ainda mais longe: é já antecipação da crítica da ideologia de Marx, em que esse elemento terá fundamental importância na teoria social, como ficou gravado, por exemplo, na expressão "aparência socialmente necessária".

50. Ainda que não seja possível desenvolver esse ponto aqui, cabe notar que essa posição hegeliana está na base da pretensão de não concorrência da Teoria Crítica relativamente às contribuições da Teoria Tradicional: de um lado, a Teoria Crítica não se põe no mesmo solo da Teoria Tradicional; de outro, não pode se impor pelo "seco asseverar" de sua superioridade. Sobre isso, ver Marcos Nobre, "Teoria Crítica hoje". In: Daniel Tourinho Peres et al. (orgs.). *Tensões e passagens: crítica e modernidade – uma homenagem a Ricardo Terra*, 2008.

51. Uma tradução talvez menos imprecisa desse "surgir" (*auftreten*) da ciência seria certamente "apresentar" ou, mais precisamente, "apresentar-se". Mas tal opção fica excluída pela necessidade de reservar "apresentar" para "*darstellen*" (mantendo, com isso, a decisiva contraposição entre "representação" – "*Vorstellung*" – e "apresentação" – "*Darstellung*"). É longa a lista de comentários que procuram enfatizar o caráter "teatral" presente nesse "surgir" (*auftreten*), linha de interpretação da qual Heidegger foi provavelmente o iniciador (*Holzwege*, pp. 139ss). Além de não vir acompanhada de qualquer outro eco na obra de Hegel que a justifique, é difícil ver no que tal *tournure* estilística pode colaborar para a compreensão do texto em causa. Mas ainda mais estranho é não ocorrer a esses comentários a óbvia referência de Hegel aqui aos *Prolegomena zu einer jeden künftigen Metaphysik, die als Wissenschaft wird auftreten können* de Kant (com o negrito em "*auftreten*" acrescentado; uma tradução possível e completa do título poderia ser *Prolegômenos a toda futura metafísica que possa vir a se apresentar como ciência*, caso em que o "*auftreten*" seria vertido como "apresentar-se"). Apenas para dar um exemplo entre muitos da proximidade deste parágrafo do texto de Hegel com os *Prolegômenos*, tome-se uma passagem do Prefácio do livro em que Kant escreve: "Se ela é ciência, como vem a ser que ela não possa se pôr em uma aprovação universal e duradoura, como as demais ciências? Se ela não é uma ciência, como ocorre que ela se dê com grandes ares e incessantemente a aparência [*Schein*] de uma ciência e mantenha o entendimento humano em esperanças jamais eliminadas e jamais satisfeitas?" (*Kants Werke*, vol. IV, pp. 255-6; *Kant*. Coleção Os Pensadores, p. 101).

52. O final da passagem no original diz: "*eines ernshaften und eifrigen Bemühens*". "Zeloso" (*eifrig*) poderia bem ser "diligente". A opção por "zeloso" se deve a suas reaparições

adiante no texto. No § 6, esse "zeloso" vai ser substantivado (*Eifer*) e virá adjetivado (*ernsthaft*): "zelo sério". No § 8, "zelo ardente".

53. Esse "de um lado" e "de outro lado" da descrição vem sobre-enfatizado pela repetição irritante do "simultaneamente", habitualmente excluída das traduções.
54. Essa atitude receptiva, característica da *Fenomenologia*, foi enfatizada na Apresentação e será analisada em maior detalhe adiante, quando do exame dos §§ 6 e 10.
55. Marx, "Carta a La Châtre". In: *Das Kapital*, p. 29 (reprodução do manuscrito).
56. Tanto é assim que o terceiro bloco de parágrafos (9-13) irá se dedicar justamente a resolver o problema de como produzir o conhecimento sem pressupor de saída e de antemão o ponto de vista que seria o verdadeiro, o ponto de vista da ciência.
57. Note-se desde já que a abertura do § 10 remete diretamente ao resultado alcançado neste § 4.
58. Lembre-se, uma vez mais, a pretensão de legimitidade levantada no § 2: "não há como deixar de ver *por que não se deva*, ao inverso, ser posta e providenciada uma desconfiança nessa desconfiança" (grifo).
59. Com esta expressão Hegel remete ao "falar daqui e dali" do § 3, analisado anteriormente.
60. Adiante, quando do exame do § 6, serão justificadas as traduções do vocabulário da "verdade". Lukács, por sua vez, fiel ao espírito da *Fenomenologia*, corrigiu a letra do texto de Hegel e estabeleceu a relação entre os dois termos segundo a fórmula: "o 'falso' é a um tempo [*zugleich*], como 'falso' e como 'não falso', um momento do 'verdadeiro'", *Geschichte und Klassenbewusstein*, p. 57. O livro *Lukács e os limites da reificação. Um estudo sobre* História e consciência de classe pode ser entendido em seu conjunto como um longo comentário dessa fórmula.
61. Esse problema ressurgirá, reformulado, quando do exame do problema do "padrão de medida", no bloco de §§ 9 a 13.
62. A expressão "saber absoluto" ocorre apenas em dois momentos na *Fenomenologia*: no § 17 da Introdução e no último capítulo. Sobre o sentido da expressão, ver adiante.
63. Momento em que Heidegger avoca a preliminar levantada por ocasião da análise da passagem da "metáfora do visgo" no § 1. Como bem sintetiza Bernard Mabille: "*A démarche* de Heidegger [...] põe em questão a *Darstellung* de Hegel em dois planos. De uma parte, segundo o esquema da interpretação historial que vê na *Darstellung* um conceito sintomático da 'metafísica absoluta'; de outra parte, segundo as próprias exigências hegelianas de apontar como cerne dogmático os pressupostos que não são expostos à contradição. Ora, para Heidegger, é a *Darstellung* que é pressuposição – pressuposição que se atém a uma tese mais originária e impensada na 'metafísica determinada como ontoteologia' em Hegel: o fato de o absoluto nos ser sempre presente" (op. cit., p. 206). E ainda: Heidegger vai "se esforçar [*s'employer*] para mostrar que a *Darstellung* não passa de uma figura da *Vorstellung*" (ibid., p. 207).
64. Sobre as ocorrências relativas ao vocabulário do conhecer (*Erkennen, kennen, Erkenntnis, kennen, Kenntnis*), consulte-se a Tábua de termos deste livro. Registre-se aqui que o termo esmagadoramente predominante desse vocabulário é o verbo substantivado "o conhecer" (*das Erkennen*). A ideia de um "vocabulário do conhecer" indica também que, apesar das diferenças entre os termos, não se considerou relevante distingui-los a não ser na contraposição entre o verbo substantivado e o substantivo, entre "conhecer" e "conhecimento". Não foi esse o entendimento de Terry Pinkard, que considerou necessário distinguir também "*Kenntnis*" de "*Erkenntnis*". Foi assim que traduziu

a ocorrência no final deste § 5 (*Kenntnis*) por "*cognitive acquaintance*". Quando da análise do § 9, será retomado esse movimento, já que lá é registrada a única ocorrência de "conhecer" (e de todo o vocabulário do conhecer a bem dizer, com exceção deste "*Kenntnis*" em questão aqui) fora do primeiro bloco de parágrafos. Note-se, por fim, que não foram consideradas como relevantes para o que é chamado aqui de vocabulário do conhecer as ocorrências correlatas de "universalmente conhecida" (*allgemein bekannt*, § 4) e de "não teria necessariamente de reconhecê-lo" (*hätte ihn nicht notwendig anzuerkennen*, § 11).

65. Como diz o texto do chamado Prefácio à *Fenomenologia*, "o ser-aí do espírito como primeiro não é outro senão o imediato ou o começo, começo, entretanto, que não é ainda sua volta [*Rückkehr*] em si. O *elemento do ser-aí imediato* é, portanto, a determinidade por intermédio da qual essa parte da ciência [a *Fenomenologia*] se diferencia das demais", acrescentando: "O ser-aí imediato do espírito, a *consciência*" (W. 3, p. 38; FE, p. 46). A sequência do texto diz: "tem os dois momentos: o do saber e o da objetividade [*Gegenständlichkeit*] negativa em relação ao saber". Essas duas determinações serão essenciais no movimento do terceiro bloco argumentativo (§§ 9-13), dedicado ao "problema da medida". O aspecto moral da relação entre os dois termos foi expresso por Jules Vuillemin em uma fórmula sucinta. Comentando a parte referente à Moralidade no capítulo VI da *Fenomenologia*, Vuillemin escreve: "A verdade da alma natural é a consciência" (*L'Héritage kantien et la révolution copernicienne*, pp. 6-7).

66. Sobre a distinção entre "alma" e "consciência", ver adiante no exame deste § 5.

67. O esboço desse percurso textual contém outro elemento de decisiva importância: a partir da abertura deste § 5, acentua-se ainda mais o uso por Hegel de pronomes anafóricos para indicar conexões argumentativas fundamentais. Daqui até o início do § 16, quase todas as aberturas de parágrafo contêm um pronome demonstrativo (essa, esse) com tal característica de remeter ao resultado de uma argumentação anterior, marcando um encadeamento que Hegel pretendia ser de alta condensação e rigor. Como esse procedimento se repete também no interior de cada parágrafo, é altíssima a ocorrência de pronomes com características anafóricas ao longo de todo o texto.

68. KrV, p. 9 (B X) e ainda passim nesse mesmo Prefácio à Segunda Edição; Crp, p. 27. A presença da metáfora do "caminho" na história da filosofia é, evidentemente, bem mais antiga. Permanecendo apenas no próprio contexto da obra de Hegel, basta lembrar, por exemplo, as citações do poema de Parmênides analisadas nas *Lições de história da filosofia*. Cf. *Vorlesungen über die Geschichte der Philosophie. Teil 2: Griechische Philosophie; I. Thales bis Kyniker*, pp. 54-5.

69. A metáfora do caminho será analisada novamente, em conjunção com o termo "transcurso" (*Verlauf*), em duas ocorrências da expressão "transcurso do caminho": no § 7 e no § 14 (o termo aparece ainda uma vez no § 15). Depois do § 7 a metáfora do caminho só reaparecerá no § 14, já na forma do "transcurso do caminho", justamente.

70. Amelia Podetti, op. cit., p. 79. Como mencionado acima, a divisão de texto proposta por Podetti diverge daquela apresentada aqui, contando três partes (§§ 1-5; 6-8; 9-17). Também as divisões do texto propostas por Georg Bertram (§§ 1-3; 4-8; 9-17, cf. op. cit., pp. 30-1) e Leonardo Alves Vieira (§§ 1-4; 5-8; 9-17, cf. "Introdução". In: Leonardo Alves Vieira e Manuel Moreira da Silva, op. cit., p. 46) são tripartites, coincidindo com a de Podetti em sua terceira parte, sendo que a de Leonardo Alves Vieira coincide com a divisão proposta aqui quanto aos dois primeiros momentos, mesmo se o modo de

apresentação é diverso. Como se verá, a divisão proposta aqui entende ser necessário tratar separadamente o problema do "critério", do "padrão de medida" do saber não verdadeiro (§§ 9-13) como um momento argumentativo que não se confunde com o seguinte, propriamente dedicado a esclarecer a noção de experiência como movimento dialético da consciência. Seja como for, divisões de texto são ferramentas adequadas e produtivas na medida em que bem justificadas e úteis para sustentar demonstrar com maior clareza teses interpretativas, nada mais.

71. *Structures et mouvement dialectique dans la* Phénomenologie de l'esprit *de Hegel*, p. 37, nota 16. Em sentido semelhante (pelo menos em relação ao uso de "*Gestaltung*" nesse momento específico do texto da Introdução) parece ir a interpretação de Joseph Gauvin em "Gestaltungen dans la *Phénomenologie de l'Esprit*". In: *L'Héritage de Kant. Mélanges philosophiques offerts au P. Marcel Régnier*. Ao fazer a comparação com a ocorrência do termo no capítulo "O saber absoluto" (W. 3, p. 579), Gauvin coloca o problema para o qual não pretende apresentar uma resposta definitiva: "em virtude de qual princípio a Vida do Espírito se coloca como *System der Gestaltungen des Bewusstseins*? A 'natureza' do Espírito? Ou a natureza da 'consciência', como dava a pensar a *Einleitung*?" (p. 202). De certa maneira, mesmo se Fulda não cita esse texto de Gauvin, seu já citado artigo "Das erscheinende absolute Wissen", tomado aqui como um dos guias para a construção da interpretação de conjunto da *Fenomenologia*, é uma resposta a essa pergunta. Ver também a Apresentação.

72. *La* Phénomenologie de l'esprit *de Hegel. Introduction à une lecture*, p. 60, nota 2. Também aqui parece ir em sentido semelhante a interpretação de Joseph Gauvin, "Gestaltungen dans la *Phénomenologie de l'Esprit*", p. 199. Uma das especificidades da interpretação de Gauvin é colocar o problema geral da construção da *Fenomenologia* por meio da análise das ocorrências do termo "*Gestaltungen*". Ele formula esse problema geral nos seguintes termos: "A *Wissenschaft der Erfahrung des Bewusstseins* podia ser redigida sem se tornar o *System der Erfahrung des Geistes*, sem que, da mesma maneira, a *Darstellung des erscheinenden Wissens* se tornasse a *Fenomenologia do espírito*?" (p. 195; a expressão "*System der Erfahrung des Geistes*" aparece no chamado Prefácio: W. 3, p. 39; FE, p. 49). Mesmo se o resultado do exame da expressão "*Gestaltungen*" não lhe parece conclusivo, Gauvin se inclina pela defesa da posição tradicional mais bem estabelecida nos estudos hegelianos: "a ideia da *Phänomenologie des Geistes* me parece finalmente menos obscura que aquela da *Wissenschaft der Erfahrung des Bewusstseins*" (p. 208). Em sentido semelhante, só que a propósito da expressão "figura" (*Gestalt*), Terry Pinkard analisa o início da seção "O espírito" da *Fenomenologia*, enfatizando a "passagem crucial onde sua [de Hegel] narrativa filosófica se move de 'figuras da consciência' para 'figuras do espírito'" ("What is a 'Shape of Spirit'?". In: Dean Moyar e Michael Quante [orgs.]. *Hegel's* Phenomenology of Spirit. *A Critical Guide*, p. 113). Sobre o processo de construção da *Fenomenologia* e seu significado para a presente interpretação, veja-se a Apresentação. Sobre o problema da passagem de uma "experiência da consciência" para uma "experiência do espírito", veja-se a análise do § 17.

73. A análise mais aprofundada da expressão "figura da consciência" – bem como seus vínculos internos com as expressões "figura do espírito" e "figura do mundo" – só poderá ser realizada ao final, juntamente com os demais problemas correlatos, o que inclui, por exemplo, o da estrutura "em duas partes" do conjunto da *Fenomenologia* e sua relação com uma possível "bidimensionalidade da experiência". Ver o final do exame do § 17 adiante.

74. *Hegel and the Transformation of Philosophical Critique*, p. 229.

75. Comentário a G.W.F. Hegel, *Einleitung zur* Phänomenologie des Geistes, p. 74. Não obstante, Graeser estabelece uma relação direta com o § 9 que parece difícil de sustentar. Ver adiante.
76. Como já mencionado quando do exame do § 1, a distinção entre a perspectiva do "para nós" e do "para a consciência" será tratada na sequência e também ao longo do restante deste texto, em especial quando do exame dos §§ 10 e 15.
77. Cf. *La* Phénomenologie de l'esprit *de Hegel*, pp. 36-8.
78. A noção de "experiência" surge neste § 5 de maneira ainda inteiramente abstrata. Apenas o desenvolvimento da argumentação permitirá que ela seja exposta em toda a sua amplitude a partir do § 14. Os desenvolvimentos que apresento na sequência, seguindo Labarrière, devem ser entendidos, portanto, como antecipações de argumentos que só serão apresentados em todas as suas consequências adiante no texto.
79. A expressão "regra de leitura" é de Labarrière. Não a utilizo neste comentário por não ver em que ela substituiria com vantagem a noção de "saber". Pelo contrário, entendo que pode se prestar a inúmeros mal-entendidos. Como o de que o saber da consciência seria simplesmente "discurso", apenas uma determinada maneira de "ler o mundo" e não também e ao mesmo tempo uma forma de ação sobre si mesma e sobre o mundo. A interpretação mais acabada da filosofia hegeliana como "discurso" foi proposta por Gérard Lebrun em seu *A paciência do conceito*, a que buscou se contrapor quase imediatamente à tese de doutorado de Paulo Eduardo Arantes, defendida na França em 1973 e publicada posteriormente em português com o título *Hegel – A ordem do tempo*. Se entendo bem, ainda que com outros meios e instrumentos, também tem esse sentido a interpretação de Manfredo Oliveira ("Hegel, síntese entre racionalidade antiga e moderna". In: Eduardo Ferreira Chagas, Konrad Utz e James Wilson J. de Oliveira, op. cit., 2007). Uma versão mais próxima da interpretação pretendida aqui poderia ser a ideia de "forma de objetividade" tal como pensada por Lukács. (Ver a esse respeito Marcos Nobre, *Lukács e os limites da reificação*.) Também Georg Bertram parece partilhar de preocupação semelhante ao adotar a expressão "concepção de saber" (*Wissenskonzeption*) como guia de seu comentário. Cf. Georg Bertram, op. cit., p. 46.
80. Segundo a fórmula de John Russon: "é mediante a *tentativa* realizada por uma forma dada de consciência de descrever a experiência que a experiência ensina como é preciso descrever a experiência". Cf. John Russon, op. cit., p. 51.
81. Ou, para utilizar o vocabulário da interpretação proposta aqui: "nós", que reconstruímos o projeto moderno de tal maneira a atravessar o contrassenso e a contradição presentes na *autocompreensão* da pretensão sistemática da filosofia moderna, cujo resultado é um diagnóstico de época em que se vislumbra a possibilidade de afastar os bloqueios autoimpostos pela consciência em sua limitação finita, de entendimento.
82. Labarrière, op. cit., p. 37. Na leitura de Hans Friedrich Fulda (op. cit., pp. 606ss), a apresentação da "consciência natural", não científica, prossegue até o último capítulo da *Fenomenologia*, até "O saber absoluto". Sobre a importância deste ponto e também daqueles levantados nos parágrafos imediatamente a seguir para a interpretação defendida aqui, ver a Apresentação.
83. Ver a Apresentação, em especial a seção II.4.1.
84. Hegel retomará esse processo de "purificação da alma" perto do final da *Fenomenologia*, no capítulo "A religião", onde falará da "alma purificada, que, nessa pureza, é imediatamente apenas essência e um com a essência" (W. 3, p. 521).

85. Como diz o Prefácio: "O indivíduo particular é o espírito incompleto, uma figura concreta em cujo ser-aí como um todo domina *uma* determinidade, em que as demais determinidades se encontram presentes unicamente em traços esfumados" (W. 3, p. 32; FE, p. 41). Essa prevalência da parcialidade, de *uma* determinidade, de *um* aspecto se opõe em Hegel à ideia de que "O todo é o verdadeiro" (W. 3, p. 24; FE, p. 36). E a supremacia do todo se expressa em *espírito* justamente, mesmo que essa expressão se dê sob a forma ainda da "representação": "Que o verdadeiro seja efetivo somente como sistema, ou que a substância seja essencialmente sujeito, está expresso na representação que enuncia o absoluto como *espírito* – o mais sublime dos conceitos, pertencente ao tempo novo e à sua religião" (W. 3, p. 28; FE, p. 39).
86. W. 3, p. 39; FE, pp. 46-7. Esta "desigualdade" como "motor" do movimento só se mostrará em toda a sua extensão no § 8. Bernard Bourgeois anota em sua tradução que "Antigos" se refere aqui notadamente a "Leucipo e Demócrito, assim como a Epicuro".
87. Amelia Podetti, op. cit., p. 80.
88. Esse problema será analisado em maior detalhe quando do exame do § 6. Neste § 5, a consciência natural surge de maneira ainda bastante indeterminada.
89. A saber: "representação" ("representação do absoluto", § 1) e "representações" ("*representações* do *conhecer* como um *instrumento* e *meio*", § 2; "tais representações e jeitos de falar inservíveis", "representações de um conhecer separado do absoluto e de um absoluto separado do conhecer", "poder-se-ia rejeitar sem mais tais representações como contingentes e arbitrárias", "pretender, de uma parte, que a significação dessas representações é universalmente conhecida", "poderia ser poupada a faina de sequer atentar a tais representações", § 4), além de "representar" ("nos representamos", § 1; "dá no mesmo representar-se que *ela* é o fenômeno", § 4).
90. A saber: "representações" ("nos assim chamados pensamentos, representações opiniões naturais", § 6) e "representar" ("Aquele propósito representa a formação no modo simples do propósito, como imediatamente cumprida e ocorrida", § 6; "Essa apresentação, representada como um *comportamento da ciência* para com o saber *fenomênico*", § 9; "O último parece ser primeiramente apenas a reflexão da consciência em si mesma, um representar não de um objeto, mas apenas de seu saber daquele primeiro", § 14).
91. Essas considerações talvez ajudassem a resolver muitas das dificuldades das quais parte, por exemplo, Sally Sedgwick em seu artigo "Erkennen als ein Mittel. Hegels Kantkritik in der Einleitung der *Phänomenologie*". In: Klaus Vieweg e Wolfgang Welsch (orgs.). *Hegels* Phänomenologie des Geistes. *Ein kooperativer Kommentar zu einem Schlüsselwerk der Moderne.*
92. Se entendo bem, essa também é a interpretação de Werner Marx, *Hegels* Phänomenologie des Geistes. *Die Bestimmung ihrer Idee in "Vorrede" und Einleitung*, p. 23.
93. Ver a Apresentação deste livro, especialmente a seção II.4.
94. Para não mencionar novamente apenas Lukács nessa atitude "receptiva" do objeto, lembre-se de que esse é rigorosamente o procedimento que adotam Horkheimer (tome-se o início de *O eclipse da razão*, por exemplo) ou Adorno (para lembrar, além da *Dialética negativa*, textos modelares como "Progresso". In: *Stichworte, Gesammelte Schriften*, vol. 10.2, ou "O ensaio como forma". In: *Theodor W. Adorno*, ou ainda *"Anmerkungen zum philosophischen Denken"*. In: *Stichworte. Kritische Modelle 2*; "Anotações ao pensar filosófico").
95. Ver a esse respeito a análise do § 17 e também a Apresentação. À maneira de uma condensação de um dos aspectos desenvolvidos na seção IV da Apresentação, note-se que,

assim como uma atualização do projeto da *Fenomenologia* teria hoje de proceder a uma reconstrução em termos comunicativos da noção de "espírito" (a ser realizada segundo a noção de "experiência"), a ideia de "formação" teria de ser ela mesma reconstruída nesses termos, de maneira a libertá-la do macrossujeito que pressupõe.

96. Para a caracterização da *diaphonía* e do ceticismo de maneira mais ampla, ver os trabalhos de Oswaldo Porchat Pereira, em especial, *Rumo ao ceticismo*. Partindo da formulação de Sexto Empírico nas *Hipotiposes pirrônicas* (2:4, § 20), Kenneth R. Westphal ("Hegel's Phenomenological Method and Analysis of Consciousness". In: Kenneth R. Westphal [org.]. *The Blackwell Guide to Hegel's* Phenomenology of Spirit) examina, do ponto de vista do método da *Fenomenologia*, o problema do "dilema do critério", do vício da *petitio principii*, da circularidade na fundamentação (ver especialmente pp. 2-6), que será discutido adiante, quando da análise dos §§ 9-13. Sua conclusão é de que a posição de Hegel em relação à justificação racional é "fundamentalmente falibilista". Segundo Westphal, "Hegel reconheceu que o falibilismo em relação à justificação é coerente [*consistent*] com o realismo sobre os objetos do conhecimento empírico" (p. 5). Não é necessário concordar em seu conjunto com a interpretação "semântico-cognitiva" de Westphal (ver aqui também o seu *Hegel's Epistemological Realism: A Study of the Aim and Method of Hegel's* Phenomenology of Spirit) para encontrar pelo menos dois pontos de contato entre sua argumentação e a interpretação proposta aqui, especialmente como desenvolvida na Apresentação. Não apenas pela ideia de falibilismo – que tem o efeito de produzir um corte em relação à obra de Hegel posterior à *Fenomenologia* e de aproximar o livro de 1807 da "situação de consciência" atual – mas igualmente por mostrar "como o ceticismo (e, em última instância, também o relativismo), em quaisquer formas, envolve uma alienação fundamental de nosso mundo natural e social, enraizada na alienação de si do conhecimento humano" (p. 27). Essa "alienação fundamental de nosso mundo natural e social" apontada por Westphal talvez esteja na base, por sua vez, da origem e da fonte da oscilação da posição de Porchat, caracterizada por Bento Prado Júnior como a de um "pêndulo" entre uma "filosofia comum do mundo" e o "ceticismo". Cf. Bento Prado Júnior, "Por que rir da filosofia?". In: Bento Prado Júnior, Oswaldo Porchat Pereira e Tércio de Sampaio Ferraz Júnior. *A filosofia e a visão comum do mundo*. O ceticismo será examinado em maior detalhe quando da análise do § 7.
97. Razão pela qual também não parece possível reduzir essa caracterização do ceticismo à sua versão moderna por excelência, à filosofia de David Hume. Nem mesmo a determinação ulterior do ceticismo que virá no § 7 parece suficiente para aproximá-lo de uma posição cética em particular, seja antiga, seja moderna.
98. "*Verzweiflung*". A partir do § 8, esse "desespero" se torna "inquietude" (*Unruhe*).
99. Ver a Apresentação deste livro.
100. Amelia Podetti faz uma interessante comparação – sob três aspectos: quanto ao alcance, ao modo em que se efetua e à eficácia – entre a dúvida cartesiana e a dúvida tal como surge neste § 6, mostrando que ocorre aqui um movimento que poderia ser caracterizado como uma "fenomenologização" da "Primeira Meditação" de Descartes. Cf. *Comentario a la Introducción a la* Fenomenología del Espíritu, pp. 83-8.
101. *Holzwege*, pp. 148-9.
102. Essa passagem do Prefácio põe dificuldades adicionais para a interpretação "teatral" que dá Heidegger desse "surgir", desse "*Auftreten*". Ver na p. 136 o exame do § 4.

103. A expressão "vista penetrante e consciente" traduz *"bewußte Einsicht"*. *"Einsicht"* é algo como uma "inspeção da alma que encontra uma maneira nova e instigante de arranjar as ideias para explicar alguma coisa". Em português brasileiro coloquial, poderia ser uma "sacada".
104. Georg Bertram lembra que essa "positivação" do ceticismo não faz unanimidade na bibliografia. Robert Stern e Robert Brandom, por exemplo, entendem que Hegel pretende eliminar o ceticismo "como ameaça da razão". Dietmar Heidemann fala em um "anticeticismo integrativo" de Hegel. Cf. *Hegels* Phänomenologie des Geistes. *Ein systematischer Kommentar*, pp. 41-2, nota.
105. *Phénomenologie de l'Esprit*, p. 81.
106. Sobre a expressão "figuração", ver a análise realizada quando do exame do § 5.
107. Essas são, aliás, as duas primeiras ocorrências de *"Unwahrheit"*, traduzido aqui por "não verdade". Este parece ser um bom momento para justificar essa opção de tradução, já que o aparecimento dessa expressão fecha aqui todo o âmbito do vocabulário da "verdade" (ver a Tábua de termos). O choque propositai da opção por "não verdade" em lugar de "inverdade" (e de "não verdadeiro" em lugar de "inverdadeiro" ou mesmo "inverídico") está ligado ao objetivo de enfatizar não apenas a negação, mas o caráter *determinado* dessa negação. A utilização do artigo definido no caso de "inverdade" e de "inverdadeiro" ("a inverdade", "o inverdadeiro") parece remeter a uma negação que não se ligaria necessariamente ao objeto da negação, ao saber que é negado, mas antes a um campo mais vago de "outros saberes possíveis", ou "outros objetos possíveis", o que seria o contrário do objetivo de Hegel. Note-se ainda que *"Wahre, wahr"* (e *"unwahr"*), *"wahrhaft"* (e *"nicht wahrhaft"*) foram traduzidos todos da mesma maneira: "verdadeiro" (e "não verdadeiro"). Não consegui encontrar um padrão nas ocorrências que pudesse justificar uma distinção como entre "verdadeiro" e "verídico", por exemplo.
108. W. 3, p. 22-3. A tradução de Paulo Meneses diz: "Segundo minha concepção – que só deve ser justificada pela apresentação do próprio sistema –, tudo decorre de entender e exprimir o verdadeiro não como *substância*, mas também, precisamente, como *sujeito*"; FE, p. 34. Sobre as específicas dificuldades de tradução e de interpretação dessa passagem fundamental do Prefácio, ver as observações ao final da seção II.3 da Apresentação. A outra passagem do Prefácio que diz diretamente respeito à formulação hegeliana do problema da verdade foi citada quando da análise do § 3 e desenvolvida ainda quando da análise do § 4. O trecho mais fundamental é, neste contexto, o seguinte: "Toma-se o sujeito como um ponto fixo no qual se penduram, como em um apoio, os predicados por meio de um movimento que pertence a quem dele sabe e que também não é visto como pertencendo ao próprio ponto; e, no entanto, somente por meio desse movimento o conteúdo seria apresentado como sujeito" (W. 3, p. 28; FE, p. 38). A concepção hegeliana de verdade exige que o sujeito deixe de ser pensado como ponto fixo no qual se penduram predicados, expresso concepção tradicional como "o subjacente [*das zu Grunde liegenden*] (*subjectum, hypokeímenon*)" (W. 6, p. 303). Ver Marcos Nobre, *A dialética negativa de Theodor W. Adorno. A ontologia do estado falso*, capítulo 2.
109. "O *dogmatismo* – esse modo de pensar no saber e no estudo da filosofia – não é outra coisa senão a opinião de que o verdadeiro consiste numa proposição que é um resultado fixo, ou ainda, que é imediatamente conhecida" (W. 3, p. 41; FE, p. 49).
110. Esse tipo de tentativa de fixação "representativa" aparecerá ainda no § 9 e no § 14, ou seja, em dois blocos argumentativos diferentes. Como no § 6, nessas duas outras

ocorrências Hegel procura mostrar que a solução da "apresentação" encontra sempre um adversário tenaz no pensamento representativo, que recusa o movimento e quer fixar definitivamente os polos do conhecer. Note-se ainda que, além da expressão "representada(o) como" (que já apareceu no § 1), ocorrem no texto expressões análogas: "considerada(o) como" (§ 1), "vista(o) como" (§§ 4 e 6), "tomada(o) como" (§§ 5, 7 e 9), "apreendida(o) como" (§§ 7 e 15). Ocorre que, no caso dessas outras expressões, tem-se explicitamente a apresentação de "lados" ou "pontos de vista", sem a necessária pretensão de fixação que vem com a "representação". "Lados" e "pontos de vista" são superados à medida que se caminha rumo à verdade. Mas não são por isso desimportantes, pelo contrário: exprimem a maneira parcial pela qual a "coisa mesma" surge e se apresenta e, nesse sentido, são necessários. O que não é necessária é a sua fixação enquanto "lados" e "pontos de vista", pretensão típica do pensamento representativo. Sobre a questão da relação entre "movimento" e "caminho", veja-se o roteiro apresentado no início do exame do § 5.

111. Apesar de já ter surgido no § 5, a noção de "experiência" – que é a união dos momentos da "progressão" e da "concatenação" em um "movimento dialético" – só se apresentará em todas as consequências a partir do § 14. O vínculo de necessidade entre "progressão" e "concatenação" por meio da "experiência" mostra também o quanto seria equivocado interpretar a "progressão" (*Fortgang*) como "progresso" (*Fortschritt*) sem mais, mesmo no caso da história. Sob este último aspecto, aproximando a posição de Hegel daquela defendida por Herder, Christophe Bouton chega à seguinte consideração de conjunto: "A totalização do passado na plenitude de um presente que instaura uma época é uma *perfeição provisória* do progresso do espírito porque nela se inscreve a destotalização desse presente pelo futuro, ao qual sucede a retotalização do passado em um outro presente, segundo um novo princípio. Compreendido em sua infinidade verdadeira, o tempo histórico é, portanto, a um tempo finito, acabado em cada época, e infinito, essencialmente aberto sobre o futuro". Cf. Christophe Bouton, op. cit., p. 103. Esse ponto tem igualmente consequências de importância para a compreensão do "alvo", tal como surge na abertura do § 8. E será mencionado novamente adiante quando do exame do § 15, em comentário a uma passagem de Robert Pippin.
112. Crítica que se completa no § 8, em que Hegel afasta a metáfora espacial ("como na intuição espacial") como legítima para figurar a passagem "além do limitado".
113. W. 3, pp. 39-40. Cabe lembrar a importância da expressão "experiência do espírito" (em "sistema da experiência do espírito") no texto do Prefácio, o último a ser escrito por Hegel. Sobre isso, ver a Apresentação.
114. Embora o ceticismo, tal como surgido no § 6, não se mostre uma real saída para os impasses da lógica representativa da filosofia moderna, mas apenas o seu reverso, ele traz consigo um elemento novo e decisivo, que é o tema da *negação*. É a partir desse resultado, de um tratamento consciente e aprofundado da negatividade, que será possível encontrar uma saída efetiva para os impasses da representação natural. Afastada qualquer recaída dogmática, pré-crítica (§§ 9-13), torna-se possível pensar a negatividade introduzida de maneira ainda parcial pelo ceticismo de maneira íntegra e completa, de tal maneira que a negatividade em sua completude irá se chamar "experiência" (§§ 14-7). Esses diferentes movimentos serão retomados de maneira abreviada quando da análise dos §§ 15 e 16.
115. *Vorlesungen über die Geschichte der Philosophie. Teil 4: Philosophie des Mittelalters und der neueren Zeit*, pp. 90-102.

116. A bibliografia sobre esse tópico é bastante extensa. Como a relação de Hegel com o ceticismo é de grande importância em todo o período de Jena, os estudos sobre o assunto se estendem para além do domínio da *Fenomenologia*. Apesar de sustentarem interpretações bastante diferentes entre si, é comum encontrar nesses trabalhos a tentativa de produzir, a partir do ceticismo, uma linha de continuidade ao menos temática, capaz de dar unidade à produção do período entre 1801 e 1807 e, muitas vezes, até mesmo ao conjunto do percurso teórico hegeliano. Esse conjunto de trabalhos, além disso, faz da interpretação do ceticismo o modelo a partir do qual Hegel compreenderia o conjunto da filosofia moderna, o que está em consonância com uma corrente interpretativa ainda mais ampla, que vai desde Pierre Bayle ("Sexto Empírico é o genuíno pai da filosofia moderna") até bem depois do marco que foi o livro de Richard Popkin, *The History of Scepticism from Erasmus to Spinoza*. Dada a extensão da bibliografia sobre esse tópico, limito-me aqui a remeter à coletânea *Skeptizismus und Spekulatives Denken in der Philosophie Hegels*, aos livros de Michael N. Forster, *Hegel and Skepticism*, e de Dietmar Heidemann, *Der Begriff des Skeptizismus. Seine systematischen Formen, die pirronische Skepsis und Hegels Herausforderung*, ao texto de Kenneth R. Westphal, "Hegel's Phenomenological Method and Analysis of Consciousness", e aos capítulos 3 e 4 tanto do livro de William F. Bristow, *Hegel and the Transformation of Philosophical Critique*, como do livro de Brendan Theunissen, *Hegels Phänomenologie als Metaphilosophische Theorie. Hegel und das Problem der Vielfalt philosophischer Theorien. Eine Studie zur systemexternen Rechtfertigungsfunktion der* Phänomenologie des Geistes.
117. Há, entretanto, aquele momento do § 6 em que o ceticismo ainda não foi nomeado, mas que aparece sob a metáfora do "caminho da dúvida/desespero" e que guarda semelhança com a maneira como surge no § 7.
118. A imagem do "pêndulo", como já mencionado anteriormente, foi emprestada a Bento Prado Júnior em sua caracterização da posição de Oswaldo Porchat Pereira, entre uma "filosofia comum do mundo" e o "ceticismo". Cf. Bento Prado Júnior, "Por que rir da filosofia?". Ver também o argumento de Kenneth R. Westphal mencionado no mesmo contexto.
119. Lembrando aqui mais uma vez o § 6, em um momento em que o ceticismo ainda não foi nomeado explicitamente: "Ele [o caminho] pode ser visto, assim, como o caminho da *dúvida*, ou, mais propriamente, como o caminho do desespero; nele, com efeito, não ocorre o que sói entender-se por duvidar, o abalo desta ou daquela pretensa verdade ao qual sucede o conveniente redesaparecimento da dúvida e um retorno àquela mesma verdade, de sorte que, no fim, a coisa volta a ser tomada como antes".
120. Andreas Graeser (Comentário a G.W.F. Hegel, *Einleitung zur* Phänomenologie des Geistes, p. 86) lembra aqui a proximidade dessa expressão com o "abismo do ceticismo" do início do Prefácio à *Crítica da razão prática* de Kant. Cf. *Kritik der praktischen Vernunft*, vol. V, p. 3. (Há apenas um equívoco de digitação no texto de Graeser, que remete ao volume "6" da edição da Academia.) Essa aproximação vem reforçar a interpretação defendida aqui de que o ceticismo no texto da Introdução é uma "imagem em negativo" da representação natural.
121. W. 2, p. 248. Lembre-se uma vez mais que o próprio "ceticismo" é uma das *figuras* da *Fenomenologia*, colocado na segunda parte da seção "Consciência de si", entre as figuras do "estoicismo" e da "consciência infeliz".
122. *La Phénomenologie de l'esprit de Hegel*, p. 60.
123. Na Apresentação e também quando da análise dos §§ 1 e 5, sendo que o mesmo problema retornará no momento da análise dos §§ 8 e 17.
124. A esse respeito, consulte-se a Apresentação e a análise da "dúvida/desespero" no § 6.

125. As discussões sobre a natureza da *Aufhebung* são tão variadas quanto as propostas para sua tradução. Só em português temos, por exemplo, "superação", "suprassunção", "supressão", ou mesmo "sublação". O termo não aparece no texto da Introdução, ainda que possa ser encontrado em profusão ao longo da própria *Fenomenologia*. Sua primeira aparição sistemática – quer dizer, acompanhada de uma explicitação de seu sentido e de um esclarecimento de sua posição no andamento da argumentação – se dará na primeira edição da *Ciência da lógica*, em 1812. Trata-se da nota com que se encerra o primeiro capítulo, intitulado "Ser". Diz o texto: "*Aufheben* e das *Aufgehobene* é um dos mais importantes conceitos da filosofia, uma determinação fundamental que simplesmente retorna por toda parte, cujo sentido é o de ser apreendido de maneira determinada e, especialmente, de ser diferenciado do nada. – O que se *aufhebt*, não vem a ser por isso nada. Nada é o *imediato*; um *Aufgehobenes*, ao invés, é um *mediado*, é o não ente, mas como *resultado* que proveio de um ser. Tem por isso ainda em si a determinação da qual provém" (GW 11, p. 58). Fica em aberto aqui o problema de saber se a *Aufhebung* tal como presente na *Fenomenologia* é também inteiramente compatível com suas ocorrências na obra posterior a 1817. Em relação ao primeiro volume da primeira edição da *Ciência da lógica*, pode-se assinalar que a *Aufhebung* é utilizada como marcação de passagem de um nível categorial a outro, enquanto, na *Fenomenologia*, trata-se antes de passagem de uma figura a outra, de uma estação do percurso a outra.
126. *Hegel's Phenomenology*, p. 6.
127. *Génèse et structure de la* Phénoménologie de l'Esprit *de Hegel*, p. 22.
128. Nos dois últimos blocos de parágrafos, Hegel mostrará, respectivamente: que essa desigualdade pertence à própria consciência, não lhe sendo de maneira alguma externa; que é a própria consciência que se impulsiona a si mesma, já que essa desigualdade que a impulsiona lhe pertence e a caracteriza.
129. Hans Friedrich Fulda, "*Science of the* Phenomenology of the Spirit*: Hegel's Program and its Implementation*", p. 28.
130. As linhas finais da *Fenomenologia* trazem também a mesma expressão, "*O alvo*", com ênfase quase idêntica (neste § 8 o artigo definido não é grifado). Diz a penúltima oração do livro: "*O alvo*, o saber absoluto, ou o espírito que se sabe como espírito, tem por seu caminho a recordação dos espíritos tais como são em si mesmos e de como consumam a organização de seu reino" (W. 3, p. 591; FE, p. 545).
131. Não por acaso, Hegel utiliza aqui repetidamente de uma marcação de lugar, "onde": "onde o saber não carece mais de passar além de si mesmo, onde se encontra a si mesmo e onde o conceito corresponde ao objeto e o objeto ao conceito". Afinal, na *Fenomenologia*, é de "caminho" que se trata.
132. Cf. Gérard Lebrun, *La Patience du concept*.
133. Gustav-H. H. Falke, op. cit., p. 47.
134. Ainda que o texto da Introdução não seja o centro de sua interpretação, o caráter modelar atribuído por Alexandre Kojève (*Introduction à la lecture de Hegel*) à dialética do senhor e do servo, do capítulo IV da *Fenomenologia*, confere ao tema da morte um papel central em sua interpretação.
135. Ou, como escreve Gilles Marmasse, em uma interpretação de sentido clássico: o que "marcadamente distingue o ser natural do ser espiritual: o primeiro é movido por um outro, ao passo que o segundo tem nele mesmo o princípio do seu devir" (Gilles Marmasse, op. cit., p. 55). Vale a pena acompanhar também a comparação com Aristóteles

e com a filosofia moderna que aparece na sequência imediata do texto: "De certa maneira, Hegel inverte a análise do ser natural proposta por Aristóteles em sua *Física*, na medida em que este define os entes naturais como dispondo de um princípio interno de movimento: pois, para o autor da *Fenomenologia*, o ser natural depende principalmente de um outro, ao passo que o ser espiritual depende principalmente de si. Desse ponto de vista, Hegel está inscrito no pensamento moderno, que põe em paralelo o par natureza-espírito e o par necessidade exterior-liberdade interior". Essa visão de Hegel é diretamente desafiada por uma literatura inspirada na filosofia analítica que pretende debater a "diferença antropológica" em sua conexão com o idealismo alemão – Kant e Hegel, em especial. Para ficar em um único exemplo recente, ver a coletânea organizada por Andrea Kern e Christian Kietzmann (*Selbstbewusstes Leben. Texte zur transformativen Theorie der menschlichen Subjektivität*), cuja ideia norteadora é de que a "diferença antropológica" não está em uma capacidade que se acrescentaria às demais e sim no fato de que "as faculdades em cujo exercício consiste a vida humana configuram outra forma de unidade do que no caso das vidas não humanas: a saber, uma unidade autoconsciente" (p. 14). Ainda que essa discussão não seja central aqui, é de notar que qualquer discussão antropológica no século XXI se põe já sob o signo da crítica ao especismo e não raro da defesa dos direitos animais, o que é um ponto de partida necessário também para qualquer abordagem teórico-crítica na atualidade.

136. *Trabalho e riqueza na* Fenomenologia do espírito *de Hegel*, p. 10.
137. Ibid., p. 11. Em sentido contrário, Gilles Marmasse defende a ideia de que a "atividade do espírito é ideal e não real, no sentido de que não tende a produzir materialmente o mundo, mas a conhecê-lo e a lhe impor normas – em suma, a determinar seu sentido. Por exemplo, se se considera as páginas de Hegel sobre o trabalho, constata-se que ele o interpreta essencialmente como a formação (*Formierung*) de um dado material preexistente. Da mesma maneira, ele afirma que esse trabalho corresponde menos a carências naturais do que a desejos espirituais – a saber, tornar-se livre ao conferir ao mundo uma forma espiritual. O espírito não se relaciona nem a seu objeto nem a si mesmo no modo 'real' da produção, mas no modo 'ideal' do conhecimento e do governo" (*Force et fragilité des normes. Principes de la* Philosophie du droit *de Hegel*, p. 38). Nisso, está respondendo à caracterização de Bernard Bourgeois, que vê o "espírito" hegeliano como essencialmente criador (Bernard Bourgeois, op. cit., pp. 39ss).
138. *Génèse et structure de la* Phénoménologie de l'Esprit *de Hegel*, p. 23.
139. Ver também a Apresentação e a análise dos §§ 6 e 7.
140. Como já observado, esse "zelo" aparece também no § 6, no "zelo sério" que caracteriza um ceticismo que não é aquele "que se consuma".
141. Neste momento talvez seja de interesse retomar o "quadro sinótico" relativo à posição do "nós" no texto, apresentado quando da análise do § 1.
142. Essa é, como já apontado anteriormente com o auxílio de Bernard Mabille, a objeção que dirige Heidegger a Hegel, por exemplo.
143. Quanto às ocorrências relativas ao vocabulário do conhecer (*Erkennen, kennen, Erkenntnis, kennen, Kenntnis*), remeto uma vez mais à Tábua de termos.
144. Esse sentido limitado foi descrito no § 6 nos termos da pressuposição de uma "formação" dada já por cumprida e ocorrida, marca de uma consciência moderna tanto mais teimosa quanto mais certa de seu antidogmatismo, quanto mais segura de seu "propósito": "Aquele propósito representa a formação no modo simples do propósito, como

imediatamente cumprida e ocorrida; contra essa não verdade, entretanto, esse caminho é a execução efetiva".

145. Como mencionado anteriormente, esse parece ser um equívoco fundamental da análise de Andreas Graeser. Cf. Comentário a G.W.F. Hegel, p. 74.
146. A *Fenomenologia* é a história (a "formação") da exploração dos limites da consciência na busca da verdade. Fazer essa exploração até o fim leva ao nível do espírito, único capaz de solucionar os impasses em que se enreda a consciência enquanto não consegue ir além de seus próprios limites.
147. W. 3, p. 38; FE, p. 46. Quando do exame do próximo § 17, essa passagem (ampliada de sua sequência imediata) será objeto de uma análise mais detalhada.
148. Uma última expressão que contém o *"Weg"*, o caminho, surgirá no § 12, no verbo *"weglassen"*, traduzido como "deixar de lado": "não necessitamos trazer conosco padrões de medida e aplicar na investigação *nossos* lampejos e pensamentos; mediante deixarmo-los de lado, conseguimos considerar a coisa tal qual é *em si* e *para si*."
149. "No entanto, diferenciamos desse ser para um outro o *ser em si*." É conhecido o enorme potencial compositivo da língua alemã na criação de substantivos. Muitos desses compostos já apareceram anteriormente, devidamente decompostos na tradução para o português. Mas alguns desses substantivos compostos são considerados termos técnicos, sendo então frequentemente traduzidos com hifenização para marcar a unidade da expressão em causa: como neste *"Ansichsein"*, que se tornaria segundo esse procedimento "ser-em-si", por exemplo. Uma forte razão para não adotar esse procedimento foi que o próprio Hegel usou a hifenização em alguns casos, marcando uma diferenciação relativamente ao processo aglutinativo habitual do alemão. Com uma única exceção – na tradução de *"Dasein"* por "ser-aí", já consagrada em português –, a hifenização só foi reproduzida nos casos em que Hegel a utilizou. A primeira ocorrência virá ao final do § 12: "*ser-para-um-outro* e *ser-em-si-mesmo*".
150. Essa "atitude receptiva" já foi ressaltada quando do exame dos §§ 4 e 6. Também seu caráter constitutivo da "imediatidade" será analisado na sequência deste § 10.
151. *Holzwege*, p. 168. Não obstante a precisão do resumo, o objetivo de Heidegger é justamente mostrar que Hegel não conseguiu sair do círculo em que se colocou: a apresentação seria, de fato, representação e, portanto, um pressuposto. Gadamer, apoiando-se em Heidegger, retoma essa crítica nos seguintes termos: "O que Hegel assim descreve como sendo a experiência é a experiência que a consciência faz consigo mesma". Cf. *Wahrheit und Methode. Grundzüge einer philosophischen Hermeneutik*, p. 360. Sobre essa crítica, ver adiante o exame do § 15. De Gadamer, ver também, nesse contexto, *Hegels Dialektik. Fünf hermeneutische Studien*, especialmente o ensaio "Hegel und Heidegger".
152. Essa passagem da "diferença" à "diferenciação" será retomada no § 13, onde se pode ler primeiramente que "já está presente a diferença entre algo que é, *para ela*, o *em si* e um outro momento, entretanto, o saber, ou o ser do objeto *para* a consciência", e em seguida: "O exame repousa nessa diferenciação, que está presente". Vale a pena aqui acompanhar a síntese de Christian Iber: "O autoexame não se baseia apenas, portanto, nem no fato de que a consciência dispõe simplesmente de ambos os elementos, nem no fato de que a consciência é consciente de seus dois elementos, mas no fato de que a consciência tem uma consciência da diferença de ambos os seus elementos. Apenas se a consciência for consciente de que há uma diferença entre seu saber e aquilo que para ela é o ser-em-si do objeto, há uma razão para a consciência enfim indagar se seu saber é verdadeiro ou falso, se ele corresponde ao em-si do objeto ou não" ("Mudança

de paradigma da consciência para o espírito de Hegel". In: Eduardo Ferreira Chagas, Konrad Utz e James Wilson J. de Oliveira, op. cit., p. 71; versão para o português de "Hegels Paradigmenwechsel vom Bewusstsein zum Geist". In: Jindřich Karásek, Jan Kuneš e Ivan Landa [orgs.]. *Hegels Einleitung in die* Phänomenologie des Geistes, p. 130. Outra versão do texto pode ser encontrada também em Michael Gerten, op. cit.).
153. *Holzwege*, pp. 169-70.
154. Veja-se a análise do § 13 e, em especial, a citação de Amelia Podetti ali reproduzida.
155. Momento em que vale recordar que, no título *Crítica da razão pura*, o genitivo ("da") é a um tempo objetivo e subjetivo: o objeto da crítica é a razão e, simultaneamente, é a razão o sujeito da crítica, aquela que leva a cabo a crítica. Ver ainda a citação de Jean Hyppolite logo adiante, que aponta para a reformulação hegeliana do projeto kantiano de uma crítica da razão.
156. O que significa também dizer que esse será o problema central da análise do § 13.
157. *Génèse et structure de la* Phénoménologie de l'Esprit *de Hegel*, p. 21.
158. "Se denominamos o *saber* o *conceito* e, em contraposição, denominamos a essência ou o *verdadeiro* o ente ou o *objeto*, o exame consiste, então, em ver se o conceito corresponde ao objeto. Mas se denominamos a *essência* ou o em si *do objeto o conceito* e, ao contrário, entendemos por *objeto* o objeto como *objeto*, ou seja, tal como é *para um outro*, o exame consiste, então, em vermos se o objeto corresponde ao seu conceito."
159. Registre-se, de passagem, a recorrente utilização por Hegel da expressão "*in der Tat*" (traduzida como "de fato"). São nada menos do que seis ocorrências: §§ 1, 2, 6, 7, 13 e 15.
160. Akademie-Ausgabe, vol. III, p. 108.
161. Dina Emundts, "Kant über Selbstbewusstsein". In: Dina Emundts (org.). *Self, World, and Art: Methaphysical Topics in Kant and Hegel*, p. 57.
162. Cf. Henry Allison, *Kant's Transcendental Idealism*, p. 163ss (esp. pp. 183-4). Agradeço a Bianca Tavolari por uma esclarecedora discussão sobre esse tópico.
163. Jules Vuillemin formula essa passagem ao universo do pós-kantismo como sendo aquela em que "o deslocamento do finito ao infinito será evitado com a condição de reduzir a afecção da coisa em si a um ato do Eu penso implicado no princípio mesmo da possibilidade da consciência de si. O idealismo absoluto no seio do Eu finito em geral, tal é a visão implicada por essa concepção do idealismo transcendental. Ela se exprime em particular na primeira filosofia de J. G. Fichte" (*L'Héritage kantien et la révolution copernicienne*, p. 13).
164. "Anmerkungen zum philosophischen Denken". In: *Stichworte. Kritische Modelle 2*, p. 601; "Anotações ao pensar filosófico", p. 202.
165. Jean Hippolyte, op. cit., p. 21.
166. Amelia Podetti, op. cit., p. 114. A referência de Podetti ao "momento que aparecerá a determinada altura do caminho" diz respeito à seção "Consciência de si", capítulo IV da *Fenomenologia*.
167. Lembre-se a esse respeito o que foi dito quando da análise das expressões "figura do espírito" (§ 5) e "alvo" (§ 8).
168. J. A. Giannotti, *Trabalho e reflexão. Ensaios para uma dialética da sociabilidade*, p. 243. Essa análise de Giannotti se liga, por sua vez, a um ponto fundamental e original de sua leitura de Marx, que é a investigação das diferenças entre o "fetichismo da mercadoria" e o "fetichismo do capital": "Comparado com o fetichismo da mercadoria, o fetichismo do capital revela suas particularidades. O primeiro se arma porque cada valor de troca particular se dá como a expressão dum valor geral, duma abstração que *não possui uma*

*medida previamente determinada*, de modo que, no mercado, tudo se passa como se cada objeto fosse a encarnação de um deus absconso. O fetichismo do capital é mais complexo; além de incorporar o fetichismo da mercadoria, supõe ainda uma nova forma de alteridade: o próprio objeto se põe como estranho a si mesmo, como medida de si que perde seu padrão no meio do caminho" (ibid., p. 280).

169. Na tradução proposta, a passagem em questão, na íntegra, é a seguinte: "Descobrindo a consciência, portanto, no seu objeto, que seu saber não lhe corresponde, também o próprio objeto não se mantém; ou: o padrão de medida do exame se altera quando o objeto do qual ele deveria ser o padrão de medida, no exame, não subsiste; e o exame não é somente um exame do saber, mas também de seu padrão de medida". Os dois verbos em questão aqui, muito próximos, são *"aushalten"* ("manter-se") e *"bestehen"* ("subsistir"). *"Bestehen"* surgiu anteriormente (§ 9; § 12, duas ocorrências) sob a forma *"in etwas bestehen"* (traduzido como "consistir em"), tendo sentido bem distinto, portanto, do que tem na passagem em questão. Embora o texto jogue com a proximidade com a expressão *"eine Prüfung bestehen"* ("ser aprovado em um exame"), é claro o equívoco de transformar esse universo linguístico puramente sugestivo na letra do texto, que não diz *"die Prüfung nicht besteht"*, mas *"in der Prüfung nicht besteht"*.

170. *Marx-Engels Werke*, vol. 23, p. 27. A dupla perspectiva da apresentação de *O Capital* foi reformulada por Habermas em termos da distinção entre "reconstrução horizontal" e "reconstrução vertical". Giannotti, partindo diretamente do texto de Marx, propôs uma interpretação dessa forma de apresentação em termos de "história categorial" e de "história do vir a ser". A proposta de distinguir entre uma dimensão "vertical" e outra "horizontal" de reconstrução em Habermas foi feita por Luiz Repa em *A transformação da filosofia em Jürgen Habermas: os papéis de reconstrução, interpretação e crítica*. No trabalho de Olavo Ximenes, *Aproximação à categoria de modo de produção nos Grundrisse (1857-58) de Karl Marx*, é possível encontrar não apenas uma apresentação da distinção feita por Giannotti entre "história categorial" e "história do vir a ser" como sua utilização para compreender o modelo dos *Grundrisse* de Marx em uma perspectiva o mais possível autônoma relativamente a *O Capital*. De um lado, ainda que bem menos desenvolvida em Giannotti do que em Habermas (onde tem aspecto sistemático em termos de uma teoria da ação comunicativa), tal distinção parece bem mais frutífera para pensar uma atualização do modelo da *Fenomenologia* em termos críticos do que a de Habermas. De outro lado, entretanto, como ressaltado na última seção da Apresentação, tal atualização só parece possível mediante o recurso a uma perspetiva pós-habermasiana de dissolução da noção de espírito em uma noção alargada de experiência comunicativa como a tradução do "horizonte sistemático" que caracteriza o livro de 1807 em termos da busca do diagnóstico do tempo presente capaz de estar à altura da complexidade dos processos de subjetivação da dominação e de suas formas de institucionalização na atualidade. Registre-se também que uma continuação da discussão sobre esse tópico (e que incluirá igualmente o tema do "alvo") terá lugar, em novo patamar, quando do exame do § 17.

171. A expressão "tanto quanto" traduz aqui *"insofern"*. A tradução pretende evitar qualquer confusão relativamente ao movimento realizado no bloco anterior de parágrafos, centrado no problema da "medida", ou, mais exatamente, do "padrão de medida" (*Maßstab*). *"Insofern"* é uma composição de pelo menos dois elementos: "no que diz respeito" e "no que alcança", o que poderia levar à tradução mais óbvia por "na medida em que". Sobre

possíveis ressonâncias com relação às expressões *"durch"* e *"indem"*, ver anteriormente as notas sobre esses termos, quando do exame dos §§ 1 e 2, respectivamente.

172. *Para ler a* Fenomenologia do espírito. *Roteiro*, p. 33.
173. Vale lembrar uma vez mais, entretanto, que o percurso fenomenológico não depende desse ponto de vista científico dos textos "para nós" para ser cumprido. Do filósofo não vem nem intervenção nem produção do que seria afinal o sentido do percurso. Na síntese clássica de Nicolai Hartmann: "A *Fenomenologia do espírito* é o caminho no qual a consciência tem a experiência de si mesma, em que se torna consciência de si. Ela é aqui seu próprio objeto. Entretanto, ela não se apreende imediatamente em seu cerne e essência, mas sim a partir de fora, ou seja, a partir do objeto. E esse caminho da experiência de si não é um caminho que só se dá posteriormente, que o filósofo teria primeiro de produzir. O filósofo antes reproduz. Ele encontra já todos os estágios no desenvolvimento – individuais ou históricos – do espírito, ele só precisa entrar no ritmo, acompanhá-lo. Ele entra assim no vivo jogo antinômico de erro e acerto, de acordo e de discordância, em que se dá cada desenvolvimento, e em que o espírito percorre a 'série de figuras' que ele assume. Esse movimento 'experimentado' no próprio esforço é a dialética" ("Hegel und das Problem der Realdialektik". In: *Kleinere Schriften*, pp. 330-1). Dando um passo a mais na síntese feita por Hartmann, pode-se também lembrar que a consciência que percorre o caminho proposto pela *Fenomenologia* é capaz de entender parcialmente os textos "para nós" mesmo no nível de alta abstração do texto da Introdução porque não é uma consciência natural que se coloca no nível teórico do primeiro capítulo do livro, da "certeza sensível", mas é uma consciência treinada e formada no elemento da representação natural, da filosofia moderna. Ao mesmo tempo, como já igualmente ressaltado, a lógica da exterioridade entre "saber" e "objeto" do pensamento representativo o afasta de tal maneira da "consciência filosófica" que exige que a sua própria reconstrução se inicie pela "certeza sensível".
174. É muito comum encontrar "conversão" como tradução de *"Umkehrung"*, traduzida aqui, seguindo a solução de Paulo Meneses (cf. FE, p. 81) como *"reversão"* (*"da própria consciência"*). A ressonância "religiosa", "mística" ou mesmo "política" da expressão "conversão" parece razão suficiente para excluir essa opção de tradução, muito embora seja a preferida de alguns comentadores do peso de Ludwig Siep (*Der Weg der* Phänomenologie des Geistes, p. 64 – que é nisso acompanhado por Robert Pippin, "The 'Logic of Experience' as 'Absolute Knowledge' in Hegel's Phenomenology of Spirit", p. 214). Não se trata aqui de a consciência "se converter" a uma posição qualquer, mas de "dar uma volta sobre si mesma", ou seja, da reflexão característica do voltar-se sobre si mesma. No limite, a sequência de "reversões" levará a um ponto em que as amarras autoimpostas pela representação natural se tornem visíveis e possam ser superadas. É esse o sentido em que se utiliza aqui o verbo "reverter", que também encontra eco na parte inicial do capítulo sobre a "Percepção", segunda figura da *Fenomenologia*, em uma passagem em que Hegel utiliza outra expressão (*"Rückkehr"*, "retorno"), mas também em conjunção com o "puro apreender": "Um tal retorno da consciência a si mesma, que se *imiscui* imediatamente ao puro apreender – pois que esse retorno, enquanto o perceber, mostrou-se essencial –, modifica o verdadeiro. A consciência reconhece esse lado como o seu e o toma para si, por intermédio do que, portanto, o objeto verdadeiro é obtido de maneira pura" (W. 3, pp. 98-9; FE, p. 100). Em uma interpretação assumidamente schellinguiana (dos escritos de inícios dos anos 1800) do emprego da expressão *"Umkehrung"* na Introdução à *Fenomenologia*, Kesselring aproxima sua ocorrência nessa passagem de

uma "*Rückwendug*", de uma "reorientação". Cf. *Die Produktivität der Antinomie*, pp. 80ss. Sobre a limitação de uma leitura da *Fenomenologia* a partir da noção do projeto de uma "filosofia do absoluto" de inícios dos anos 1800, consulte-se a Apresentação. Por outro lado, Kesselring também aproxima em outro momento essa "*Umkehrung*" do texto de Hegel à "virada copernicana" do Prefácio à Segunda Edição da *Crítica da razão pura*, o que está em consonância com o sentido que se dá também aqui à expressão (cf. p. 69).

175. Sobre o peculiar espelhamento entre o segundo e o quarto bloco de parágrafos (bem como entre o primeiro e o terceiro), consulte-se as observações da seção Divisão do texto.

176. Como escreve Habermas: "A dialética hegeliana da consciência de si sobrepassa a relação da reflexão solitária em benefício de uma relação complementária de dois indivíduos que se conhecem. A experiência da consciência de si já não vale mais como originária. Para Hegel, ela se dá muito mais pela experiência de interação, na qual eu aprendo a me ver com os olhos de outro sujeito. A consciência de mim mesmo é derivada de um entrecruzamento de perspectivas. Apenas sobre a base do reconhecimento recíproco se forma a consciência de si, a qual precisa estar fixada ao reflexo que obtenho de mim mesmo na consciência de outro sujeito. Por isso Hegel não pode responder à questão sobre a origem da identidade do eu com uma fundamentação da consciência de si que retorna a si mesma, tal como havia feito Fichte, mas somente com uma *teoria do espírito*. O espírito não é, pois, o fundamento que serve de base à subjetividade do si na consciência de si, mas o *medium no* qual um eu se comunica com outro eu e somente *a partir* do qual, como uma mediação absoluta, ambos os sujeitos se formam reciprocamente. A consciência existe como o meio no qual os sujeitos se encontram, de tal modo que, sem seu encontro, eles não poderiam ser na qualidade de sujeitos" ("Arbeit und Interaktion". In: *Technik und Wissenschaft als "Ideologie"*, p. 13; "Trabalho e interação". In: *Técnica e ciência como "ideologia"*, p. 29).

177. Note-se neste ponto que o comentário de Heidegger ignora a letra do texto de Hegel ao afirmar que a "reversão da consciência" ela mesma seria "nosso aporte", quando "aporte" se refere nesse caso à "consideração da coisa" e não a "reversão". Cf. *Holzwege*, p. 184. Sobre essa passagem e sua importância na bibliografia hegeliana, ver Kenley Royce Dove, "Hegel's Phenomenological Method". In: Robert Stern (org.). *G.W.F. Hegel: Critical Assessments*, vol. III.

178. Para uma discussão mais geral dessa "consideração" (*Betrachtung*) no contexto do campo de forças Kant-Hegel, consulte-se o capítulo 2 de meu livro *A dialética negativa de Theodor W. Adorno*.

179. *Wahrheit und Methode. Grundzüge einer philosophischen Hermeneutik*, p. 360. Registre-se ainda que fica patente que Gadamer compartilha do equívoco de leitura de Heidegger em relação ao "nosso aporte" mencionado há pouco.

180. Ibid., p. 361. Em contraste, Gadamer afirma, no mesmo lugar: "Experiência ela mesma não pode ser nunca ciência".

181. Ao final de seu texto, Pippin pontifica para quem "perdeu a mais importante lição da *Fenomenologia*, quem falhou em ser propriamente educado por ela". Cf. "The 'Logic of Experience' as 'Absolute Knowledge' in Hegel's *Phenomenology of Spirit*". In: Dean Moyar e Michael Quante (orgs.). *Hegel's Phenomenology of Spirit. A Critical Guide*, p. 227.

182. Sobre esse ponto, ver anteriormente o exame do § 5 e a análise das expressões "figurações", "figura da consciência", "figura do espírito" e "figura do mundo".

183. Ibid., p. 218. Esse texto de Pippin será retomado quando do exame do § 17.

184. *Kant et la Fin de la métaphysique*, pp. 30-1.

185. Por essas e outras razões é que Adorno escreve: "Hegel, sob muitos aspectos um Kant que se encontrou a si mesmo [*ein zu sich selbst gekommener Kant*]", *Drei Studien zu Hegel*, p. 255.
186. Em uma perspectiva de interpretação bastante diferente, Merold R. Westphal ("Hegel's Solution to the Dilemma of the Criterion". In: Jon Stewart [org.]. *The Phenomenology of Spirit Reader: Critical and Interpretive Essays*, esp. pp. 94-5) afasta uma interpretação da "completude" em termos de filosofia da história de caráter teleológico e escreve em favor de uma possível atualização (a expressão é minha) das diferentes figuras do percurso fenomenológico segundo posições epistemológicas novas ou renovadas. Apesar de importantes diferenças de perspectiva, trata-se de uma interpretação conciliável com a orientação geral adotada aqui: se a correta conceituação do tempo presente é o "alvo" do projeto fenomenológico, não há razão para não atualizar as suas figuras segundo as transformações históricas e teóricas ocorridas após 1807.
187. Essa ocorrência de "formal" (*das Formelle*) não é habitual em Hegel. No mais das vezes, "'*Formell*' e 'formal' dizem respeito de perspectivas diferentes à visão de entendimento das determinações de pensamento [...]. O *Formell* ou subjetivo mostra-se em cada pensamento como o que é em si lacunar, como aquilo que pode ser desenvolvido e que está referido a conteúdos". Paul Cobben (org.). *Hegel-Lexikon*, p. 210 (verbete escrito por Lu De Vos).
188. *Hegel*. Coleção Os Pensadores, p. 56 (nota 29).
189. Há um problema de estabelecimento de texto na passagem que abre o parágrafo: "A experiência, que a consciência faz sobre si, não pode, segundo seu conceito, compreender nada menos que todo o sistema da consciência, ou todo o reino da verdade do espírito". A expressão "nada menos que" corresponde ao original "*nichts weniger als*". A tradução aparentemente literal engana. Em alemão, a expressão "*nichts weniger als*" quer dizer algo como "quando muito", o que não pode ser o caso aqui de nenhuma maneira. Fulda propõe um acréscimo (em que o texto passa a ser "*um nichts weniger als*") ou a interpretação de que se trata de um erro de impressão (sendo a expressão, então, "*nicht weniger als*"), duas possibilidades que permitem a tradução feita aqui: "nada menos que". Em sentido semelhante, ver Hans Friedrich Fulda, "Hegels 'Wissenschaft der Phänomenologie des Geistes'. Programm und Ausführung", p. 49.
190. Lembre-se que essa discussão foi iniciada quando do exame do § 8, tendo como mote a análise da expressão "alvo".
191. "Nach dem absoluten Wissen. Welche Erfahrungen des nachhegelschen Bewusstseins muss die Philosophie begreifen, bevor sie wieder absolutes Wissen einfordern kann?". In: Klaus Vieweg e Wolfgang Welsch (orgs.). *Hegels* Phänomenologie des Geistes. *Ein kooperativer Kommentar zu einem Schlüsselwerk der Moderne*, pp. 627-31. Ver também do mesmo autor *Hegels System. Der Idealismus der Subjektivität und das Problem der Intersubjektivität*.
192. "*Nach dem absoluten Wissen...*", p. 629.
193. Ibid., p. 630. Também na Apresentação já se mencionou que essa proposta de esquematização da *Fenomenologia* é idêntica à apresentada por Lukács em seu *Der junge Hegel*, esp. pp. 579ss.
194. Fulda, "*Das erscheinende absolute Wissen*", p. 611, nota. Nem pode sê-lo segundo o argumento mais geral da interpretação desenvolvido na Apresentação: a *Fenomenologia* foi um livro escrito *antes* de que Hegel tivesse alcançado um desenvolvimento suficiente do conjunto do "Sistema".
195. Ou seja, a de que a apresentação da "consciência natural", não científica, prossegue até o último capítulo da *Fenomenologia*, até "O saber absoluto", cf. Fulda, op. cit., pp. 606ss.

196. Gilles Marmasse, "Le Chemin phénoménologique comme libre auto-critique du savoir", p. 44, nota.
197. Uma relação entre "consciência" e "espírito" enfeixada pela categoria de *experiência* faz com que ambas as noções sejam entendidas, no contexto da *Fenomenologia*, como diferentes *dimensões* da experiência. Sob esse aspecto, acredito partilhar da interpretação de Ralf Beuthan em seu artigo "Hegels phänomenologischer Erfahrungsbegriff" (in: Klaus Vieweg e Wolfgang Welsch [orgs.]. *Hegels* Phänomenologie des Geistes. *Ein kooperativer Kommentar zu einem Schlüsselwerk der Moderne*), também autor do verbete "Experiência" do *Hegel-Lexikon* no sentido de ser necessário pensar o conceito de "experiência" da *Fenomenologia* não apenas na dimensão da "consciência", mas igualmente no âmbito de uma "segunda dimensão", a dimensão das "figuras do espírito", "uma dimensão da práxis e das normas sociais": "Se antes eram apenas 'figuras da consciência', então, no âmbito dessa segunda dimensão se tornam *figuras do espírito*, i.e. figuras de efetividade histórica. Essa efetividade do espírito marca, frente à anterior das 'figuras da consciência', apenas necessárias em pensamento, uma dimensão de experiência própria" (ibid., p. 84). Com isso, ganharia um novo caráter e uma nova "dimensão" a passagem da breve introdução à segunda seção ("Consciência de si") em que o espírito já se mostra presente "para nós", sendo experimentado pela consciência segundo a conhecida fórmula do "*Eu* que é *Nós*, *Nós* que é *Eu*" (W. 3, p. 145). Não estou certo, entretanto, de ter conseguido compreender todos os passos da argumentação de Beuthan, que se assemelha em muitos pontos à interpretação proposta por Robert Pippin ("The 'Logic of Experience' as 'Absolute Knowledge' in Hegel's *Phenomenology of Spirit*"). A dificuldade de compreensão vem do fato de que não é claro como essa interpretação pode levar à demonstração da tese mais geral de que "o conceito de experiência fenomenológico tem de ser pensado em seu cerne como uma experiência singular" (Beuthan, op. cit., p. 79).
198. "*Phänomenologie des Geistes*". In: Otto Pöggeler (org.). *Hegel. Einführung in seine Philosophie*, p. 71.
199. *Der Weg der* Phänomenologie des Geistes. *Ein einführender Kommentar zu Hegels "Differenzschrift" und zur* Phänomenologie des Geistes, p. 63. Consulte-se também as observações dos editores em *Gesammelte Werke*, vol. 9: *Phänomenologie des Geistes*, pp. 453ss.
200. Ibid., p. 244.
201. Cf. "Das erscheinende absolute Wissen" e também "*Science of the Phenomenology of the Spirit:* Hegel's Program and its Implementation". Como mencionado na Apresentação, não se trata de subscrever todas as teses de leitura de Fulda, mas de considerar apenas aqueles aspectos relevantes para o desenvolvimento de uma leitura da *Fenomenologia* do ponto de vista das suas "condições intelectuais de produção", tomando o texto da Introdução por objeto e por guia.
202. Robert Pippin, op. cit., p. 215, nota. A tese enunciada é ainda uma tentativa de resolver não apenas o problema da relação da *Fenomenologia* com a obra posterior de Hegel, mas também o problema mais geral do "começo". Ver a Apresentação.
203. Ibid., p. 214. Contra esse tipo de visão do que sejam "clareza" e "precisão", que nada têm que ver nem com o espírito nem com a letra da filosofia hegeliana, consulte-se a crítica clássica de Adorno em seu texto "Skoteinos", incluído no volume *Drei Studien zu Hegel*. Uma interessante atualização do argumento foi realizada, nos anos 2000, por Martin Jay em seu artigo "The Virtues of Mendacity".

204. Trata-se do texto escrito pelo próprio Hegel para a divulgação da *Fenomenologia* pela editora. Cf. W. 3, p. 593 ("Autoanúncio de Hegel sobre a *Fenomenologia do espírito* [1807]", tradução e apresentação de Manuel Moreira da Silva. In: Leonardo Alves Vieira e Manuel Moreira da Silva [orgs.]. *Interpretações da* Fenomenologia do espírito *de Hegel*). "Figura do espírito" ocorre ainda no último capítulo do livro, "O saber absoluto", cf. W. 3, p. 582; FE, p. 537: "Esta última figura do espírito, o espírito" etc.
205. Lembre-se aqui ainda do Prefácio à primeira edição da *Ciência da lógica* (1812), em que Hegel descreve da seguinte maneira sua tentativa de apresentar a "consciência" na *Fenomenologia do espírito*: "A consciência é o espírito como saber concreto e, mais ainda, como saber aprisionado na exterioridade; mas o movimento adiante [*Fortbewegung*] desse objeto repousa unicamente, como o desenvolvimento de toda a vida natural e espiritual, sobre a natureza das *essencialidades puras*, que perfazem o conteúdo da lógica" (W. 5, p. 17). Uma análise dessa passagem foi realizada na Apresentação, onde se procurou mostrar uma continuidade importante entre a primeira edição da *Ciência da lógica* e a *Fenomenologia*. Lembre-se também que já o início da seção "O espírito" põe em relação as duas expressões, introduzindo ainda uma outra: "figura do mundo" (cf. W. 3, p. 326; FE, p. 306). Ver a seguir a análise a partir de Terry Pinkard. O "encontro" efetivo das duas expressões se dá, por sua vez, no capítulo "O saber absoluto", na passagem de um parágrafo a outro de W. 3, p. 582; FE, p. 537.
206. Labarrière, op. cit., pp. 36-7.
207. "What is a 'Shape of Spirit'?", p. 114. A aproximação entre "forma de vida" (ou também "figura de vida") e "figura do espírito" – ou, dito de maneira mais exata, a interpretação da noção mais geral de "espírito" como "forma de vida" – é uma constante da interpretação de Pinkard e se baseia sobretudo no uso dessas expressões nos escritos do período de Jena (e mesmo em textos anteriores de Hegel). Para Pinkard, sob este aspecto, há uma relativa continuidade na obra de Hegel.
208. Ibid.
209. Ibid., p. 115. Pinkard relembra, na sequência do texto, que é nesse sentido que Hegel produz a caracterização do indivíduo na Grécia antiga: "O espírito é a *vida ética* de um *povo*, na medida em que é a verdade imediata; o indivíduo, que é um mundo" (W. 3, p. 326; FE, p. 306).
210. Ibid., p. 116. Do qual Antígona é, como se sabe, o emblema. Para uma vez mais retomar o cotejo com a representação natural, com o "indivíduo reflexionante" da modernidade, pode-se recorrer aqui a Gérard Lebrun: "Kant e Jacobi acabaram com a ideia de um *conhecimento* do Absoluto, mas sem saber o que faziam; o primeiro concluiu disso a impossibilidade do Saber absoluto, o segundo, confundindo da mesma maneira conhecimento e Saber, refugia-se no 'Saber imediato'. Nenhum dos dois sequer imagina retomar e criticar *a ideia de conhecimento*, nenhum dos dois pressente que o 'conhecimento' é o nome da deformação imposta ao Saber pela ideologia da Finitude. Donde a tentação de tomar como referência a era pré-cognitiva do pensamento finito. Se os Gregos estavam mais distantes da realização do Saber (*ausência da Subjetividade*), estavam igualmente a quilômetros de distância de sua deformação subjetiva (*ausência da Subjetividade finitizada*). E, frequentemente, isso importa mais do que aquilo" (Gérard Lebrun, op. cit., p. 224, nota; trad. bras.: p. 191, nota).
211. Ver as indicações na seção IV da Apresentação.
212. Jürgen Habermas, *O discurso filosófico da modernidade*, p. 12 (*Der philosophische Diskurs der Moderne*, p. 16).

# Índice remissivo

## A

Abromeit, John, 301n
Adorno, Theodor W., 41, 74-5, 80, 202, 277n, 291-2n, 294n, 302n, 304n, 306n, 322n, 334-5n
Alegría, Ciro, 306n
Allen, Amy, 300n, 306n
Allison, Henry, 330n
Althusser, Louis, 70
Ameriks, Karl, 117, 312n
Antigo Regime, 50, 57, 59, 172, 180, 217, 284n, 298n
Aquino, Marcelo F. de, 284n
Arantes, Paulo Eduardo, 276n, 321n
Aristóteles, 327-8n

## B

*Bamberger Zeitung*, 53-4
Bannwart Jr., Clodomiro, 302n
Bataille, Georges, 275n
Bayle, Pierre, 326n
Benjamin, Walter, 302n
Bertram, Georg, 278, 291n, 294n, 310n, 319n, 321n, 324n
Beuthan, Ralf, 335n
Boltanski, Luc, 303n, 305-6n
Bonaparte, Napoleão, 19, 21, 35, 49, 53-8, 64, 112, 126, 157, 180, 275-6n, 279n, 284n, 298n
Bonsiepen, Wolfgang, 235, 286n, 307n
Bourdieu, Pierre, 76, 305n

Bourgeois, Bernard, 25-6, 33, 48-9, 52, 124, 282-3n, 285n, 294-7n, 322n, 328n
Bouton, Christophe, 300n, 325n
Brandom, Robert, 278n, 324n
Brehmer, Karl, 283n
Bristow, William F., 146, 326n

## C

Carnaúba, Maria Erbia Cassia, 302n
Castel, Robert, 304n
Celikates, Robin, 306n
ceticismo, 33, 90-1, 98, 104, 152-3, 157, 161, 165, 169-74, 209-10, 214, 225, 243-4, 247, 315n, 323-6n, 328n
Chiapello, Ève, 303n, 305n
Concli, Raphael, 302n
Confederação do Reno, 275n
Congresso de Viena, 15, 21, 31, 55, 64, 203, 275n
contradição, 93, 104, 108, 132, 183, 187-9, 204, 206, 237, 245, 292n, 318n, 321n
Crissiuma, Ricardo, 283n, 306n

## D

De Vos, Lu, 334n
decolonial, decolonialismo, 81, 300n, 306n
Demócrito, 322n
Deranty, Jean-Pierre, 306n
Descartes, René, 111, 169, 312n, 314n, 323n
Dewey, John, 275

diagnóstico de tempo, 19, 21, 23, 30-1, 47, 52-3, 55, 57, 59, 62, 64, 67, 285n, 290-1n, 304n
dialética, 30, 70, 74, 163, 205, 209-10, 235, 274n, 280-1n, 285n, 291-2n, 296n, 298n, 300-1n, 327n, 332-3n
dogmático, dogmatismo, 46, 102-6, 108, 110-1, 123, 125, 130, 133-4, 136-43, 156, 161, 163, 171, 183, 185, 187, 190-1, 194, 200, 212, 216-7, 249, 311n, 313n, 315-6n, 318n, 324-5n
Dove, Kenley Royce, 313n, 333n
Dove, Kenneth, 294n
Dubiel, Helmut, 65-6, 301n
Duchhardt, Heinz, 276n

# E

Empírico, Sexto, 172, 323n, 326n
Emundts, Dina, 330n
Epicuro, 322n
Esclarecimento, 24-5, 27-8, 30, 41, 58, 111, 171
*ver também* Iluminismo
Esdaile, Charles, 275n
experiência, 10, 18-9, 27, 30-1, 33, 38, 41-5, 52, 59, 61, 70, 75, 78-80, 89, 96-9, 103, 105-7, 112-3, 123, 136, 142, 147-50, 156, 159-61, 166, 168-9, 174, 176-7, 192, 200, 202, 204, 207, 208-20, 222-30, 232-3, 235-6, 242, 246-7, 249-50, 273n, 275-6n, 285n, 288n, 292n, 309n, 314n, 320-1n, 323n, 325n, 329n, 331-5n

# F

Falke, Gustav-Hans H., 32, 275n, 284n, 286n, 288-9n, 292n, 312n, 316n, 327n
Fausto, Ruy, 280n, 301n
Feenberg, Andrew, 301n
Ferraz Júnior, Tércio de Sampaio, 323n
Feuerbach, Ludwig Andreas, 63
Fichte, Johann Gottlieb, 63, 111, 222, 315n, 330n, 333n
Fischbach, Franck, 48, 63, 287n, 295n, 297n, 301n, 306n

formação, 18-9, 22, 40-1, 49, 59, 64, 90, 103, 146-7, 150-2, 155-6, 163-4, 166, 174, 176, 180, 232-3, 238-9, 243, 300n, 309n, 316n, 322-3n, 328-9n
Forst, Rainer, 304n
Förster, Eckart, 36-8, 273n, 283n, 286-8n
Forster, Michael N., 285-6n, 294n, 298n, 326n
Foucault, Michel, 69, 81, 282n, 303n, 306n, 310n
Frank, Manfred, 297n
Fraser, Nancy, 71, 78, 303n, 306n
Fromm, Erich, 302n
Fulda, Hans Friedrich, 38, 43, 45-7, 234, 236, 286-8n, 293-4n, 297n, 320-1n, 327n, 334-5n

# G

Gadamer, Hans-Georg, 218-9, 290n, 296n, 329n, 333n
Gauvin, Joseph, 312n, 320n
Genel, Katia, 302n, 305n
Giannotti, José Arthur, 205, 280n, 330-1n
Glockner, Hermann, 83-4, 274n, 286n, 307n
Goebhardt, Joseph Anton, 36
Graeser, Andreas, 147, 290n, 316n, 321n, 326n, 329n
Grécia, 236-7, 336n
Grotsch, Klaus, 298n

# H

Habermas, Jürgen, 23-30, 43, 52, 58, 68-70, 75-7, 81, 274n, 280-4n, 302n, 304-6n, 331n, 333n, 336n
Haering, Theodor, 37-8, 286n, 288-9n
Hall, Stuart, 70
Harris, Henry Silton, 35, 282n, 312n
Hartmann, Nicolai, 332n
Heede, Reinhard, 286n, 307n
Heidegger, Martin, 48, 125-6, 128, 158, 192, 196, 218-9, 228, 275n, 277n, 290n, 294-5n, 311-4n, 316-8n, 323n, 328-9n, 333n

Heidemann, Dietmar, 324n, 326n
Heinrichs, Johannes, 38, 286n, 299n
Henrich, Dieter, 282n, 286-7n, 294-6n
Herder, Johann Gottfried von, 325n
Hohenlinden, 275n
Hölderlin, Johann Christian Friedrich, 25
Honneth, Axel, 62, 68-72, 76-81, 274n, 291n, 301-6n
Horkheimer, Max, 21, 62, 65, 67-8, 80, 276n, 290n, 301-2n, 304n, 322n
Hösle, Vittorio, 233-4, 277n, 285n, 292n
Hume, David, 111, 323n
Husserl, Edmund, 275n
Hypollite, Jean, 162

# I

Iber, Christian, 329n
Ilting, Karl Heinz, 283n
Iluminismo, 24, 111
  *ver também* Esclarecimento
Instituto de Pesquisa Social, 65, 68, 74, 301-2n

# J

Jacobi, Friedrich Heinrich, 111, 312n, 336n
Jaeggi, Rahel, 306n
Januário, Adriano Márcio, 302n, 304n
Jarczyk, Gwendoline, 83
Jay, Martin, 301n, 335n

# K

Kang, Jaeho, 302n
Kant, Immanuel, 24-6, 46, 49, 60, 111-21, 131, 133, 135-6, 145, 153, 178, 198, 201-2, 204, 215, 221-2, 249, 276-7n, 281-3n, 290n, 310n, 312n, 315n, 317n, 326n, 328n, 333-4n, 336n
Kerner, Ina, 306n
Kervégan, Jean-François, 73, 80, 273n, 284-5n, 303n, 305n

Kesselring, Thomas, 274n, 309n, 316n, 332-3n
Kirchheimer, Otto, 302n
Kojève, Alexandre, 275n, 279n, 327n

# L

Labarrière, Pierre-Jean, 43, 83, 146-8, 172, 236, 285n, 294n, 321n, 336n
Lebrun, Gérard, 26, 52, 221, 282n, 311n, 314n, 321n, 327n, 336n
Lefebvre, Jean-Pierre, 83
Leibniz, Gottfried Wilhelm, 111
Lênin, 66, 301n
Lentz, Thierry, 276n
Leucipo, 322n
Locke, John, 111, 119-20, 312n
Löwy, Michel, 301n
Luhmann, Niklas, 68
Luísa (princesa), 276n
Lukács, Georg, 62-6, 68-71, 75, 80, 275n, 279n, 281-2n, 290n, 292n, 298n, 301n, 318n, 321-2n, 334n
Lumsden, Simon, 278n
Lutz-Müller, Marcos, 57, 296-7n, 299n, 313n

# M

Mabille, Bernard, 315n, 318n, 328n
Machado, Maíra Rocha, 302n
Magalhães, Fernando Augusto Bee, 302n
Maker, William, 295n
Marcuse, Herbert, 67, 289n, 302n
Marin, Inara Luisa, 301n
Markus Michel, Karl, 83, 99
Marmasse, Gilles, 50-1, 234-5, 273n, 298n, 327-8n, 335n
Marx, Karl, 41, 57, 62-5, 74, 80, 205, 208, 276n, 280-1n, 291n, 299n, 301n, 303n, 317-8n, 330-1n
Marx, Werner, 322n
marxismo, marxista, 62, 70, 80, 275n, 277n, 282n, 302n
McDowell, John, 278n, 289n
Mead, George Herbert, 78

339

Melo, Rúrion, 291n, 301-2n
Meneses, Paulo, 212, 286n, 297n, 307n, 311n, 324n, 332n
metafísica, metafísico, 13, 18, 24, 46, 72-4, 79-81, 112-4, 117, 135, 221-2, 278-80n, 292n, 306n, 314n, 317-8n
Michelet, Karl Ludwig, 13, 310n
modelo (filosófico, crítico), 10, 13-4, 16-7, 19-21, 24, 30-2, 40-1, 43, 46-7, 49, 52, 58, 61-2, 67, 71-2, 76-82, 126, 129, 154, 176, 232, 238, 279-81n, 283n, 285n, 291-2n, 298n, 300-6n, 326n, 331n
modernidade, 10, 15, 16, 18-20, 22-3, 24, 29-31, 41, 49-50, 58-62, 64, 72, 107, 109, 111-2, 114, 129, 148, 154, 157, 173, 176-7, 180, 203-4, 217, 220, 232, 237-9, 274n, 280-2n, 284n, 309-10n, 314n, 336n
Moldenhauer, Eva, 83, 99
Moore Jr., Barrington, 70
Münch, Richard, 68, 302n

# N

Neuhouser, Frederick, 73, 300n, 304n
Neumann, Franz, 302n
Nicolin, Friedhelm, 287n
Niethammer, Friedrich Immanuel, 35, 53-4, 56-7, 287n, 298n
Niethammer, Julius, 299n
Nietzsche, Friedrich Wilhelm, 282n
Nobre, Marcos, 99, 280-1n, 291n, 301-6n, 217n, 321n, 324n

# O

Oliveira, Manfredo, 321n

# P

Parmênides, 319n
Parsons, Talcott, 68
patologia, 291n
Pereira, Oswaldo Porchat, 266n, 323n, 326n
Philonenko, Alexis, 315n

Pigeard, Alain, 275n
Pinkard, Terry, 39-40, 42-3, 53-5, 58, 83, 174, 236, 273n, 278n, 287n, 289n, 293n, 298-300n, 318n, 320n, 336n
Pippin, Robert, 219-20, 236, 278n, 325n, 332-3n, 335n
Pirro, 170
Planty-Bonjour, Guy, 297n
Podetti, Amelia, 40, 146, 150, 202, 289-90n, 319n, 322-3n, 330n
Pöggeler, Otto, 38, 286-9n, 335n
Popkin, Richard, 326n
pós-colonial, pós-colonialismo, 306n
Postone, Moishe, 304n
Prado Júnior, Bento, 323n, 326n

# Q

Quarta Coalizão, 275n

# R

Rameil, Udo, 298n
Rawls, John, 305n
reconstrução, reconstrutivo, 20-3, 29, 34, 36, 38-43, 46-7, 51-2, 59, 62, 64, 69, 71-2, 76-9, 81, 102, 108, 151, 156, 177, 186, 188, 191, 203, 208, 215, 224-5, 239, 246, 277n, 282-3n, 287-8n, 290-1n, 296-7n, 302n, 304-6n, 316n, 321n, 323n, 331-2n
Redding, Paul, 278n
Reforma, 27, 58
reificação, 66
Reinhold, Karl Leonhard, 111
Renault, Emmanuel, 306n
Repa, Luiz, 291n, 302n, 331n
resistência, 54, 57, 66, 71, 74-5, 78-9, 238, 302n
Restauração, 15-6, 31, 57-9, 64, 203, 276n, 279n, 292n
Revolução Francesa, 15, 25-7, 31, 56-61, 63, 112, 180, 292n
Rodriguez, José Rodrigo, 302n, 305n
Rosa, Hartmut, 306n

Rosenfield, Denis, 297n
Rousseau, Jean-Jacques, 26-7
Rousset, Bernard, 44
Russon, John, 290n, 321n

## S

Saar, Martin, 306n
Sacro Império Romano-Germânico, 59, 275n
Santos, José Henrique, 179, 297n
Schelling, Friedrich Wilhelm Joseph, 15, 25, 48, 63, 111, 274n, 283n, 295n, 297n, 313n
Schmitz, Hermann, 286n
Schnädelbach, Herbert, 43
Schulze, Gottlob Ernst, 170
Schulze, Johannes, 83
Sedgwick, Sally, 322n
Seelmann, Hoo Nam, 283n
Segunda Coalizão, 275n
Sellars, Wilfrid, 278n
Sennett, Richard, 70
Siep, Ludwig, 34, 43, 235-6, 273-4n, 310n, 332n
Silva, Manuel Moreira da, 286-7n, 297n, 299n, 319n, 336n
Sistema (da ciência), 14-7, 19, 21, 30-5, 38, 40-2, 47-8, 52-3, 80, 83, 126, 147, 168, 175, 197, 219, 222, 228, 234, 274n, 277n, 279n, 283-7n, 291-2n, 294-6n, 298n, 314-5n, 334n
Spinoza, Baruch, 316n
Stern, Robert, 273n, 313n, 324n, 333n
Stewart, Jon, 287n, 334n
subjetivação (da dominação), 62-72, 76-7, 79, 81, 238, 305n, 331n
sujeito, subjetividade, subjetivo, 24, 26-9, 32, 48, 50, 58-60, 62-4, 68, 70, 72, 75, 78, 87, 102-3, 110, 115, 120-1, 134-5, 138, 141, 147, 149, 162-4, 169, 171-2, 175, 191, 193, 197, 199, 213, 215, 220, 222, 234, 237-8, 249, 278n, 284-5n, 287n, 292n, 297n, 313-4n, 316n, 322n, 324n, 330n, 333-4n, 336n

## T

Teixeira, Mariana Oliveira do Nascimento, 303n
Teoria Crítica, 10, 21, 61-2, 64-70, 72, 76, 79-82, 238, 274n, 280-1n, 290-1n, 299-300n, 303n, 305-6n, 317n
Teoria Tradicional, 69, 76, 80, 82, 204, 306, 317
Terceira Coalizão, 275n
Terra, Ricardo, 15, 281-2n, 310n
Theunissen, Brendan, 288n, 292n, 326n
Theunissen, Michael, 305n
Thompson, Edward Palmer, 70-1, 303n
Tratado de Pressburg, 275n
Tratado de Tilsitt, 275n
Tugendhat, Ernst, 316n

## V

Vaz, Henrique Cláudio de Lima, 83, 223, 283n, 314-5n
Veyne, Paul, 303n
Vick, Brian E., 276n
Vieira, Leonardo Alves, 286-7n, 297n, 299n, 319n, 336n
Voirol, Olivier, 301n
Vuillemin, Jules, 319n, 330n

## W

Weber, Max, 24, 68-9, 282n, 303n
Westphal, Kenneth R., 323n, 326n
Westphal, Merold R., 334n
Wildt, Andreas, 274n
Williams, Raymond, 70

## X

Ximenes, Olavo, 331n

## Y

Yamawake, Paulo, 301n

© Marcos Nobre, 2018

Todos os direitos desta edição reservados à Todavia.

Grafia atualizada segundo o Acordo Ortográfico da Língua Portuguesa de 1990, que entrou em vigor no Brasil em 2009.

capa
Daniel Trench
preparação
Ana Cecília Agua de Melo
revisão
Renata Lopes Del Nero
Livia Azevedo Lima
Eloah Pina
índice remissivo
Rafaela Biff Cera

Dados Internacionais de Catalogação na Publicação (CIP)
——
Nobre, Marcos (1965-)
Como nasce o novo: Experiência e diagnóstico
de tempo na *Fenomenologia do
espírito* de Hegel: Marcos Nobre
São Paulo: Todavia, 1ª ed., 2018
344 páginas

ISBN 978-85-93828-58-4

1. Teoria da filosofia  2. Filosofia alemã
3. Idealismo alemão  I. Título

CDD 101
——
Índices para catálogo sistemático:
1. Teoria da filosofia: Filosofia alemã 101

**todavia**
Rua Luís Anhaia, 44
05433.020 São Paulo SP
T. 55 11. 3094 0500
www.todavialivros.com.br

fonte
Register*
papel
Munken print cream
80 g/m²
impressão
Geográfica